DIREITO TRIBUTÁRIO
Três modos de pensar a tributação
Elementos para uma teoria sistemática do Direito Tributário

C153d Caliendo, Paulo
     Direito tributário: três modos de pensar a tributação: elementos para uma teoria sistemática do direito tributário / Paulo Caliendo. – Porto Alegre: Livraria do Advogado Editora, 2009.
     277 p.; 23 cm.
     ISBN 978-85-7348-639-1

     1. Direito tributário. I. Título.

                              CDU – 336.2

     Índice para catálogo sistemático:
     Direito tributário   336.2

(Bibliotecária responsável: Marta Roberto, CRB-10/652)

Paulo Caliendo

DIREITO TRIBUTÁRIO
Três modos de pensar a tributação
Elementos para uma teoria sistemática do Direito Tributário

Porto Alegre, 2009

© Paulo Caliendo, 2009

Capa, projeto gráfico e diagramação
Livraria do Advogado Editora

Revisão
Rosane Marques Borba

Direitos desta edição reservados por
Livraria do Advogado Editora Ltda.
Rua Riachuelo, 1338
90010-273 Porto Alegre RS
Fone/fax: 0800-51-7522
editora@livrariadoadvogado.com.br
www.doadvogado.com.br

Impresso no Brasil / Printed in Brazil

Agradecimentos

Aos meus pais, Domigos Velloso (in memmorian) e Sílvia Caliendo, e à Juliana Damasio, minha noiva, com amor, pelo carinho e companheirismo.

Aos Professores Paulo de Barros Carvalho, Ricardo Lôbo Tôrres, Juarez Freitas, Sacha Calmon Navarro Coelho, Misabel Derzi, Roque Carraza e Heleno Taveira Tôrres, mestres no saber e no modo de ser; exemplos para toda uma geração.

Aos Professores Hugo de Brito Machado, Paulo Ayres, Cesar Saldanha, Cláudia Lima Marques, Elisabeth Carrazza, Eurico de Santi, Gerd Rothman, Cristiano Carvalho, Bolzan de Morais, Valério Mazzuoli, Ingo Sarlet, Luís Eduardo Schoueri, Roberto Quiroga, Araken de Assis, Sérgio Vasques, Denise Lucena, Marcos Catão, Betina Grupenmacher Mary Elbe, Gustavo Brigagão e Paulo Coimbra, com amizade e admiração.

Aos Professores e colegas do Mestrado e da Graduação da PUC/RS e aos meus sócios e amigos, Rafael Estevez e Fábio D'Avila.

Prefácio

Honra-me prefaciar a presente obra de Paulo Caliendo, que é, sem favor, de inegável vulto. Trata-se de contribuição altamente qualificada e genuíno exercício de compreensão para além de conceitualismos e normativismos de vários matizes. Um dos grandes talentos jurídicos de nosso país, Paulo Caliendo revela, aqui, em estilo e no fundo, traços marcantes, a saber: elevada acuidade no exame das fontes, serena capacidade de reflexão e ousadia para encontrar, em distintas e complexas matrizes teóricas, relevantes convergências. É o que alcança ao examinar, de modo fecundo, o movimento denominado neoconstitucionalismo, a "hermenêutica ética" (inconfundível com a conceitual) e a teoria do discurso e da argumentação (com o reconhecimento da "nova racionalidade jurídica"). Tudo no intuito de desvendar um horizonte teórico comum, apto a sustentar a sua proposta de teoria sistemática do Direito Tributário.

Já ao versar criticamente sobre a teoria da imposição (entendida a tributação como dever emanado da Carta Fundamental, não apenas obrigação derivada da lei), já ao sustentar, nesse plano mais alto, a crescente afirmação dos direitos fundamentais do contribuinte, o Autor opta por trilhar uma hermenêutica tópico-sistemática.

Com efeito, se é certo que a interpretação sistemática tem por objeto o Direito como totalidade aberta (ao eleger critérios e, sobretudo, ao hierarquizar sentidos), igualmente certo que tal interpretação não é, nem deve ser, inteiramente livre. Impõe-se a incontornável integração, no campo aplicativo, dos pensamentos sistemático e tópico. Sistemático porque atuante o "metacritério" racionalizador da hierarquização axiológica, que tende a propiciar uma fundamentação que desborda da dicotomia ortodoxa entre sujeito e objeto. Tópico porque a interpretação acontece como pro cesso empírico e aporético, e o sistema somente experimenta contornos definitivos por força da decisão eletiva, para o caso, entre sentidos necessariamente múltiplos. Nessa linha, a interpretação é, ao mesmo tempo, tópica e sistemática, uma vez que a tópica não se mostra apenas complementar. Precisamente da inexistência de delimitação rígida e axiomática dos conteúdos do sistema, brota a natureza dialética da interpretação das normas, notadamente daquelas que assumem a condição de princípios fundamentais (cruciais no âmbito da chamada justificação externa).

Observada em profundidade – embora se ressalvem especificidades –, a técnica do pensamento problemático não se diferencia, no cerne, da técnica de formação sistemática, ambas a serviço do dever de hierarquizar, motivadamente, entre várias possibilidades. Bem por isso: a) deve ser reconhecido o conteúdo tópico em toda hierarquização jurídica, e a tópica não serve apenas como meio auxiliar, eis que se apresenta como inerência do raciocínio sistematizador, em função da abertura intencional do sistema objetivo; b) respeitadas as possibilidades não simplesmente residuais da tópica na interpretação sistemática, detecta-se a manifesta insuficiência das visões unilaterais, sobretudo ao não darem conta da unidade dinamicamente considerada do pensamento sistemático, que, mais do que absorver, necessita suplantar o estritamente problemático; c) por inexistir alternativa rígida entre o pensamento tópico e o sistemático, o ato de combater antinomias axiológicas pressupõe o pensamento pouco ou nada cartesiano e assumidamente complexo.

Quer dizer, toda interpretação jurídica que deixar de ser tópico-sistemática corre o risco de perder a conexão com a realidade. Nessa perspectiva, a compreensão apropriada da interpretação sistemática reclama uma segura acolhida da vertente superior da hermenêutica que se impõe às abordagens empobrecidas do modo dedutivista-axiomático, sem sucumbir a fundamentações exclusivamente aporéticas.

Mais: a interpretação tópico-sistemática revela-se epistemologicamente necessária, em especial ao tecer os liames entre a hermenêutica que busca a sistematização e o objeto que se encontra sob o signo das mudanças constantes de sentido. Não por acaso, qualquer enfoque unidimensional peca pela incompreensão do pensamento jurídico, com a sua aludida natureza complexa, na qual o material e o formal estão entrelaçados. Dito de outro modo, todo e qualquer unilateralismo falha ao não considerar que, apenas sistematicamente hierarquizados, os problemas dialéticos tornam-se suscetíveis de bom equacionamento na ordenação dialogicamente empreendida. Deveras, a interpretação sistemática (com os seus imperativos de unidade) não lida - como supunham eminentes autores - com uma pluralidade indefinida de sistemas, cuja relação recíproca não seria estritamente comprovável. Ao contrário. Como tenho sustentado (v., por exemplo, a obra *A Interpretação Sistemática do Direito*. 4ª ed, São Paulo: Malheiros, especialmente Cap. 7), o pensamento jurídico não apenas necessita da complementação do pensamento aporético, senão que marcha para além da diferenciação estrita entre a tópica e o pensamento sistemático. Somente as sim haverá boa justificação da discricionariedade e o intérprete será capaz de engendrar a totalidade normativa em sintonia com as exigências da racionalidade aberta.

Por todos os motivos, digno de louvor que se multipliquem obras significativas endereçadas à afirmação consistente de uma identidade nuclear do pensamento sistemático e do pensamento tópico. Afirmação conducente à efetividade, encarada como um dos princípios, que supõe a superioridade normativa direta da Constituição, ou seja, o primado de todos os princípios, objetivos e direitos fundamentais, de modo a compatibilizar os hemisférios deontológicos e consequenciais do sistema jurídico. Nessa ordem de considerações, os bons intérpretes, nos limites da ordem vigente, não se devem furtar da reelaboração de um todo normativo coerente e aberto. No cumprimento de tal dever, desenredam-se de concepções, mais ou menos, distanciadas do motivado compromisso com os objetivos fundamentais do sistema jurídico.

Quer dizer, assumem a identidade central da tópica e do pensamento sistemático, como bem faz Paulo Caliendo, de maneira rica e convincente. Afinal, o Direito não pode ser separado, por inteiro, da esfera das exigências tópicas, já que visa a ordená-las. Por esse motivo, a lógica formal jamais será suficientemente sistemática, nada obstante o mérito da tarefa purificadora de linguagem. Quando se discutem as contemporâneas funções da norma jurídica, inegável que, independentemente da simpatia maior por esta ou aquela escola, o pensamento sistemático não cogita da subsunção pura e simples de qualquer premissa. Exatamente em sua dimensão tópica, tal pensamento apresenta o condão de vencer qualquer modo vício reducionista, nada prestimoso para conferir legitimidade à tomada das decisões. É que a interpretação jurídica não é exterior ao próprio objeto, motivo pelo qual se tem como insustentável a jurisprudência dos conceitos, formal e vazia, como acertadamente percebe o Autor.

Dito em outros termos, numa adequada visão sistemática, o positivado e o mundo da vida são reciprocamente constitutivos. A todas as luzes pelas quais se examine a identidade de fundo entre o pensamento sistemático e a tópica, a mais relevante observação está em que convivem variadas soluções no bojo do sistema jurídico e só a partir do sistema devem ser procuradas as melhores, sem a pretensão da resposta unívoca. O Direito Positivo é, antes de tudo, um sistema aberto e completável topicamente, com im plicações que não devem ser subestimadas, inclusive para a motivação cogente das decisões judiciais. Mister reiterar a cabal insuficiência das visões unilaterais.

Portanto, a obra de Paulo Caliendo merece ser saudada como belo e louvável exercício de elaboração tópico-sistemática. Uma obra que veio agregar valiosa contribuição – em diálogo respeitoso com excelentes autores – à teoria do Direito Tributário, máxime no propósito de tomar, na devida conta, a "constitucionalização" dos direitos fundamentais do contribuinte. Eis um livro, mercê dos inegáveis méritos do Autor, de leitura enriquecedora e estimulante, uma vez que impregnado daquela prudente ousadia que é própria dos altos estudos. Em suma, trata-se de obra que acrescenta valor à literatura do pensamento sistemático, especialmente elucidativa e reveladora na seara das relações tributárias.

Prof. Dr. Juarez Freitas
Professor da PUCRS e da UFRGS,
Presidente do Instituto Brasileiro de Altos Estudos de Direito Público

Sumário

Apresentação – *Ricardo Lobo Torres* 15
Introdução 17
Capítulo 1 – Fundamentos de uma Teoria Sistemática do Direito Tributário 19
   1.1. Pressupostos Metodológicos 19
      1.1.1. Da passagem da compreensão de conceitos à compreensão da coerência
          da argumentação jurídica 19
          1.1.1.1. Do pensamento conceitual ao pensamento sistemático 20
          1.1.1.2. Características do pensamento sistemático 22
   1.2. Novas Tendências Convergentes 24
      1.2.1. Teoria dos direitos fundamentais e o neoconstitucionalismo 25
          1.2.1.1. Os fundamentos do neoconstitucialismo 27
          1.2.1.2. O neoconstitucialismo e a concepção sistemática do direito 29
              1.2.1.2.1. Kant e as origens da fundamentação da dignidade
                   da pessoa humana 30
              1.2.1.2.2. Rawls e a compreensão não utilitarista e consequencialista
                   dos direitos individuais 31
              1.2.1.2.3. Ronald Dworkin e a demanda pela criação de condições
                   mínimas de bem-estar 33
              1.2.1.2.4. Habermas e a fundamentação discursiva dos
                   direitos humanos 35
              1.2.1.2.5. Robert Alexy e a posição privilegiada dos direitos humanos na
                   teoria do discurso prático racional 38
      1.2.2. Hermenêutica ética e as modernas teorias da justiça 40
          1.2.2.1. As modernas teorias da justiça 42
              1.2.2.1.1. Teorias Clássicas da Justiça 42
              1.2.2.1.2. Negação da centralidade do conceito de justo:
                   Hans Kelsen 47
              1.2.2.1.3. Teorias Modernas da Justiça e a retomada
                   do problema do Justo 48
          1.2.2.2. Da Justiça Fiscal como justificação ao poder de tributar 58
              1.2.2.2.1. Da Justiça Fiscal como princípio estruturante do sistema
                   jurídico-tributário 58
      1.2.3. Teoria do Discurso Jurídico e da argumentação 59
   Bibliografia recomendada 71

Capítulo 2 – Dos Elementos de uma Teoria Sistemática do Direito Tributário: uma análise comparativa no pensamento conceitual, normativista e sistemático 77
2.1. Evolução Histórica do Pensamento Jurídico-Tributário: conceitualismo, normativismo e pensamento sistemático 77
    2.1.1. Modelo de Estado: do Estado Antigo ao Estado democrático de direito 77
    2.1.2. Escolas de Pensamento: da Pandectística à Teoria da Argumentação 85
2.2. Das teorias sobre o sistema jurídico: sistema de conceitos, normas e valores (direitos fundamentais) 96
    2.2.1. A teoria do sistema jurídico no pensamento conceitualista 96
    2.2.2. A teoria do sistema jurídico no pensamento normativista 98
    2.2.3. A teoria do sistema jurídico no pensamento sistemático 101
        2.2.3.1. A superação do formalismo e do positivismo na ideia de sistema 102
        2.2.3.2. A ideia de sistema jurídico como um sistema ético 104
        2.2.3.3. Da superação da Lei de Hume 106
    2.2.4. O conceito de sistema na interpretação sistemática de Claus-Wilhelm Canaris ... 108
        2.2.4.1. Sistema como ordem e unidade 108
        2.2.4.2. Características do sistema jurídico 110
        2.2.4.3. O sistema jurídico como um sistema de princípios e regras 111
        2.2.4.4. Do conflito entre princípios e regras 113
        2.2.4.5. Síntese conclusiva 114
2.3. Modelo Argumentativo no pensamento conceitualista, normativista e sistemático: do problema da coerência material e formal 115
    2.3.1. Da coerência do sistema jurídico ("coherence in the legal system") 115
    2.3.2. Da coerência do raciocínio jurídico ("coherence in legal reasoning") 117
    2.3.3. Resumo Provisório 118
2.4. Da compreensão do fato tributário: do fato gerador, da norma jurídico-tributária e do sistema de direitos fundamentais 118
    2.4.1. Do conceito de fato gerador 118
    2.4.2. Da norma jurídico-tributária no sistema tributário 122
    2.4.3. Do dever fundamental de pagar tributos no sistema de direitos fundamentais 129
        2.4.3.1. Do conceito de dever fundamental de pagar tributos 130
        2.4.3.2. Da estrutura do dever fundamental de pagar tributos 131
        2.4.3.3. Do regime do dever fundamental de pagar tributos 132
Conclusões parciais 134
Bibliografia recomendada 135

Capítulo 3 – Da teoria da imposição 139
3.1. Da ideia de Constituição para o Direito Tributário 139
    3.1.1. Pensamento Conceitual: estrutura de poder político 141
    3.1.2. Pensamento Normativista: estrutura normativa 143
    3.1.3. Pensamento Sistemático: sistema de direitos fundamentais 145
3.2. Dos fundamentos do poder de tributar 146
    3.2.1. Pensamento Conceitual: do tributo como expressão da soberania fiscal à sua compreensão como relação jurídica 149
        3.2.1.1. Pensamento Conceitual: do tributo como expressão da soberania fiscal 149

    3.2.1.1.1. Imposto como uma relação de forças
      (*Abgabengewaltverhältnis*) 150
    3.2.1.1.2. Escola da Dinâmica Tributária 152
    3.2.1.1.3. Escola das Escolhas Públicas 153
    3.2.1.1.4. Escola do Estado Fiscal como poder monopolístico
      (Teoria della illusione finanziaria), de Amilcare Puviani 154
    3.2.1.1.5. Escola austríaca da tributação como "servidão moderna",
      de Ludwig von Mises e Friedrich A. Hayek 155
    3.2.1.1.6. Denominação da Disciplina: Direito Fiscal e
      Direito Tributário 156
   3.2.1.2. Pensamento Conceitual: tributo como relação jurídica 157
    3.2.1.2.1. Concepção contratual do tributo 157
    3.2.1.2.2. Concepção jurídico-obrigacional do tributo 163
    3.2.1.2.3. Teoria causalista do tributo 164
    3.2.1.2.4. Concepção jurídico-financeira do tributo 170
  3.2.2. Pensamento Normativista: do poder de tributar como
   competência tributária 175
   3.2.2.1. Concepção normativa do tributo 176
   3.2.2.2. Concepção jurídico-administrativa do tributo 178
  3.2.3. Pensamento Sistemático: financiamento dos direitos fundamentais 179
   3.2.3.1. Klaus Tipke: tributo como instrumento de realização do Estado de Direito . 179
   3.2.3.2. Casalta Nabais: tributo como instrumento de financiamento
    dos direitos fundamentais 181
   3.2.3.3. Thomas Nagel: o mito da propriedade 183
   3.2.3.4. Ricardo Lôbo Tôrres: o conceito constitucional de tributo 184
   3.2.3.5. Paulo de Barros Carvalho: o construtivismo metodológico 186
   3.2.3.6. Considerações finais 187
Considerações parciais 189
Bibliografia recomendada 190

Capítulo 4 – Da teoria dos Direitos Fundamentais 193
Introdução 193
4.1. Dos direitos fundamentais: conceito, natureza e classificação 193
  4.1.1. Elementos e características do Conceito de Direitos Fundamentais 193
  4.1.2. Elementos e características do Conceito 195
  4.1.3. Da cidadania multidimensional 202
4.2. Dos direitos fundamentais do contribuinte: conceito, natureza e classificação 203
  4.2.1. Pensamento Conceitual: Autolimitação do poder do soberano 206
   4.2.1.1. Modelo ético-religioso 206
   4.2.1.2. Modelo ético-político 207
   4.2.1.3. Modelo técnico-político 219
  4.2.2. Pensamento Normativista: limitações de competências tributárias 223
  4.2.3. Pensamento Sistemático: proteção e promoção dos direitos
   fundamentais do contribuinte 229
   4.2.3.1. Klaus Tipke: a dimensão ética dos limites ao poder de tributar 229
   4.2.3.2. Thomas Nagel e Liam Murphy: a construção de direitos
    fundamentais do contribuinte 231
   4.2.3.3. Casalta Nabais: a construção da liberdade com responsabilidade 233

        4.2.3.4. Ricardo Lôbo Tôrres: a construção da cidadania fiscal 234
        4.2.3.5. Paulo de Barros Carvalho: juridicização dos direitos fundamentais 235
    4.2.4. Síntese conclusiva 237
  Conclusões parciais 237
  Bibliografia recomendada 238

Capítulo 5 – Interpretação Constitucional 243
  Introdução 243
  5.1. Da interpretação jurídica no pensamento conceitual, normativista
     e sistemático 244
    5.1.1. Quanto à exigência de coerência judicial 244
    5.1.2. Quanto ao alcance da exigência de coerência judicial 245
    5.1.3. Quanto à resposta judicial 247
  5.2. Da interpretação jurídico-tributária no pensamento conceitual,
     normativista e sistemático 247
    5.2.1. Pensamento Conceitualista: teoria do tributo e do fato gerador 248
    5.2.2. Pensamento Normativista: Norma Jurídico-Tributária
       (Regra-Matriz de Incidência Tributária) 252
    5.2.3. Pensamento Sistemático: valores jurídicos
       (concretização de direitos fundamentais) 257
        5.2.3.1. Da interpretação sistemática no Direito Tributário 260
        5.2.3.2. Da interpretação tópico-sistemática 260
  Considerações críticas 263
  Conclusões parciais 264
  Bibliografia recomendada 264

Conclusões finais 267

Linha de Tempo – pensamento jurídico-tributário 269

Referências bibliográficas selecionadas 271

Apresentação

O jovem e competente Paulo Caliendo vai traçando caminho intelectual dos mais promissores. Apoiado em sólida cultura jurídica e humanística, com o domínio de vários idiomas e passagens por conceituadas instituições de ensino americanas e europeias, o professor gaúcho aumenta rapidamente o seu acervo cultural e o número de suas publicações.

Lançou-se no mundo dos livros com a obra intitulada *Estabelecimentos Permanentes em Direito Tributário Internacional*, publicada pela Editora Revista dos Tribunais em 2005. Ofereceu aos tributaristas brasileiros trabalho com mais de 700 páginas, sobre assunto inédito no País, e dele cuidou com a profundidade e a erudição germânica, até porque efetuou a pesquisa necessária na Alemanha.

Posteriormente, em 2008, escreveu o livro intitulado *Direito Tributário e Análise Econômica do Direito - Uma Visão Crítica*. É também obra que exigiu leitura extensa, centrada em autores praticamente desconhecidos no Brasil mas de nomeada no estrangeiro, que têm promovido estudos econômicos sobre o direito.

Agora o Prof. Paulo Caliendo lança mais um livro, que tem por título *Direito Tributário: Três Modos de Pensar a Tributação. Elementos para uma Teoria Sistemática do Direito Tributário*. A sua idéia básica é a de aproximar as principais vertentes do pensamento jurídico dos nossos dias e reuni-las sob o ponto de vista sistêmico. Os seus pressupostos metodológicos se encontram na passagem da compreensão dos conceitos à compreensão da coerência da argumentação jurídica, buscando as características do pensamento sistemático. Aproveita as novas tendências convergentes da teoria dos direitos fundamentais, da teoria da justiça e da teoria da argumentação. Eis a proposta central:

> A concepção sistemática parte do postulado de que o direito é composto por um conjunto de normas fundamentadas sobre valores, ou seja, o ordenamento jurídico tem em sua essência a preocupação com a realização de determinados "estados de coisas" (fins). O direito em suas prescrições emana não somente comandos normativos mas proposições estruturadas com fulcro em valores afirmados socialmente no texto constitucional. Desse modo, a concepção sistemática terá um caráter deontológico orientado por valores e não apenas axiológico, visto que o sistema jurídico não pode ser composto meramente por uma afirmação de valores, mas deve prever como estes valores constitucionalizados irão se concretizar por meio de comandos normativos. (p. 19).

Claro que a proposta de Paulo Caliendo é extremamente abrangente e de difícil realização. Exibe certas conotações com o ecletismo, pelo imenso painel de autores que traz à colação, o que corresponde a posições arraigadas na cultura brasileira, desde o iluminismo e o liberalismo até a obra de Miguel Reale. Na hora em que eclodem a temática dos direitos humanos e as teorias da justiça, em que se assiste ao fim das ideologias e em que se enfrentam os desafios da sociedade de risco, torna-se realmente importante pensar sobre a legitimação e a justificação do ordenamento jurídico do Estado de Direito, que passa necessariamente pelos valores da liberdade, da justiça e da segurança jurídica.

Digna de nota no novo livro é a adequação dos pressupostos epistemológicos dos valores jurídicos à sistemática do direito tributário.

Rio de Janeiro, junho de 2009.

Ricardo Lobo Torres
Professor Titular da Faculdade de Direito da UERJ

Introdução

Esta obra tem por objetivo o questionamento sobre qual perspectiva de análise se deve adotar no estudo do Direito Tributário, ou seja, como devemos hierarquizar seus institutos, conceitos, e como aferir o grau de correção ou legitimidade de cada teoria para explicar a constitucionalidade, legalidade ou adequação de cada novo tributo ou regulamentação tributária. A profusão de novas e contínuas normas jurídicas sobre a matéria exige um esforço incrível de sistematização que seja capaz de reencontrar a coerência do sistema jurídico tributário.

Além da inflação legislativa, dos erros técnicos e das distorções intencionais de agentes privados (*rent seeking*), que buscam a tomada dos escassos recursos públicos para seus interesses particulares, os estudiosos do Direito Tributário são assediados por dezenas de teorias divergentes, construções analíticas sofisticadas e estudos comparados que se constituem em uma montanha desconexa de informações. A tarefa dos pesquisadores é tentar facilitar esta situação com a elaboração de um pensamento crítico capaz de auxiliar na organização das grandes questões em Direito Tributário, por meio de um método coerente.

O pensamento jurídico tributário alcançou no Brasil uma dimensão elevada pelas significativas contribuições de gerações de teóricos, que em um labor constante e sério dotou a disciplina dos mais importantes instrumentos de análise. Seria impossível citar todos os autores sem proceder a uma injustiça com um ou outro, sendo que muitos deles foram criadores de escolas de pensamento, que se dedicaram a resolver os complexos problemas do adequado equilíbrio entre o custeio do Estado, o financiamento dos Direitos Fundamentais e a proteção e promoção dos Direitos Fundamentais do contribuinte.

Em nossa proposta de organização do estudo do Direito Tributário há a defesa de uma teoria sistemática, que supere os antecedentes conceitualismo e normativismo. O conceitualismo é um pensamento dirigido pelo estudo dos conceitos, que seriam entendidos como representação exata da realidade (essencialismo) e que entende o tributo como fenômeno do poder soberano. O normativismo parte do oposto, de um relativismo radical e desconhece a possibilidade de conhecimento das essências e, portanto, o estudo da norma pura e formal é o único estudo válido. O pensamento sistemático se caracteriza como um giro ético voltado para a compreensão dos valores, colmatados nos princípios e regras jurídicos. Trata-se do resultado mais acabado da convergência de importantes movimentos teóricos da modernidade.

Três grandes vertentes irão delimitar essa convergência de escolas de pensamento com matrizes teóricas distintas: i) *a teoria dos direitos fundamentais e o neoconstitucionalismo*; ii) a *hermenêutica ética e a teoria da justiça* e a iii) *a teoria do discurso e da argumentação*.

Esses três pilares estão intimamente conectados e vinculados, dado que a teoria moderna do constitucionalismo afirma que o objetivo do Estado Democrático de Direito é se constituir em um Estado de Direitos Fundamentais, ou seja, um Estado que pretende realizar os direitos fundamentais de primeira, segunda e terceira dimensões. Dado que a Constituição Democrática pretende realizar os Direitos Fundamentais esta deve prover os meios para custear estes direitos, que devem ser financiados com o pagamento de tributos.

Os tributos, por sua vez, devem ter o seu encargo dividido entre os cidadãos de modo equitativo e justo, de tal modo que uma *teoria sistemática do Direito Tributário* exige a compreensão de uma *teoria da justiça*. A aplicação concreta da teoria da justiça em matéria jurídica não pode ser entendida como mera aplicação, incidência ou subsunção normativa, de tal modo que a resolução legítima do inevitável conflito de valores em uma sociedade democrática somente pode ser encontrada no interior de uma *teoria do discurso jurídico* que privilegie a coerência argumentativa no âmbito de uma teoria *da argumentação*. A teoria da *argumentação* irá fornecer o instrumental teórico adequado para que ocorra a formação de um consenso no conflito entre valores distintos em uma sociedade democrática, por meio da ponderação de interesses legítimos.

Capítulo 1

Fundamentos de uma Teoria Sistemática do Direito Tributário

*O método sem o sentido é vazio,
o sentido sem método é cego.*[1]

1.1. PRESSUPOSTOS METODOLÓGICOS

A Teoria Sistemática do Direito Tributário se firma sobre uma nova compreensão do fenômeno jurídico-tributário, especialmente pela incorporação de novos mecanismos de análise e pela revisão dos conceitos anteriormente estabelecidos, fruto da obra de diversos autores nacionais e estrangeiros, que utilizaram os mais modernos recursos hermenêuticos e filosóficos para construírem uma teoria tributária que restabeleça a centralidade dos direitos humanos na problemática do financiamento dos direitos fundamentais.

1.1.1. Da passagem da compreensão de conceitos à compreensão da coerência da argumentação jurídica

Pode-se afirmar, de modo bastante simplificado, que o desenvolvimento do pensamento jurídico engloba uma sucessão de momentos na tentativa de compreensão do fenômeno jurídico. De modo tipológico, esses períodos dividem-se em relação ao tema principal tratado e a sua primordial contribuição para o pensa-

---

[1] Trata-se, este pensamento, de uma releitura da célebre frase de Ernildo Stein: "Hermenêutica sem a filosofia analítica é cega e a filosofia analítica sem a hermenêutica é vazia"; ver *in* STEIN, Ernildo. A Consciência da História: Gadamer e a Hermenêutica. In *Mais, caderno especial de Domingo da Folha de São Paulo*, 24/03/02. Sobre a importância do debate entre o método e sentido veja-se o entendimento de *MacIntyre* de que: "alguns filósofos recentes supõem que a semântica é a filosofia primeira, deslocando a epistemologia de sua posição fundamental e escrevendo como se as discordâncias filosóficas devessem ser resolvidas, primeiramente, no nível da pesquisa semântica, as respostas às questões epistemológicas, metafísicas, éticas sendo, então, derivadas, pelo menos parcialmente, das descobertas dos semânticos. Mas não há razão particular para acreditar nisso. Prima facie, é tão razoável extrair conclusões sobre o que deve ser verdadeiro na filosofia da linguagem daquilo que é verdadeiro, digamos, epistemologicamente, quanto o contrário", ver *in* MACINTYRE, Alasdair. *Justiça de quem? Qual racionalidade?* São Paulo: Loyola, 2001, p. 398.

mento jurídico. Assim, podemos afirmar existir os seguintes modelos de pensamento: i) conceitual; ii) normativo e iii) sistemático.[2]

1.1.1.1. Do pensamento conceitual ao pensamento sistemático

O primeiro momento tenta estabelecer, como elemento central na compreensão do fenômeno jurídico, a noção de "conceito jurídico" e de suas espécies principais. Esse momento tem como principais representantes os juristas da Pandectística. Para esses autores, os conceitos jurídicos são unidades fundamentais para a correção do direito, isto é, para uma correta aplicação lógica, conduzindo necessariamente a uma decisão também correta (justa). Havia uma convicção decorrente do idealismo formal de que a correção formal (lógica) implicaria inevitavelmente a sua correção material (ética).[3]

Um momento revolucionário no pensamento jurídico encontra-se na tese renomada de Hans Kelsen sobre o direito como sendo um sistema de normas jurídicas. Para Kelsen, o caráter jurídico de uma norma decorre de sua pertinência ao sistema de normas jurídicas.[4] Assim, a validade é característica de uma norma pertencer ou não ao sistema jurídico. O sistema recebe, então, o seu fechamento. Trata-se de um critério de identificação interno.[5] Todas as normas cuja validade possam ser deduzidas de uma mesma norma fundamental formam um sistema.

Dessa forma, para Kelsen, o direito possui somente elementos de coerência formal, no sentido de que não existem elementos materiais próprios à norma jurídica. Assim, pode ser preenchida com os mais diversos valores sem comprometer a sua existência como fenômeno jurídico. A correção formal (validade de uma norma) não implica a sua correção material, visto que devemos suspender o juízo sobre este tema. O problema da justiça é um tema pré-jurídico.

---

[2] Alerta-se para o fato de que a tentativa de classificação e sistematização é sempre uma busca de redução de complexidades, ou seja, uma tentativa redutora de complexidades. Seu resultado simplificado ao mesmo tempo que permite a criação de mapas conceituais e compreensões, peca pela simplificação e por induzir a alguns resultados insatisfatórios. Sua ação em muito lembra o famoso mito do leito de *Procusto*. Conscientes deste fato adotamos um modo de *descrição tipificante*, ou seja, pela adoção de tipos ideais no pensamento jurídico (conceptual, normativo e sistemático) que possibilitam enxergar as linhas gerais de um mapa conceitual, mas não são justas, talvez, na demarcação precisa de autores e ideias.

[3] Cf. WIECKER, Franz. *História do Direito Privado Moderno*. Lisboa, Calouste Gulbenkian, 1980(?), p. 494. Segundo o autor: "o ponto de partida deste método é a convicção, baseada no ideal científico do idealismo formal, de que a justeza lógica, do ponto de vista conceitual e sistemático de uma frase, fundamenta também a sua correção material".

[4] Uma das grandes novidades apresentadas pelas obras de *Kelsen* está neste direcionamento a uma "teoria do ordenamento jurídico", ao entender o direito como um sistema de normas. Nesse sentido, entende Norberto Bobbio que: "Confróntese la teoría de Kelsen con una de las obras más importantes de la teoría general del Derecho que la precedió: Subjektives Recht und juristische Norm (Derecho subjetivo y norma jurídica, 1878) de Augusto Thon. *Lo que falta totalmente en la obra de Thon*, al lado de muchos sutiles análises de algunas partes del sistema jurídico, *es la idea del ordenamiento jurídico como sistema*", (grifos nossos), ver *in* BOBBIO, (1980, p. 251).

[5] Iremos utilizar aqui a terminologia desenvolvida por *Joseph Raz*. Para o autor, o critério de identidade responde a seguinte questão: "que leis formam um dado sistema?" ("which laws form a given system?"), RAZ (1978, p. 1).

O pensamento sistemático envolve movimentos distintos e difusos.[6] Sua principal característica está na crítica aos momentos anteriores e na busca de um novo paradigma, que, em determinados autores, encontra-se no esforço de obter uma análise mais completa do fenômeno jurídico. Nesse momento, procura o Direito procurar superar o conceito (expressão da relação essência-representação) e norma (expressão pura de forma) pela ideia de discurso jurídico, como unidade básica de compreensão do fenômeno do jurídico. Supera-se a ideia de encadeamento conceptual ou de pirâmide normativa pela noção de argumentação jurídica, como contexto de realização do discurso jurídico. Será no âmbito de argumentação jurídica, e não no encadeamento de conceitos ou normas, que iremos encontrar os critérios de correção e crítica das proposições jurídicas.

São exemplos de temáticas próprias às preocupações desse modelo: estudos sobre os "princípios" e "regras" (Dworkin e Hart); da "argumentação" (Perelman, MacCormick, Toulmin e Alexy); e da "coerência" do discurso jurídico (Dworkin, Raz, Jaap Hage e Pecznik).

As insuficiências do pensamento normativista, especialmente em Kelsen, exigiram a adoção de soluções inovadoras. Duas ordens de respostas serão encontradas, especialmente, na afirmação dos princípios (Ronald Dworkin) e regras (H. L. Hart). Para Dworkin, os casos difíceis (*hard cases*) demonstram a impropriedade do modelo positivista, visto que, no modelo normativista de Kelsen, quando da impossibilidade da simples subsunção normativa, estaria o julgador livre para preencher a norma discricionariamente com os seus valores.

Para Dworkin, a decisão judicial deve estar lastreada em conteúdo moral encontrável no ordenamento. Assim, o julgador não se encontra totalmente livre na atividade interpretativa, dado que, sendo uma autoridade pública, é responsável politicamente por seus julgamentos.[7] Dessa forma, para este autor, o critério de correção formal é insuficiente e, tampouco, conduz automaticamente à correção material, sendo necessária a sua verificação no caso concreto.

Herbert Hart, por sua vez, irá indicar a presença de um enfoque pragmático do fenômeno jurídico, ao analisar especialmente o papel do julgador e dos usos institucionais da linguagem jurídica. As normas serão analisadas em seus aspectos interno (guia de conduta) e externo (práticas).[8] Desse modo, o reconhecimento do jurídico ocorre a partir da integração de regras primárias e secundárias, sendo que estas últimas estabelecem critérios para identificação, modificação e criação de normas. Para Hart, a correção formal assume contornos institucionais, correlativa a uma determinada prática. No interior dessa prática será possível encontrar um critério de correção material (mínimo ético).

---

[6] Alguns autores chamam esta fase de *pós-positivista*, em oposição às fases antecedentes (jusnaturalismo e positivismo), ver, nesse sentido, o relato de RANGEL, Helano. Breve Teoria sobre a Teoria dos Direitos Fundamentais de Robert Alexy. *Revista Diálogo Jurídico*. Fortaleza, n. 5, ano 5, p. 301-316, 2006, p. 301 a 315. Nesta estrutura os direitos fundamentais são positivados por meio de normas jurídicas com a forma de princípios jurídicos.

[7] Cf. COUTINHO, Kalyani Rubens Muniz. A proposta de Ronald Dworkin na interpretação judicial dos *hard cases*. Disponível em: <http://www.avocato.com.br/doutrina/ed0006.2003.lcn0001.htm>. Acessado em: 26.03.2004.

[8] Cf. BASTOS, Aurélio Wander. O Conceito de Direito e as Teorias Jurídicas da Modernidade. Disponível em: <http://www.estacio.br/graduacao/direito/revista/revista1/artigo2.htm>. Acessado em: 26.03.2004.

As teorias da argumentação irão apresentar o problema de modo instigantemente novo. São representantes de giro argumentativo: Perelman, MacCormick, Toulmin e Alexy. Esses autores possuem em comum a passagem da análise centrada no fenômeno normativo para a verificação do problema da argumentação jurídica. As insuficiências da análise normativa decorrem de sua incapacidade em entender o discurso jurídico. A partir desses estudos, pode-se verificar que a correção na aplicação do direito deve ser analisada com o auxílio dos conceitos de consistência e coerência.

Dado o horizonte estabelecido de pesquisa sobre o discurso jurídico e de suas formas de integração formal e material, foram aprofundados os estudos sobre a coerência do discurso jurídico. São autores relevantes sobre o assunto: Ronald Dworkin, Joseph Raz, Jaap Hage e Pecznik. Esses tentam estabelecer a natureza, sentido e o alcance do discurso coerente.

Será partindo dessas premissas que iremos entender que a atualidade do estudo do direito tributário está na verificação dos critérios de coerência e consistência do discurso jurídico. Contudo, iremos tratar inicialmente dos principais momentos do pensamento em Direito Tributário.

1.1.1.2. Características do pensamento sistemático

Podemos listar como principais características do pensamento sistemático:

a) Denominação:

Não há um acordo específico entre os autores sobre a filiação da existência de uma escola sistemática do pensamento jurídico, pelo qual acreditamos corresponder a uma vertente ou movimento de ideias, englobando diversas formas de pensar o jurídico. Tampouco a denominação se refere a uma tomada de partido sobre a dicotomia estabelecida na década de trinta entre os partidários da tópica, representados por *Vieweg*[9] e os defensores de um pensamento sistêmico, dentre os quais se destacam *Forsthoff*[10] e *Canaris*.[11]

O pensamento constitucional contemporâneo permite uma conciliação entre unidade, sistema e a abertura para um pensamento problemático, de tal modo que a principal força da Constituição decorra da resolução leal e justa dos conflitos e das colisões de interesses. A denominação utilizada pretende englobar todos estes sentidos de uma compreensão articulada de princípios, regras e valores, e não apenas uma noção de sistema vazia de conteúdo.

---

[9] Cf. VIEWEG, Theodor. Topik und Jurisprudenz. Ver versão em espanhol: VIEHWEG, Theodor. *Topica y Jurisprudencia*. Tradução de Díez Picazo Pence de Léon. Madrid: Taurus, 1964. Traducción del título original Topik und Jurisprudenz.

[10] Cf. FORSTHOFF, Ernst. *Verfassungsprobleme des Sozialstaates*, Münster 1954.

[11] Cf. Systemdenken und Systembegriff in der Jurisprudenz, entwickelt am Beispiel des deutschen Privatrechts, Berlin 1969, 169 S., 2., Überarbeitete Auflage 1983. Ver tradução para o português: CANARIS, Claus Wilhelm. *Pensamento sistemático e conceito de sistema na ciência do direito*. 2ª ed. Lisboa: Fundação Calouste Gulbenkian, 1996.

b) Interpretação sistemática

A interpretação sistemática é uma forma de compreensão do sujeito inserido na história, não se trata de uma interpretação fora do mundo. De outro lado, trata-se de uma interpretação aberta que parte do caso para reencontrar seu sentido no sistema e que busca seus fundamentos nos princípios essenciais do ordenamento. Trata-se, também, de uma forma finalística de pensar-se nos objetivos constitucionais e nas formas de concretização dos direitos fundamentais em uma sociedade democrática.

c) Ideia de sistema

A ideia de sistema, conforme *Canaris*, fundamenta-se na justiça e na sua concretização pelo princípio da igualdade e da generalidade. Esta situação permite a afirmação de *Juarez Freitas* de que o sistema é uma rede axiológica e hierarquizada topicamente de princípios fundamentais, regras e valores, que fundamentam o Estado Democrático.[12]

Um movimento importante será o surgimento de tendências convergentes em filosofia do Direito sobre temáticas que apareciam separadas pela tradição analítica da filosofia anglo-saxônica e da tradição continental.[13] Os primeiros autores a constatarem este fenômeno foram *Karl-Otto Apel*, em sua obra "Transformação da filosofia vol. 1 – Filosofia analítica, semiótica, hermenêutica",[14] de 1973, e *Ernest Tugendhat*, na obra "Apresentação para uma Introdução à Filosofia Analítica",[15] de 1976, que foi traduzida para o inglês como "Filosofia Tradicional e Filosofia Analítica" (*Traditional and Analytical Philosophy*).[16] Ocorrerá na filosofia um movimento convergente entre duas tendências separadas, e mesmo antagônicas, na filosofia contemporânea, que permitirá a viabilidade da existência de um diálogo genuíno e complexo entre a *tradição* e a *filosofia analítica*, ou seja, na possibilidade de encontrarmos um modo de articulação entre problemas centrais da filosofia continental, tal como a justiça, com o máximo de transparência e rigor metodológico.

---

[12] Cf. FREITAS, Juarez. *A interpretação sistemática do Direito*. São Paulo: Malheiros, 3 ed., 2002, p. 54.

[13] Nesse sentido, veja-se PUNTEL, Lorenz B. É possível um diálogo produtivo entre a filosofia tradicional ("continental-européia") e a filosofia analítica? *Revista Estudos Jurídicos*. São Leopoldo: Unisinos, vol. 4, n. 06, 2003, p. 19-56.

[14] Cf. APEL, Karl-Otto. *Transformation der Philosophie*, Bd. 1. Sprachanalytik, Semiotik, Hermeneutik, 1973.

[15] Talvez o maior ponto de intersecção das duas correntes filosóficas seja o objetivo expresso de ambas (tradicionais e analíticos) em construir uma abordagem pós-metafísica, que supere tanto as estruturas centradas no sujeito, quanto àquelas centradas no objeto, substituindo-as por uma abordagem que toma a linguagem como centro de referência da intersubjetividade e da compreensão da realidade. A hermenêutica ser a primeira tendência filosófica a defender que inexiste ponto de vista independente de nossos valores e compreensões de tal modo que a filosofia analítica irá recepcionar esta preocupação de modo explícito. Tal entendimento fica expresso na obra de *Tugendhat* intitulada "Método Filsosófico a partir do ponto de vista analítico" (*Philosophical Method from an Analytic Point of View*) de 1989, que irá defender o caráter ontológico da linguagem e a ausência de fenômeno extralinguístico. Ver *in* ZABALA, Santiago *et* HASKELL, Michael. *The Hermeneutic Nature of Analytic Philosophy*: A Study of Ernst Tugendhat. New York: Columbia University Press, 2008.

[16] Cf. TUGENDHAT, Ernst. *Vorlesungen zur Einführung in die sprachanalytische Philosophie*. Frankfurt am Main: Suhrkamp, 1976.

Esse fenômeno de convergência de diferentes tendências filosóficas será constatado por *Gianni Vattimo* no Prefácio da excelente obra de *Franca D'Agostini* "Analíticos e Continentais". Nessa obra verifica-se uma histórica tensão entre duas grandes linhas de pensamento: de um lado, encontramos uma "analítica da verdade" e, de outro, uma "ontologia da atualidade". Para o autor, a linha *hegeliana* é aquela tendência filosófica que se preocupa principalmente com a concretude histórica das formas de vida, das linguagens e dos problemas da historicidade e de uma linha *kantiana*[17] concentrada nos problemas da lógica, da racionalidade, da epistemologia e das condições transcendentais do conhecimento.[18] A primeira linha de *pensamento hegeliano* passa a ser identificada genericamente como sendo própria da *filosofia continental*, mesmo que nem toda a filosofia do continente europeu possa ser considerada, do mesmo modo que a filosofia de matriz *kantiana* passa a ser considerada como analítica. Essa dicotomia entre *filosofia analítica* e *continental;* entre *verdade* e *atualidade* ou *argumentação* e *narrativa; filosófica científica* e *humanismo* apresentam-se na filosofia contemporânea sujeita a um movimento de convergência ou mesmo de superação.

1.2. NOVAS TENDÊNCIAS CONVERGENTES

A riqueza de escolas e movimentos filosóficos impede um estudo de todas as escolas envolvidas e mesmo um trabalho aprofundado de cada uma delas, o que fugiria ao objeto do presente trabalho. Dessa forma, o objeto do presente estudo será uma breve revisão das principais escolas que auxiliaram de modo diverso neste movimento, sem querer esgotar de modo algum o tema.

Três grandes vertentes irão delimitar esta convergência de escolas de pensamento com matrizes teóricas distintas: i) *a teoria dos direitos fundamentais e o neoconstitucionalismo.* ii) *a hermenêutica ética e a teoria da justiça* e a iii) *a teoria do discurso e da argumentação.*[19]

---

[17] A relação de "parentesco" entre a *filosofia kantiana* e a *filosofia analítica* foi demonstrada na obra de *Robert Hanna* denominada "Kant and the foundations of analitic philosophy", publicada em 2001 e traduzida para o português sob o título "Kant e os fundamentos da filosófica analítica", em 2005. Segundo o autor: "[mas] o acontecimento mais profundo é que a tradição analítica emergiu da filosofia de Kant no sentido de que seus membros conseguiram definir e legitimar suas opiniões por intermédio unicamente de um engajamento intensivo e extensivo com a primeira Crítica e uma rejeição parcial ou completa a ela. Portanto, creio que a carreira como um todo da análise até Quine reflete quase à perfeição a sagaz afirmação de Alberto Coffa sobre a fase positivista ou empirista lógica da tradição – que ela 'nasceu do esforço de se evitar a teoria do a priori de Kant'"; ver *in* HANNA, Robert. *Kant e os fundamentos da filosófica analítica.* Coleção Idéias, n. 17, São Leopoldo: Unisinos, 2005, p. 21.

[18] Cf. VATTIMO, Gianni *et* Prefácio. D'AGOSTINI, Franca. *Analíticos e Continentais.* São Leopoldo: Unisinos, Coleção Idéias, p. 15.

[19] Adota uma posição semelhante *Agustín José Menéndez* ao defender três pilares para uma *teoria democrática do Direito Tributário* (*general theory of democratic tax Law*): "ethical constructivism (ethics), deliberative democracy (political theory) and post-positivism (legal theory) (...)"; ver *in* MENÉNDEZ, Agustín José. *Justifying Taxes, Law and Philosophy Series* n 51, Kluwer, Dordrecht, 2001, p. 03. Apesar da obra de *Menéndez* se inserir dentre as obras que assumem uma posição sistemática sobre o Direito Tributário, ela falha ao não reconhecer o aspecto mais relevante de uma teoria democrática do Direito Tributário: *a sua fundamentação na teoria dos direitos fundamentais.*

Estes três pilares estão intimamente conectados e interligados, dado que a teoria moderna do *constitucionalismo* afirma que o objetivo do Estado Democrático de Direito é se constituir em um Estado de Direitos Fundamentais, ou seja, um Estado que pretende realizar os direitos fundamentais de primeira, segunda e terceira dimensão. Dessa forma, considerando que a Constituição Democrática pretende realizar os Direitos Fundamentais esta deve prover os meios para custear esses direitos, que possuem logicamente um custo. A condição de financiamento desse custo dá-se mediante o pagamento de tributos. Os tributos, por sua vez, devem ter o seu encargo dividido entre os cidadãos de maneira equitativa e justa, de tal forma que uma *teoria sistemática do Direito Tributário* exige a compreensão de uma *teoria da justiça*. A aplicação concreta da teoria da justiça em matéria jurídica não pode ser entendida como mera aplicação, incidência ou subsunção normativa, de tal modo que a resolução legítima do inevitável conflito de valores em uma sociedade democrática somente pode ser encontrada no interior de uma *teoria do discurso jurídico* que privilegie a coerência argumentativa no âmbito de uma teoria *da argumentação*. A teoria da argumentação irá fornecer o instrumental teórico adequado para que ocorra a formação de um consenso no conflito entre valores distintos em uma sociedade democrática, por meio da ponderação de interesses legítimos.

Estas três correntes, plurais em sua composição e ricas nas propostas e divergências, irão constituir os pressupostos de uma nova interpretação sistemática, bem como estas inovações irão alicerçar os fundamentos de uma *Teoria Sistemática do Direito Tributário*.

1.2.1. Teoria dos direitos fundamentais e o neoconstitucionalismo

O *neoconstitucionalismo* estará essencialmente fundado na *teoria dos direitos fundamentais*. Dentre os diversos autores em destaque, podemos citar como

---

Esta lacuna pode ser observada no conceito do autor sobre tributação: "2. Taxes can be defined as the transfers of resources from individuals to public institutions for the purpose of providing material resources with which to finance the tasks which have been assigned to public institutions"; ver *in* MENÉNDEZ, Agustín José. *Justifying Taxes, Law and Philosophy Series* n 51, Kluwer, Dordrecht, 2001, p. 324. Como se pode notar, esta definição de tributação ainda se assemelha com as posições do pensamento conceitualista e normativista de tributo, visto que não percebe a riqueza do impacto da teoria dos direitos fundamentais para a fundamentação da tributação em um Estado Democrático de Direito. Os tributos não servem apenas para financiar tarefas designadas por instituições públicas, dado que a tributação fundamenta-se na realização dos direitos individuais, principalmente, por meio da proteção e promoção dos direitos fundamentais. Em nosso entender, faltam nessa definição três requisitos fundamentais para uma compreensão adequada da tributação em um Estado democrático: i) o *individualismo metodológico*, ii) a *concepção econômica do tributo* (não *financista*) e iii) a *concepção constitucional do Tributo*. O *individualismo metodológico* parte do postulado da existência de direitos individuais para firmar todos os demais deveres e direitos, e busca uma forma de financiar a sua proteção e promoção e não o contrário, ou seja, a montagem de uma listagem de necessidades públicas a serem financiadas por indivíduos. A *concepção econômica do tributo*, por sua vez, parte do postulado que tributação pretende mais do que meramente buscar recursos, visto que a tributação pode servir para regular políticas econômicas e sociais, tais como a família, a cultura, etc.; sem o ingresso de recursos monetários. Por fim, a *teoria constitucional do tributo* entende a tributação como um dever fundamental vinculado à realização de direitos fundamentais, erguendo o problema da tributação da mera esfera administrativa para um nível constitutivo da sociedade política (constituição material).

precursores *Robert Alexy* (1984)[20] e *Ronald Dworkin* (1977)[21] em suas obras seminais: "Teoria dos Direitos Fundamentais" (*Theorie der Grundrechte*) e "Levando os direitos a sério" (*Taking rights seriously*), respectivamente.

Dentre a vasta e significativa doutrina posterior, podemos citar as obras de: *Herbert Hart* (1961),[22] *Peter Haberle* (1972),[23] *Laurence Tribe* (1978),[24] *Gustavo Zagrebelsky* (1992),[25] *Carlos Nino* (1992),[26] *Castanheira Neves* (1993),[27] *Luigi Ferrajoli* (1995)[28] e *Luis Prieto Sanchís* (1997),[29] *Miguel Carbonell* (2003),[30] entre outros, e na doutrina nacional, dentre outros, podemos citar *Ingo Sarlet* (1998),[31] *Lenio Streck* (1999),[32] *Luís Roberto Barroso* (2003)[33] e *Écio Duarte* (2006).[34]

---

[20] Cf. ALEXY, Robert. *Teoria de los Derechos Fundamentales*. Madrid: Centro de Estúdios Políticos y Constitucionales, 2001.

[21] Cf. DWORKIN, Ronald. *Levando os direitos a sério*. São Paulo: Martins Fontes, 2002.

[22] A obra de *Herbert Hart*, especialmente "O Conceito de Direito" (*The Concept of Law*), tem sido citada como fonte da expressão do movimento denominado neoconstitucionalismo, por diferença de abordagem com a tradição positivista anterior. Apesar de ser considerado um autor positivista *Hart* irá adotar uma postura considerada *inclusiva*, visto que incorpora os problemas morais no interior da juridicidade e não os trata necessariamente como questões extrajurídicas (abordagem *exclusiva*). Para o autor, o Direito não possui um insulamento (isolamento) dos problemas morais da sociedade, de tal forma que há uma recusa do modelo dedutivo e a compreensão do Direito como uma prática social fundamentada na aceitação das regras e não apenas na sua imposição. Há uma aceitação do caráter teleológico e axiológico para a manutenção da coerência do sistema jurídico. Sobre o assunto ver o trabalho apresentado por BRASIL, Deilton Ribeiro. Positivismo inclusivo e Neoconstitucionalismo: as contribuições de Herbert L. A. Hart e de Santiago Sastre Ariza para a interpretação, aplicação e construção do direito. In: *XVI Congresso Nacional do Conpedi*, 2007, Belo Horizonte. Anais do XVI Congresso Nacional do Conpedi. Florianópolis: Fundação Boiteux, 2007, p. 6143-6161.

[23] Vejam-se do autor as seguintes obras fundamentais HÄBERLE, Peter. Grundrechte im Leistungsstaat *in*: *Veröffentlichungen der Vereinigung Deutscher Staatsrechtslehrer* (VVDStRL) vol. 30, 1972, e HÄBERLE, Peter. Die offene Gesellschaft der Verfassungsinterpreten. In: Juristenzeitung (JZ) 1975.

[24] Cf. TRIBE, Laurence. *American Constitutional Law*. 1978.

[25] Cf. ZAGREBELSKY, Gustavo. *Il diritto mite. Legge, diritti, giustizia*. Torino: Einaudi, 1992, e ZAGREBELSKY, Gustavo. *El derecho dúctil. Ley, derechos, justicia*. Madrid: Trotta, 2003.

[26] Cf. NINO, Carlos. *Ética y Derechos Humanos. Un ensayo de fundamentación*. Buenos Aires: Astrea; 1984. Idem. *La Constitución de la democracia deliberativa*. Barcelona: Gedisa, 2003. Igualmente *El constructivismo ético* (1989) e *Fundamentos de derecho constitucional* (1992).

[27] Cf. NEVES, Castanheira. *Metodologia jurídica. Problemas fundamentais*. Coimbra: Coimbra, 1993.

[28] Cf. FERRAJOLI, Luigi. *Derechos y garantías. La ley del más débil*. Madrid: Trotta, 2004. Idem. *Direito e razão. Teoria do garantismo penal*. São Paulo: RT, 2002. Veja-se ainda FERRAJOLI, L. *El fundamento de los derechos fundamentales*. Madrid: Trotta, 2005. Publicou ainda artigo na obra PISARELLO, Gerardo y DE CABO, Antonio (Eds.). *La renta básica como nuevo derecho ciudadano*. Madrid: Trotta, 2006.

[29] Cf. PRIETO SANCHÍS, Luis. *Justicia Constitucional y Derechos Fundamentales*. Madrid: Trotta, 2003; bem como a obra PRIETO SANCHÍS, Luis. *Constitucionalismo y positivismo*. México/DF: Fontamara, 1997.

[30] Cf. CARBONELL, Miguel. *Teoría del neoconstitucionalismo. Ensayos escogidos*. Madrid: Trotta, 2003.

[31] Cf. SARLET, I. W. *A Eficácia dos Direitos Fundamentais*. Porto Alegre: Livraria do Advogado, 1998.

[32] Cf. STRECK, L. L. *Hermenêutica Jurídica e(m) crise. Uma exploração hermenêutica da construção do Direito*. 3ª ed. Porto Alegre: Livraria do Advogado, 2001. v. 1, e STRECK, L. L. *Jurisdição Constitucional e Hermenêutica: Uma Nova Crítica do Direito*. Porto Alegre: Livraria do Advogado, 2002. v. 1.

[33] Cf. BARROSO, L. R. *Interpretação e aplicação da Constituição: fundamentos de uma dogmática constitucional transformadora*. 5ª ed. São Paulo: Saraiva, 2003.

[34] Cf. DUARTE, Écio Oto Ramos *et* POZZOLO, Susanna. *Neoconstitucionalismo e Positivismo Jurídico: as faces da teoria do direito em tempos de interpretação moral da constituição*. São Paulo: Landy, 2006.

1.2.1.1. Os fundamentos do neoconstitucialismo

O *neoconstitucionalismo* possui como fundamento histórico o fenômeno de reconstitucionalização, principalmente dos países europeus (Itália, Alemanha. Espanha e Portugal). Este movimento democrático redefiniu o papel da Constituição e do próprio desenho do Estado Democrático de Direito.

Luís Roberto Barroso apresenta como principais referências deste modelo a *Lei Fundamental de Bonn* (1949), a criação do Tribunal Constitucional Federal (1951); a Constituição da Itália (1947), a Corte Constitucional da Itália (1956); a reconstitucionalização de Portugal (1976) e da Espanha (1978).[35]

No Brasil, o *neoconstitucionalismo* se firma com a reconstitucionalização do país com a promulgação da Constituição de 1988. O novo texto constitucional inaugurou uma nova fase do Estado brasileiro, superando décadas de autoritarismo. O *neoconstitucionalismo* irá apresentar como fundamentos filosóficos a superação do modelo positivista baseado em regras, por um modelo edificado sobre um sistema de direitos fundamentais estruturado sobre o conceito de dignidade da pessoa humana.

Segundo *Barroso*, o *neoconstitucionalismo* possui três grandes pilares teóricos: a) o reconhecimento de força normativa à Constituição; b) a expansão da jurisdição constitucional e c) o desenvolvimento de uma nova dogmática da interpretação constitucional.[36]

O *reconhecimento de força normativa à Constituição* alterou a percepção sobre o sentido e o significado do texto constitucional. Inicialmente, a Constituição era vista tão somente como uma carta política de estruturação dos poderes do Estado e passou a ser vista no novo modelo como uma norma jurídica estruturante de todos os momentos da vida cidadã.[37] A ideia da supremacia da Constituição implica a solução do paradoxo de normas "protegidas" ou "imodificáveis" no âmbito da democracia, visto que o princípio democrático impõe a supremacia do interesse da maioria atual sobre decisões pretéritas. Há uma tensão entre as vontades dos antigos e as "verdades reveladas" pelos fundadores da Constituição (*founding fathers*) e os novos desafios sociais.

---

[35] São obras do autor de referência sobre o assunto: BARROSO, Luís Roberto. Influência da reconstitucionalização de Portugal sobre a experiência constitucional brasileira. Themis – *Revista da Faculdade de Direito da Universidade Nova de Lisboa*, Edição Especial, p. 71, 2006. ———. O começo da história. A nova interpretação constitucional e o papel dos princípios no direito brasileiro, In: *Temas de direito constitucional*, t. III, 2005. ———. Fundamentos teóricos e filosóficos do novo direito constitucional brasileiro (pós-modernidade, teoria crítica e pós-positivismo), In: *Temas de direito constitucional*, t. II, 2003; *Revista de Direito Administrativo*, 225/5, julho a setembro de 2001; *Revista da EMERJ*, 15/11, 2001; Interesse Público, 11/42, 2001; *Revista da AJUFE*, 67/51, julho a setembro de 2001; *Revista Trimestral de Direito Público*, nº 29, 2002. ———. *A nova interpretação constitucional: ponderação, direitos fundamentais e relações privadas*. Editora Renovar, 2003.

[36] Cf. BARROSO, Luís Roberto. *Neoconstitucionalismo e constitucionalização do Direito. O triunfo tardio do Direito Constitucional no Brasil*. Jus Navigandi, Teresina, ano 9, n. 851, 1 nov. 2005. Disponível em: <http://jus2.uol.com.br/doutrina/texto.asp?id=7547>. Acesso em: 03 out. 2008.

[37] *Konrad Hesse* foi um dos primeiros constitucionalistas a ressaltar a força normativa do texto constitucional expressa na *vontade da constituição* (*Wille zur Verfasssung*), em sua obra "A força normativa da Constituição" (*Die normative Kraft der Verfassung* – 1959).

A *expansão da jurisdição constitucional* se caracteriza por um movimento de superação do entendimento da lei como expressão da vontade geral (França) ou de soberania do parlamento (Inglaterra), por uma concepção de supremacia da Constituição e dos direitos fundamentais, com a noção de sua imunidade perante o legislador infraconstitucional. O fenômeno de criação de Cortes Constitucionais se espalhou pelo continente europeu e depois pelo mundo, tendo como momentos marcantes: Alemanha (1951), Itália (1956), Chipre (1960), Turquia (1961), Grécia (1975), Espanha (1978), Portugal (1982), Bélgica (1984), Polônia (1986), Argélia (1989), Hungria (1990), Rússia (1991), República Tcheca (1992), Romênia (1992), República Eslovaca (1992) e Eslovênia (1993), África do Sul (1996), Moçambique (2003). Somente Reino Unido, Holanda e Luxemburgo mantiveram o modelo anterior de supremacia parlamentar, sem a possibilidade de controle constitucional por uma corte especializada. No Brasil, apesar de já existirem modelos anteriores (EC nº 16, de 1965), é somente com a nova Constituição de 1988 que irá se firmar uma verdadeira ampliação do direito de propositura, bem como a regulamentação das normas sobre as ações diretas de inconstitucionalidade.

A *tensão entre a democracia e a Constituição* e a harmonia entre os Poderes Legislativo, Judiciário e Executivo foram motivo de muitos estudos e, particularmente, a experiência constitucional norte-americana foi a que mais avançou no estabelecimento de medidas de equilíbrio institucional por meio da aplicação de *freios e contrapesos* para garantir técnicas de "auto-restrição na atividade de revisão da legislação" (*judicial self-restraint*).[38] Desse modo, o controle da atividade legislativa pelo Judiciário passa a ser entendido apenas como sendo uma exceção. Dentre as técnicas utilizadas podemos citar:[39] i) *cases and controversies*; ii) *standing to sue*; iii) *precedent*; iv) *comity*; v) *political questions*.[40]

Estas permite o *desenvolvimento de uma nova dogmática da interpretação constitucional* pela superação da interpretação tradicional das normas jurídicas e pela incorporação radical de novos elementos teóricos sobre a resolução de conflitos normativos (tese da supremacia da Constituição, da presunção de constitucionalidade dos atos normativos do Poder Público, da interpretação conforme a Constituição, o da unidade, coerência, da razoabilidade e o da efetividade). Dentre as novas categorias inseridas na interpretação podemos citar: as cláusulas gerais, os princípios, as colisões de normas constitucionais, a ponderação e a argumentação.

---

[38] Cf. SANTOS, Gustavo Ferreira. *Neoconstitucionalismo e democracia*. Brasília a. 43 n. 172 out./dez. 2006, p. 46.

[39] Cf. SOUSA, João Ramos de. Self-Restraint. *Sub judice: justiça e sociedade*, Lisboa, n. 12, jan./jun. 1998.

[40] Estas técnicas apresentam, segundo Gustavo Ferreira Santos, as seguintes características: *cases and controversies* entende que a controvérsia deve ser delimitada apropriadamente, de modo a permitir uma decisão precisa e não uma mera opinião. A *standing to sue* requer a exigência de que a parte prove o interesse direto na solução do caso. A regra do *precedent* vincula das decisões atuais às decisões anteriores, limitando os casos de reapreciação às razões suficientes para tanto. A regra do *comity* harmoniza o modelo judical em âmbito federativo, ao exigir a exaustão dos recursos aos tribunais estaduais, como condição de recurso às cortes superiores. A regra das *political questions* pretende afastar os julgamentos de casos eminentemente políticos, limitando as decisões às questões jurídicas *stricto sensu*. Ver, nesse sentido, SANTOS, Gustavo Ferreira. *Neoconstitucionalismo e Democracia*. Brasília a. 43 n. 172 out./dez. 2006, p. 50.

O *neoconstitucionalismo* foi assentado, segundo Barroso, em três pilares: i) histórico, na reconstitucionalização da metade final do século XX; ii) filosófico, na afirmação do pós-positivismo e na reaproximação entre Direito e ética; e iii) teórico, com a afirmação da força normativa da Constituição, da expansão da jurisdição constitucional e do desenvolvimento de uma nova dogmática da interpretação constitucional.

O *neoconstitucionalismo*, antes de se configurar em uma escola, é um movimento representado por posturas teóricas diversas, que possuem as seguintes características, segundo *André Rufino do Vale:*[41] a) o papel de destaque conferido aos princípios e valores como componentes elementos estruturantes dos sistemas constitucionais; b) a importância da ponderação como método de interpretação, aplicação e resolução dos conflitos entre valores constitucionais; c) a aceitação de determinada conexão entre Direito e moral.

Prieto Sanchís sintetizou o *neoconstitucionalismo* da seguinte forma: "mais princípios que regras; mais ponderação que subsunção; mais Constituição que lei; mais juiz que legislador".[42] Trata-se de um movimento de superação do clássico dualismo entre jusnaturalismo e positivismo, em que assumem um papel de destaque as normas de direitos fundamentais, dado que elas podem ser caracterizadas como fusão dos valores morais históricos de uma comunidade.[43] É a riqueza da complexidade da compreensão dos direitos fundamentais que impôs uma nova revisão da tensa relação entre positivismo, realismo e jusnaturalismo. Vejamos, pois, o sentido e o alcance das normas de direitos fundamentais.

1.2.1.2. O neoconstitucialismo e a concepção sistemática do direito

A concepção sistemática parte do postulado de que o Direito é composto por um conjunto de normas fundamentadas sobre valores, ou seja, o ordenamento jurídico tem em sua essência a preocupação com a realização de determinados "estados de coisas" (*fins*). O direito, em suas prescrições, emanará não somente comandos normativos, mas proposições estruturadas com fulcro em valores afirmados socialmente no texto constitucional. Desse modo, a concepção sistemática terá um caráter deontológico orientado por valores e não apenas axiológico, visto que o sistema jurídico não pode ser composto meramente por uma afirmação de valores, mas deve prever como estes valores constitucionalizados irão se concretizar por meio de comandos normativos.

---

[41] Cf. VALE, André Rufino do. Aspectos do Neoconstitucionalismo. *Revista Brasileira de Direito Constitucional* – RBDC n. 09 – jan./jun. 2007, p. 67.

[42] Cf. PRIETO SANCHÍS, Luis. Sobre el neoconstitucionalismo y sus implicaciones. In: *Justicia Constitucional y Derechos Fundamentales*. Madrid: Trotta, 2003, p. 101. Idem. Ley, principios, derechos. Madrid: Dykinson, 1998, p. 35.

[43] Cf. VALE, André Rufino do. Aspectos do Neoconstitucionalismo. *Revista Brasileira de Direito Constitucional* – RBDC n. 09 – jan./jun. 2007, p. 70.

Dentre os diversos valores que podemos citar, tomamos como núcleo axiológico dos sistemas constitucionais democráticos a afirmação da dignidade da pessoa humana.[44] Iremos apresentar brevemente os principais construtores da ideia de subjetividade e da pessoa humana como fundamento dos sistemas constitucionais, iniciando pelo seu primeiro grande formulador: *Immanuel Kant*.

1.2.1.2.1. Kant e as origens da fundamentação da dignidade da pessoa humana

A construção filosófica da subjetividade irá encontrar na obra de *Kant*[45] um pilar fundamental para uma compreensão da fundamentação moral. Sua concepção moral é extremamente refinada e se conduz pelo estabelecimento de regras gerais para a compreensão da razão prática. Seu sistema moral é estabelecido com base em obrigações morais incondicionais, ou seja, independentes dos desejos (imperativos categóricos).[46] Dessa forma, *Kant* responde à pergunta prática "como devemos agir" ("Was soll ich tun?") com base na razão pura, afastando qualquer consideração empírica, na religião ou no senso comum (*common sense*). O ser humano é um ser racional e desta racionalidade decorre a autonomia da vontade.

Os imperativos categóricos podem ser formulados de três modos:[47]

i) a fórmula da lei universal (*Universalisierungs-Formel*): "Age de modo tal, como se a máxima de tua ação devesse tornar-se pela tua vontade lei universal da natureza"; ("Handle nur nach derjenigen Maxime, durch die du zugleich wollen kannst, dass sie ein allgemeines Gesetz werde");[48]

ii) a fórmula da humanidade (*Zweck-an-sich-Formel*): "Age de tal forma que uses a humanidade, quer na tua pessoa como de qualquer outra, sempre ao mesmo tempo como fim, jamais meramente como meio"; ("Handle so, dass du die Menschheit sowohl in deiner Person, als in der Person eines jeden anderen jederzeit zugleich als Zweck, niemals bloß als Mittel brauchst");[49]

---

[44] Cf. SARLET, Ingo Wolfgang (Org.). *Dimensões da Dignidade*. Porto Alegre: Livraria do Advogado, 2005.

[45] *Immanuel Kant* (1724 -1804) é autor de diversas obras relevantes, dentre as quais se destacam as obras sobre fiosofia moral: *Fundamentação da metafísica dos costumes (Grundlegung zur Metaphysik der Sitten – 1785)*, *Crítica da razão prática (Kritik der praktischen Vernunft – 1788)* e *Metafísica dos costumes (Metaphysik der Sitten – 1798)*.

[46] O conceito de *imperativo categórico* é considerado um dos conceitos mais deturpados da história da filosofia e, portanto, recorreremos a *Otfried Höffe* para uma determinação mais apurada do mesmo. Segundo o autor: "(...) o imperativo categórico apresenta um critério supremo de ajuizamento da moralidade e, numa reformulação correspondente, para o todo da moralidade (S)" segue o autor a afirmar que "(...) o imperativo categórico não porpõe nada de neutro", desse modo "(...) ele nos exorta a agir moralmente"; ver *in*: HÖFFE, Otfried. *Immanuel Kant*. São Paulo: Martins Fontes, 2005, p. 197-198.

[47] Em importante estudo sobre o tema Paton irá apresentar o três imperativos categóricos, divididos em cinco fórmulas. Sobre o assunto ver PATON, H. J. *The Categorial imperative; a study in Kant's moral philosophy*. Philadelphia: University of Pennsylvania, 1999, p. 114 e ss.

[48] Cf. Grundlegung zur Metaphysik der Sitten (GMS) Akademie-Ausgabe Kant Werke IV, S. 421, 6.

[49] GMS, Akademie-Ausgabe Kant Werke IV, S. 429, 10-12.

iii) a fórmula da autonomia (*Autonomie-Formel*): "(Age) como de tal forma que tua vontade possa encarar a si mesma, ao mesmo tempo, como um legislador universal através de suas máximas"; ("[Handle so], dass dein Wille durch seine Maxime sich selbst zugleich als allgemein gesetzgebend betrachten könne").[50]

A fundamentação moral de *Kant* protege o entendimento de que o ser humano é o fim do ordenamento jurídico e não um meio de realização de seus objetivos gerais ou abstratos. Especialmente no Estado Democrático de Direito podemos afirmar que a dignidade da pessoa humana e os direitos fundamentais possuem uma dimensão superior a qualquer consideração do ser humano como meio para a realização de interesses financeiros ou administrativos.[51]

1.2.1.2.2. Rawls e a compreensão não-utilitarista e consequencialista dos direitos individuais

Outra concepção importante, em que a realização de direitos tem o sentido de realização de valores e principalmente da justiça, pode ser encontrado em *John Rawls*.[52] Para este autor, ter direitos significa ser titular de pretensões para uma determinada prestação positiva ou negativa, assistência ou não interferência por outros (*to be an entitlement or justified claim*). *Ralws* irá procurar no pensamento de *Kant* os fundamentos para uma compreensão não utilitarista e consequencialista dos direitos individuais. Para *Ralws*, todos os indivíduos possuem como característica inata o forte sentimento de autointeresse (*selfinterest*).

Para a fundação de uma sociedade justa, este dado deve ser considerado e limitado para a justa definição dos objetivos de um governo. Surge então a ficção proposta por *Ralws* do denominado "véu de ignorância" (*veil-of-ignorance apparatus*),[53]

---

[50] GMS, Akademie-Ausgabe Kant Werke IV, S. 434, 12-14.

[51] Veja-se como exemplo a interessante decisão citada por Marcelo Kokke Gomes: Ementa: Processual Civil e Administrativo. Antecipação de tutela. Saúde. Direito fundamental. Proteção. Astreinte. A necessidade de proteção a direitos fundamentais à saúde e à dignidade da pessoa humana se sobrepõe à resguardo a direitos de ordem econômica e administrativa. A astreinte constitui mecanismo de coerção ao cumprimento do preceito, indispensável a tão almejada efetividade da jurisdição. Decisão mantida. Agravo desprovido. (TJRS Agravo de instrumento nº 70006650790, Vigésima Segunda Câmara Cível, Tribunal de Justiça do RS, Relator: Mara Larsen Chechi, Julgado em 28/10/2003); ver *in*: GOMES, Marcelo Kokke. *O ser humano como fim em si mesmo: imperativo categórico como fundamento interpretativo para normas de imperativo hipotético*. Disponível em: http://jus2.uol.com.br/doutrina/texto.asp?id=5175. Acesso em: 19.10.06, às 05:45 h.

[52] John Rawls (1921 – 2002) foi professor de filosofia política na Universidade de Harvard. Dentre as suas obras destacam-se: *A Theory of Justice* (1971); *Political Liberalism* (1993), e *The Law of Peoples*.

[53] A ideia do *véu de ignorância* pode ser encontrada inicialmente na sugestão de Adam Smith do *expectador imparcial* ("impartial spectator"), desenvolvida no livro "The Theory of Moral Sentiments", como uma forma de se encontrar um mecanismo de limitação dos interesses egoísticos, na formulação de uma moralidade pública. Assim: "There are some situations which bear so hard upon human nature, that the greatest degree of self-government, which can belong to so imperfect a creature as man, is not able to stifle, altogether, the voice of human weakness, or reduce the violence of the passions to that pitch of moderation, in which the impartial spectator can entirely enter into them"; ver *in* SMITH, Adam. *The Theory of Moral Sentiments*. I.II.28.

como forma de possibilitar aos indivíduos alcançarem resultados favoráveis e justos pela colaboração. O autor irá utilizar a metáfora do *jogo da torta* como demonstração deste raciocínio (*pie game*). Segundo esse jogo, proposto por James Harrington (séc. XVII), para defender a noção de separação dos poderes, para se obter dois pedaços iguais de torta entre dois indivíduos egoístas devemos pedir que um corte e o outro escolha o seu pedaço. Assim, existirá a garantia que um desses indivíduos tentará resguardar seus resultados futuros e atingirá os objetivos sociais do jogo.

A concepção filosófica de *Ralws* parte da aceitação de um individualismo ético. O ponto de partida serão as liberdades individuais, que devem ser complementadas por critérios de justiça (equidade). Outro postulado está na ausência de um *ethos* unificado na sociedade que possa orientar um critério absoluto de justiça. Sua visão de justiça parte, contudo, do indivíduo para alcançar o bem-estar social. Não se admite que a inviolabilidade de direitos do indivíduo seja afastada pelo bem-estar social.

Considerando que os indivíduos possuem interesses próprios e, muitas vezes, contrapostos e que inexiste um critério de vida boa absoluto, torna-se imperativo verificar um critério de justiça que permita a coexistência e cooperação social. Seu modelo de justiça estará assentado no modelo ético construtivista, ou seja, capaz de gerar um modelo universal de enunciados éticos capazes de determinar os princípios aplicáveis a uma sociedade bem ordenada. Para tanto, esta construção parte da ficção de uma posição original hipotética em que nenhum participante conhece de sua posição na sociedade (*véu de ignorância*).

Assim, será razoável que os participantes, longe de seus interesses imediatos, escolham princípios que maximizem as vantagens gerais a partir de ganhos individuais generalizados. Esta noção é caracterizada pelos dois princípios de justiça: o primeiro estabelece que:

i) Cada pessoa deve ter um direito igual ao mais extenso sistema de liberdades básicas que seja compatível com um sistema de liberdades idêntico para as outras;

ii) As desigualdades econômicas e sociais devem ser distribuídas de forma que, simultaneamente: a) se possa razoavelmente esperar que elas sejam em benefício de todos; b) decorram de posições e funções às quais todos têm acesso.

Assim, deve existir um conjunto de *liberdades básicas* inegociáveis (liberdade política, de expressão; de consciência, de pensamento; as liberdades da pessoa e etc.). Estas não poderão ser afastadas quando em conflito com necessidades econômicas, mas somente limitadas quando em conflito com outras liberdades básicas. Por outro lado, se reconhece que possa existir a diferença de resultados econômicos e sociais, ou seja, pessoas com um sucesso social maior que outras, mas tão somente quando estas diferenças possam significar uma situação de melhora para todos, inclusive para os menos favorecidos.

1.2.1.2.3. Ronald Dworkin e a demanda pela criação de condições mínimas de bem-estar

Uma outra apresentação desta forma de pensar pode ser encontrada no pensamento de *Ronald Dworkin*.[54] Os direitos humanos, apesar de sua multiplicidade de sentidos e entendimentos políticos e filosóficos, significam a demanda nas sociedades democráticas pela criação de condições mínimas de bem-estar.[55] As exigências por direitos devem possuir um estatuto superior às exigências sociais, prevalecendo uma noção denominada de "individualismo ético" ("ethical individualism").

Os estudos de *Ronald Dworkin* representam um dos mais bem sucedidos "ataque geral ao positivismo" (*general atack on Positivism*), pela profundidade de suas críticas e pelo elevado grau de aceitação e difusão que alcançaram. As críticas realizadas por *Dworkin* não foram as primeiras, mas o modo como foram propostas e os objetivos pretendidos alcançaram uma tremenda eficácia no repensar do Direito. As primeiras investidas do autor serão realizadas no artigo "O modelo de regras" (*The model f rules*),[56] publicado em 1967 pela *University of Chicago Law Review*.

O pensamento de *Ronald Dworkin*[57] irá estabelecer uma nova centralidade no debate jurídico por meio da afirmação do debate ético e dos direitos humanos. Os direitos humanos, apesar de sua multiplicidade de sentidos e entendimentos políticos e filosóficos, irão significar nesta tradição uma demanda nas sociedades democráticas pela criação de condições mínimas de bem-estar.[58] Dessa forma, as exigências por direitos devem possuir um estatuto superior às exigências sociais,

---

[54] Ronald Dworkin (1931-) estudou na Harvard University e em Oxford e tornou-se Professor na Yale University, na cadeira pertencente a Wesley N. Hohfeld (Chair of Jurisprudence). Em 1969, sucedeu H.L.A. Hart, em Oxford. Publicou dentre outras obras: *Taking Rights Seriously* (1977); *A Matter of Principle* (1985); *Liberalism* (1978); *Law's Empire* (1986); *Philosophical Issues in Senile Dementia* (1987); *A Bill of Rights for Britain* (1990); *Life's Dominion* (1993); *Freedom's Law* (1996); *Sovereign Virtue: The Theory and Practice of Equality* (2000); *Justice in Robes* (2006) e *Is democracy possible here?* (2006).

[55] Cf. *Ronald Dworkin*: "We say that government must, above all, respect people's dignity. Or that it must treat them as human beings. Kant said that government must treat people as ends and never as means"; ver *in* DWORKIN, Ronald. *What Are Human Rights?* Disponível em: <http://www.law.nyu.edu/clppt/program2003/readings/dworkin.pdf>. Acesso em: 15.10.06, às 01:30 h, p. 37.

[56] Cf. DWORKIN, Ronald. *The model of rules*. University of Chicago Law Review, 1967, n. 35, p. 14 e ss., que posteriormente será reeditado com o sugestivo título de Dworkin, Ronald. *Is law a system of rules? The Philosophy of Law*. Oxford: Oxford University Press, 1977, p. 38 e 65.

[57] *Ronald Dworkin* (1931-) estudou em *Harvard University* e em Oxford e tornou-se Professor na Yale University, na cadeira pertencente a Wesley N. Hohfeld (Chair of Jurisprudence). Em 1969, sucedeu H.L.A. Hart, em Oxford. Publicou dentre outras obras: *Taking Rights Seriously* (1977) ; *A Matter of Principle* (1985); *Liberalism* (1978); *Law's Empire* (1986); *Philosophical Issues in Senile Dementia* (1987); *A Bill of Rights for Britain* (1990); *Life's Dominion* (1993); *Freedom's Law* (1996); *Sovereign Virtue: The Theory and Practice of Equality* (2000); *Justice in Robes* (2006) e *Is democracy possible here?* (2006).

[58] Conforme *Ronald Dworkin*: "We say that government must, above all, respect people's dignity. Or that it must treat them as human beings. Kant said that government must treat people as ends and never as means"; ver *in* DWORKIN, Ronald. *What Are Human Rights?* Disponível em http://www.law.nyu.edu/clppt/program2003/readings/dworkin.pdf. Acesso em 15.10.06, às 01:30 h, p. 37.

prevalecendo uma noção denominada de "individualismo ético" ("ethical individualism").

Ronald Dworkin designou a expressão "direitos como trunfos" (*rights as trumps*) para representar esta precedência dos direitos sobre os objetivos sociais. Para o autor, a noção dessa expressão expõe a ideia fundamental de igualdade na doutrina de direitos humanos[59] e de crítica a uma teoria consequencialista e utilitarista desses direitos. *Dworkin* nega o argumento de que determinado direito pode ser afastado pela justificativa de que razões utilitaristas ou de maximização de interesses gerais da sociedade (*wealth-maximizing reasons*) são mais importantes.

Ronald Dworkin no texto "Direitos como trunfos" ("Rights as Trumps") utilizou como metáfora ao exercício de direitos com certo tipo de carta em um jogo, como forma de salientar o papel dos direitos no discurso público. Defende *Dworkin* que no uso desse direito será errado afastá-lo (ex.: liberdade de expressão) em nome da maximização de interesses da coletividade. Tal como em um jogo de baralho, onde existem determinadas cartas que se sobrepõe às cartas de outros jogadores, os direitos humanos devem se sobrepor aos interesses públicos. Assim, para alcançar o benefício geral de combate à criminalidade não se deve autorizar o uso da tortura como método investigativo, por exemplo. Isso não quer dizer que o autor defenda uma contradição de fundo entre o exercício de direitos individuais e o bem-estar social, pelo contrário, irá defender que ambos possuem fundamento na ideia de igualdade.[60]

Os direitos humanos serão considerados nesta concepção como uma diretriz ética decorrente do fato do ser humano simplesmente ser, da qual irá possuir uma esfera de intangibilidade que o protegerá contra qualquer violação da dignidade da pessoa humana. Esta fundamentação universalista dos direitos fundamentais e cognitivista, ou capaz de possuir um conteúdo apropriável pela razão, encontra destacados defensores na atualidade, dentre os quais *Norberto Bobbio*,[61] *Otfried Höffe*,[62] *Ernst Tugendhat*,[63] *Martha Nussbaum*,[64] bem como na sua recepção no

---

[59] Sobre o assunto veja-se o interessante texto divulgado por *Dworkin* no material de classe dos Colloquium da New York Univerty, sobre o conceito de Direitos Humanos, em 2003. Cf. Dworkin, Ronald. *What Are Human Rights?* Disponível em: <http://www.law.nyu.edu/clppt/program2003/readings/dworkin.pdf>. Acesso em: 15.10.06, às 01:30 h.

[60] Cf. DALL'AGNOL, Darlei. *O igualitarismo liberal de Dworkin*. Kriterion, Jan./June 2005, vol. 46, n. 111, p. 55-69.

[61] *Norberto Bobbio* (1909 – 2004): *Teoria dell'ordinamento giuridico* (1960); *Il Positivismo Giuridico* (1961); *Diritto e stato nel pensiero di E. Kant* (1969); *L'età dei diritti* (1989) e *Liberalismo e Democrazia* (2006).

[62] *Otfried Höffe* (1943) publicou entre outras obras: *Ethik und Politik* (1979); *Kategorische Rechtsprinzipien. Ein Kontrapunkt der Moderne* (1990); *Principes du droit: Éthique, théorie juridique et philosophie sociale* (1993); *Moral als Preis der Moderne* (1993) e *Gerechtigkeit. Eine philosophische Einführung* (2001).

[63] *Ernst Tugendhat* (1930), dentre outras obras, é autor de: *Vorlesungen über Ethik* (1993); *Probleme der Ethik* (1981) e *Logisch-semantische Propädeutik* (1997).

[64] *Martha Nussbaum* (1947) é uma filósofa norte-americana especializada em filosofia antiga e ética. Publicou, dentre outras obras: Nussbaum, Martha et Amartya Sen. *The quality of life.* (1993) e *Hiding from humanity: disgust, shame, and the law* (2004).

Brasil por *José Arthur Giannotti,*[65] *Valerio Rohden,*[66] *Nythamar de Oliveira*[67] e *Zeljko Loparic.*[68]

1.2.1.2.4. Habermas e a fundamentação discursiva dos direitos humanos

Habermas irá fundir diversas tradições e propor um novo paradigma, transferindo o problema do "trabalho" para o campo da "comunicação". As críticas ao capitalismo e as formas alienadas de vida social continuam no âmago das críticas do autor à sociedade contemporânea, mas as suas soluções deslocam-se da primazia da classe trabalhadora para questões éticas envolvendo o poder comunicacional.[69] Suas análises, contudo, distanciaram-se de modo profundo da vertente marxista em uma crítica à concepção cientificista de ciência, ao modelo economicista da sociedade e da cultura, ao modelo particularista (moral operária) e não universalista da moral e dos direitos fundamentais, da teleologia da história com base na categoria do trabalho e da luta de classes.

Habermas irá postular uma fundamentação discursiva (*Diskursethik*) dos direitos fundamentais, numa tentativa de criação de uma normatividade comunicacional com pretensões universalistas.[70] A ética do discurso em *Habermas* será cognitivista, deontológica e universalista. Será *cognitivista* porque permitirá a enunciação de enunciados com pretensão de verdade sobre juízos morais, ou seja, o sentido de *dever* fazer algo deve ser entendido como *ter razões* para agir.[71] É *deontológica* porque se preocupa com o estabelecimento de critérios formais para a ação correta e justa, não se preocupando com o conceito de vida boa ou de uma

---

[65] José Arthur Giannotti é professor da USP e autor, dentre outras obras, de: *Marx vida & obra* (2000); *Apresentação do mundo: Considerações sobre o pensamento de Ludwig Wittgenstein* (1995) e *John Stuart Mill: o psicologismo e a fundamentação lógica* (1964).

[66] *Valerio Rohden* é autor dentre outras obras de Immanuel Kant. *Crítica da razão prática* (2003) e *Crítica da razão prática*. Tradução, introdução e notas (2002).

[67] Nythamar Fernandes de Oliveira é Professor da PUC/RS e publicou, dentre outras obras: *Tractatus ethico-politicus* (1999); "The Critique of Public Reason Revisited: Kant as Arbiter between Rawls and Habermas", Veritas (PUC/RS) 44/4 (2000): 583-606 e "Kant, Rawls, and the Moral Foundations of the Political", *in Kant und die Berliner Aufklärung*: Akten des IX Internationalen Kant-Kongresses, ed. Volker Gerhardt *et al.*, Berlin: W. de Gruyter, 2001, p. 286-295.

[68] Zeljko Loparic é filósofo e lógico e dentre as suas obras destaca-se *Ética e finitude* (1995).

[69] Ver Mondaini, Marco. *Jürgen Habermas e a Teoria Crítica*. Disponível em: <http://www.historia.uff.br/nec/textos/text25.PDF>. Acesso em: 20.10.06, às 14h.

[70] Segundo Habermas o *Princípio de universalização (U)* entende que: "Todas as normas válidas devem atender à condição de que as consequências e efeitos colaterais que presumivelmente resultarão da observância geral dessas normas para a satisfação dos interesses de cada indivíduo possam ser aceitas não-coercitivamente por todos os envolvidos". (condições ideais, *ideal role-taking*). Habermas considera o *Princípio do discurso (D)* como: "São válidas as normas de ação às quais todos os possíveis atingidos poderiam dar o seu assentimento, na qualidade de participantes de discursos racionais". *(indução teórico-discursiva);* ver *in* HABERMAS, Jürgen. *Direito e democracia: entre facticidade e validade*. Tradução de Flávio Beno Siebeneichler. Rio de Janeiro: Tempo Brasileiro, 1997, v. I, p. 142. Considera-se que $U > D$.

[71] Cf. HABERMAS, Jürgen. *Consciência moral e agir comunicativo*. Tradução de Guido Antônio de Almeida. Rio de Janeiro: Tempo Brasileiro, 1989, p. 71-72.

determinação substantiva dos bens a serem preservados. É *universalista* porque pretende possuir pretensões de universalidade, ultrapassando os limites de contextos particulares de tempo e culturas específicas.

Assim, surge uma preocupação marcada pela busca de um *lócus* ideal de formação do entendimento e consenso. Não há como esquecer neste esquema a existência de uma cisão estrutural na esfera social, visto que a emergência dos direitos está em processo contínuo de dissenso, emergência do consenso e abertura para o questionamento multifacetado dos direitos humanos. O conceito de direitos humanos terá um sentido de reinterpretação *kantiana*[72] de autonomia privada e pública que se sustentam mutuamente. Igualmente, a legitimação da esfera pública e do direito terá incorporada à noção de uma moralidade não conteudística, mas procedimental.[73]

Habermas fará uma formulação dos direitos humanos com base na ideia de *sujeito* (*Subjekt*), e não na noção de *proprietário* (*Besitzindividualismus*), tal como aparece na teoria liberal, especialmente em Locke. A teoria de *Habermas* vai representar uma tentativa de conciliação entre o discurso dos direitos humanos e a concepção geral de direitos decorrentes de uma ordem social. Assim, os direitos humanos têm uma fundamentação diferente daqueles estabelecidos na teoria clássica, visto que somente podem ser estabelecidos como decorrentes de um indivíduo participante da sociedade (*Rechte der Mitglieder einer Rechtsgemeinschaft*).[74]

Habermas continuará tentando encontrar uma solução para a tensão entre direitos humanos (*Menschenrechte*) e soberania popular (*Volksouvernität*) e a sua solução será buscar fundamentos na ideia de origem simultânea da autonomia privada e pública (*Gleichsprüngglichkeit von privater und öffentlicher Autonomie*).[75] O autor procurará encontrar um ponto de encontro entre as tradições liberais e comunitaristas (*republikanischer Tradition*). Neste esforço reconstrutivo irá buscar em *Kant* os fundamentos para o arranjo institucional da integração social na complexa sociedade democrática. Para *Kant*, o binômio coerção e liberdade encontra fundamentação recíproca, visto que a coerção somente é autorizada como modo de garantia da liberdade. *Habermas*, contudo, demonstra os limites dessa posição ao afirmar que o direito não se caracteriza apenas por garantir um sistema de proteção aos espaços privados de liberdade,

---

[72] Cf. Habermas: "o conceito de direitos humanos não é de origem moral, mas uma modalidade específica do conceito moderno de direito subjetivo e, portanto, de uma concepção jurídica. Os direitos do homem têm por natureza um caráter jurídico. O que lhes confere uma aparência de direitos morais não é o seu conteúdo, nem por razões mais fortes, sua estrutura, mas o sentido de sua validade que ultrapassa a ordem jurídica dos Estados-nações"; ver *in* HABERMAS, Jürgen. *La Paix Perpétuelle – Le Bicentenaire de une idée Kantienne*. Paris, Les Éditions Du Cerf, 1996, p. 86.

[73] Veja-se MAIA, A. C. S. C. *Espaço Público e Direitos Humanos: Considerações acerca da perspectiva Habermasiana*. Direito, Estado e Sociedade. PUC-Rio, v. 11, p. 15 – 40, 01 ago. 1997.

[74] Ver, nesse sentido, o estudo de PINZANI, Alessandro. *Diskurs und Menschenrechte. Habermas' Theorie der Rechte im Vergleich*. Hamburg: Verlag Dr. Kovac, 2000, p. 62.

[75] Idem, ibidem.

sendo a ordem jurídica concebida como o *lócus* para a integração em uma sociedade complexa. A positividade do direito encontra fundamentação na expectativa de aceitação racional das regras jurídicas.

Em *Rousseau*, encontrará o autor os fundamentos de direitos decorrentes da participação em um processo democrático de decisão, contudo, não admitirá todas as conclusões decorrentes de uma minimização dos direitos individuais perante uma ordem social e buscará encontrar um plano de fundamentação comum e simultânea entre os direitos individuais e os direitos de participação.[76]

Os direitos humanos serão concebidos como direitos subjetivos realizados em uma ordem jurídica concreta (*konkreten Rechtsgemeinschaft*), e não como mero catálogo formal de direitos. A fundamentação desses direitos será circular, na medida em que os direitos fundamentais originam a exigência de um sistema democrático sendo este o mecanismo de produção de um direito legítimo. Em seguida, o autor lista cinco categorias de direitos fundamentais, iniciando por aqueles que geram o próprio código jurídico, por determinar o estatuto dos sujeitos de direito: i) *direito a liberdades subjetivas de ação*; ii) *direito ao status de um membro numa associação voluntária de parceiros do direito*; iii) *direitos que resultam imediatamente da possibilidade de postulação judicial de direitos*; iv) *direitos fundamentais à participação, no exercício da atonomia política e da criação de direito legítimo* e v) *direitos sociais e ecológicos*.[77]

No Brasil, encontramos a influência de *Habermas* em diversos constitucionalistas e filósofos nacionais,[78] dentre os quais podemos destacar *Lenio Streck*[79] e *Marcelo Neves*.[80]

---

[76] Para uma análise crítica das concepções de Habermas veja-se a obra: NEVS, Marcelo. *Entre Têmis e Leviatã: uma relação difícil*. São Paulo: Martins Fontes, 2006.

[77] Cf. HABERMAS, Jürgen. *Direito e democracia: entre facticidade e validade*. Tradução de Flávio Beno Siebeneichler. Rio de Janeiro: Tempo Brasileiro, 1997, v. I, p. 158. Ver também: WILSON DE ABREU PARDO, David. *Direitos fundamentais não enumerados – justificação e aplicação*. Tese apresentada ao Curso de Pós-Graduação em Direito da Universidade Federal de Santa Catarina como requisito parcial para a obtenção do título de Doutor em Direito. Prof. Orientador: Professor Doutor Sílvio Dobrowolski. Florianópolis, 2005, p. 168-169.

[78] Cf. CRUZ, Álvaro Antonio de Souza. Habermas, ação estratégica e controle da constitucionalidade brasileira. In: SAMPAIO, José Adércio Leite (Coord.). *15 anos de Constituição: história e vicissitudes*. Belo Horizonte: Del Rey, 2004, p. 219-280.

[79] Lenio Streck irá possuir uma fonte plural de autores para uma crítica à hermenêutica constitucional, incluindo referências a *Gadamer, Heiddeger* e *Habermas*, entre outros. Veja-se: STRECK, Lenio. *Hermenêutica Jurídica e(m) Crise*. Livraria do Advogado: Porto Alegre, 1999.

[80] Ver: NEVES, Marcelo. *Entre Têmis e Leviatã: uma relação difícil: o Estado Democrático de Direito a partir e além de Luhmann e Habermas*. São Paulo: Martins Fontes, 2006; originalmente publicado sob o título "Zwischen Themis und Leviathan: Eine Schwierige Beziehung – Eine Rekonstruktion des demokratischen Rechtsstaats in *Auseinandersetzung mit Luhmann und Habermas*". Baden-Baden: Nomos, 2000, 249 pages.

1.2.1.2.5. Robert Alexy e a posição privilegiada dos direitos humanos na teoria do discurso prático racional

Robert Alexy[81] irá apresentar uma teoria do discurso prático racional, em sua obra sobre a teoria da argumentação jurídica (*Theorie der juristischen Argumentation*). O autor irá verificar a tradição filosófica de Stevenson, Wittgenstein, Habermas e Perelman para finalmente propor a teoria do discurso prático racional (*Theorie des allgemeinen rationalen praktischen Diskurses*), que irá entender que o discurso jurídico é um caso especial (*Sonderfall*) do discurso prático geral (*allgemeinen praktischen Diskurses*). O autor irá definir regras procedimentais para a determinação da correção do discurso prático, ou seja, de regras que possam distinguir as boas das más razões.[82] A correção prática de uma decisão significa a possibilidade de se alcançar juízos práticos capazes de dar conta da complexidade dos jogos argumentativos que compõem institucionalmente o Estado democrático de direito.[83]

Um discurso prático será tido por racional se nele estiverem contidas as condições de possibilidade da argumentação racional, tais como: não contradição, universalidade de sentido, clareza linguística, verdade empírica, consideração de efeitos e ponderação.

A garantia da liberdade e igualdade no discurso deve ser atingida por meio da imparcialidade, e não da neutralidade. A imparcialidade significa que se realize uma racionalidade prática de caráter universalista do discurso. Esta deve responder às seguintes "regras específicas do discurso":

1. Todo aquele que pode falar, pode tomar parte no discurso.
2a. Todos podem questionar qualquer afirmação.
2b. Todos podem introduzir qualquer afirmação no discurso.
3. Nenhum falante pode ser impedido de exercer a salvaguarda de seus direitos fixados no (1) e (2), quando dentro ou fora do discurso predomina a força.[84]

---

[81] Robert Alexy (1945) é um jurista e filósofo alemão. É autor, dentre outras obras, de: *Theorie der juristischen Argumentation. Die Theorie des rationalen Diskurses als Theorie der juristischen Begründung* (1983), *Theorie der Grundrechte* (1986) e *Begriff und Geltung des Rechts* (1992).

[82] Segundo Alexy: "Es ist oben die These aufgestellt worden, dass der juristische Diskurs ein Sonderfall des allgemeinen praktischenDiskurs ist. Dies wurde damit begründet, dass es (I) in juristischen Diskussionenum praktische Fragen geht, d.h. darum, was zu tun oder zu unterlassen ist oder getan oder unterlassen werden darf, und dass (2) diese Fragen mit dem anspruch auf Richtigkeit diskutiert werden. Um einen Sonderfall handelt es sich, weil die juristische Diskussion (3) unter einschränkenden Bedingungen der erwähnten Art statfindet"; ver in: ALEXY, Robert. *Theorie der juristischen Argumentation. Die Theorie des rationalen Diskurses als Theorie der juristischen Begründung*. Frankfurt am Main: Suhrkamp, 1991, p. 263.

[83] Cf. DUARTE, Écio Oto Ramos. *Teoria do Discurso & Correção Normativa do Direito*. São Paulo: Landy, 2004, p. 141.

[84] Cf. Alexy: "(2.1) Jeder, der sprechen kann, darf an Diskursen teilnehmen", em seguida estabelece as regras de "liberdade discursiva" (*Freiheit des Diskutierens*), que são: "2.2) (a) Jeder darf jede Behauptung problematisieren. (b) Jeder darf jede Behauptung in den Diskurs einführen. (c) Jeder darf seine Einstellungen, Wünsche und Bedürfnisse äußern"; ver in ALEXY, Robert. *Theorie der juristischen Argumentation. Die Theorie des rationalen Diskurses als Theorie der juristischen Begründung*. Frankfurt am Main: Suhrkamp, 1991, p. 240. Vejam-se,

Para o estabelecimento do discurso serão listadas algumas pré-condições para o agir comunicativo que fundamenta o agir prático. O pensamento do autor alerta para a possibilidade do surgimento de dilemas valorativos concretos no âmbito do discurso. A solução racional para este confronto somente pode ser a utilização da ponderação de interesses, na medida em que não existe um critério absoluto para a solução inquestionável desse conflito. Assim, as medidas de peso somente podem ser verificadas na observância dos interesses em jogo e considerando o fenômeno do respeito aos sujeitos do discurso.

Em relação aos direitos fundamentais, *Alexy* irá assumir uma postura kantiana, assegurando uma posição privilegiada para os direitos humanos e as suas características de universalidade e autonomia.[85] A característica da universalidade expressa que os direitos abragem todos os homens, e a autonomia assegura a livre escolha dos princípios que irão nortear a ação individual e a escolha pública de valores comuns. Para que as regras de fala permitam passar-se para as regras de ação torna-se necessária a adoção de premissas adicionais do consenso e da democracia.[86]

A noção de *autonomia* se complementa com a ideia de imparcialidade e igualdade decorrente do consenso. A noção de igualdade postula que todo o indivíduo deve ser considerado como um interlocutor legítimo. O *consenso* conduz à noção de igualdade dos direitos humanos. Por fim, para o autor, uma verdadeira teoria do discurso pressupõe a existência de um sistema democrático, onde estejam presentes os direitos fundamentais.

A *democracia* é entendida como sendo a figuração jurídica do princípio do discurso,[87] visto que somente na democracia é que se pode verificar a aproximação entre legitimidade e correção. Para *Alexy*, os direitos da pessoa, especialmente, à liberdade e à igualdade é que exigem que as decisões sociais sejam tomadas por meio de procedimentos democráticos, ou seja, a centralidade dos direitos fundamentais é que funda o núcleo constitutivo do Estado democrático.[88]

Assim, conforme *Alexy*, existirão alguns direitos fundamentais que são pressupostos de uma ética discursiva, tais como: o direito à vida, à integridade física, à personalidade, à religião, entre outros. Esses direitos são *discursivamente neces-*

---

igualmente, as observações de: DUARTE, Écio Oto Ramos. *Teoria do Discurso & Correção Normativa do Direito*. São Paulo: Landy, 2004, p. 146.

[85] Cf. WILSON DE ABREU PARDO, David. *Direitos fundamentais não enumerados – justificação e aplicação*. Tese apresentada ao Curso de Pós-Graduação em Direito da Universidade Federal de Santa Catarina como requisito parcial para a obtenção do título de Doutor em Direito. Prof. Orientador: Professor Doutor Sílvio Dobrowolski. Florianópolis, 2005, p. 160.

[86] Cf. DUARTE, Écio Oto Ramos. *Teoria do Discurso & Correção Normativa do Direito*. São Paulo: Landy, 2004, p. 152.

[87] Cf. WILSON DE ABREU PARDO, David. *Direitos fundamentais não enumerados – justificação e aplicação*. Tese apresentada ao Curso de Pós-Graduação em Direito da Universidade Federal de Santa Catarina como requisito parcial para a obtenção do título de Doutor em Direito. Prof. Orientador: Professor Doutor Sílvio Dobrowolski. Florianópolis, 2005, p. 166.

[88] Para um estudo sobre a teoria do discurso em *Alexy* como fundamentos dos direitos fundamentais, veja-se: DUARTE, Écio Oto Ramos. *Teoria do Discurso & Correção Normativa do Direito*. São Paulo: Landy, 2004, p. 138 e ss.

sários para uma ética do discurso, e o seu afastamento ofende o núcleo essencial do próprio discurso.[89]

Alexy irá propor um *modelo em três níveis* dos direitos fundamentais: i) da fundamentação dos direitos individuais; ii) dos direitos individuais como posições e relações jurídicas e iii) da imponibilidade dos direitos individuais. Na fundamentação dos direitos individuais conceituam-se todos os direitos do indivíduo como sendo direitos individuais, sejam estes relativos a bens individuais ou coletivos. Nesse sentido, a noção de direito subjetivo é intercambiável com a noção de direitos individuais.[90] Os direitos individuais, por outro lado, sempre corresponderão a uma relação triádica entre destinatário, titular e objeto do direito sob a forma de direito a algo, liberdades ou competências. Por fim, a sua imponibilidade decorre da característica de que a existência de um direito é uma razão substancial para a sua imponibilidade, visto que o direito subjetivo é, em certo sentido, a imposição de um dever.[91]

A centralidade dos direitos no sistema jurídico irá implicar uma nova postura interpretativa, que não será livre, mas comprometida com resultados materiais. A grande contribuição deste modelo para uma nova teoria da interpretação está na centralidade da concretização dos direitos fundamentais, e não de normas ou conceitos. Outra consequência direta está na noção de que a interpretação sistemática irá receber desta tradição a ideia fundamental de ponderação de interesses e princípios na realização de direitos e valores.

1.2.2. Hermenêutica ética e as modernas teorias da justiça

Ao lado da afirmação dos direitos humanos na filosofia e dos direitos fundamentais no novo constitucionalismo, outra relevante tendência convergente da filosofia contemporânea pode ser buscada no chamado giro ético, a que procederam diversos pensadores do século XX. Este novo período é caracterizado por uma virada ético-prática, com a retomada da centralidade de preocupações éticas, sem a consequente fundamentação metafísica que marcou os momentos anteriores. Não se trata simplesmente de uma ênfase em problemas éticos de cunho prático, mas principalmente em uma elaboração de considerações éticas como uma espécie de meta-filosofia, e não apenas como mais um capítulo de preocupações transcendentais, mas como o problema central que influencia a visão sobre todos os problemas filosóficos.[92]

Essa *viragem ética* é representada por um movimento conceitual que relembra a *dialética hegeliana* (*tese-antítese-síntese*) onde inicialmente encontramos uma afirmação da centralidade da justiça no raciocínio prático (*Aristóteles* e

---

[89] Cf. DUARTE, Écio Oto Ramos. *Teoria do Discurso & Correção Normativa do Direito*. São Paulo: Landy, 2004, p. 161.
[90] Cf. ALEXY, Robert. *El concepto y la validez del derecho*. Barcelona: Gedisa, 1997, p. 180-181.
[91] Idem, *ibidem*.
[92] Cf. D'AGOSTINI, Franca. *Analíticos e Continentais*. São Leopoldo: Unisinos, Coleção Idéias, 2003, p. 33.

São Tomás de Aquino), passamos para um momento de esvaziamento material do conceito de justiça, até que se torne vazia de conteúdo (*Kant, Kelsen* e *Luhman*), e, finalmente, encontramos uma retomada do conceito de justiça incorporando elementos presentes nos momentos anteriores. Trata-se de uma nova síntese onde os elementos para a construção de uma teoria da justiça buscam referenciais materiais, mas sob a ótica da utilização de um instrumental analítico anteriormente ausente da experiência continental.

Essa viragem é caracterizada por uma visão contextualizada da filosofia, com base na ideia de pluralismo axiológico e de valores, bem como numa rediscussão sobre o problema da *incomensurabilidade* das teorias éticas. São características deste movimento:

i) *crítica ao cientificismo e ao racionalismo exacerbado*: há um movimento de crítica ao objetivismo científico, de tal modo passará a defendido um novo estatuto da filosofia perante a ciência. De um lado, a *hermenêutica filosófica* irá defender a filosofia como um tipo especial de racionalidade diversa científica (*Dilthey*) ou em uma crítica da ciência tradicional (*Husserl*).[93] De outro lado, o *neopositivismo* irá exigir igualmente um novo posicionamento da filosofia perante a ciência, em que a filosofia deixa de ser considerada como "ciência rigorosa" sob a ótica das ciências naturais. A própria ideia de ciência foi revolucionada por *Thomas Kuhn* na obra *A estrutura das Revoluções Científicas*, que realçou o caráter social, antropológico, em um sentido *pragmático*;

ii) *crítica à visão de mundo fundada na técnica*: há um questionamento da racionalidade técnica e científica planificadora, bem como da redução da condição humana ao mundo das coisas e da manipulação calculadora por trás de uma ideologia do progresso e da técnica;[94]

iii) *crítica da neutralidade descritiva*: há um questionamento da separação entre método e objeto, bem como da ausência da *problematização de perspectivas*.[95] Dessa forma, produz-se uma superação da noção de que a objetividade que se afirma sobre a ideia de subjetividade na construção do conhecimento;

iv) *do sujeito crítico*: outro aspecto relevante é a crítica à *subjetividade tecnocrática* e a substituição por uma noção de um sujeito crítico e autocrítico (*Habermas* e *Apel*), que se reconhece principalmente na impura noção de intersubjetividade, que por sua vez se reconhece na dimensão linguística.[96]

Esses pressupostos constituem os fundamentos de uma nova viragem interpretativa, caracterizando o entendimento de que a *incomensurabilidade das teorias éticas* decorre da concepção de que não existe apenas uma "ética" ou

---

[93] Cf. D'AGOSTINI, Franca. *Analíticos e Continentais*. São Leopoldo: Unisinos, Coleção Idéias, 2003, p. 51.
[94] Idem, p. 61.
[95] Idem, p. 101.
[96] Idem, p. 138.

uma "filosofia", que o próprio olhar sobre o objeto constitui ou gera a coisa observada.[97]

1.2.2.1. As modernas teorias da justiça

A teoria da justiça trata da solução de conflitos entre desejos, necessidades ou interesses de diferentes pessoas que se opõem e não podem ser totalmente satisfeitos. Para *Serge-Christophe Kolm*, a teoria da justiça trata da *resposta justificada* a este questionamento,[98] ou seja, uma resposta fundada em razões válidas e fundamentadas.[99] A razão, nesse sentido, se caracteriza como um raciocínio estruturado que diz respeito ao modo de organizar reivindicações antagônicas de indivíduos sobre meios diversos para atingir determinados fins.[100] O meio que o Direito utiliza para atingir esses fins é a proteção de liberdades, institutos, direitos, poderes, capacidades e disponibilidades. Para o autor, o enunciado "Os homens são livres e iguais em direitos" poderia ser considerado como o princípio geral da justiça como razão na sociedade, e assim a justiça dependerá das propriedades e dos tipos de liberdade protegidos na sociedade.[101]

Trata-se tanto de um problema relativo à *ética social*, quanto da *teoria econômica*, visto que a economia versa sobre a distribuição de recursos escassos (necessidades e interesses) e sobre o modo ótimo de redistribuição de riquezas. Um elemento comum que irá direcionar a pesquisa de grande parte das teorias modernas está na crítica à *ética utilitarista*.

A *teoria da justiça* se afirma, desse modo, como o segundo grande *pilar* de uma Teoria Sistemática do Direito, com as importantes contribuições de *Dworkin*, *Alexy*, *Rawls*, entre outros autores. Essas contribuições serão fundamentais para a elaboração de uma teoria da justiça fiscal, que irá orientar uma Teoria Sistemática do Direito Tributário.

Vejamos algumas das mais importantes contribuições para a elaboração da Teoria da Justiça na filosofia do Direito moderno: i) as *teorias clássicas da justiça*; ii) a *negação da centralidade do conceito de justo* e iii) a *retomada do problema do justo*.

1.2.2.1.1. Teorias clássicas da justiça

As *teorias clássicas da justiça* podem ser divididas em três grandes escolas principais:[102] i) justiça *como virtude (Aristóteles)*; ii) *justiça como racionalidade (Leibniz e Kant)* e iii) *justiça como utilidade (Bentham)*.

---

[97] Cf. D'AGOSTINI, Franca. *Analíticos e Continentais*. São Leopoldo: Unisinos, Coleção Idéias, 2003, p. 23.
[98] Cf. KOLM, Serge-Christophe. *Teorias Modernas da Justiça*. São Paulo: Martins Fontes, 2000, p. 03.
[99] Idem, p. 09.
[100] Idem, p. 10.
[101] Idem, p. 12.
[102] Concordamos com o entendimento de *André Coelho* de que: "Aristóteles e Kant representam os marcos respectivos das teorias do bem e das teorias da justiça. Dessa maneira, entendemos que uma exposição cuidadosa

i) Justiça como virtude: Aristóteles.

O conceito de justiça de Aristóteles (Αριστοτέλους) decorre da sua visão orgânica da sociedade e do entendimento de que o indivíduo se encontra no interior de uma ordem natural. Para ele, a justiça era a virtude ética mais importante e trata da forma que o homem ideal deve encontrar o ponto médio entre razão e sentimentos. Aristóteles irá utilizar o termo *dikaion* (greg. orig. *diδkaiov*) para indicar uma conduta justa. Tal palavra, contudo, pode significar tanto "correção" em geral, ou seja, a conduta correta perante outros ou em sentido restrito como a virtude em situações que podem gerar um ganho ou uma perda para alguém. Para outros autores, pode ser entendido como sendo por "direito" (*nominon*) e igual ou equitativo (*ison*).[103] A justiça em sentido normativo (*nominon*) se refere ao uso no interior da comunidade política e em sentido particular se entende como aplicação da igualdade (*ison*) no âmbito das relações decorrentes de ações de indivíduos.[104]

A justiça (*dikaiosunê*) é entendida por Aristóteles como uma virtude ética, ou melhor dizendo, como uma característica do caráter de um indivíduo.[105] O caráter passa a ser entendido não como uma qualidade da ação do homem, mas como um modo de ser do homem sério.[106]

Aristóteles irá, na sua importante obra *Ética a Nicômaco* (Ηθικά Νικομάχεια), diferenciar a justiça da justiça universal, ou seja, aquela derivada da lei e a justiça particular, decorrente do entendimento do justo como equitativo e isonômico (*fair and equal*). O justo particular é entendido como sendo um termo proporcional e para tanto deve ser intermediário. O injusto é o que viola a proporção. Toda a proporção deve possuir quatro termos (A, B, C e D), sendo que a proporção A estará para B, assim como C estará para D, dessa forma o justo é o intermediário que respeita a proporção e o injusto ocorre quando um dos termos se torna demasia-

---

deveria primeiro caracterizar a abordagem aristotélica, depois caracterizar a abordagem kantiana e, por último, apontar as diferenças entre as duas e justificar a tese da sua inconciliabilidade. As noções fixadas neste ponto serão indispensáveis para a compreensão dos itens posteriores"; ver *in* COELHO, André Luiz Souza. *Críticas de Jürgen Habermas à "justiça como eqüidade", de John Rawls*. XIV Congresso Nacional do CONPEDI – Fortaleza: DATA: 3, 4 e 5 de novembro de 2005, Disponível em http://www.conpedi.org/manaus/arquivos/Anais/Andre%20Luiz%20Souza%20Coelho_Teoria%20da%20Justica.pdf; acesso em 13 de outubro de 2008, às 19 horas.

[103] Cf. VILLEY, Michel. *A formação do pensamento jurídico moderno*. São Paulo: Martins Fontes, 2005, p. 41. Veja-se, também, BARZOTTO, Luis Fernando. O direito ou o justo: o direito como objeto da Ética no pensamento clássico. In: *Anuário do programa de pós-graduação em Direito da UNISINOS*, ano 2000. São Leopoldo: UNISINOS, p. 18. Para *Aristóteles* na sua *Ética a Nicômaco* 1129a 8: "Vemos que todos os homens entendem por justiça aquela disposição de caráter que torna as pessoas propensas a fazer o que é justo, que as faz agir justamente e desejar o que é justo; e do mesmo modo, por injustiça se entende a disposição que as leva a agir injustamente e a desejar o que é injusto"; ver *in* ARISTÓTELES. *Ética a Nicômaco*. Trad. de Leandro Vallandro e Gerd Bornheim. São Paulo: Victor Civita, 1984, p. 121.

[104] Cf. SILVEIRA, Denis Coitinho. *Os Sentidos da Justiça em Aristóteles*. Col. Filosofia, n. 121. Porto Alegre: Edipucrs, 2001, p. 69.

[105] Segundo *Höffe*: "enquanto a justiça universal é familiar aos gregos, a idéia de uma justiça como virtude entre outras virtudes, a de uma justiça particular (iustitia particularis), provavelmente foi descoberta por Aristóteles"; ver *in* HÖFFE, Otfried. *O que é justiça? Coleção Filosofia* n. 155, Porto Alegre: Edipucrs, 2003, p. 25.

[106] Cf. COELHO, Nuno M. M. S. Pensamento ético e pensamento técnico à luz da Ética do Aristóteles maduro. *Fundamentos e Fronteiras do Direito*, v. 2, p. 21-44, 2006.

damente grande e o outro demasiadamente pequeno. Assim, também é o injusto, visto que aquele que age injustamente age em excesso, e o injustiçado recebe menos do que deveria.[107]

Desta lição de Aristóteles surgiu a famosa divisão conhecida do justo em três modalidades:[108] distributiva, corretiva e comutativa. A justiça distributiva é aquela que determina a repartição de bens e valores conforme a qualidade de cada um (mérito), assim a proporção deve ser a medida da igualdade ou desigualdade entre os indivíduos. A justiça comutativa surge nas transações voluntárias e involuntárias e enquanto o outro tipo de justiça se realiza em relação à proporção, a outra forma se identifica com uma espécie de igualdade, sendo que a injustiça é realmente uma forma de desigualdade. A justiça corretiva surge na presença de um dano, que inflige um ganho para um lado e uma perda para o outro, em violação à igualdade.

Segundo Aristóteles, ao definir o conceito de justiça corretiva:

> Por conseguinte, a justiça corretiva, portanto, será o meio termo entre perda e ganho. Eis aí por que as pessoas em disputa recorrem a um juiz; e ao recorrer ao juiz é recorrer à justiça, pois a natureza do juiz é ser uma espécie de justiça animada; e elas procuram o juiz como um intermediário, em alguns Estados os juízes são chamados de "mediadores", na convicção de que, se os litigantes conseguirem o meio-termo, conseguirão o que é justo. O justo, pois, é um meio-termo, já que o juiz o é.[109]

O conceito aristotélico de justiça deverá ser assumido pelas *Institutas* de Justiniano, que irão afirmar que "a justiça é a vontade constante e permanente de dar a cada um o que é seu" (*iustitia est constants et perpetua voluntas ius suum cuique tribuens*).[110] Encontraremos na obra de MacIntyre uma continuidade muito sofisticada da ideia de justiça como virtude, seguindo as novas leituras tomistas de Aristóteles.

ii) Justiça como racionalidade: Kant.

O pensamento kantiano é a tentativa mais elaborada no pensamento clássico de resgate do poder da razão sobre os sentidos, e a sua vida privada pode ser considerada igualmente um modelo de ação racional. Levantava-se e dormia sempre ao mesmo horário, utilizava sempre o mesmo caminho entre a sua casa e a Universidade. Em 1781, publicou a *Crítica da Razão Pura* (*Kritik der Reinen Vernunft*) e em 1785 publicou *Fundamentação da Metafísica dos Costumes* (*Grundlegung zur Metaphysik der Sitten*). Somente em 1788 irá publicar a sua obra mais importante sobre o tema, denominada de *Crítica da Razão Prática* (*Kritik der Praktischen*

---

[107] Cf. ARISTÓTELES. *Ética a Nicômaco*. Trad. de Leandro Vallandro e Gerd Bornheim. São Paulo: Victor Civita, 1984, p. 125.

[108] Cf. BITTAR, Eduardo C. B. *A justiça de Aristóteles*. Rio de Janeiro: Forense, 1999.

[109] Cf. ARISTÓTELES. *Ética a Nicômaco*. Trad. de Leandro Vallandro e Gerd Bornheim. São Paulo: Victor Civita, 1984, p. 126.

[110] Cf. JUSTINIANO, Institutas. *Do Imperador Justiniano*. Trad. J. Cretella Jr. e Agnes Cretella, São Paulo: Revista dos Tribunais, 2000, p. 21.

Vernunft) e, finalmente, em 1797, irá publicar o seu famoso *Metafísica dos Costumes* (*Die Metaphysik der Sitten*). Vê-se, portanto, a relevância das preocupações morais para o autor.

Para o autor, na sua obra *Fundamentação da Metafísica dos Costumes* (*Grundlegung zur Metaphysik der Sitten*), o objetivo da filosofia está em encontrar o princípio supremo da moralidade (*Festsetzung des obersten Princips der Moralität*).[111] O princípio da autonomia da vontade é expresso pelo autor segundo o entendimento de que as "coisas da natureza se operam segundo leis" (*Ein jedes Ding der Natur wirkt nach Gesetzen*),[112] por outro lado, somente um ser racional possui a capacidade de agir segundo a representação de uma lei ou segundo princípios ou uma vontade (*Nur ein vernünftiges Wesen hat das Vermögen, nach der Vorstellung der Gesetze, d. i. nach Principien, zu handeln, oder einen Willen*).[113] As condutas humanas seriam reguladas pelas "leis da liberdade"; enquanto as leis da natureza seriam "leis da necessidade".

Segundo Kant, a apresentação de um princípio objetivo, ou seja, de uma vontade que se impõe (*einen Willen nöthigend*), é denominada de comando (*Gebot*), e a forma deste comando se denomina de imperativo (*Imperativ*).[114] Todos os imperativos são descritos pelo verbo "dever" (*Alle Imperativen werden durch ein Sollen ausgedrückt*).[115] Os imperativos podem ser classificados em hipotéticos e categóricos (*Alle Imperativen nun gebieten entweder hypothetisch, oder kategorisch*). Os imperativos hipotéticos (*hypothetisch*) são aqueles em que uma ação é tida como o meio para alcançar algo que se deseja (necessidade prática/*praktische Nothwendigkeit*), enquanto o imperativo categórico (*kategorische Imperativ*) é a ação que possui um significado por si só, sem relação com algum fim externo (*ohne Beziehung auf einen andern Zweck*).[116]

Toda a lei prática representa uma ação possível como boa (*eine mögliche Handlung als gut*) e, portanto, para um sujeito submetido à razão, como sendo necessária, logo os imperativos são formas nas quais uma ação boa é necessária (*alle Imperativen Formeln der Bestimmung der Handlung, die nach dem Princip eines in irgend einer Art guten Willens nothwendig ist*). Se essa ação for um meio para se alcançar um bem, então estaremos perante o imperativo hipotético (*Imperativ hypothetisch*); se for representada como boa em si (*wird sie als an sich gut vorgestellt*) e, igualmente, como necessária em si no sentido da razão, como princípio do querer (*Vernunft gemäßen Willen, als Princip desselben*) então estaremos perante o imperativo categórico (*kategorische Imperativ*).

---

[111] Cf. KANT, Immanuel. GMS, s. 412, z. 26. KANT, Immanuel. Grundlegung zur Metaphysik der Sitten. Suhrkamp: Frankfurt a. M. 2007; traduzido para o português como KANT, Immanuel. *Fundamentação da Metafísica dos Costumes*. Coleção Os Pensadores. Abril Cultural: 1989.

[112] Cf. KANT, Immanuel. *Grundlegung zur Metaphysik der Sitten*. Suhrkamp: Frankfurt a. M. 2007, s. 412, z. 26.

[113] Idem, z. 27-28.

[114] Idem, z. 09-11.

[115] Idem, z. 12.

[116] Idem, z. 12-17.

A realização da justiça é na teoria kantiana a concretização da razão prática, especialmente destituída de características materiais, com vista à tendência de universalização a que pretende alcançar. Este tipo de construção será absolutamente diversa da tentativa posterior de construção de uma visão ética com base na utilidade.

iii) Justiça como utilidade: Jeremy Bentham.

Jeremy Bentham[117] irá definir em seu livro "Introdução aos princípios da moral e da legislação" (*Introduction to the Principles of Morals and Legislation*)[118] a noção de que a ações humanas são dirigidas para a produção da maior quantidade possível de felicidade.[119] Desse modo, a utilidade geral da sociedade deve ser encontrada na soma das utilidades de cada um dos seus membros. Para o autor, o princípio que orienta a ação humana é a busca do prazer e o evitar da dor e é mediante o cálculo das condutas que maximizam a utilidade e a felicidade que encontramos um parâmetro razoável para as decisões.[120]

O *utilitarismo* se tornou uma doutrina de filosofia moral, predominante nos países de tradição anglo-saxônica, especialmente com o intuito de contrapor-se à teoria dos direitos naturais ou inatos defendidos pela Revolução Francesa e pela Independência Norte-Americana. Posteriormente, houve uma ampliação de sua utilização pela teoria econômica, como uma ferramenta de análise do comportamento dos agentes econômicos racionais que calculam uma decisão com base no resultado entre as vantagens (prazer) e desvantagens (desprazer) de determinada conduta.[121]

Bentham irá questionar os direitos expressos na Declaração Universal de Direitos do Homem e do Cidadão, previstos em 1789 pela Revolução Francesa, como sendo "falácias anárquicas" (*Anarchical Fallacies*). Assim, para o autor, o

---

[117] Jeremy Bentham (1748-1832) foi um filósofo e jurista inglês e um dos criadores do utilitarismo filosófico. Esta teoria adota como dois princípios fundamentais a dor e o prazer e deriva destes uma teoria ética de que o fazer humano deve procurar a maximização da felicidade.

[118] O *cálculo hedônico* ("hedonic calculus") deve ser utilizado no confronto entre prazer e dor envolvidos em determinada ação para determinar a aproximação com o princípio da utilidade. Este entendimento é expresso no início da obra *Introduction to the Principles of Morals and Legislation*, em que *Bentham* afirma que "[n]ature has placed mankind under the governance of two sovereign masters, pain and pleasure. It is for them alone to point out what we ought to do, as well as to determine what we shall do. On the one hand the standard of right and wrong, on the other the chain of causes and effects, are fastened to their throne. They govern us in all we do, in all we say, in all we think: every effort we can make to throw off our subjection, will serve but to demonstrate and confirm it"; ver BENTHAM, Jeremy. *Introduction to the Principles of Morals and Legislation*. Oxford: Clarendon, 1996.

[119] Cabe ressaltar que a busca da felicidade não era um objetivo da ética formalista, tal como em *Kant*, por outro lado ela vai aparecer inclusive na Constituição Norte-americana, fruto desta inspiração.

[120] Outro expoente na defesa do utilitarismo é John Stuart Mill (1806 – 1873), filósofo e economista inglês que exerceu grande influência no pensamento liberal. Dentre suas obras destacam-se: *Essays on Some Unsettled Questions of Political Economy* (1844); *Principles of Political Economy* (1848); *On Liberty* (1859); *Considerations on Representative Government* (1861) e *Utilitarianism* (1863).

[121] BENTHAM, Jeremy. *Introduction to the Principles of Morals and Legislation*. Oxford: Clarendon, 1996, p. 20

bem-estar individual e geral somente pode ser alcançado pelo sacrifício geral e não pelo egoísmo individual.[122]

Bentham irá questionar cada um dos princípios declarados pela Revolução Francesa como sendo falácias inúteis e perniciosas. Por exemplo, o princípio declarado de que "todos os homens nascem livres" será tido como um erro intencional, visto que "nenhum único homem jamais nasceu ou nascerá assim. Todos os homens, ao contrário, nascem em submissão, na mais absoluta submissão – a submissão irreparável da indefesa criança aos seus pais, de que irá depender em cada segundo de sua existência".[123] E, assim, continua o autor na análise desconstrutiva de cada um dos princípios declarados pela Revolução. Para Bentham, as "razões que atribuem direitos" devem ser buscados na utilidade social, e não em uma ficção denominada de "direitos naturais"; bem como o alcance desses direitos deve ser localizado no conjunto de consequências de sua atribuição, e não em uma vaga determinação de direitos autônomos. Os direitos devem existir conectados à sua função, benefício ou consequência social.

1.2.2.1.2. Negação da centralidade do conceito de justo: Hans Kelsen

Tendo em vista uma profunda desconfiança com a capacidade de formulação de um conceito objetivo de justiça, que não fosse meramente formal, o relativismo moral em Kelsen é o fundamento para um absoluto ceticismo sobre um único conceito de justiça ou uma única moral válida.[124] Segundo o autor:

> A exigência de uma separação entre o Direito e Moral, Direito e Justiça, significa que a validade de uma ordem jurídica positiva é independente desta Moral absoluta, única válida, da Moral por excelência, de a Moral. Se pressupusermos somente valores morais relativos, então a exigência de que o Direito deve ser moral, isto é, justo, apenas pode significar que o Direito positivo deve corresponder a um determinado sistema de Moral entre os vários sistemas morais possíveis.[125]

---

[122] Cf. Bentham: "Society is held together only by the sacrifices that men can be induced to make of the gratifications they demand: to obtain these sacrifices is the great difficulty, the great task of government. What has been the object, the perpetual and palpable object, of this declaration of pretended rights? To add as much force as possible to these passions, already but too strong, to burst the cords that hold them in, to say to the selfish passions, there--everywhere--is your prey!--to the angry passions, there--everywhere--is your enemy"; ver *in* BENTHAM, Jeremy. Anarchical Fallacies. Disponível em http://jan.ucc.nau.edu/~dss4/bentham1.pdf. Acesso em 15.10.06, às 23 hs., p. L2.

[123] Conforme Bentham: "All men are born free? All men remain free? No, not a single man: not a single man that ever was, or is, or will be. All men, on the contrary, are born in subjection, and the most absolute subjection--the subjection of a helpless child to the parents on whom he depends every moment for his existence"; ver in BENTHAM, Jeremy. Anarchical Fallacies. Disponível em http://jan.ucc.nau.edu/~dss4/bentham1.pdf. Acesso em 15.10.06, às 23 hs., p. L2.

[124] Segundo Höffe "crítico com relação a justiça chega a ser somente o positivismo radical, que pretende determinar o direito positivo na sua íntegra, sem nenhum elemento de moral e justiça (...) o caminho rumo ao positivismo jurídico radical foi preparado pela afirmação Thomas Hobbes, filósofo do direito e do Estado (1588-1679): 'Não a verdade, mas uma autoridade faz uma lei (Leviatã, cap. 26, versão latina)"; ver *in* HÖFFE, Otfried. O que é justiça? *Coleção Filosofia* n. 155, Porto Alegre: Edipucrs, 2003, p. 25.

[125] Cf. KELSEN, Hans. *Teoria Pura do Direito*. São Paulo: Martins Fontes, 1997, p. 75.

Isto não significa, conforme o autor, que o Direito não tenha qualquer relação com a moral, mas tão simplesmente que o Direito não escolhe qual dentre os diversos sistemas morais é correto. Assim, o conceito de "bom" somente pode ser considerado como aquilo que corresponde ao Direito, ou seja, como aquilo que "deve-ser". Deste modo, o que é *conforme ao Direito* (*das Rechtmässige*) é em si um *bem*. Tal compreensão será partilhada por autores posteriores que irão defender que os modais *obrigatório, proibido* e *permitido* apresentam intrinsecamente valores de aceitação ou rejeição de determinada conduta.

Para *Kelsen*, a justiça é um ideal irracional e longe das possibilidades de demonstração lógica de seu conteúdo semântico. Para o autor:[126]

> Com efeito, a questão de saber o que é bom é respondida com a questão de saber o que é mau; e a resposta a esta última questão é deixada pela ética aristotélica à moral positiva e ao direito positivo, à ordem social dada. (...)
> O caráter tautológico da fórmula do mesotes revela-se com particular clareza na sua aplicação à virtude da justiça. Aristóteles ensina: a conduta reta é o meio-termo entre praticar a injustiça e sofrer a injustiça. Neste caso, a fórmula: "a virtude é o meio-termo entre dois vícios" não tem sentido sequer como uma metáfora, pois a injustiça que praticamos e a injustiça que suportamos não são de forma alguma dois vícios ou males, mas uma e mesma injustiça, aquela que um pratica e que, portanto, um outro sofre.

O conceito de Justiça é definido tão simplesmente como sendo o inverso da injustiça e, portanto, a pergunta sobre o que significa a Justiça permanece sem resposta em *Aristóteles*.

As modernas teorias da justiça pretenderão realizar uma tentativa de retomada da centralidade do problema da justiça, buscando construir um sentido material mínimo para a sua compreensão.

1.2.2.1.3. Teorias Modernas da Justiça e a retomada do problema do Justo

O retorno da centralidade do problema da justiça pode ser constatado pela publicação por renomados juristas de importantes obras sobre o tema em um período delimitado de tempo, dentre as quais podemos destacar:

• Uma Teoria da Justiça (*Theory of Justice*), de John Rawls (1971);

• Anarquia, Estado e Utopia (*Anarchy, State, and Utopia*), de Robert Nozick (1974);

• Depois da Virtude (*After Virtue* – 1981) e Justiça de Quem? Qual racionalidade? (*Whose Justice? Which Rationality?* – 1988), de Alasdair MacIntyre;

• Esferas da Justiça (*Spheres of Justice*), de Michael Walzer (1983).

---

[126] Cf. KELSEN, Hans. *O Problema da Justiça*. Tradução de João Baptista Machado. São Paulo: Martins Fontes, 1998, p. 30 e 31. No original: "Der tautologische Character des Mesotes-Formel zeigt sichdeutlich in ihrer Anwendung auf die Tugend der Gerechtigkeit. Aristóteles lehrt: Gerechtes Verhalten ist die Mitte zwischen Unrecht-Tun und Unrecht-Leiden. Denn das erstere ist zu viel, das letztere zu wenig haben. In diesem Falle ist die Formel: Tugend ist di Mitte zwischen zwei Lastern, nicht einmal als eine Metapher sinnvoll, denn das Unrecht, das man tut, und das Unrecht, das man leidet, sind gar nicht zwei Laster oder Übel, es ist ein dasselbe Unrecht, das dem anderen tut und daher der andere von dem einem leidet. Und die Gerechtigkeit ist einfach das Gegentail dieses Unrechts. Die entscheidende Frage: Was ist Unrecht, ist mit der Mesotes-Formel nicht beantwortet"; ver *in* KELSEN, Hans. *Was ist Gerechtigkeit?* Stuttgart: Reclam, 2000, p. 44-45.

As modernas teorias da justiça se afirmaram como resposta e continuação de três grandes modos de conceber o justo: como *virtude*, como *medida racional* e como *distribuição de utilidades*. Os principais autores e representantes destes modos de pensar foram respectivamente: *Kant, Aristóteles* e *Bentham*.

Destes três modos de compreensão, o *utilitarismo (justo como equação de utilidades)* se firmou como um referencial crítico, pelo conjunto de postulados polêmicos e absolutamente antagônicos a todas as demais compreensões.

Nem sempre, contudo, o desenvolvimento das ideias e das concepções morais andou unificado, pois uma coisa é a percepção da política, da história das filosofias morais e da teoria jurídica do conceito de justiça. Do ponto de vista da política, inicialmente houve a afirmação da justiça como distribuição numa ordem (divina ou racional); depois como medida humana, individual e procedimental (liberalismo clássico) e, finalmente, a sua rejeição pelos igualitarismos de todo o gênero (socialismos, comunismos e estatismos) que exigiam uma redistribuição pública de bens.

No campo do desenvolvimento das teorias morais, o *utilitarismo* surgiu como uma referência a diversas reações às incongruências lógicas dessa teoria, bem como os inaceitáveis axiomas a que esta se fundamentava. Já no campo da história das teorias jurídicas da justiça encontramos um desenvolvimento com a teoria da justiça como *virtude* (*Aristóteles* e *São Tomás de Aquino*); como *racionalidade* (*Leibniz* e *Kant*) e como *utilidade* (*Bentham*). As modernas teorias da justiça irão dialogar com estes modelos anteriores, aprofundando as suas intuições e construções teóricas e reforçando os seus argumentos contra as investidas de seus críticos. Assim ocorrerá com a justiça como *equidade* de *Rawls* (*Kant*); a teoria da justiça em *MacIntyre* (*Aristóteles* e *São Tomás de Aquino*); como ordenação concreta em *Walzer* (*Aristóteles*) e na *análise econômica do Direito* (*Law and Economics*), que foi muito influenciada pelo *utilitarismo*.

Diversas teorias foram apresentadas para demonstrar a importância e a racionalidade da justiça para o discurso prático, apesar de não ser objetivo do presente trabalho uma descrição exaustiva destas teorias.

i) *justiça como equidade* (*Rawls*): trata-se de uma das mais importantes reconstruções do problema da justiça distributiva com bases contratualistas. *Rawls* irá apelar para o argumento criativo de uma ignorância de interesses particulares na *posição original* sob um *véu de ignorância;*[127]

---

[127] Cabe esclarecer que a obra de *Rawls* sobre a teoria da justiça sofreu uma evolução importante desde a edição de "Uma Teoria da Justiça (Theory of Justice)", de 1971. Diversos pressupostos foram modificados como resposta aos mais diversos ataques sofridos, dentre os quais o mais importante está na reformulação do conceito de justiça. Há, nesse caso, uma superação do modelo neutro e metafísico de justiça imposto pela teoria do véu de ignorância e a sua substituição por um conceito político de justiça, adotado na obra Liberalismo Político, em que irá assumir o postulado de que nem todos os indivíduos irão partilhar dos mesmos princípios morais; ver *in* PROGRENBISCHI, Thamy. John Rawls: da Justiça como Eqüidade ao Liberalismo Político. *Cadernos de Sociologia e Política*, n 05/06, Rio de Janeiro: IUPERJ, 2002, p. 32.

ii) *justiça como virtude* (*MacIntyre*): o autor irá enfatizar a ideia de bens morais em respeito a uma comunidade moral engajada em uma determinada prática (*telos*);

iii) *justiça como ordenação concreta* (*Walzer*): para o autor, o conceito de justiça somente pode ser compreendido em relação a tradições e culturas de sociedades particulares e em oposição a compreensões abstratas;

iv) *justiça como distribuição eficiente de recursos escassos* (*Law and Economics*): para a análise econômica do Direito a questão da justiça se encontra essencialmente vinculada à questão da eficiência e, portanto, de como podemos resolver a disputa por recursos escassos com base em argumentos racionais. Não se trata da busca de fundamentos etéreos ou obscuros, mas de justificativas sindicalizáveis (verificáveis) sobre as razões para determinadas escolhas.

Iremos apresentar resumidamente as modernas *teorias da justiça* na filosofia moderna, conforme a apresentação feita por *Serge-Christophe Kolm*, em sua obra *Teorias Modernas da Justiça*.[128] Essa obra, apesar de falhar na listagem completa das principais referências modernas sobre a teoria da justiça, será utilizada como esquema de apresentação para a presente obra, pelas suas características sistemáticas. *Kolm* falha em não trazer todo o conjunto de contribuições de *comunitaristas* (*MacIntyre*, *Walzer* e *Sander*), bem como a obra monumental de *Habermas*. A apresentação do autor, contudo, é muito importante na sistematização dos autores em que ele se propõe a estudar. Sendo assim, e considerando estas observações na utilização da obra de *Serge-Christophe Kolm* como referência nos pontos em que ele aborda, podemos dizer que os principais pensadores que influenciaram a teoria jurídica têm os seguintes traços marcantes:[129]

i) *valor justiça*: as diversas teorias modernas irão divergir sobre os sentidos para o conceito de justiça, bem como sobre os elementos que o compõe. Assim, para *Buchanan* o valor justiça é considerado *moralmente irrelevante*. Para toda uma corrente de autores liberais, iniciada com *Locke* e seguida por *Nozick*, o sentido da justiça decorre *da ideia de liberdade*. A noção de justiça irá ser construída na teoria de *John Ralws* pela complexa relação entre a noção de *liberdades básicas* e a exigência de redistribuição por meio do princípio da diferença. Em outro sentido, para *Dworkin*, justiça significa a distribuição de *recursos* iguais e não

---

[128] Serge-Christophe Kolm (1932), diplomado na *École nationale des Ponts et Chaussées* e diretor da *Études à l'École des Hautes Études en Sciences Sociales*, autor de diversas obras, dentre as quais se destacam: *Normative economics, theory of justice, equalities, inequalities*; *Justice et éqüite* (1972); *The general theory of justice* (1990) e *Modern theories of justice* (1996). É autor, também, de uma quantidade infindável de artigos, dentre os quais se destacam: *Liberté, justice et efficacité: distribution, impôts et transferts optimaux, Revue Economique* (2006); *Macrojustice: la politique distributive et fiscale voulue par une société libre, efficace et solidaire* (2006); *Qu'est-ce qu'un impôt juste? Interview de Serge-Christophe Kolm, Regards croisés sur l'économie* (2007); *Macrojustice: distribution, impôts et transferts optimaux* (2007); *Economic Macrojustice: Fair optimum income distribution, taxation and transfers, in Macrojustice* (2008); *Income justice: Its reason and optimal policy* (1995).

[129] O presente quadro foi elaborado com base nas tabelas de *Kolm*, reproduzindo parcialmente o modelo ilustrativo deste autor quanto à forma de apresentação, mas não quanto ao conteúdo que permaneceu íntegro. Houve, contudo, a inclusão do pensamento de *MacIntyre* que não constava do quadro de *Kolm* e foi acrescentado, sem nenhuma referência anterior no texto deste. Cf. KOLM, Serge-Christophe. *Teorias Modernas da Justiça*. São Paulo: Martins Fontes, 2000, p. 97-100.

apenas a liberdade ou o procedimento para a sua aquisição. O conceito de justiça será *derivado* na teoria do *utilitarismo do bem-estar social;*

ii) *valor a ser nivelado*: para *Buchanan*, a ideia de justiça pode ser considerada como uma forma de expansão da *liberdade plena*. Para *Locke* e *Nozick*, o valor a ser nivelado são os direitos liberais; enquanto para a teoria do *utilitarismo do bem-estar social* trata-se da distribuição dos recursos de *bem-estar marginal*. Para *John Ralws,* são *liberdades básicas e* "bens primários", por outro lado, segundo *Dworkin*, trata-se de recursos a serem distribuídos;

iii) *status da liberdade*: para *Buchanan*, a liberdade pode ser considerada tanto um *fato*, quanto um *valor*; enquanto para a teoria liberal de *Locke* e *Nozick* é considerada tão somente como sendo um *valor*. Por sua vez, para a teoria do *utilitarismo do bem-estar social,* trata-se de um *valor pessoal*. Para *John Ralws*, a teoria da justiça é pensada a *partir da igualdade,* como sendo a combinação entre *valor e meios;* tal situação se repete em *Dworkin* ao considerar como meio e valor;

iv) *modelo de troca*: cada pensador irá entender de modo diverso o modelo de troca no âmbito de uma teoria da justiça. Para *Buchanan*, a troca realiza-se de modo totalmente econômico e político, enquanto para *Locke/Nozick* os modelos de troca podem ser resumidos na noção de um *mercado perfeito*. Para *Rawls*, por sua vez, essas trocas ocorrem no interior de determinados "princípios", tendo por finalidade a tarefa de distribuição de recursos.[130] Para *Rawls*, o contrato político originário tem o caráter de troca, em que se abre mão da violência em contrapartida a um estado de dignidade; enquanto para *Dworkin* o modelo de troca deve ser entendido *a partir das igualdades*. Já no *utilitarismo de bem-estar social* trata-se de um modo de *descentralização eficiente*.

v) *contrato social*: esta teoria pressupõe uma estrutura teórica hipotética que serve de instrumental para o teste e justificação de determinadas teorias.[131] O modelo clássico de contrato social foi formulado por *Hobbes*, no sentido de que os contratantes abrem mão da liberdade em prol de uma liberdade civil, ou seja, o fim da guerra de todos contra todos. Esse modelo é afirmado por *Buchanan*. Para *Locke* e, posteriormente, para *Nozick*, o *Contrato Social Liberal* pode ser descrito como o resultado do conjunto de *contratos sociais liberais*. Por sua vez, um Contrato Social Liberal é qualquer acordo livre ou troca de modo desimpedido sobre direitos não básicos ou alienáveis, que deve ser cumprido.[132] O contrato social em *Ralws* estará intimamente ligado à ideia de "posição original" e de como as escolhas serão realizadas sob um véu de ignorância. Na teoria do *recursismo*, tal como em *Dworkin*, o contrato social deve possuir um seguro ou uma garantia contra as dificuldades de ter nascido com capacidades pessoais genéticas. Trata-se de uma teoria que admite e exige uma maneira de compensação como forma de garantia

---

[130] Cf. HÖFFE, Otfried. *O que é justiça? Coleção Filosofia* n. 155. Porto Alegre: EDIPUCRS, 2003, p. 80.
[131] Cf. KOLM, Serge-Christophe. *Teorias Modernas da Justiça*. São Paulo: Martins Fontes, 2000, p. 116.
[132] Idem, p. 128.

de uma liberdade hipotética.[133] O utilitarismo, por sua vez, se apresenta como uma mistura de individualismo e coletivismo extremado, ao preocupar-se somente com o resultado da soma das felicidades individuais. Esta preocupação com a felicidade total da sociedade se apresenta como uma mudança do foco do indivíduo para a sociedade e um abandono da importância de uma teoria do contrato social.[134]

vi) *tipo de governo*: para *Buchanan,* o governo é o resultado de trocas livres entre indivíduos egoísticos e, portanto, a Constituição é resultado do consentimento unânime.[135] Em sentido diverso, entendem *Locke/Nozick* que o governo deve ser considerado como uma estrutura mínima (*minarquia*), que vise à proteção de direitos. A teoria de *Ralws,* da posição original, orienta a compreensão do papel que o governo deve ter pela composição de três elementos: evita o pressuposto egoístico, inclui postulados éticos e evita decisões oportunísticas e casuísticas decorrentes da posição do indivíduo na sociedade e de sua escala de interesses sociais.[136] As teorias recursivas irão defender a noção de seguro social contra as mazelas da "fortuna", representando uma defesa social contra as incapacidades naturais ou sociais. Desse modo, as teorias políticas dessa escola irão defender uma esfera pública que proteja uma seguridade social pública, extensiva e universal a todos os necessitados.[137] Para o utilitarismo, o modelo de governo não é tão importante, desde que proceda a uma maximização das utilidades individuais.

vii) *direitos naturais*: para *Buchanan,* não importa a noção de direitos naturais, mas tão somente de resultados possíveis. Em sentido radicalmente oposto, entendem *Locke/Nozick* que todos os direitos naturais são importantes para a concretização da justiça. Para *Rawls*, os direitos naturais não têm significação expressiva, parte-se do pressuposto de que os indivíduos são egoístas e de que suas motivações sejam dirigidas por preocupações imparciais orientadas por interesses pessoais. E estes são direcionados somente para os resultados de suas escolhas,[138] e os direitos naturais não se dirigem à produção destas decisões.[139] O direito à distribuição não é uma dádiva, mas deve ser conquistado (inicialmente produzido) por meio do trabalho.[140] Esta solução é igualmente adotada por *Dworkin*. Cabe observar que *Rawls* não trata diretamente da existência de direitos naturais, visto

---

[133] KOLM, Serge-Christophe. *Teorias Modernas da Justiça.* São Paulo: Martins Fontes, 2000, p. 284-285.

[134] Idem, p. 508-509.

[135] Idem, p. 439-440.

[136] Idem, p. 235.

[137] Idem, p. 289.

[138] Idem, p. 244.

[139] Otfried Höffe ao analisar o sentido dos direitos naturais em Rawls, afirma que: "mesmo pela troca transcendental supera-se, em primeiro lugar, apenas o estado natural primacial, mediante a fundamentação de direitos elementares, os direitos humanos enquanto direitos de liberdade e enquanto direitos sociais funcionais com relação à liberdade. O estado natural secundário remanescente é superado apenas naquela segunda troca, que fundamenta o Estado como 'gládio da justiça', como quintessência dos poderes públicos subsidiários para a realização da justiça". Cf. HÖFFE, Otfried. *O que é justiça? Coleção Filosofia* n. 155. Porto Alegre: Edipucrs, 2003, p. 81.

[140] Cf. HÖFFE, Otfried. *O que é justiça? Coleção Filosofia* n. 155. Porto Alegre: Edipucrs, 2003, p. 80.

que a lista dos direitos é objeto de acordo na posição original. O contrato social, denominado pelo autor como sendo a "posição original", realiza uma definição de quais são os direitos fundamentais. É o chamado primeiro estágio. Por fim, para o *utilitarismo de bem-estar social* esses direitos são implícitos ou decorrem do resultado alcançado.

viii) *motivação pessoal*: a concepção *hobbesiana* em *Buchanan* parte do pressuposto racional e pragmático de que os indivíduos podem preferir economizar as energias utilizadas na luta de todos contra todos, substituindo-as pela cooperação. O resultado deste posicionamento está no sentido de que não há uma solução ética para a formação da Constituição, mas tão somente uma solução para a coerção e a violência.[141] O pensamento de *Locke/Nozick* irá propugnar igualmente uma solução amoral para o problema da motivação moral na escolha de mecanismos de distribuição de recursos escassos. Trata-se de soluções "técnico-consensualistas", e não "moral-distributivistas", no sentido de que a distribuição geral de riqueza irá produzir melhores resultados práticos pela decisão racional dos atores envolvidos.[142] O problema da motivação pessoal em *Ralws* acrescenta um problema adicional decorrente do "princípio da diferença", dado que uma distribuição igualitária dos "bens primários" pode desincentivar os mais produtivos a produzir (melhor resultado individual), por sua vez esta situação deve ser combinada com a ideia de que estes podem ser sujeitos morais que aceitam a redistribuição em prol de um resultado social melhor.[143] Em *Dworkin*, a noção de que o indivíduo é um potencial beneficiário de um seguro social contra as deficiências pessoais de, portanto, a motivação pessoal não precisa ter necessariamente um fundamento moral.[144] O utilitarismo é a teoria que defende que se deve procurar uma maximização das utilidades individuais, ou seja, uma resultante positiva da equação: felicidades menos privações. Trata-se, portanto, de uma teoria fundamentada na maximização do egoísmo (interesses privados) pela sua multiplicação em casos semelhantes, em uma função linear crescente.

iv) *motivação pública*: para *Buchanan*, a escolha do tipo de solução fundada na escolha pública se fundamenta num tipo de egoísmo que se orienta por bons resultados.[145] Para *Locke/Nozick*, o governo representa uma forma de moralismo público ou de Estado, como o instrumento empregado para a defesa dos interesses de titulares de direitos naturais ou proprietários.[146] O modelo de *Ralws* parte da dualidade de padrões adotados pelos indivíduos: de um lado, possuem

---

[141] Cf. KOLM, Serge-Christophe. *Teorias Modernas da Justiça*. São Paulo: Martins Fontes, 2000, p. 440.

[142] Idem, p. 441.

[143] Idem, p. 253-254.

[144] Segundo Kolm: "(...) essa falta de continuidade na personalidade e, portanto, da responsabilidade, é um aspecto da impossibilidade de teorias da Posição Original como teorias de ética social e justiça. Ora, itens possíveis da garantia básica podem ser ou não necessários para caracterizar a personalidade do indivíduo (...)"; ver *in*: KOLM, Serge-Christophe. *Teorias Modernas da Justiça*. São Paulo: Martins Fontes, 2000, p. 440.

[145] Cf. KOLM, Serge-Christophe. *Teorias Modernas da Justiça*. São Paulo: Martins Fontes, 2000, p. 440.

[146] Idem, *ibidem*.

padrões morais gerais e, de outro, padrões que correspondem a interesses específicos.[147] O utilitarismo de bem-estar social irá defender de modo ardoroso um moralismo de Estado de cunho prescritivo, ou seja, parte do pressuposto de que se algo é certo, então deve ser. De tal forma que a realidade deve ser transformada pelo Direito, enquanto na *teoria da escolha pública* de *Buchanan* há uma submissão forte da moralidade pública aos fatos (*teoria moralista de Estado descritiva*).[148]

v) *imperfeições de mercado*: a importância da política e dos processos políticos se reflete igualmente no mercado e na superação de suas imperfeições, conforme *Buchanan*. Há uma submissão geral da sociedade à Constituição,[149] inclusive do mercado e de suas deficiências. Para *Locke/Nozick*, o mercado não possui deficiências fundamentais e mesmo as suas falhas se revelam, no longo prazo, como sendo benéficas ao interesse geral. Em *Rawls*, as falhas de mercado produzem incentivos aos mais produtivos e podem gerar mais desigualdades sociais. Segundo *Dworkin*, as principais falhas de mercado a serem consideradas são aquelas decorrentes das *desigualdades iniciais*, que devem ser corrigidas por meio de mecanismos de garantias básicas ("seguro"). Para o *utilitarismo*, as falhas de mercado são objeto de preocupação de uma *economia pública de bem-estar*, que visa corrigir os importantes desajustes decorrentes de um mercado imperfeito.[150]

Para uma representação ilustrativa do resumo elaborado por *Kolm*, veja-se o quadro abaixo:[151]

Teoria / Questão	Escolha Pública Buchanan	Liberalismo (justiça com Procedimento) Locke/Nozick	Justiça como Equidade Rawls	Recursism Dworkin	Utilitarismo de Bem-Estar Social
Valor Justiça	Moralmente irrelevante	Decorrente da liberdade	Liberdades básicas e "princípio da diferença"	Recursos iguais	Derivado
Valor a ser nivelado	Liberdade plena	Direitos liberais	Liberdades básicas e "bens primários"	Recursos	Bem-estar marginal
Status da Liberdade	Fato e valor	Valor	A partir da igualdade: valor e meios	A partir da igualdade: meios e valor	Valor pessoal: meios Necessidade: valor
Modelo de Troca	Totalmente econômica e política	Mercados perfeitos	Dentro de "princípios"	A partir das igualdades	Descentralização eficiente

---

[147] Kolm, Serge-Christophe. *Teorias Modernas da Justiça*. São Paulo: Martins Fontes, 2000, p. 256.
[148] Idem, p. 479.
[149] Idem, p. 440.
[150] Idem, p. 470.
[151] Idem, p. 96-99.

Contrato Social	Básico (hobbesiano)	Proteção aos direitos (Locke)	"posição original"	Hipóteses de "seguro fundamental"	Não (ou posição original)	
Tipo de Governo	Troca política	"minarquia" de proteção de direitos *	"posição original"	Hipóteses de "seguro fundamental"	Não (ou posição original)	
Direitos Naturais	Não (resultado possível)	Todos	Não, para produção (resultado para a básica)	Não, para produção	Implícito (ou resultado)	
Motivação Pessoal	Amorais	Amorais	Egoísmo e acordo com a justiça	Amoral	Egoísmo e possível altruísmo	
Motivação Pública	Egoísta, com boas consequencias	Empregados dos proprietários	(justiça)	(justiça)	Moralismo de Estado	
imperfeições de Mercado	Todas: Corrigidas pela política	Nenhuma	Incentivos (mais desigualdades)	(desigualdades iniciais)	Economia pública de bem-estar	

* Dentre as obras de *Alasdair MacIntyre* podemos destacar: *Marxism: An Interpretation* (1953); *A Short History of Ethics* (1966); *Secularization and Moral Change* (1967); *The Religious Significance of Atheism* (1969); *After Virtue* (1981); Justiça de quem? Qual racionalidade? (*Whose Justice? Which Rationality?* 1988); *Three Rival Versions of Moral Enquiry* (1990); *Dependent Rational Animals: Why Human Beings Need the Virtues* (1999); *The Tasks of Philosophy: Selected Essays*, v. 1 (2006) e *Ethics and Politics: Selected Essays* (2006).

No estudo das teorias da justiça, em *Serge-Christophe Kolm*, faltou incluir os importantes estudos de *Alasdair MacIntyre* sobre as conexões necessárias entre justiça e lei. Os sofisticados argumentos de *MacIntyre* se caracterizam por uma reconstrução de todo o discurso racional sobre a teoria da justiça. Segundo o autor, "justificar é narrar como o argumento chegou ao ponto em que está".[152] Dessa forma, o que justifica a estrutura teórica de uma determinada tradição teórica e de pesquisa é "a superioridade teórica da qual são parte, é a superioridade racional da estrutura particular em relação a todas as tentativas anteriores, dentro da tradição particular, de formular tais teorias e princípios". O autor irá recuperar o sentido da tradição *aristotélico-tomista*,[153] sobre o conceito de justiça.

Uma análise crítica do pensamento de *MacIntyre* pode, por um lado, ressaltar positivamente a conexão estabelecida da moralidade (*ethikos* ou *moralis*) com a institucionalidade[154] e, por outro, questionar o requisito aristotélico de auto-suficiência que fundamenta o pensamento desse autor, visto que em um mundo real se exige a conciliação entre posicionamentos e visões de mundo radicalmente

---

[152] Cf. MACINTYRE, Alasdair. *Justiça de quem? Qual racionalidade?* São Paulo: Loyola, 2001, p. 19.
[153] O *tomismo* é uma doutrina filosófica fundada por *São Tomás de Aquino* (1225-1274), que une o pensamento aristotélico e o cristianismo, de tal modo a fundar uma concepção racional da interpretação das Sagradas Escrituras.
[154] Cf. OLIVEIRA, Isabel Ribeiro de. *Notas sobre dois livros de MacIntyre*. Luanova nº 64, São Paulo, 2005.

diferentes.[155] Igualmente críticas são as concepções aristotélicas de *telos* (finalidade) de uma essência humana, bem como à importância da amizade como conexão fundamental nas relações interpessoais, algo somente plausível em uma *polis* do tamanho de uma cidade-estado. É para superar estas limitações que *MacIntyre* recorre aos conceitos de *prática*, *narrativa* e *tradição*.[156] O conceito de *narrativa* será utilizado para reorganizar a unidade do eu (*self*), de tal modo a reposicionar um eu fragmentado pelo conjunto de atos durante uma vida, ordenando intenções e nexos causais em um contexto histórico.[157]

Habermas irá fundir diversas tradições e a propor um novo paradigma, transferindo o problema do "trabalho" para o campo da "comunicação". As críticas ao capitalismo e as formas alienadas de vida social continuam no âmago das críticas do autor à sociedade contemporânea, mas as suas soluções deslocam-se da primazia da classe trabalhadora para questões ética envolvendo o poder comunicacional.[158] Suas análises, contudo, distanciaram-se de modo profundo à vertente marxista em uma crítica à concepção cientificista de ciência, ao modelo economicista da sociedade e da cultura, ao modelo particularista (moral operária) e não-universalista da moral e dos direitos fundamentais, da teleologia da história com base na categoria do trabalho e da luta de classes.

Habermas irá postular uma fundamentação discursiva (*Diskursethik*) dos direitos fundamentais, numa tentativa de criação de uma normatividade comunicacional com pretensões universalistas. A ética do discurso em *Habermas* será cognitivista, deontológica e universalista. Será *cognitivista* porque permitirá a enunciação de enunciados com pretensão de verdade sobre juízos morais, ou seja, o sentido de *dever* fazer algo deve ser entendido como *ter razões* para agir.[159] É *deontológica* porque se preocupa no estabelecimento de critérios formais para a ação correta e justa, não se preocupando com o conceito de vida boa ou de uma determinação substantiva dos bens a serem preservados. É *universalista* porque pretende possuir pretensões de universalidade, ultrapassando os limites de contextos particulares de tempo e culturas específicas.

---

[155] Cf. Isabel Ribeiro de Oliveira tece crítica interessante ao pensamento de *MacIntyre*, especialmente ao fundamento da ética aristotélica na idéia de *pólis*: "(...) isso porque uma comunidade não tem como constituir-se em algum lugar "vazio" do planeta, situando-se, necessariamente, em território politicamente já ordenado. Posto que sua proposta não estabelece qualquer critério que garanta a civilidade na relação entre a comunidade e a ordem política mais abrangente, talvez o mais apropriado seja interpretá-la como crítica radical da modernidade, antes que enquanto proposta de superação dos problemas por ele, nela, identificados. De fato, no primeiro capítulo de *Justiça de Quem? Qual Racionalidade?*, MacIntyre deixa muito claramente postas as razões que o movem em direção a esse insulamento"; ver *in*: OLIVEIRA, Isabel Ribeiro de. *Notas sobre dois livros de MacIntyre*. Luanova nº 64, São Paulo, 2005. (cidade)

[156] Idem, p. 122.

[157] Idem, p. 126.

[158] Ver Mondaini, Marco. *Jürgen Habermas e a Teoria Crítica*. Disponível em: <http://www.historia.uff.br/nec/textos/text25.PDF>. Acesso em: 20.10.06, às 14h.

[159] Cf. HABERMAS, Jürgen. *Consciência moral e agir comunicativo*. Trad. de Guido Antônio de Almeida. Rio de Janeiro: Tempo Brasileiro, 1989, p. 71-72.

Apesar de compartilhar com *Rawls* de diversos pontos em comum, os dois autores possuem divergências significativas em sua visão da teoria da justiça. Ambos concordam em aceitar o papel fundamental da deliberação e da argumentação, mas para *Habermas*, contudo, *Rawls* falha em não demonstrar uma teoria não metafísica da justiça, identificando esta com um modelo estatal de bem.[160]

Após esta elucidativa apresentação, de diversas visões coerentes em si e conflitantes entre elas, podemos questionar qual delas poderá fundamentar uma teoria sistemática do Direito Tributário?

Em nosso entender, podemos postular que uma teoria sistemática parte da afirmação da necessária conexão da noção de justiça com a ideia de Direito em geral e de tributos em particular, mas não de uma teoria particular de justiça. Não há igualmente como descrever qual a resposta correta, visto que, como lecionou *MacIntyre*, "as reivindicações rivais da verdade de tradições conflitantes se de pesquisa dependem, para serem justificadas, da adequação e do poder explicativo das histórias que os recursos de cada uma delas permitem a seus adeptos escrever",[161] ou seja, não há como pensar em análise de uma tradição fora de uma tradição em particular. Existe, contudo, um padrão explicativo, geral para entendermos que a teoria sistemática possa ser um ponto de vista explicativo e não um *corpus* teórico fechado, ou seja, ela funda-se no postulado da conexão necessária entre justiça e Direito, mas não elege nenhuma teoria particular como verdadeira. Assim, a teoria sistemática aparece mais como um movimento de ideias e pensadores distintos, do que como uma escola fechada de pensamento.

A compreensão sistemática do Direito Tributário assemelha-se mais a um *movimento* de pensamento do que a uma *escola teórica*, visto que se trata de um movimento de diversas escolas que partilham dos mesmos princípios comuns de abordagem (*common approach*), enquanto que uma escola partilha de um *corpus* teórico fechado de postulados.

No Direito Tributário, encontraremos o retorno à centralidade do problema da *justiça fiscal* nas obras de *Klaus Tipke* e *Thomas Nagel*. O movimento geral da filosofia e da filosofia do Direito para a retomada do problema da justiça, para uma posição de destaque no debate atual, não poderia deixar de produzir reflexos no Direito Tributário, visto que o problema da distribuição de encargos fiscais, em uma sociedade de recursos escassos e interesses diversos e mesmo antagônicos, gera a possibilidade de interesses não plenamente satisfeitos e até mesmo contrariados. A teoria da justiça fiscal é a resposta justificada para estes questionamentos.[162]

---

[160] Cf. GRUPILLO, Arthur. *Habermas e Rawls: sujeito, discurso e teorias democráticas contemporâneas*. Ágora Filosófica. Ano 2, n. 01, jan/jun, 2002, p. 12.

[161] Cf. MACINTYRE, Alasdair. *Justiça de quem? Qual racionalidade?* São Paulo: Loyola, 2001, p. 431.

[162] Não iremos, no presente trabalho, adentrar no problema especial da justiça social e de toda a polêmica que este conceito envolve, sobre o assunto veja-se: BARZOTTO, Luis Fernando. Justiça Social. Gênese, estrutura e aplicação de um conceito. *Revista Direito e Justiça*, n. 31, março/2005.

1.2.2.2. Da Justiça Fiscal como justificação ao poder de tributar

Partindo da noção de que o poder de tributar não encontra fundamento exclusivamente no poder nem pode ser explicado unicamente em termos formais, deve-se encontrar fundamentos materiais ao poder de tributar nos direitos fundamentais e na noção de justiça fiscal.

A necessidade de definição do conceito de justiça fiscal é algo fundamental. Trata-se, porém, de uma tarefa ainda inacabada. Das divergentes e diversas configurações do conceito, podemos procurar entender a sua utilização na linguagem ordinária do constitucionalismo democrático contemporâneo.

Podemos dizer que a justiça fiscal reflete-se como um modo de tratamento que respeita critérios isonômicos e diferenças, restabelecendo a correta relação entre cidadãos e esfera pública. Assim, três soluções são possíveis: 1) exigir o mesmo tratamento dado às demais atividades econômicas, considerando-as como partes do todo (justiça comutativa); 2) exigir um tratamento diferenciado, considerando que esta atividade possui uma diferença substantiva em relação às demais atividades econômicas (justiça distributiva) ou 3) exigir um tratamento adequado ao bem comum, ou seja, em correta correlação entre o privado e a contribuição que este deve realizar à manutenção de uma esfera de liberdade e igualdade.

Como se verifica, todas as três posições podem indicar, legitimamente, uma solução coerente no sistema jurídico. Assim, o princípio da justiça fiscal não pode ser corretamente aplicado ao tomar em consideração uma atividade econômica sem levar em conta outro princípio de igual estatura: a neutralidade fiscal.

1.2.2.2.1. Da Justiça Fiscal como princípio estruturante do sistema jurídico-tributário

Após terem sido verificadas as características da argumentação jurídica, podemos encontrar as razões que indicam a clara presença do princípio da Justiça Fiscal no discurso jurídico. A Justiça Fiscal irá atuar como: i) *princípio estruturante* do sistema jurídico-tributário e ii) *princípio hermenêutico fundamental de aplicação* das normas jurídicas tributárias.

A noção de Justiça Fiscal pode ser entendida como princípio estruturante do Direito Tributário, ou seja, do qual outros princípios derivam e buscam orientação, tais como: isonomia fiscal, capacidade contributiva, progressividade, seletividade.

Ela possui também o significado de apresentar a exigência de que as normas tributárias busquem alcançar um valor ou fim. Determina, desse modo, as razões para o agir no âmbito de determinado ordenamento jurídico. Exclui, portanto, a possibilidade de soluções ausentes de fundamentos éticos[163] ou meramente formais.

---

[163] Em uma sociedade democrática, mesmo os fundamentos aparentemente financeiros devem buscar uma justificação em fundamentos materiais. Assim, por exemplo, na decisão a seguir decidiu o julgador, com base em argumento eminentemente financeiro, veja-se: "Agravo Regimental – Suspensão de Segurança – Liminar deferida para afastar das indústrias sediadas no estado de Mato Grosso a cobrança da Contribuição Provisória sobre

A Justiça Fiscal, por fim, pode ser entendida também como *princípio hermenêutico*, ou seja, como princípio de aplicação normativa. Dessa forma, preocupa-se não com as "razões para decidir" ou com os fins da ação; tal como na sua apresentação como princípio estruturante, mas com os meios necessários e o momento da aplicação normativa. Não se deve entender aqui hermenêutica na sua concepção clássica de extração de sentido de uma norma, dado que isso é impossível, mas entender-se que toda interpretação já faz parte do momento da aplicação.[164]

1.2.3. Teoria do Discurso Jurídico e da argumentação

A *Teoria do Discurso Jurídico* se constitui em uma das grandes inovações para a moderna hermenêutica sistemática, visto que estabelece novos métodos, funções e objetos de interpretação. A *hermenêutica conceitual* falhava por sua inaceitável vinculação à ideia de correspondência entre essência e conceito. Tal entendimento é incapaz de se sustentar em uma sociedade marcada pela cisão nas visões de mundo e no pluralismo axiológico. Não há como aceitar normas jurídicas sem revelar que elas expressam visões políticas, valorativas e mesmo ideológicas da sociedade e da realidade.

A *hermenêutica positivista clássica* falhava justamente na tentativa de superação das incompletudes do modelo conceitual. Ao negar uma visão única da realidade e mesmo a possibilidade de conhecimento preciso da essência, a teoria do conhecimento positivista substituía o objeto-material por um objeto-formal, ou seja, provocava uma passagem da ênfase no estudo do ser (objeto) para o estudo da metodologia e dos instrumentos de conhecimento (linguagem). Assim, a precisa delimitação dos cortes lógicos e epistemológicos de cada teoria (T_1, T_2, ... T_n)[165] é que irá permitir uma construção teórica consistente e coerente da realidade e do fenômeno jurídico.

Movimentação ou Transmissão de Valores e de Créditos e Direitos de Natureza Financeira – CPMF, instituída pela emenda constitucional nº 37/2002. 1 – A descontinuidade do recolhimento da Contribuição Provisória Sobre Movimentação ou Transmissão de Valores e de Créditos e Direitos de Natureza Financeira – CPMF representa séria ameaça de lesão à economia pública, (...) – Evidente impacto financeiro a ser causado pela decisão alterada, com conseqüente desequilíbrio nas contas públicas em face do recente contingenciamento orçamentário de, aproximadamente, 48% (quarenta e oito por cento). 4 – Agravo Regimental rejeitado. 5 – Decisão confirmada". Seu fundamento imediato deve ser visto na noção de "impacto financeiro", mas se não houver fundamento mediato na noção, mesmo que longínqua, de que o Estado é responsável pela realização do bem comum e a ausência de recursos implica na ofensa ao bem comum, tal decisão irá afrontar os ditames de uma coerência material. Logicamente será uma decisão válida, contudo, o sistema de valores a ser criado será cada vez menos democrático, em virtude da sucessiva transferência de valor para as chamadas razões de Estado, que substituem o cidadão pelos anseios do soberano. AGSS – Agravo Regimental na Suspensão de Segurança – 01000263734. TRF 1 Região, 02/10/2002.

[164] Assim, conforme Paulo de Barros Carvalho: "(...) partimos, isto sim, para a construção das significações, dos sentidos, no processo conhecido como interpretação"; ver *in*: CARVALHO, Paulo de Barros. *Direito Tributário – Fundamentos jurídicos da Incidência*. São Paulo: Saraiva, 1998, p. 17.

[165] Cf. SANTI, Eurico de. Introdução: Norma, Evento, Fato, Relação Jurídica, Fontes e Validade no Direito. *In*: SANTI, Eurico de. *Curso de Especialização em Direito Tributário: Estudos Analíticos em Homenagem a Paulo de Barros Carvalho*. Rio de Janeiro: Forense, 2005, p. 01-33, p. 04.

A *hermenêutica sistemática* irá estabelecer um novo padrão de compreensão do fenômeno jurídico, ao combinar o rigor do método herdado pela filosofia analítica com uma compreensão material decorrente da combinação de uma *hermenêutica ética, das modernas teorias da justiça* e da afirmação de um *neoconstitucionalismo*, fundado na *teoria dos direitos fundamentais*. Essa nova arquitetura teórica somente será possível, contudo, sobre as bases da *teoria do discurso*, legada pela moderna filosofia analítica nos seus estudos sobre a função pragmática da linguagem.

i) Novas tendências analíticas: jogos de linguagem e a teoria do Discurso

A filosofia analítica irá experimentar um forte movimento de renovação teórica com estudos renovadores sobre o discurso prático e o papel da ética. A viragem significativa irá iniciar na obra *Investigações Filosóficas*, de *Ludwig Wittgenstein*, com a teoria dos *jogos de linguagem* (*Sprachspiels*). Essa obra representa uma revisão radical do seu próprio pensamento na fase anterior marcada pela afirmação das virtudes da lógica. O autor iniciava a sua obra anterior de modo incisivo dizendo que o mundo "é a totalidade de fatos, não de coisas" (*Die Welt ist die Gesamtheit der Tatsachen*), ou seja, o mundo é composto por representações daquilo que denominamos como sendo o mundo. Assim, a linguagem será o "mapa do mundo", ou seja, os limites da linguagem são os limites do meu mundo (*Die Grenzen meiner Sprache bedeuten die Grenzen meiner Welt – 5.6*).

A obra *Investigações Filosóficas*, de 1953, é uma compilação das conferências realizadas pelo autor em Cambridge, que foi publicada postumamente. *Wittgenstein* irá abandonar o problema da referência (semântica) e irá centrar-se no problema do sentido pragmático ou do uso da linguagem. As palavras significam mais pelo seu uso em um determinado contexto do que pela sua referência (denotação) a uma coisa.

A partir destes estudos novas perspectivas irão surgir com a superação do positivismo lógico da fase anterior (*Tratactus*) e a construção de um novo modelo argumentativo, tomando por base a linguagem ordinária. Igualmente relevante é a contribuição de *John Langshaw Austin* sobre os *atos de fala* (*speech acts*), que foi defendida pelo autor no célebre livro "Como fazer coisas com palavras" (*How to Do Things with Words*), publicado postumamente em 1962. Nesta obra o autor irá defender que ao dizermos algo, estamos fazendo algo (*by saying something, we do something*). Tal situação caracterizaria a presença de *ato ilocucionário* (*illocutionary act*). Um ótimo exemplo deste tipo de conduta está na declaração pelo padre do casamento. Esta teoria parte da conceituação de que os atos de fala são uma prática social e que a realidade é constituída pela linguagem e não apenas representadas por esta. Deste modo, não se deve procurar o sentido da palavra na estrutura da linguagem, mas principalmente no seu contexto cultural. Assim, a verificação das condições de verdade de uma sentença é substituída pela verificação da eficácia do ato de fala e mesmo da sua dimensão moral no contexto comunicativo. Esta escola foi reafirmada por *John Searle* em uma obra denominada *Speech Acts*, em 1969.

Estes autores irão diferenciar três categorias de atos de fala: *locucionário*, *ilocucionário* e o *perlocucionário*. O *ato locucionário* seria aquele que determina "o que se diz"; o *ato ilocucionário* seria "como se diz" e o *ato perlocucionário* seria o efeito alcançado "por dizer" algo. Assim, quando dizemos algo podemos estar realizando três atos conexos: o dizer propriamente dito (proferir sons) e o ato de fazer algo, dizendo (uma promessa, uma ordem, etc.).[166] O ato *perlocucionário* teria a produção de resultados não esperados diretamente pelo ato de fala, tal como emoções e intenções.

O legado de *John Langshaw Austin,* de *John Searle* e do segundo *Ludwig Wittgenstein* (*Investigações Filosóficas*) representa um gigantesco contributo para a construção de uma teoria do discurso jurídico, que permita a resolução racional de problemas práticos (dilemas morais, políticos e jurídicos) sob a base de uma comunicação intersubjetiva.[167]

A mais importante recepção desta teoria em Direito Tributário ocorre com o trabalho de *Paulo de Barros Carvalho*, para o qual:

> (...) fatos jurídicos não são simplesmente os fatos do mundo social, constituídos pela linguagem de que nos servimos no dia a dia. Antes, são enunciados proferidos na linguagem competente do direito positivo, articulados em consonância com a teoria das provas.[168]

O *evento* para ingressar no discurso jurídico deve ser relatado em linguagem competente, sem a qual não será admitido como mensagem jurídica sob a forma de *fato jurídico*. O fato jurídico terá esta condição *locucionária* de ser fruto de um enunciado protocolar e integrante da posição sintática do antecedente de uma norma individual e concreta, ou seja, trata-se de um enunciado denotativo que participa do processo de incidência da norma jurídico-tributária.

Esta teoria será amplamente aceita de modo diverso por jovens tributaristas nacionais tais como *Eurico de Santi* e *Cristiano Carvalho*. Para o primeiro autor devemos distinguir no discurso jurídico duas classes de enunciados: *enunciação do enunciado* e *enunciado do enunciado*, conforme expôs na sua obra premiada *Decadência e prescrição no direito tributário*. Na *enunciação do enunciado* teríamos o próprio ato de fala, enquanto no *enunciado do enunciado* teríamos o sentido conduzido, ou seja, são diferentes instâncias de enunciação: de um lado, a Lei enunciaria um conteúdo, sendo ela própria a Lei, com seu número e características, uma forma de enunciação que enuncia um *produto discursivo*. Os *enunciados dos enunciados* seriam o conteúdo da lei e a *enunciação enunciada* seriam

---

[166] Veja-se o trabalho de Marina Velasco. *Atos de fala e ações sociais. Sobre a distinção entre ilocuções e perlocuções na teoria do agir comunicativo de Habermas*. Disponível em: <http://www.ifcs.ufrj.br/~mvelasco/Textos/ACCIOSOC.pdf>. Acesso em: 08.06.2008, às 11h.

[167] Cf. DUARTE, Écio Oto Ramos. *Teoria do Discurso e Correção Normativa do Direito*. São Paulo: Landy, 2004, p. 121.

[168] Cf. CARVALHO, Paulo de Barros. *Direito tributário – fundamentos jurídicos da incidência*. São Paulo: Saraiva, 1998, p. 89.

as coordenadas de espaço e tempo que identificam o sujeito que editou a norma.[169] Vejamos a exposição do próprio autor sobre a sua matriz teórica:

> Fica assim demonstrada, nessa teoria, que o *direito não só cria suas próprias realidades nos enunciados enunciados de uma lei, como constitui a própria realidade* de sua criação na enunciação enunciada. Ou seja, o próprio fato do poder constituinte originário torna-se fato jurídico, não porque juridicizado por uma regra a priori, como a norma hipotética fundamental de Hans Kelsen, mas porque entra para o direito pelo próprio documento que produz: os produtos juridicizam o processo.[170] (grifos nossos)

O autor irá buscar na linguística a inspiração e a força teórica para a construção de um modelo iniciado por *Paulo de Barros Carvalho* na separação do Direito em três planos: da *expressão*, das *significações* e das *normas jurídicas*. Ao tratar da constituição do Direito como ato de aplicação, da interpretação como aplicação normativa e do próprio fenômeno de incidência da norma jurídica como ato de aplicação, defende o autor que:

> (...) ou seja, o próprio ato de aplicação da Constituição, que cria lei, torna-se fato jurídico, não porque juridicizado pela regra de competência, mas porque entra para o direito pelo próprio documento que produz: os produtos juridicizam o processo. Ou seja, o fato da criação da lei entra no corpus da lei: a lei é lei porque diz que é lei.[171]

Este entendimento, longe de ser mera digressão teórica distante da realidade prática dos operadores jurídicos, pretende resolver complexos problemas práticos e reformar todo o sentido e conceito de lançamento tributário, constituição do crédito tributário, prescrição e decadência, conforme podemos atestar da leitura atenta da opinião de *Eurico de Santi* sobre a superação da perplexidade que o CTN gera ao afirmar que o crédito nasce do lançamento (art. 142); depois da obrigação tributária, que surgiu com o fato gerador (art. 113), assim, de tal forma que:

> De fato, a norma não tem força própria para atingir a realidade, pois depende dos homens, dos aplicadores do Direito, como bem observa Gabriel Ivo, com a sua desconcertante questão: "O sujeito do verbo incidir seria a norma?" Entrevemos, aqui, que a pretensa funcionalidade do sujeito independentemente do ato de aplicação parece sedimentar-se em uma visão jusnaturalista, segundo a qual o direito funcionaria como a natureza, como nuvens carregadas de hipótese e de mandamentos que, consolidados no mundo fáctico incidiriam, qual raios fulminando os seus suportes. Nessa óptica, a norma incidiria sobre o fato, fazendo nascer a "obrigação" e, posteriormente, o ato de lançamento declararia o fato e a relação tributária. (...) O fato jurídico e o crédito nascem, concomitantemente, com o ato de aplicação do Direito. Se a autoridade não lavra o auto de lançamento, ocorre a decadência do direito de lançar, e aí não há como cobrar o crédito.[172]

---

[169] Cf. SANTI, Eurico de. Introdução: Norma, Evento, Fato, Relação Jurídica, Fontes e Validade no Direito. *In:* SANTI, Eurico de. *Curso de Especialização em Direito Tributário: Estudos Analíticos em Homenagem a Paulo de Barros Carvalho.* Rio de Janeiro: Forense, 2005, p. 01-33, p. 29.

[170] Cf. SANTI, Eurico de. *Decadência e prescrição no direito tributário.* São Paulo: Max Limonad, 2000, p. 65.

[171] Idem, p. 74.

[172] Cf. SANTI, Eurico de. Introdução: Norma, Evento, Fato, Relação Jurídica, Fontes e Validade no Direito. *In:* SANTI, Eurico de. *Curso de Especialização em Direito Tributário: Estudos Analíticos em Homenagem a Paulo de Barros Carvalho.* Rio de Janeiro: Forense, 2005, p. 01-33, p. 25.

Um exemplo fenomenal de aplicação da matriz teórica correspondente pode ser encontrado no livro *Curso de Especialização em Direito Tributário*: Estudos Analíticos em Homenagem a Paulo de Barros Carvalho (2005), organizado por *Eurico de Santi* e que representa o maior esforço teórico realizado por uma escola de pensamento de Direito Tributário em aplicar sua matriz filosófica de modo profundo, sistemático e amplo a todos os campos da tributação.

Cristiano Carvalho irá defender um ponto de vista absolutamente diverso, ao adotar uma perspectiva realista do conhecimento da realidade e do Direito, ao afirmar a existência distinta da realidade e do mundo e da função representativa da linguagem. Sua obra *Ficções Jurídicas no Direito Tributário* (2007) irá trabalhar principalmente com uma modalidade especial dos atos de fala *ilocucionários*: os atos diretivos, que são próprios do Direito. Irá, contudo, acrescentar uma nova modalidade: a *fabuladora*. Assim, o Direito busca de modo geral reproduzir a realidade, e não constituí-la, e quando não consegue a correta correspondência faz uso de ficções ou presunções.

Estes autores irão trazer, como principal contribuição ao estudo do Direito Tributário e à interpretação jurídico-tributária, o deslocamento do problema da norma (*nível semântico da linguagem*) e de sua estrutura para a questão do discurso e da realização eficiente dos atos de fala (*nível pragmático da linguagem*). A interpretação sistemática irá recepcionar desta tradição a análise precisa e clara da linguagem, não como cortesia do intérprete, mas como metodologia.

ii) *Teorias da argumentação: uma nova racionalidade jurídico-material.*

As *teorias da argumentação* irão se debruçar com o complexo problema da linguagem em sua perspectiva complexa ou contextual, especialmente em uma crítica ao modelo positivista pela sua impossibilidade de compreender o fenômeno jurídico mais como modelo do discurso, do que como sistema de normas. As diferentes teorias da argumentação irão apresentar propostas diversas sobre o problema da argumentação jurídica. De um lado, encontraremos autores preocupados com o *problema da justificação* (*argumentação em si*), tais como *Chaïm Perelman, Neil MacCormick, Stephen Toulmin e Robert Alexy* e, de outro, autores preocupados com o *problema da compreensão* (*hermenêutica filosófica*), tais como *Hans-George Gadamer*. O presente trabalho não pretende esgotar a análise de todos e de cada um dos autores que desenvolveram esta complexa e rica história das teorias da argumentação jurídica. Vejamos rapidamente algumas das mais importantes teorias da argumentação e sua importância para o Direito Tributário.

a) Chaïm Perelman: a nova retórica jurídica

Perelman parte inicialmente da distinção aristotélica entre raciocínios analíticos ou lógico-formais e raciocínios dialéticos ou retóricos, e irá situar a sua teoria da argumentação na retórica.[173] Para o autor, os argumentos retóricos não

---

[173] Cf. ATIENZA, Manuel. *As razões do Direito. Teorias da Argumentação Jurídica*. 3 ed., São Paulo: Landy, 2003, p. 61.

estabelecem verdades evidentes ou provas demonstrativas, mas tão simplesmente apresentam o caráter razoável e plausível de determinadas decisões.

Para o autor, são pressupostos da argumentação a existência de uma linguagem comum e a finalidade de adesão de um auditório a uma ideia. Assim, a argumentação pode ser classificada conforme o auditório a que está sendo dirigida: a argumentação diante de um auditório universal, a argumentação diante de um único ouvinte ou a deliberação íntima, consigo mesmo.[174]

Para ele, a argumentação, diferentemente da demonstração, está vinculada à ideia de ação, ou seja, uma atividade que pretende alcançar a adesão de um auditório. Não se trata de buscar a objetividade na prática argumentativa, mas uma imparcialidade entendida como sendo a postura de tomar parte do mesmo grupo onde se julga, sem ter tomado partido de nenhum deles.

Deve-se realizar uma distinção entre persuadir e convencer, que deve ser entendida em relação ao auditório em que ela é dirigida. A argumentação persuasiva é aquela dirigida a um auditório particular, enquanto a argumentação convincente é aquela que pretende ser válida para todo interlocutor provido de razão.

Outra observação importante feita por Perelman é a de que o que importa na argumentação não são tanto os argumentos isolados, mas o contexto (todo) em que eles estão integrados.[175] Para tanto, terá uma importância relevante a ideia de força dos argumentos.

A teoria desenvolvida por Perelman tem como principal virtude reabilitar a razão prática e introduzir um modelo racional na discussão sobre os dilemas da moral, do Direito e da política.[176] Por outro lado, a sua recepção foi enfraquecida por sua principal falha: ausência de clareza.

b) Stephen Toulmin: uma justificação não-dedutiva da argumentação jurídica

Stephen Toulmin irá tentar propor uma teoria da argumentação distante da lógica dedutiva, mas também da preocupação com a prática e especialmente voltada para a construção de uma teoria da argumentação ética.

Inicialmente, cabe verificar com Toulmin o modelo da lógica dedutiva para a arquitetura de uma teoria da argumentação ética, assim segundo o autor:

> A lógica (podemos dizer) é a jurisprudência generalizada. Os argumentos podem ser comparados a litígios jurídicos e as pretensões que fazemos e a favor das quais argumentamos em contextos extrajurídicos, a pretensões feitas diante dos tribunais; ao passo que os casos que apresentamos ao tornar bom cada tipo de pretensão podem ser comparados entre si. Uma tarefa fundamental da jurisprudência é caracterizar o essencial do processo jurídico:

---

[174] Cf. ATIENZA, Manuel. *As razões do Direito. Teorias da Argumentação Jurídica*. 3 ed., São Paulo: Landy, 2003, p. 62-64.
[175] Idem, p. 73.
[176] Idem, p. 77.

os procedimentos pelos quais se propõem, se questionam e se determinam as pretensões jurídicas, e as categorias em cujos termos se faz isso.[177]

Dessa forma, parte o autor para determinar em que situação um conjunto de enunciados descritivos (R) pode servir de boa razão para uma conclusão ética (E), ou de modo geral, quando uma razão factual (G) pode servir para alcançar uma conclusão normativa (N).[178] A ética tem como ponto em comum com a ciência o fato de fundar-se em uma linguagem em contexto, particularmente em um contexto social determinado. Igualmente, a ética e a ciência partilham do caráter de refletir sobre experiências iniciais irrefletidas, de tal modo que reordenam a compreensão de determinado fenômeno. Assim, traz como exemplo o caso da observação de um bastão em um balde com água, onde, à primeira vista, pode indicar existir um bastão curvado. A observação científica, contudo, contraria a observação direta da experiência e propõe um raciocínio diferenciado com o seguinte julgamento "ele não está curvado, apenas parece por uma ilusão de ótica".[179]

Diferentemente da ciência, contudo, a ética se preocupa com a compatibilização de desejos e interesses contrapostos, atingindo o seu objetivo que é alcançar o sofrimento desnecessário.[180] A argumentação moral possui dois níveis: *justificação de ações individuais* e a *justificação de regras morais*.

• *justificação de ações individuais*: neste caso, a argumentação é utilizada quando uma ação é justificada em termos de ser requerida por uma norma aceita pela comunidade e geralmente realiza-se com um apelo a uma regra (*nível deontológico*). Para *Toulmin*, neste nível evita-se o sofrimento na medida em que a ação individual consegue se compatibilizar com o sentimento moral expresso na norma social, e;

• *justificação de regras morais*: que deve ser utilizada quando a argumentação é exigida para apontar qual regra irá produzir o menor sofrimento possível, em relação às alternativas existentes, ou seja, ela somente é aplicada se existir um conflito entre normas. Trata-se de uma forma de justificação com base na referência às consequências, ou seja, na busca de concretizar o objetivo de evitar o sofrimento desnecessário (*nível teleológico*).

---

[177] Cf. o autor: "Logic (we may say) is generalized jurisprudence. Arguments can be compared with law-suits, and the claims we make and argue for in extra-legal contexts with claims made in the courts, while the cases we present in making good each kind of claim can be compared with each other. A main task of jurisprudence is to characterize the essencials of the legal process: the procedures by which claims-at-law are put forward, disputed and determined, and the categories in terms of which this is done"; ver *in*: TOULMIN, Sthephen. *The Use of Argument*. London: Cambridge, 1964, p. 7.

[178] Cf. o autor: "what is it that make a particular set of facts, R, a good reason for a particular ethical conclusion E?"; ver *in*: TOULMIN, Sthephen. *An Examination of the Place of Reason in Ethics*. London: Cambridge, 1950, p. 04.

[179] Idem, p. 126.

[180] Cf. o autor: "Ethics is concerned with the harmonious satisfaction of desires and interests"; ver Idem, p. 223.

A grande contribuição de *Toulmin* é estabelecer no ambiente argumentativo uma fundamentação importante sobre a argumentação ética e a introdução da ideia de compatibilização no âmago dos dilemas morais, de tal modo a reduzir o sofrimento dos agentes em comunidade. Podemos encontrar nesse argumento uma fundamentação inovadora da ideia de ponderação de interesses que será sistematizada posteriormente por *Alexy*. A principal crítica à teoria, dirigida por *Alexy* a *Toulmin*, está na vaguidade da regra fundamental: "não causar sofrimento desnecessário", visto que a determinação do que seja *sofrimento desnecessário* não está claro.

c) Neil MacCormick: justificação dedutiva da argumentação jurídica

As teorias da argumentação de *Neil MacCormick*, juntamente com *Robert Alexy*, se incluem na tentativa de construção de uma moderna teoria capaz de superar as fraquezas dos pensadores anteriores (*Perelman* e *Toulmin*, entre outros). Estes dois exemplos de pensadores representam um clássico caso de tendência convergente, visto que de um lado *Neil MacCormick* representa uma tendência própria da tradição anglo-saxônica, vinculada às teorias de *Hume* e *Hart*. De outro lado, encontramos *Robert Alexy*, oriundo do melhor da tradição filosófica continental, vinculado ao pensamento de *Kant, Habermas* e à ciência jurídica alemã.[181]

Incrivelmente, a principal obra de *Neil MacCormick* (*Legal reasoning and legal theory*) foi publicada no mesmo ano da obra de *Robert Alexy* (*Theorie der juristischen Argumentation*), em 1978, ressaltando a coincidência desta tendência convergente.

A obra de *Neil MacCormick* é uma tentativa de realizar uma construção que supere o racionalismo extremado (as decisões são produtos somente da razão) e o irracionalismo (as decisões são produtos da vontade).[182] Para o autor, a teoria da argumentação cumpre uma função justificadora, mas principalmente que esta justificação possua um método. A decisão prática reside numa justificativa fundamentada em premissas normativas, que não são resultado de um encadeamento lógico-dedutivo. O que nos faz decidir, com base em critérios razoáveis, por um e não por outro princípio é tanto a nossa racionalidade, quanto nossa afetividade.[183] Segundo o autor, a "Argumentação é a atividade de colocar argumentos a favor ou contra alguma coisa" (*Argumentation is the activity of putting arguments for or against somenthing*).[184]

---

[181] Cf. ATIENZA, Manuel. As razões do Direito. Teorias da Argumentação Jurídica. 3 ed., São Paulo: Landy, 2003, p. 118.

[182] Dentre as obras do autor, podemos destacar: *Legal Right and Social Democracy: Essays in Legal and Political Philosophy* (1984), *Legal Reasoning and Legal Theory* (1978), *Rhetoric and The Rule of Law* (2005) e *Institutions of Law* (2007).

[183] Cf. ATIENZA, Manuel. *As razões do Direito. Teorias da Argumentação Jurídica*. 3 ed., São Paulo: Landy, 2003, p. 120.

[184] Cf. MACCORMICK, Neil. Argumentation and Interpretation in Law. *Ratio Juris*, vol. 06, n. 01, Março, 1993, p. 16-29, p. 16.

Para o autor, *interpretação* se constitui em uma forma particular da argumentação prática no Direito, em que alguém discorre sobre o entendimento de textos institucionais (*authoritative texts*), como um tipo específico de justificação racional para decisões judiciais (*reason for legal decisions*).[185]

Nesse contexto, possui um papel destacado, o conceito de *razões autoritativas* (*authority reasons*), como fundamento para decisões judiciais em *argumentos práticos puros* (*pure practical argumentation*) e em *argumentos institucionais* (*institucional argumentation*).

São argumentos práticos puros (*pure practical argumentation*) aqueles considerados fora de qualquer contexto particular, podendo surgir de duas formas, como *argumento teleológico* (*teleological argumentation*) ou *deontológico* (*deontological argumentation*). O *argumento teleológico* é aquele que pressupõe uma avaliação em relação aos apelos por determinados *valores fundamentais* (*final values*), de tal modo que se procede a uma verificação se algo determinado ("x") *possui boas razões* (*good reasons for doing*), ou seja, um *valor positivo*. Os *argumentos deontológicos* (*deontological argumentation*) apelam para os princípios de certo ou errado (*right or wrong*), sobre o que deve ou não ser realizado. Os primeiros argumentos seriam fundamentados em *razões finalísticas* (*goal reasons*), e os segundos, de *razões de correção* (*rightness reasons*).[186]

Os *argumentos institucionais* (*institucional argumentation*) são aqueles que se localizam em relação às razões oferecidas por aquele que possui autoridade ou possui como fonte uma autoridade (*authority reason*). Essa autoridade não significa somente o soberano, mas também inclui leis, precedentes judiciais e mesmo a doutrina (... *statutes, precedents, doctrinal materials and the like*).[187] Para o autor, a *teoria da argumentação* possui um peso significativo em uma sociedade democrática, ao fornecer elementos para a diminuição de conflitos sobre os *princípios e os valores governantes* (*governing values and principles*), pela utilização de *justificações racionais fortes* (*strong justifying reasons*).[188]

Neil MacCormick defende que em alguns casos os juízes se utilizam de um raciocínio dedutivo e apresenta alguns casos reais onde isso realmente ocorreu, mas adverte que este tipo de raciocínio possui determinados limites. Um desses limites se encontra no fato de que algumas vezes os juízes devem-se ater em aplicar as regras do direito vigente sem questionar se isso realiza a noção de justiça. Tal exigência se justifica como um cumprimento de *razões subjacentes* na aplicação de regras (segurança jurídica ou divisão dos poderes). Essa situação implica igualmente a noção que os juízes possam identificar quais são as regras válidas e

---

[185] Cf. MACCORMICK, Neil. Argumentation and Interpretation in Law. *Ratio Juris*, vol. 06, n. 01, Março, 1993, p. 16-29, p. 16.
[186] Idem, p. 16-29, p. 17.
[187] Idem, p. 16-29, p. 17.
[188] Idem, p. 28.

aplicáveis àquele conjunto concreto de casos, o que impõe como consequência o entendimento de que existem critérios de reconhecimento.

Os juízes podem, além dos casos fáceis, se deparar igualmente com casos difíceis, que podem ser de quatro espécies: de interpretação, de pertinência, de prova ou de qualificação.[189] Os *casos difíceis de interpretação* são aqueles em que há dúvida sobre qual seja a norma aplicável, dado que esta permite mais de uma leitura. *Os problemas de pertinência* são aqueles sobre a existência de norma sobre determinado assunto, ou seja, sobre o reconhecimento de uma norma. Já, por sua vez, os problemas de prova se referem ao estabelecimento da premissa menor de um silogismo e geralmente significam proposições sobre o passado. Nos casos de conflitos de qualificação, a dúvida relaciona-se à pertinência de que determinados fatos podem ser subsumidos à aplicação da norma. Assim, cita o autor o caso de um pedido de divórcio requerido com base no fato de que a esposa deu luz à uma criança depois de terem transcorrido diversos meses da última relação do casal, sendo que em defesa alegou a esposa que recorrera ao método de inseminação artificial e, portanto, restava a dúvida se este fato poderia ser subsumido ao conceito de adultério.

Reconhece o autor que apesar de os problemas de interpretação e de qualificação serem idênticos, do ponto de vista lógico-filosófico, se constituem em situações diferentes em sentido processual. A distinção entre questões de fato e questões de direito podem gerar consequências processuais diversas, visto que um problema fático não produz precedente judicial para outras decisões, mas tão somente a sua *ratio decidendi*.

Para o autor justificar uma decisão num caso difícil significa cumprir dois requisitos: universalidade e sentido em relação ao sistema (consistência) e em relação ao mundo (consequência). Universalidade não significa necessariamente generalidade, visto que uma norma pode ser mais específica que a outra, mas ser mais universal. Este primeiro nível de justificação é denominado por *MacCormick* como *justificação interna* ou de *primeiro nível*, enquanto que a justificativa para escolher uma ou outra norma deve ser denominada de *justificação de segundo nível ou externa*.[190]

Considerando que nenhuma teoria pode receber uma solução verdadeiramente concludente, certamente os critérios de escolha devem ser analisados subjetivamente. Tal situação não implica, contudo, que não existam critérios objetivos de avaliação. Assim, a decisão deve ser consistente no sentido de não entrar em contradição com outras normas e deve, ainda, ser coerente normativa e narrativamente. A coerência normativa implica em uma compatibilidade com normas e valores do sistema, enquanto a coerência narrativa impõe uma compatibilidade

---

[189] Cf. ATIENZA, Manuel. *As razões do Direito. Teorias da Argumentação Jurídica*. 3 ed., São Paulo: Landy, 2003, p. 124-125.
[190] Idem, p. 126.

com as questões de fato, ou seja, uma aceitação de esquema factual provisório sujeito a revisões, dado que as percepções são falhas.

A teoria de *MacCormick* apresenta um conjunto de características importantes para a construção de uma teoria da argumentação, o que não impede, contudo, que sofra diversas críticas pela utilização de um método dedutivista. A teoria desenvolvida por *MacCormick* irá auxiliar na construção de uma teoria sistemática do Direito Tributário, especialmente por contribuir com a noção de *coerência* e *consistência* do discurso jurídico.

d) Robert Alexy: uma teoria padrão da argumentação jurídica.

Robert Alexy faz parte de um grupo de autores continentais preocupados com a construção de uma teoria geral da argumentação jurídica, dentre os quais podemos destacar *Aulius Aarniio e Pecnenick*. Como bem notou *Atienza*, este autor irá apresentar uma proposta convergente a *MacCormick* na construção de uma teoria da argumentação, e a sua obra *Teoria da Argumentação Jurídica* (*Theorie der juristischen Argumentation*), de 1978, será considerada, juntamente com as obras de *Neil MacCormick* (*Legal Reasoning and Legal Theory*) e de *Aulius Aarniio* (*The Rational as Reasonable*), o ponto de viragem da teoria da argumentação contemporânea.

A obra de *Alexy* é particularmente conhecida por sua teoria dos princípios e sobre o caso da aplicação e solução dos conflitos entre princípios, contudo, assume uma posição particularmente importante a sua compreensão de que o discurso jurídico é um caso especial (*Sonderfallthese*) do discurso prático.[191] Sua teoria será particularmente influenciada pelo pensamento de *Habermas* e pela tentativa de extensão de teoria para o jurídico.[192]

A base *habermasiana* se insere na construção de uma pragmática universal que pretende reconstruir o discurso sob bases reconhecíveis por todos os falantes, e com pretensão de universalidade e validade. A teoria de *Alexy* é uma teoria do procedimento que tem por base o pensamento de *Habermas*[193] sobre as regras do discurso racional.[194] Para o autor, um enunciado normativo somente é correto se

---

[191] Cf. ALEXY, Robert. "Legal Discourse as a Special Case of General Practical Discourse", *in A Theory of Legal Argumentation*. Oxford University Press, Oxford, 1989, p. 211-220 e ALEXY, Robert: "The Special Case Thesis", 12 (1999) *Ratio Juris*, p. 374-384. Em sentido diverso, vejamos: GÜNTHER, Klaus. "Critical Remarks on Robert Alexy's Special Case Thesis", 6 (1993) *Ratio Juris*, p. 143-156.

[192] Cf. ATIENZA, Manuel. *As razões do Direito. Teorias da Argumentação Jurídica*. 3 ed., São Paulo: Landy, 2003, p. 159-160.

[193] Apesar de sua teoria ser fundamentada no pensamento de *Habermas* isso não impediu um claro debate entre os dois autores sobre a validade da tese do discurso jurídico como caso especial do discurso prático. Habermas irá expor a sua crítica no livro *Faktizität und Geltung* (1992). Outra crítica relevante foi proposta por GÜNTHER, Klaus. 'Critical Remarks on Robert Alexy's Special Case Thesis', 6 (1993) *Ratio Juris*, p. 143-56. A resposta de Robert Alexy foi formulada no artigo ALEXY, Robert, 'The Special Case Thesis', 12 (1999) *Ratio Juris*, p. 374-384.

[194] Cf. ALEXY, Robert. "Jürgen Habermas" "Theory of Legal Discourse", *in* Michel Rosenfeld and Andrew Arato (eds.), *Habermas on Law and Democracy: Critical Exchanges*. Berkeley: University of California Press, 1998, p. 226-31.

for o resultado de um procedimento P.[195] *Alexy* irá firmar o entendimento de que, além dos princípios e das regras, o Direito seria composto de um terceiro nível com considerações sobre um procedimento, de tal modo que tal situação permita alcançar um grau de racionalidade no jurídico, tendo por base um modelo de argumentação com base na razão prática.[196] Este sistema de princípios, regras e procedimentos permite que a decisão alcance um mínimo de racionalidade, mas não uma única resposta correta. Tal pressuposição parte do entendimento da impossibilidade de existir uma teoria moral substantiva, mas tão somente uma teoria procedimental.

O autor fundamenta a natureza especial do discurso jurídico pelas seguintes razões: i) discurso prático e discurso jurídico são discursos; ii) ambos os casos versam sobre as modalidades de condutas (obrigatório, proibido e permitido), ou seja, questões práticas; iii) os dois buscam verificar a correção do discurso (*correctness*), contudo, os dois casos de correção são distintos.

O autor irá defender o entendimento de que a construção de uma teoria *procedimental* se realiza em oposição a uma teoria *coerentista* do sistema jurídico, capaz de extrair uma teoria material das decisões jurídicas. Para *Alexy*, a integração de argumentos práticos no contexto jurídico pode ocorrer de duas formas: *coerentista* e *procedimental*. No modelo *coerentista* (*coherentist*) mais radical (*legal holist*), todas as premissas de uma decisão jurídica já estão escondidas no sistema legal (*hidden in the legal system*) e apenas precisam ser descobertas. Tal tese resolveria dois grandes problemas jurídicos: a imediata legitimidade de todas as decisões e a autonomia completa do Direito perante outros subsistemas sociais.

Por outro lado, se consideramos que as normas não podem se aplicar de imediato e nem tampouco o sistema jurídico pode produzir coerência automaticamente, necessitando de pessoas para cumprir este objetivo ("just as norms cannot apply themselves, a legal system as such cannot produce coherence. To achieve this, persons and procedures are necessary for feeding in new contents").[197] Para esta teoria, o sistema constitucional democrático pretende institucionalizar a razão prática e considerando que os argumentos práticos gerais têm natureza não institucional e livre e precisam ser integrados no contexto geral de institucionalização, mantendo, contudo a sua característica básica.[198] *Alexy* demonstra com propriedade que uma teoria deliberativa do Direito deve ter em consideração que as pessoas

---

[195] Cf. ALEXY, R. La Idea de uma teoría procesal de la argumentación jurídica. *In:* GARZÓN VALDÉS, Ernesto (Org.). Introducción. In: *Derecho y Filosofía*. Barcelona: Alfa, 1985, p. 45; ver na edição original: ALEXY, R. "Die Idee einer prozeduralen Theorie der juristischen Argumentation". In: A. Aarniio *et al.* (Eds.). *Methodologie und Erkenntnistheorie der juristischen Argumentation*. 1981, Berlin: Duncker & Humbolt.

[196] CF. PEDRON, Flávio Quinaud. *Comentários sobre as interpretações de Alexy e Dworkin.* R. CEJ, Brasília, n. 30, p. 70-80, jul./set. 2005, p. 72.

[197] Cf. ALEXY, Robert, 'The Special Case Thesis', 12 (1999) *Ratio Juris*, Bologna, p. 382-383.

[198] Idem, p. 384.

podem escolher mal, terem o seu discurso distorcido ou enfrentarem a vaguidade e incerteza semântica.

A *teoria do caso especial* (*Sonderfallthese*) impõe, desse modo, diversos elementos fundamentais para a compreensão do jurídico e da sua relação com a Moral, e como a argumentação prática geral pode ou deve ser integrada ao discurso em geral.

Cabe ressaltar que uma *Teoria Sistemática do Direito Tributário* deve levar em consideração a importância dos avanços e progressos da teoria da argumentação. Igualmente é importante verificar que uma teoria sistemática é legatária de um esforço convergente de diversas teorias contemporâneas, das quais podemos ressaltar os seguintes elementos comuns:

1. *Articulação entre preocupações sobre justiça e rigor metodológico (filosofia analítica e continental)*: as tendências convergentes entre a tradição e a filosofia analítica superam a antiga oposição entre o método e a história e a preocupação por preceitos materiais, como a justiça e a moral;

2. *Passagem da hermenêutica conceitual para a teoria do discurso e da argumentação*: representa a aceitação de que as normas jurídicas não são puras e que revelam (desvelam) visões políticas, valorativas e mesmo ideológicas da sociedade e da realidade;

3. *Centralidade do problema da justificação (Robert Alexy) ou da compreensão (Gadamer) do discurso*: a incorporação do problema dos fundamentos do próprio discurso, numa passagem do entendimento da autorreferencialidade do discurso para a tese da necessidade de compreensão dos fundamentos externos do discurso, exigindo ou o seu desvelamento ou a sua justificação:

4. *Incorporação de diversos instrumentos teóricos e analíticos decorrentes de teorias convergentes*: tendo por base o pensamento de precursores da teoria da argumentação (*Perelman* e *Toulmin*, entre outros) e de novas aproximações sobre o tema (*Neil MacCormick* e *Robert Alexy*);

5. *Exigência de correção material do discurso jurídico*: ou seja, de uma fundamentação material para o discurso.

Apesar de não existir uma fundamentação única para o discurso e a teoria jurídica podemos afirmar que existe um *horizonte teórico comum* sobre o qual deva se assentar uma *teoria sistemática do Direito Tributário*.

Bibliografia recomendada

Pressupostos Metodológicos

ALEXY, Robert. *Teoria da Argumentação Jurídica*: A Teoria do Discurso Racional como Teoria da Justificação Jurídica. São Paulo: Landy, 2001.
CANARIS, Claus Wilhelm. *Pensamento sistemático e conceito de sistema na ciência do direito*. Lisboa: Fundação Calouste Gulbenkian, 1989.
FREITAS, Juarez. *A interpretação sistemática do Direito*. São Paulo: Malheiros, 3ª ed., 2002.

GUASTINI, Riccardo. *Distinguiendo: estudios de teoría y metateoría del derecho*. Barcelona: Gedisa, 1999.
——. *La regola del caso: materiali sul ragionamento giuridico*. Padova: CEDAM, 1995.
LARENZ, Karl. *Metodologia da ciência do direito*. 2ª ed. Lisboa: FCG, 1989. 620 p.
MENÉNDEZ, Agustín José. *Justifying Taxes, Law and Philosophy Series n 51*. Kluwer: Dordrecht, 2001.
MÜLLER, Friedrich. *Métodos de trabalho do direito constitucional*. 3ª ed. rev. ampl. Rio de Janeiro: Renovar, 2005.
NEVES, A. Castanheira. *Metodologia jurídica: problemas fundamentais*. Coimbra: Coimbra, 1993.
——. *O actual problema metodológico da interpretação jurídica*. Coimbra: Coimbra, 2003.
FERRAZ JÚNIOR, Tercio Sampaio. *Teoria da norma jurídica: ensaio de pragmática da comunicação normativa*. 4ª ed. Rio de Janeiro: Forense, 2003.
——. *Introdução ao estudo do direito: técnica, decisão, dominação*. 3ª ed. São Paulo: Atlas, 2001.
TORRES, R. L. Considerações Sobre o Futuro da Hermenêutica Tributária à Luz dos Princípios da Liberdade e Justiça Tributária. *Revista de Direito Tributário*, São Paulo, v. 88, p. 24-32, 2004.

Novas Tendências Convergentes

APEL, Karl-Otto. *Transformation der Philosophie*, Bd. 1. Sprachanalytik, Semiotik, Hermeneutik, 1973.
D'AGOSTINI, Franca. *Analíticos e Continentais*. Coleção Idéias. São Leopoldo: Unisinos, 2003.
HANNA, Robert. *Kant e os fundamentos da filosófica analítica*. Coleção Idéias, n. 17. São Leopoldo: Unisinos, 2005.
PUNTEL, Lorenz B. É possível um diálogo produtivo entre a filosofia tradicional ("continental-européia") e a filosofia analítica? *Revista Estudos Jurídicos*. São Leopoldo: Unisinos, vol. 4, n. 06, 2003, p. 19-56.
TUGENDHAT, Ernst. *Vorlesungen zur Einführung in die sprachanalytische Philosophie*. Frankfurt am Main: Suhrkamp, 1976.
VATTIMO, Gianni et Prefácio. D'AGOSTINI, Franca. *Analíticos e Continentais*. São Leopoldo: Unisinos, Coleção Idéias, 2003.
ZABALA, Santiago et HASKELL, Michael. *The Hermeneutic Nature of Analytic Philosophy*: A Study of Ernst Tugendhat. New York: Columbia University Press, 2008.

Teoria dos direitos fundamentais e o neoconstitucionalismo

ALEXY, Robert. *Discourse Theory and Fundamental Rights*. 9. Bologna: Ratio Juris, 1996.
——. Individual Rights and Collective Goods, *in*: Carlos Santiago Nino. *Rights, Dartsmouth, Aldershot*, 1992.
——. *On the Structure of Legal Principles*. 12. Bologna: Ratio Juris, 1999.
——. *Teoria de los Derechos Fundamentales*. Madrid: Centro de Estúdios Políticos y Constitucionales, 2001.
BARCELLOS, Ana Paula. *A eficácia jurídica dos princípios constitucionais: o princípio da dignidade humana*. Rio de Janeiro: Renovar, 2002.
BARROSO, Luís Roberto. *Interpretação e aplicação da Constituição*: fundamentos de uma dogmática constitucional transformadora. 5ª ed. São Paulo: Saraiva, 2003.
——. *A nova interpretação constitucional*: ponderação, direitos fundamentais e relações privadas. Rio de Janeiro: Renovar, 2003.
——. Fundamentos teóricos e filosóficos do novo direito constitucional brasileiro (pós-modernidade, teoria crítica e pós-positivismo). In: Temas de direito constitucional, t. II, 2003; *Revista de Direito Administrativo*, 225/5, julho a setembro de 2001; *Revista da EMERJ*, 15/11, 2001; Interesse Público, 11/42, 2001; *Revista da AJUFE*, 67/51, julho a setembro de 2001; *Revista Trimestral de Direito Público*, nº 29, 2002.
——. Influência da reconstitucionalização de Portugal sobre a experiência constitucional brasileira, Themis – *Revista da Faculdade de Direito da Universidade Nova de Lisboa*, Edição Especial, p. 71, 2006.
——. Neoconstitucionalismo e constitucionalização do Direito. *Revista de Direito Administrativo*, Rio de Janeiro, v. 240, 2005.
——. *Neoconstitucionalismo e constitucionalização do Direito*. O triunfo tardio do Direito Constitucional no Brasil. Jus Navigandi, Teresina, ano 9, n. 851, 1 nov. 2005. Disponível em: <http://jus2.uol.com.br/doutrina/texto.asp?id=7547>. Acesso em: 03 out. 2008.
BORGES, José Souto Maior. Pró-Dogmática: por uma hierarquização dos princípios constitucionais. *Revista Trimestral de Direito Público*, n. 1, São Paulo, 1993, p. 140-146.

BREYER, Stephen, *et al. Active Liberty. Interpreting our Democratic Constitucion.* New York: Vintage Books, 2006.

CANARIS, Claus Wilhelm. *Pensamento sistemático e conceito de sistema na ciência do direito.* 2ª ed. Lisboa: Fundação Calouste Gulbenkian, 1996.

CARBONELL, Miguel (ed.). *Neoconstitucionalismo(s).* Madrid: Trotta, 2003.

——. *Teoría del neoconstitucionalismo.* Ensayos escogidos. Madrid: Trotta, 2003.

CRUZ, Álvaro Antonio de Souza. Habermas, ação estratégica e controle da constitucionalidade brasileira. In: SAMPAIO, José Adércio Leite (Coord.). *15 anos de Constituição: história e vicissitudes.* Belo Horizonte: Del Rey, 2004.

DALL'AGNOL, Darlei. *O igualitarismo liberal de Dworkin.* Kriterion, Jan./June 2005, v. 46, n. 111.

DUARTE, Écio Oto Ramos et Pozzolo, Susanna. *Neoconstitucionalismo e Positivismo Jurídico*: as faces da teoria do direito em tempos de interpretação moral da constituição. São Paulo: Landy, 2006.

DWORKIN, Ronald. *Levando os direitos a sério.* São Paulo: Martins Fontes, 2002.

ENTERRÍA, Eduardo García de. *La Constitución como norma y el Tribunal Constitucional.* 3ª ed. Madrid: Civitas, 1994.

FERRAJOLI, Luigi. *El fundamento de los derechos fundamentales.* Madrid: Trotta, 2005.

——. *Derechos y garantías. La ley del más débil.* Madrid: Trotta, 2004.

——. *Direito e razão. Teoria do garantismo penal.* São Paulo: RT, 2002.

FORSTHOFF, Ernst. *Verfassungsprobleme des Sozialstaates.* Münster, 1954.

GUASTINI, Ricardo. La constitucionalización del ordenamiento jurídico. In: Miguel Carbonnell (Org.) *Neocon stitucionalismo(s).* Madrid: Trotta, 2003.

HÄBERLE, Peter. Die offene Gesellschaft der Verfassungsinterpreten. In: *Juristenzeitung (JZ),* 1975.

——. Grundrechte im Leistungsstaat. In: *Veröffentlichungen der Vereinigung Deutscher Staatsrechtslehrer* (VVDStRL) vol. 30, 1972.

HABERMAS, Jürgen. *Consciência moral e agir comunicativo.* Tradução de Guido Antônio de Almeida. Rio de Janeiro: Tempo Brasileiro, 1989.

——. *Direito e democracia: entre facticidade e validade.* Tradução de Flávio Beno Siebeneichler. Rio de Janeiro: Tempo Brasileiro, 1997, v. I.

HÖFFE, Otfried. *Immanuel Kant.* São Paulo: Martins Fontes, 2005.

MAIA, A. C. S. C. *Espaço Público e Direitos Humanos*: Considerações acerca da perspectiva Habermasiana. Direito, Estado e Sociedade. PUC-Rio, v. 11, p. 15 – 40, 01 ago. 1997.

NEVES, Castanheira. *Metodologia jurídica. Problemas fundamentais.* Coimbra: Coimbra Editora, 1993.

NINO, Carlos. *Ética y Derechos Humanos. Un ensayo de fundamentación.* Buenos Aires: Ástrea, 1984.

——. *La Constitución de la democracia deliberativa.* Barcelona: Gedisa, 2003.

PATON, H. J. *The Categorial imperative; a study in Kant's moral philosophy.* Philadelphia: University of Pennsylvania, 1999.

PINZANI, Alessandro. *Diskurs und Menschenrechte. Habermas' Theorie der Rechte im Vergleich.* Hamburg: Verlag Dr. Kovac, 2000.

PISARELLO, Gerardo y DE CABO, Antonio (Eds.). *La renta básica como nuevo derecho ciudadano.* Madrid: Trotta, 2006.

PRIETO SANCHÍS, Luis. *Constitucionalismo y positivismo.* México/DF: Fontamara, 1997.

——. *Justicia Constitucional y Derechos Fundamentales.* Madrid: Trotta, 2003

——. Sobre el neoconstitucionalismo y sus implicaciones. In: *Justicia Constitucional y Derechos Fundamentales.* Madrid: Trotta, 2003, p. 101. Idem. Ley, principios, derechos. Madrid: Dykinson, 1998.

RANGEL, Helano. Breve Teoria sobre a Teoria dos Direitos Fundamentais de Robert Alexy. *Revista Diálogo Jurídico.* Fortaleza, n. 5, ano 5, p. 301-316, 2006.

SANTOS, Gustavo Ferreira. Neoconstitucionalismo e democracia. Revista de Informação Legislativa, Brasília, a. 43, n. 172, out./dez. 2006.

SARLET, Ingo Wolfgang. *A Eficácia dos Direitos Fundamentais.* Porto Alegre: Livraria do Advogado, 1998.

—— (Org.). *Dimensões da Dignidade.* Porto Alegre: Livraria do Advogado, 2005.

SARMENTO, Daniel. *Ponderação de Interesses na Constituição Federal.* Rio de Janeiro: Lúmen Júris, 2002.

SARMENTO, Daniel. Ubiqüidade Constitucional: os dois lados da moeda. *Revista de Direito do Estado*, São Paulo, v. 2, 2006.

SILVA, Virgílio Afonso. O Conteúdo Essencial dos Direitos Fundamentais e a Eficácia das Normas Constitucionais. *Revista de Direito do Estado*, n. 4, 2006.

STRECK, L. L. *Hermenêutica Jurídica e(m) crise. Uma exploração hermenêutica da construção do Direito*. 3ª ed. v. 1. Porto Alegre: Livraria do Advogado, 2001.

——. *Jurisdição Constitucional e Hermenêutica: Uma Nova Crítica do Direito*. v. 1. Porto Alegre: Livraria do Advogado, 2002.

TORRES, R. L. *Teoria dos Direitos Fundamentais*. 2/2ª ed. Rio de Janeiro: Renovar, 2004.

TRIBE, Laurence. *American Constitutional Law*. New York: Foundation Press, 1978.

VALE, André Rufino do. Aspectos do Neoconstitucionalismo. Revista Brasileira de Direito Constitucional. In: *RBDC*, n. 09, jan./jun. 2007.

ZAGREBELSKY, Gustavo. *El derecho dúctil. Ley, derechos, justicia*. Madrid: Trotta, 2003.

——. *Il diritto mite. Legge, diritti, giustizia*. Torino: Einaudi, 1992.

Hermenêutica ética e as modernas teorias da justiça

ARISTÓTELES. *Ética a Nicômaco*. Trad. de Leandro Vallandro e Gerd Bornheim. São Paulo: Victor Civita, 1984.

BENTHAM, Jeremy. *Introduction to the Principles of Morals and Legislation*. Oxford: Clarendon, 1996.

BITTAR, Eduardo C. B. *A justiça de Aristóteles*. Rio de Janeiro: Forense, 1999.

COELHO, Nuno M. M. S. *Pensamento ético e pensamento técnico à luz da Ética do Aristóteles maduro*. Fundamentos e Fronteiras do Direito. São Paulo, v. 2, p. 21-44, 2006.

GRUPILLO, Arthur. Habermas e Rawls: sujeito, discurso e teorias democráticas contemporâneas. In: *Ágora Filosófica*. Ano 2, n. 01 São Paulo, jan/jun, 2002.

HÖFFE, Otfried. O que é justiça? Coleção Filosofia n. 155, Porto Alegre: Edipucrs, 2003.

KANT, Immanuel. Fundamentação da Metafísica dos Costumes. *Coleção Os Pensadores*. São Paulo: Abril Cultural, 1989.

KELSEN, Hans. *O Problema da Justiça*. Tradução de João Baptista Machado. São Paulo: Martins Fontes, 1998.

KOLM, Serge-Christophe. *Teorias Modernas da Justiça*. São Paulo: Martins Fontes, 2000.

MACINTYRE, Alasdair. *Justiça de quem? Qual racionalidade?* São Paulo: Loyola, 2001.

OLIVEIRA, Isabel Ribeiro de. *Notas sobre dois livros de MacIntyre*. Luanova nº 64, São Paulo, 2005.

SILVEIRA, Denis Coitinho. Os Sentidos da Justiça em Aristóteles. Col. *Filosofia*, n. 121. Porto Alegre: Edipucrs, 2001.

VILLEY, Michel. *A formação do pensamento jurídico moderno*. São Paulo: Martins Fontes, 2005.

Teoria do Discurso Jurídico e da argumentação

ALEXY, Robert. 'The Special Case Thesis', 12 (1999) Ratio Juris, Bologna, p. 382-383.

——. El concepto y la validez del derecho. Barcelona: Gedisa, 1997.

——. *Theorie der juristischen Argumentation. Die Theorie des rationalen Diskurses als Theorie der juristischen Begründung*. Frankfurt am Main: Suhrkamp, 1991.

ATIENZA, Manuel. *As razões do Direito*. Teorias da Argumentação Jurídica. 3ª ed., São Paulo: Landy, 2003.

BAHIA, Alexandre Gustavo Melo Franco. A interpretação jurídica no Estado Democrático de Direito: contribuição a partir da teoria dos discursos de Jürgen Habermas. *Jurisdição e hermenêutica constitucional no Estado Democrático de Direito*. Marcelo Andrade Cattoni de Oliveira (Coord.). Belo Horizonte: Mandamentos, 2004.

CARVALHO, Paulo de Barros. *Direito Tributário – Fundamentos jurídicos da Incidência*. São Paulo: Saraiva, 1998.

DUARTE, Écio Oto Ramos. *Teoria do Discurso & Correção Normativa do Direito*. São Paulo: Landy, 2004.

MACCORMICK, Neil. Argumentation and Interpretation *in* Law. *Ratio Juris*, vol. 06, n. 01, Março, Bologna, 1993, p. 16-29.

NEVES, Marcelo. *Entre Têmis e Leviatã: uma relação difícil: o Estado Democrático de Direito a partir e além de Luhmann e Habermas*. São Paulo: Martins Fontes, 2006.

SANTI, Eurico de. Introdução: Norma, Evento, Fato, Relação Jurídica, Fontes e Validade no Direito. *in*: Santi, Eurico de. *Curso de Especialização em Direito Tributário:* Estudos Analíticos em Homenagem a Paulo de Barros Carvalho. Rio de Janeiro: Forense, 2005, p. 01-33.

STRECK, Lenio. *Hermenêutica Jurídica e(m) Crise*. Porto Alegre: Livraria do Advogado, 1999.

TOULMIN, Sthephen. *An Examination of the Place of Reason in Ethics*. London: Cambridge, 1950.

Capítulo 2

Dos elementos de uma teoria sistemática do direito tributário: uma análise comparativa no pensamento conceitual, normativista e sistemático

> *O caminho que leva da servidão à cidadania fiscal recebeu as contribuições fundamentais da teoria conceitualista do tributo, da norma tributária e contemporanamente da teoria dos direitos fundamentais do contribuinte.*[199]

2.1. EVOLUÇÃO HISTÓRICA DO PENSAMENTO JURÍDICO-TRIBUTÁRIO: CONCEITUALISMO, NORMATIVISMO E PENSAMENTO SISTEMÁTICO

2.1.1. Modelo de Estado: do Estado Antigo ao Estado democrático de direito

A evolução do pensamento jurídico-tributário segue também a evolução do seu contexto histórico. A história dos tributos é caracterizada por um duplo movimento, de um lado um processo de legitimação e coerção na busca de recursos privados para o financiamento da esfera governante e de outro um movimento geral de resistência fiscal a novos tributos ou à carga fiscal existente. Durante toda a história da tributação haverá uma tensão permanente em torno do questionamento sobre como pode ser compatível a tributação com o estatuto do homem livre, visto que a tributação caracteriza-se por uma imposição ao homem livre, que, ausente de voluntariedade, é compulsoriamente obrigado a pagar tributos. Como compatibilizar o direito fundamental à liberdade com a coercitividade dos impostos? Como preservar o direito fundamental à propriedade com a retirada compulsória da mesma para transferi-la a terceiros?

---

[199] Este pensamento se refere a uma adaptação do conjunto das conclusões da presente obra. Dentre os autores de referência para este entendimento citamos: NABAIS, Casalta. *O dever fundamental de pagar tributos*. Coleção Teses. Coimbra: Almedina, 1998.

O *pensamento sistemático*, por sua vez, irá lidar com os dilemas do moderno Estado Democrático de Direito e com o movimento geral de limitação do poder do Estado. Cabe ressaltar que esta evolução não é progressiva, evolutiva ou inexorável, dado que a história dos tributos não segue um padrão preestabelecido ou linear, contudo, podemos afirmar que o estudo da história dos tributos é essencial para compreendermos o relacionamento histórico entre tributação e direitos fundamentais, especialmente, entre igualdade e liberdade individual.

De modo geral, podemos afirmar que a história dos tributos tem sido uma história de superação da vassalagem e opressão pela afirmação da cidadania e da liberdade. Essa afirmação ocorre sem nenhum traço de evolucionismo histórico, ou seja, de consideração de que a história possui um desígnio geral e imanente, mas tão somente pela consideração dos fatos históricos ocorridos até o momento.[200] Nada impede, contudo, um retrocesso histórico e o retorno aos modelos de opressão fiscal.

De modo simplificado, podemos afirmar que a história dos tributos possui as seguintes características quanto:

• *ao objeto da tributação*: há um movimento de passagem da tributação das prestações em trabalho (*tributum in labore*) para prestações em espécie (*tributum in natura*) e, finalmente, em dinheiro (*tributum in pecunia*). Como exemplos mais acabados desse fenômeno poderíamos citar os tributos cobrados pelos senhores feudais (*impot seigneurial*) e, posteriormente, como exemplo de tributos *in natura* podemos citar o *quinto* que era o tributo cobrado sobre um quinto de toda a extração de determinados bens, tipo pau-brasil, ouro, etc. A tributação *in pecunia* foi consagrada pelo Código Tributário Nacional, em seu artigo 3, que determina que "tributo é toda a prestação pecuniária compulsória (...)";

• *a normatividade*: há uma passagem de um contexto de caos legislativo ou tributação casuística (tributos específicos e ausência de lei tributária) para a afirmação do princípio da legalidade; posteriormente à afirmação da codificação do Direito Tributário e finalmente à afirmação da constitucionalização do Direito Tributário. Há, atualmente, um movimento complexo de descodificação e nova-

---

[200] Cf. ADAMS, Charles. *For Good and Evil: The Impact of Taxes on the Course of Civilization*. New York: Madison, 1993. ARDANT, Gabriel. *Histoire de L'Impot*. Paris: Fayard, 1971. BECKER, Robert A. *Revolution, Reform, and the Politics of American Taxation, 1763-1783*. Baton Rouge: Louisiana State University Press, 1980. BROWN, Roger H. *Redeeming the Republic: Federalists, Taxation, and the Origins of the Constitution*. Baltimore: Johns Hopkins University Press, 1993. GROVES, Harold Martin, and CURRAN, Donald J. *Tax Philosophers: Two Hundred Years of Thought in Great Britain and the United States*. [Madison]: University of Wisconsin Press, 1974. HIGGENS-EVENSON, R.. Rudy. The Price of Progress: Public Services, Taxation, and the American Corporate State, 1877 to 1929. *Reconfiguring American Political History*. Baltimore: Johns Hopkins University Press, 2003. ULLMANNO, Hans-Peter. Der deutsche Steuerstaat. *Geschichte der öffentlichen Finanzen vom 18. Jahrhundert bis heute*. München 2005. WAGNER, Adolph. Finanzwissenschaft. *Dritter Theil: Spezielle Steuerlehre*. 1. Buch: Steuergeschichte vom Altertum bis zur Gegenwart. 2. Buch: Die britische Besteuerung im 19. Jahrhundert und bis zur Gegenwart. WAGNER, Adolph. Finanzwissenschaft. *Zweiter Theil: Theorie der Besteuerung, Gebührenlehre und allgemeine Steuerlehre*. WEISMAN, Steven R. *The Great Tax Wars: Lincoln to Wilson: The Fierce Battles over Money and Power That Transformed the Nation*. New York: Simon & Schuster, 2002. ZELIZER, Julian E. *Taxing America: Wilbur D. Mills, Congress, and the State, 1945-1975*. Cambridge, UK; New York: Cambridge University Press, 1998.

mente de recodificação. Assim, como exemplo, podemos citar o caso do Direito brasileiro onde, inicialmente, no período colonial não existiam regras tributárias claras e os tributos eram cobrados ao bel-prazer e necessidades do governante da época, até a passagem pela exigência de alguma sistematicidade e controle do poder por meio da exigência de lei para a instituição de novos tributos, conforme a Constituição de 1891. Somente em 1966 é que o Direito Tributário Nacional será dotado de uma codificação (CTN) que irá centralizar o sistema tributário, e somente em 1988 é que a Constituição assumirá claramente o sentido de centro do sistema constitucional tributário. Tal sistema será, contudo, afetado por movimentos de desconstitucionalização e descodificação com a proliferação de normas especiais e, finalmente, pelas exigências de reforço da Constituição e do Código;

• *finalidade da tributação*: há uma evolução da finalidade da tributação, que passa de mero instrumento de enriquecimento do soberano, para financiamento do Estado, para o custeio de políticas públicas e, finalmente, para o financiamento dos direitos fundamentais. Inicialmente, a tributação foi um mero instrumento de retirada de riquezas dos súditos e de opressão fiscal sobre estes. Posteriormente, a tributação passa a sofrer limites e a respeitar as exigências do bem-comum e do financiamento de um aparato administrativo, orientado por razões técnico-legais. É um exemplo desta fase, a mudança realizada sob a administração do *Marques do Pombal* (1699-1782). É com o Estado de Direito que a tributação passa a ser entendida como forma de financiamento das políticas públicas e sob o neoconstitucionalismo como forma de financiamento dos Direitos Fundamentais;

• *espécies de tributos*: sobre bens específicos (ouro, carne, grãos, metais, etc.) e tipos de propriedades e construções para a tributação sobre fatos econômicos gerais (consumo, renda, patrimônio). A tributação sofreu uma evolução significativa, passando de uma incidência sobre produtos específicos e sobre a propriedade para uma tributação sobre uma generalidade abstrata de fatos econômicos, tais como o consumo em geral. Assim, por exemplo, a tributação sobre o consumo deixou de ser seletiva e passou a ser geral e incidente sobre apenas uma fase econômica passou a incidir sobre toda a cadeia econômica que leva da produção ao consumidor. Igualmente irão surgir formas sofisticadas de tributação sobre os rendimentos e o faturamento. Atualmente há um movimento geral de retorno à simplificação tributária, com a incidência sobre o rendimento bruto, e não sobre a renda líquida; sobre um substituto tributário e não sobre todas as fases do ciclo do consumo (*incidência plurifásica*);

• *fundamentos*: de uma forma de compensação pela atividade do soberano (defesa, proteção ou realização de obras públicas) a tributação passa a ser entendida como uma forma de contribuição à Fazenda Pública e, finalmente, para o financiamento dos direitos fundamentais. Inicialmente, os tributos visavam a realizar o financiamento da guerra e das classes dominantes, com exigências para o tesouro real. Cria-se em seguida a Fazenda Nacional que se distingue do patrimônio do soberano e na atualidade com a busca de recursos para a promoção e proteção dos direitos fundamentais;

• *natureza da receita*: de uma forma de compensação ocasional, o imposto passou a cobrir necessidades permanentes da Administração Pública. A tributação surge no entendimento de alguns autores com a passagem fundamental de uma cobrança por um "bandido estacionário" que irá encontrar a vantagem na manutenção de fontes permanentes de retirada de recursos de seus dominados, denominado de "bandido estacionário" (*tyrant*) que incentivava um certo grau de desenvolvimento, como meio de ampliar seus ganhos e para tanto protegia seus súditos contra os "bandidos errantes" (*roving bandit*). Dessa forma, estaria explicada a função opressiva da tributação durante os séculos, como forma de retirada de riquezas da classe dominada para a elite dominante. A luta histórica da passagem da servidão (tirania) para a cidadania (democracia e Estado de Direito) seria uma luta também para mudar o sentido da tributação;[201]

• *destinatários*: de uma imposição sobre determinados grupos, passou a ser uma forma de tributação universal sobre todos os cidadãos. A tributação atingia, inicialmente, somente algumas classes sociais (burguesia e campesinato) e não atingia a nobreza, o clero e a realeza, que eram imunes à tributação. É uma conquista da república, a extensão do ônus fiscal a todos os indivíduos, pela aplicação do princípio da igualdade;

• *ao pensamento jurídico-tributário*: de uma ausência de estudos sobre a tributação para a sua análise científica pelos economistas políticos (a partir de *Adam Smith*), passando por teóricos administrativistas até adquirir autonomia didático-científica como ramo jurídico. Os estudos sobre a tributação iniciaram como parte da economia política dedicada às finanças públicas e somente assumiram autonomia didática com os estudos do início do século XX por professores italianos e alemães, que passaram a entender a tributação como parte do Direito Financeiro e em seguida do Direito Administrativo. Será especialmente no Brasil e por obra de *Geraldo Ataliba* e *Aliomar Baleeiro* que o Direito Tributário será entendido como parte do Direito Constitucional.

Para uma visão resumida, veja-se o seguinte quadro ilustrativo:

Característica	Evolução
objeto	*tributum in labore* → *tributum in natura* → *tributum in pecunia*
normatividade	caos legislativo ou tributação casuística (tributos específicos e ausência de lei tributária) → afirmação do princípio da legalidade → afirmação da codificação → afirmação da constitucionalização do direito tributário → descodificação e recodificação

---

[201] Mancur Olson, Jr. (1932 – 1998) foi um dos mais importantes economistas norte-americanos e autor das seguintes obras: *The Logic of Collective Action: Public Goods and the Theory of Groups* (1965); *The Rise and Decline of Nations: Economic Growth, Stagflation, and Social Rigidities* (1982); *Power and Prosperity: Outgrowing Communist and Capitalist Dictatorships* (2000) e *The Economics of Autocracy and Majority Rule: The Invisible Hand and the Use of Force* (1996).

finalidade da tributação	mero instrumento de enriquecimento do soberano → financiamento do Estado → para o custeio de políticas públicas → para o financiamento dos direitos fundamentais
espécies de tributos	tributos sobre bens específicos (ouro, carne, grãos, metais, etc.) e tipos de propriedades e construções → tributação sobre fatos econômicos gerais (consumo, renda, patrimônio)
fundamentos	forma de compensação pela atividade do soberano (defesa, proteção ou realização de obras públicas) → forma de contribuição à Fazenda Pública → financiamento dos direitos fundamentais
natureza da receita	forma de compensação ocasional → forma de cobrir necessidades permanentes da Administração Pública
destinatários	forma de imposição sobre determinados grupos ou estamentos → uma forma de tributação universal sobre todos os cidadãos
objeto	de uma prestação *in natura* e *in labore* → à imposição de natureza pecuniária
pensamento jurídico-tributário	ausência de estudos sobre a tributação → análise científica pelos economistas políticos e financistas → teóricos administrativistas → autonomia didático-científica como ramo jurídico

Do ponto de vista histórico, poderíamos dividir a história da tributação nas seguintes fases: i) Estado Antigo, ii) Estado Feudal, iii) Estado Patrimonial, iv) Estado Absoluto, v) Estado de Direito e vi) Estado Democrático de Direito.

i) *Tributação no Estado Antigo: tributo como adequação à ordem natural.*

A sociedade antiga é dominada pela ideia de ordem. O indivíduo não existe fora da sociedade ("o homem fora da sociedade ou é um deus ou um bruto" – Política, *Aristóteles*). Desse modo, a tributação significava uma forma de manutenção da ordem natural, uma contribuição que cada indivíduo devia ao Estado em decorrência de um vínculo transcendente e não de uma obrigação legal ou patrimonial. A violação desse dever feria a ordenação divina e não apenas uma exigência terrena.

A palavra tributo decorre etimologicamente dos primórdios da civilização e significa a repartição ou divisão de bens entre tribos (*tribuere*) e indicava primeiramente os valores devidos pela tribo derrotada como tributo à vencedora. Não possuía um significado ético ou moral, mas tão somente a imposição do vencedor sobre o perdedor em uma guerra.

Em Roma, houve uma evolução do sentido e do peso dos tributos, bem como de sua influência no desenvolvimento desta civilização. De modo geral, se constituíam em um valor razoável na economia romana, mas especialmente com o desenvolvimento de Roma, o peso dos tributos ampliou de modo significativo. Duas grandes espécies de tributos eram cobradas: sobre a terra (*tributum soli*) e por pessoa (*tributum capitis*), que está na origem do imposto sobre a renda. Dentre outras espécies de tributos, encontramos alguns exemplos mais sofisticados do que nas civilizações anteriores.

ii) *Tributação no Estado Feudal: tributação descentralizada*

O Estado feudal tem como características: a) grande descentralização; b) existência de esferas competitivas de poder tributário e c) ordenação social estruturada em estatutos diferenciados. A descentralização de poder no Estado feudal era tão significativa que mesmo a expressão "Estado feudal" tem sido questionada. Não existia um poder dominante e diversas esferas disputavam para determinar sua hegemonia: príncipe, clero, nobreza e, posteriormente, burguesia. A sociedade ainda se mantinha estruturada conforme o estatuto (*status*) do indivíduo e o seu conjunto de direitos e obrigações derivava de sua posição no âmbito da hierarquia social.

Para o direito tributário, esta situação significava: a) a inexistência de um poder central tributante; b) diversas esferas exigiam contribuições dos membros da sociedade (clero, príncipe e nobreza) e c) que as obrigações tributárias diferenciavam-se em função da posição social. Assim, alguns membros da sociedade tinham o privilégio de não pagar impostos, como por exemplo, a nobreza. A tributação tinha apenas um propósito neste momento: ampliar a riqueza do príncipe. Quanto mais rico fosse o rei, mais próspero seria o reino, nesta concepção.

Durante este período, a doutrina de *São Tomás de Aquino* sobre o tributo recebeu grande aceitação. Para este autor, os tributos deveriam atender ao bem comum e serem legitimamente cobrados pelo soberano. Assim, o imposto, para ser lícito, deveria possuir as quatro causas aristotélicas: i) *causa finalis*: bem comum; ii) *causa eficciens*: soberania; iii) *causa formalis*: uma justa relação entre o encargo e o resultado útil e iv) *causa materialis*: uma justa escolha da incidência sobre pessoas e coisas.

Para *São Tomás de Aquino*, a tributação somente pode justificar a limitação da liberdade pela promoção do bem comum, visto que não pode haver rapina sem pecado. Para que o tributo seja exigível é fundamental que seja justo, caso contrário não será obrigatório para o homem livre. A orientação do autor é clara ao entender que o tributo somente pode ser exigível se for justo.

iii) *Tributação no Estado Moderno: nenhuma tributação sem representação*

O Estado Moderno apresenta como principais características: a) início da centralização do poder; b) autoridade do rei sobrepondo-se aos demais estamentos sociais, c) surgimento do Estado-Nação. A ideia de centralização do poder real desenvolve-se com as noções de "soberania" estatal, contudo ainda há a permanência da disputa entre rei, clero e nobreza.

O Estado identifica-se com as rendas do príncipe e ainda permanece uma fiscalidade periférica da nobreza e do clero. A tributação tem por sentido enriquecer o rei, aumentar o seu patrimônio.

Há o surgimento do pensamento contratualista com *Hobbes*, *Locke* e *Rousseau* que estabelecem a noção de contrato em oposição à ordem, como fundamento da sociedade moderna. Essa ideia encontra-se na base da noção de "governo das leis" e que ninguém está acima das leis, nem mesmo o rei. Em direito tributário, tal ideia deu origem à noção de "nenhuma tributação sem representação" ("no taxation without representation").

iv) *Tributação no Estado Absoluto: tributo como fruto de razões de Estado*

O Estado Absoluto consagra a centralização do poder nas mãos do príncipe, bem como a proclamação de um aparelho burocrático de Estado capaz de tornar possíveis as ações militares do recém-surgido Estado-nação. Há o aumento das receitas tributárias e da fiscalidade centralizada.

O surgimento do Estado Absoluto consagra também a noção da existência de razões de Estado à parte de qualquer vínculo com os interesses sociais, trata-se do surgimento de razões independentes ou suficientes em si mesmas. Primeiro as razões de Estado afastam os interesses da sociedade e depois as razões do próprio soberano afastam as razões do Estado (*Luís XIV* – "L'Etat se moi", o "Estado sou eu").

v) *Tributação no Estado de Direito: contribuição à liberdade*

O Estado de Direito se caracteriza pela afirmação da liberdade individual e a limitação do poder do Estado. Consagra-se a ideia de liberdades públicas (crença, opinião, religião, entre outras). É garantido ao indivíduo possuir crenças particulares independentes de uma crença "oficial". Esta afirmação é o resultado de lutas históricas pela afirmação dos direitos humanos e do cidadão, no longo percurso que nos traz da servidão à cidadania.

A tributação nessa fase não pode ser a "opressão" da liberdade, que o Estado anteriormente promovia. A fiscalidade deve estar submetida a limites claros ao poder do Estado em tributar. O patrimônio privado não pode estar à mercê dos interesses do soberano e de suas razões secretas. A tributação deve estar limitada, ser fruto da representação popular e respeitar os direitos e garantias do contribuinte. O pagamento do tributo, antes de ser um ato de servidão, é uma contribuição do particular à manutenção da esfera pública de liberdade, que garante a cidadania.

vi) *Tributação no Estado Democrático de Direito: tributação para assegurar políticas públicas e direitos fundamentais*

Com o surgimento do Estado Democrático de Direito, consolida-se a ideia de que a defesa dos direitos individuais deve e pode ser realizada através de políticas ativas do Estado e não apenas de limitações à ação estatal. Cabe ao Estado, inclusive mediante a utilização de políticas fiscais, induzir a concretização de direitos fundamentais e tarefas públicas. Desse modo, tem-se pensado no uso de tributos como forma de proteção do meio ambiente, de estímulo à família, de incentivo à cultura, entre outros.

Coube a *John Ralws* sistematizar este entendimento ao afirmar que uma das tarefas da política é a consagração da justiça material, ou seja, de uma repartição igualitária de bens e utilidades públicas. Podemos afirmar, portanto, que a história da tributação se constitui em um movimento que se dirige da *suserania* e *vassalagem* à cidadania e autonomia do indivíduo. Esse movimento possui uma orientação racional pelo aperfeiçoamento das formas de tributação, mas também de luta contra a opressão. Adotamos neste trabalho uma perspectiva *ex parte populus* em oposição à visão *ex parte principis*, ou seja, no conflito entre a ordem e a luta por liberdade iremos procurar conciliar ordem e liberdade com prevalência para este último valor. Não temos receio em afirmar que a história do direito tributário é a história da luta contra a opressão fiscal e pela restrição ao poder do Estado de cobrar tributos sem limites e sem explicações para as suas despesas.

vii) *Do movimento histórico geral: da opressão à liberdade fiscal*

Historicamente a luta contra a opressão fiscal tem sido uma luta pela ampliação da cidadania e das liberdades, e o direito tributário tem sido visto *ex parte populus* como uma forma de redução do arbítrio no poder de tributar ou como *ex parte principis* como uma forma de custear o Estado vigente. Grandes movimentos revolucionários têm em seu programa de mudança a revolta fiscal ou se originam com uma revolta contra uma nova imposição em um contexto de opressão fiscal, tais como, por exemplo:

• na *Magna Carta Libertarum* de 1215, como resposta aos novos tributos criados e cobrados pelo Rei *João Sem Terra* para financiar as suas campanhas na França;

• na *Revolução Gloriosa* (*Glorius Revolution*) de 1688, como forma de defender as garantias do cidadão e do contribuinte conquistadas na *Magna Carta Libertarum*;

• na *Independência Norte-Americana* (1776), iniciada com o chamado *Imposto do Selo* (*Stamp Act – 1765*) e o imposto sobre o Chá, existente no âmbito da nova legislação britânica sobre este produto colonial (*Tea Act – 1773*);

• na *Revolução Francesa*, que possuiu entre as suas causas a revolta contra a elevada carga fiscal na França, principalmente o *gabelle* (imposto sobre o sal – 1286), a *tithe* (dízimo ou imposto para a Igreja), o *taille* (imposto para o Estado sobre a propriedade fundiária), o *vingtième* (imposto sobre a renda) e o *capitation* (imposto sobre o número de pessoas na família); bem como diversos tributos devidos aos senhores feudais (*impot seigneurial*);

• na *Inconfidência Mineira* (1789), quanto à excessiva imposição fiscal sob as atividades econômicas da colônia brasileira, especialmente quanto à cobrança da *Derrama*, que era uma forma de taxação obrigatória de 100 arrobas de ouro (1.500 kg) anuais na região;

• na *Revolução Farroupilha* (1835-1845), que se dirigia principalmente aos tributos cobrados sobre os principais itens da Província de São Pedro (animais, couro, charque e trigo) pelos Estados de destino e sobre o sal e a propriedade fundiária. Este movimento uniu charqueadores e estancieiros contra o sistema de tributação e o centralismo administrativo do Império.

Diversos outros movimentos de resistência fiscal podem ser encontrados e muitos podem ser listados como a base de um moderno sistema de proteção dos direitos fundamentais do contribuinte, bem como da mudança de paradigma da tributação de custeio dos desejos do soberano para o financiamento dos direitos fundamentais.

Em determinados Estados Democráticos, como nos Estados Unidos e na Inglaterra, a resistência ao fenômeno da tributação excessiva gerou momentos de revolta contra as abusivas exigências fiscais, em um movimento denominado de "revolta fiscal" (*tax revolt*).[202] Desse modo, cada escola de pensamento pode ser inserida no contexto específico de construção de um sistema tributário, sendo que o momento de afirmação dos direitos fundamentais do contribuinte, em um pensamento sistemático, se refere ao Estado Democrático de Direito.

2.1.2. Escolas de Pensamento: da pandectística à teoria da argumentação

O *conceitualismo*, o *normativismo* e o pensamento *sistemático* no Direito Tributário receberam as influências das mais relevantes escolas de pensamento do Direito de suas épocas, especialmente da *pandectística*, do positivismo metodológico e das modernas teorias da justiça e da argumentação. A *pandectística* irá influenciar o *conceitualismo*; o positivismo metodológico irá fundamentar o *normativismo* e as teorias da justiça e da argumentação irão assentar o pensamento *sistemático*.

a) A pandectística

A vertente mais forte de influência sobre o pensamento conceitualista é a denominada escola Pandectística ou da jurisprudência conceitual (Begriffsjurisprudenz ou conceptual jurisprudence). A pandectística é a escola dominante no direito privado do século XIX, especialmente influente no Direito privado alemão em função da recepção do Direito das Pandectas de Justiniano (lat. Digesten), como um sistema de casos sistematizados sob uma unidade de conceitos e institutos abstratos.

A influência tornou-se significativa com a adoção do mais moderno código civil de sua época: o BGB (*Bürgelich Gezetzbuch*) e tinha como expoentes, os seguintes juristas: Georg Friedrich Puchta, Karl Adolph von Vangerow, Georg Arnold Heise, Bernhard Windscheid e Heinrich Dernburg.

A pandectística caracterizava-se como uma forma de positivismo científico, que propugnava o desenvolvimento do direito por meio de sequências encadeadas

---

[202] Cf. BEITO, David T. Taxpayers. *Revolt: Tax Resistance during the Great Depression*. Chapel Hill: University of North Carolina Press, 1989.

de conceitos lógicos. A dedução de normas jurídicas decorria do sistema jurídico, sem nenhum recurso a apelos éticos, políticos ou sociológicos.[203] A denominação decorria da referência aos estudos dos Pandectas (Digesto), como material de base para a compreensão do fenômeno jurídico e na construção de uma sistematização dogmática. Não se trata de um mero positivismo legalista que entende que o direito se esgota no texto legal, pouco restando a ser criado pela jurisprudência. A pandectística acreditava no desenvolvimento do direito por meio da dedução de novas normas pela aplicação de um modelo conceitual, onde as normas são derivadas de uma pirâmide conceitual.[204]

Para Georg Friedrich Puchta (1798 -1846), a pandectística representava um momento da evolução jurídica de construção da cientificidade do Direito. Para ele o jurista aparece como um cientista com a função de elevar o Direito para um novo patamar, superior ao caos da multiplicidade dos casos. Assim, a linha evolutiva do Direito apresentava inicialmente o momento da inocência, posteriormente há o momento da multiplicidade e do empirismo e finalmente a organização da multiplicidade em uma ordem superior. O jurista é um cientista do povo, que realiza o alinhamento das manifestações comuns e difusas em um sistema organizado e em favor do próprio povo. As normas jurídicas representam o espírito do povo e adquirem uma força decorrente de sua afirmação em um todo orgânico. O jurista é elevado por Puchta, na sua obra *Gewohnheitsrecht (Direito Consuetudinário)*, à condição de "órgão do povo" (*Organ des Volksrechts*),[205] na medida em que eleva o espírito do povo (*Volksgeist*) como primeiro fator de produção do Direito. Desse modo, o "espírito do povo" é considerado como natura naturans, enquanto que o Direito é entendido como natura naturata, ou seja, como resultado do processo de concretização do "espírito do povo".[206] Há, neste sentido, uma ligação estreita entre o Direito e a Ética material, na medida em que o *Volksgeist* possui um sentido material, como princípio orgânico da vida nacional.[207]

Puchta é considerado um fundador da jurisprudência dos conceitos e da defesa de uma ciência dogmática do Direito pela introdução de um método inequívoco de construção de um sistema de conceitos e uma argumentação jurídica conceitual. Há uma superação das escolas anteriores, tais como em Savigny e Wolff. A ideia de uma construção formal distante da multiplicidade de casos, por

---

[203] A força do modelo subsuntivo pode ser verificada, conforme *Massimo La Torre*, inclusive no modelo de separação de poderes e na estrutura do Estado de Direito ("so strong was the model of syllogism (...) that the separation of powers itself and the rule of law were conceived of as a consequence of the model"); ver *in* TORRE, Massimo. Legal Argumentation and Concepts of Law. An Approximation. *Ratio Juris*, vol 15, n. 04, December 2002 (377-402), p. 379.

[204] Cf. WIEACKER, Franz. *História do Direito Privado Moderno*. Lisboa: Fundação Calouste Gulbenkian, 1980. Trad. António Manoel Botelho Hespanha, do original alemão "Privatrechtsgeschichte der Neuzeit (Privatrechtsgeschichte der Neuzeit unter besonderer Berücksichtigung der deutschen Entwicklung)".

[205] Idem, p. 455.

[206] Cf. DIAS, Gabriel Nogueira. Rechtspositivismus und Rechtstheorie. *Das Verhältnis beider im Werke Hans Kelsen*. Tübingen: Mohr Siebeck, 2005, p. 34.

[207] Idem, p. 39.

meio de uma construção de uma jurisprudência formada pela dedução integral de soluções, por meio de um sistema organizado logicamente entre conceitos e normas particulares em um sistema racional dedutivo, recebe seus primeiros influxos na obra de Savigny. O autor irá defender uma natureza orgânica das relações jurídicas ao propugnar que estas somente adquirem sentido no interior de um sistema conceitual mais amplo.

Como legado, a pandectística irá formatar um pensamento conceitualista onde o direito passa a ser entendido como um sistema fechado e dedutivo de conceitos, ocorrendo uma passagem da diversidade de leis e casos para a unidade de um sistema conceitual ordenado e conhecido pela ciência dogmática do direito. A verdadeira fonte do direito passa dos dispositivos e textos legais para o estudo lógico dedutivo de conceitos jurídicos.[208]

b) O positivismo metodológico

O positivismo metodológico caracteriza-se por uma profunda desconfiança sobre a capacidade do sujeito em conhecer a essência das coisas, ou seja, em apreender o objeto do conhecimento. Para esta escola de pensamento, o único dado capaz de gerar certeza é o uso de um método claramente definido que permita o conhecimento. Do conhecimento do ser se parte para o conhecimento do método. Este será o único dado objetivo e capaz de objetivação, visto que a compreensão do objeto é sempre mediada por instrumentos e métodos, de tal forma que a realidade não será nunca plenamente apropriável pelo sujeito.

Esta escola, assentada em filósofos de primeira magnitude, tais como Frege, Bertrand Russel e Ludwig Wittgenstein, entre outros, irá influenciar toda uma geração de pensadores. Dentre os filósofos na área do Direito irá se destacar os estudos de Hans Kelsen, que produzirá uma revolução filosófica.

O pensamento de Hans Kelsen[209] foi marcado por diversas fases sucessivas e interligadas, mas a popularização de seu pensamento segue a imagem dele tal como retratado em seu período "clássico", e em especial em um conjunto de obras bem demarcado. A chamada "fase clássica" do pensamento de Hans Kelsen identifica o fato de que o conjunto teórico deste autor não foi constante durante toda a sua pro-

---

[208] No entender de *Elaine Garcia Ferreira:* "Na Alemanha do século XIX a função histórica da legislação foi assumida pelo direito científico. O direito científico alemão que na primeira metade do século XIX deu origem à doutrina 'pandectista', atingiu seu clímax próximo a metade deste século dando lugar àquela que foi denominada 'Begriffs jurisprudenz' ou jurisprudência dos Conceitos. A Jurisprudência dos Conceitos do séc XIX teve em Puchta seu criador e defensor. O que o autor designa como 'genealogia dos conceitos' é um sistema construído segundo as regras da lógica formal. Essa teoria ensina, portanto, que cada conceito inferior se subsume a um de ordem superior Para seu entendimento, a construção dedutiva do sistema depende absolutamente do pressuposto de um conceito fundamental determinado quanto ao seu conteúdo. A Jurisprudência dos conceitos lança as bases para o formalismo jurídico que no séc XX que será desenvolvido por Hans Kelsen que abraça também o positivismo formalista"; ver *in* FERREIRA, E. G. A Interpretação da Lei Tributária e a Teoria dos Direitos Fundamentais. *Revista Tributaria e de Finanças Públicas*, v. 60, p. 24-36, 2005.

[209] Sobre a história pessoal do autor e de seu pensamento recomenda-se a obra de *Rudolf Aladár Métall*, "Hans Kelsen, vida y obra". Ver *in* MÉTALL, Rudolf Aladar. *Hans Kelsen, Vida y Obra*. México: UNAM, 1976.

dução, recebendo ao contrário diversas orientações filosóficas que, alterando suas premissas básicas, alteraram o arcabouço teórico de suas definições.[210]

A teoria pura do Direito tem sido considerada, inclusive, como uma espécie de *opus perpetum*, em função de sua contínua transformação.[211] A classificação[212] destas fases obedece a critérios e denominações diferenciadas, conforme estudiosos desse autor e os critérios por este utilizado. De modo geral, pode-se dizer que existem no mínimo três grandes fases no pensamento de Hans Kelsen.[213] Uma primeira fase que pode ser denominada de "conceitualista".[214] Esta pode ser apresentada como herdeira da jurisprudência dos conceitos[215] da pandectística. Seu objetivo principal está na construção do conceito do Direito. Esta fase ocorre entre 1911 e 1922. Ela inicia, portanto, com Hauptproblem der Staatsrechtslehre ("Problemas fundamentais da Teoria do Estado") e se estende até 1922.

A segunda fase, denominada fase clássica, inicia em 1922 e vai até 1960. Esta tem como característica um fundamento filosófico kantiano ou pós-kantiano, bem como o surgimento de certo hibridismo do pensamento de Kelsen no final desta fase. Ela será denominada fase clássica porque o pensamento que tradicionalmente se imputa a Kelsen deriva desse período, bem como as suas obras de maior expressão e debate.[216]

---

[210] Sobre uma análise sistemática do pensamento de *Hans Kelsen* e das fases pelas quais este passou, veja-se o artigo de *Stanley Paulson*, "Four phases in Hans Kelsen's legal theory? Reflections on a periodization", ver *in* PAULSON, (1998). Este artigo apresenta um debate sobre os critérios de periodização do pensamento *Kelseniano* utilizados por Carsten Heidemann, in "Die Norm als Tatsache. Zur Normentheorie Hans Kelsen", 1997. Outros textos, contudo, devem ser citados como o "Saggio Introdutivo", de Mario Losano, in Kelsen "La dottrina pura del diritto", entre outros.

[211] Conforme MARIO LOSANO: "La teoria pura del derecho es un *opus perpetuum* tanto en el sentido hoy obvio de '*monumentum aere perennius*' como en el sentidode '*perpetum mobile*', es decir, de teoria en continua transformación. Este incesante movimiento interno há impedido hasta hoy su embalsamiento monumental, tendencia que le encontraría favorecida en cambio por la importancia que aun sus adversarios le reconocen", (grifos nossos). Ver *in* LOSANO, Mario G. *Teoría pura del derecho. Evolución y puntos cruciales.* Bogotá 1992, p. 42.

[212] Parte-se do postulado de que inexistem classificações corretas ou incorretas, mas tão somente classificações "úteis" ou "inúteis". Nesse sentido, a escolha de um critério classificatório obedece mais a razões de ordem sistemática e conhecimento, do que uma perfeita descrição de tipos existentes na natureza.

[213] Utiliza-se, desse modo, o entendimento defendido por PAULSON, Stanley. *Four Phases in Hans Kelsen's Legal Theory- Reflections on a Periodization.* Oxford Journal of Legal Studies, 18, 1998, p. 161 e ss.

[214] O conceito utilizado por *Stanley Paulson* e *Carsten Heldemann* é o de fase "construtivista". Conforme estes autores: "in traditional German legal science, 'construction' means concept formation, and one of Kelsen's central aims in this first phase- and not just there - is to establish legal science as a 'normative' discipline, which he understands as a discipline addressed to normative material. It is this goal that makes sense of Kelsen's effort to 'construct'the fundamental concepts of the law". Preferimos, contudo, a denominação em português para esta fase como sendo "conceitualista". Tal escolha de denominação dá-se como forma de explicitar melhor a linha de continuidade e ruptura entre o pensamento jurídico alemão da pandectística e o pensamento de *Hans Kelsen*. A pandectística e fundada em um *positivismo de conceitos* ou em um positivismo científico (como prefere denominar Franz Wiecker). Conforme Wiecker o positivismo científico: "... deduzia as normas jurídicas e a sua aplicação exclusivamente a partir do sistema, dos conceitos e dos princípios doutrinas da ciência jurídica, sem conceber a valores ou objetivos extrajurídicos... a possibilidade de confirmar ou infirmar as soluções jurídicas", ver, nesse sentido, *in* WIECKER, op. cit. 1967, p. 492.

[215] Sobre a distinção da teoria pura do Direito da jurisprudência dos conceitos veja-se BOBBIO. *A Teoria das Formas de Governo*. Brasília: Unb, 1980, p. 139-141.

[216] A denominação "clássica" tem por sentido apresentar a fase do pensamento de *Kelsen* que se encontra mais difundida e identificada com o pensamento deste autor.

Encontraremos neste período a primeira publicação da *Reine Rechtslehre* (*Teoria Pura do Direito*), bem como *General Theory of Law and State* (*Teoria Geral do Direito e do Estado*), de 1945; assim como *Pure Theory of Law* (*Teoria Pura do Direito*), em sua segunda edição, de 1960.[217]

Apesar de fundamentos aparentemente idênticos podemos encontrar nessa fase dois momentos diferenciados e que são demarcados em 1935.[218] São algumas das diferenças apresentadas entre a fase "clássica" neokantiana[219] (pré-1935) e a fase "clássica" neokantiana "moderada":[220]

1°- Quanto à identidade objeto-entendimento: na primeira fase adota-se particularmente a posição kantiana de identidade entre julgamento e objeto do julgamento. Na segunda fase, Kelsen estabelece a distinção entre "norma jurídica" e "proposição", em um artigo publicado na Harvard Law Review, de 1941, sob o título de "The Pure Theory of Law and Analytical Jurisprudence";[221]

2°- Quanto à doutrina da estrutura hierárquica das normas: a ideia de um *Stufenbaulehre* (doutrina de uma estrutura hierárquica) é adotada de Adolf Julius Merkl.[222] Na sua primeira fase, Kelsen considerava tão somente normas jurídicas gerais, afirmando que as normas individuais não careciam de atenção, visto que elas estavam previstas nas normas gerais. Na fase clássica Kelsen irá apreciar não somente as normas gerais, mas também verificar como incorporar todo um con-

---

[217] Segundo *Mario Losano*, a versão mais abalizada da segunda edição da *Teoria Pura do Direito* é a tradução italiana de 1966, por razões que o autor salienta em seu livro "Teoría Pura del Derecho- Evolución y puntos cruciales", de 1992, conforme este: "... la versión más puesta al día de la segunda edición de la Teoria Pura del derecho no es la original alemana de 1960, sino la traducción italiana de 1960", ver *in* LOSANO, Mario G. *Teoría pura del derecho. Evolución y puntos cruciales.* Bogotá 1992, p. 51.

[218] No mesmo sentido, veja-se *Losano*, conforme o autor: "La segunda edición de 1960 es un libro substancialmente distinto de la primera edición de 1934", ver *in* LOSANO, Mario G. *Teoría pura del derecho. Evolución y puntos cruciales.* Bogotá 1992, p. 51.

[219] Para *Stanley Paulson*, a fase clássica se subdivide em: período kantiano (1922-35) e período híbrido (1935-60). O período híbrido ainda estaria submetido ao signo do pensamento *kantiano*, mesmo que com a presença de elementos que posteriormente iriam conformar a terceira fase do pensamento de *Kelsen*.

[220] *Heldemann* denomina o período de 1922-35 de fase transcendental e a fase de 1935-62 de fase realista. A distinção das duas fases está no entendimento epistemológico de *Kelsen* nos dois períodos, conforme este autor, sendo que o cerne da distinção está na possibilidade da identificação entre o sujeito do conhecimento e o objeto de conhecimento. A fase transcendental seria claramente kantiana, com a identificação entre entendimento e objeto. O conhecimento jurídico seria constitutivo de seu objeto, PAULSON, op. cit., p. 160. A fase *realista* entende que o conhecimento (cognição) na ciência jurídica descreve reproduzindo objetos previamente apresentados, sendo que a objetividade da cognição relaciona-se com a verificabilidade empírica. Ver, nesse sentido, PAULSON, op. cit. 1998, p. 155. Para o autor: "... Kelsen abandons the Kantian machinery that was central to his transcendental phase, introducing in its place, albeit tacitly, realist desiderata. First, cognition in legal science amounts to a descriptive reproduction of objects previously given, a notion in sharp contrast to a hallmark of Kelsen's transcendental phase, the Kantian idea of cognition as constitutive in character, creating its object".

[221] Ver *in* KELSEN, Hans. "The Pure Theory of Law and Analytical Jurisprudence". *Harvard Law Review*, v. 55, p. 44-70, 1941-42.

[222] Conforme Métall: "...en su libro 'El problema de la soberanía y la teoria del derecho internacional', en cuyo subtítulo aparecieron por primera vez las palabras 'teoria pura del derecho', aprovechó Kelsen, también por vez primera, la doctrina de la estructura jerárquica del orden jurídico desarollada por su discípulo y amigo Adolf Merkl", ver *in* MÉTALL, Rudolf Aladar. *Hans Kelsen, Vida y Obra.* México, UNAM, 1976, p. 45.

junto graduado de normas jurídicas, desde as normas mais gerais (constitucionais) até as normas individuais e concretas.

A terceira fase pode ser denominada de "analítico-linguística", devido à preocupação em tratar de fenômenos próprios derivados da noção de norma como "estrutura lingüística".[223]

A terceira fase inicia em 1960 e se estende até o final da vida desse autor, e abrange a obra, postumamente publicada, *General Theory of Norms*. A terceira fase, também conhecida como "cética", terá como características fundamentais a negação da aplicação da lógica ao Direito e a noção de norma como ato de vontade.[224]

Ao tratarmos do tema do pensamento de Hans Kelsen, estaremos falando especialmente da chamada fase "clássica" e, em particular, do entendimento construído por Kelsen na segunda edição de *Reine Rechstlehre*. Estabelecer os conceitos fundamentais do pensamento de Hans Kelsen não é, portanto, uma tarefa fácil, visto que o próprio autor procurou realizá-la em diversas obras tentando explicar o que vinha a ser a *Teoria Pura do Direito*.

Podemos dizer que enquanto teoria o sistema criado por Hans Kelsen insere-se na tradição positivista.[225] Trata-se de um pensamento positivista ao negar a possibilidade de justificações extrajurídicas para o Direito. Para Kelsen não há como buscar uma fundamentação para o Direito no plano dos fatos (legitimidade e política) ou no plano dos valores (justiça e moral). Desse modo, o pensamento de Hans Kelsen se insere em um movimento de construção de um conceito autônomo do Direito.[226]

---

[223] Tal é a denominação de Carsten Heidemann, sendo que *Stanley Paulson* prefere a denominação de "fase cética", o que no nosso entender não se justifica. A menção de uma fase "cética" induz ao entendimento de uma filiação de Kelsen ao ceticismo, o que não se pode afirmar que ocorreu. O ceticismo, nascido no período helenístico da filosofia grega, pregava a impossibilidade de juízos definitivos e não contraditórios sobre as coisas e, portanto, a única atitude permitida era a suspensão do juízo. Ver, nesse sentido, assim conforme RUSSELL, Bertrand. *History of Western Philosophy* London: George Allen and Unwin, 1961, p 243. Os céticos afirmavam uma espécie de "dogmatic doubt" (dúvida dogmática), que não encontramos em Kelsen em sua defesa da democracia ou do internacionalismo.

[224] A questão da aplicação de princípios lógicos ao direito se transformou em um dos elementos mais importantes para a evolução do pensamento de Kelsen à sua terceira fase. Conforme Losano: "Kelsen inició así una progressiva revisión de sus concepciones, que culminó con la negación de la aplicabilidade al derecho de cualquier principio logico. Esta aceptación del *irracionalismo jurídico*... es la orientación intelectual que caracteriza la Teoría general de las normas", (grifos nossos), ver *in* LOSANO, (1992, p. 52). Após 1960 *Kelsen* irá completar o seu movimento sobre as relações entre o Direito e a Lógica através de uma sucessão de textos sobre o tema tais como *Derogation* (1962); *Law and Logic* (1965); *Recht und Logik*, (1965); *Recht, Rechtswissenschaft und Logik*, (1966); *Nochmals: Recht und Logik*, (1967); e finalmente *Zur Frage des praktischen Syllogismus*, (1968). Acrescente-se a esta listagem as correspondências realizadas com *Ulrich Klug*.

[225] Para Kelsen: "La teoría pura del derecho es *positivismo jurídico*, es simplesmente la teoría del positivismo jurídico...", (*grifos* nossos), ver *in* KELSEN, Hans. A essência e o valor da democracia, *in A democracia*. São Paulo: Martins Fontes, 1993, p. 33.

[226] Sobre a (im) possibilidade de um tal projeto no pensamento Kelseniano veja-se a excelente obra de Luís Fernando Barzotto, *O positivismo jurídico contemporâneo*. Nesse sentido ver BARZOTTO, (1999, p. 19). A expressão *conceito autônomo*, utilizada a partir daqui é extraída do trabalho de Fernando Barzotto. Afirma o autor que: "O conceito de direito que realiza esse anseio por segurança, delimitando o fenômeno jurídico em relação à moral e à política, será o chamado *conceito "autônomo"*. (itálicos nossos).

A novidade do projeto positivista de Hans Kelsen está em seu método de construção do conceito de Direito. Para esse autor trata-se de verificar quais são os critérios capazes de determinar se estamos perante um fenômeno jurídico ou perante outro fenômeno social.[227] Trata-se, portanto, de um método de estudo do jurídico.

Para tanto, é célebre a citação feita por Kelsen de Santo Agostinho que irá orientar o conjunto de sua obra. Na sua *Civitas Dei*, onde levanta a questão da distinção entre ordens coativas, escreve o autor:

> Que são os impérios sem Justiça senão grandes bandos de salteadores? E são os bandos de salteadores outra coisa senão pequenos impérios?" Um Estado, ou, para Agostinho, uma comunidade jurídica, não pode existir sem Justiça. Pois "o Direito não pode existir onde não exista a verdadeira justiça. O que acontece de conformidade com o Direito, acontece de fato justamente; o que é feito de uma maneira injusta, não pode acontecer segundo o Direito (Kelsen, 1997, p. 54).

O Direito nesta compreensão tem a sua existência ligada à compreensão de Justiça. Poderíamos dizer que o "critério de existência" do sistema seria a Justiça, visto que sem justiça não existiria Direito, mas apenas o uso da força. O Direito seria o uso da força (coação) com Justiça.

Poderíamos tentar construir o "critério de existência" de uma ordem jurídica no entendimento de *Hans Kelsen*, nessa compreensão, da seguinte forma:

> Uma norma é uma norma legal válida se (a) ela tiver sido criada em conformidade com a ordem legal a qual ela pertence, e (b) se ela não tiver sido anulada por estar em desconformidade com a Justiça.[228]

Desse modo, o positivismo partilhado por *Hans Kelsen* é essencialmente um *método de conhecimento do fenômeno jurídico* e de sua identificação perante o plano dos fatos (política) e o plano dos valores (moral). Poderíamos denominar este pensamento como sendo uma forma de "positivismo metodológico"[229] ou "epistemológico".[230]

---

[227] Nesse sentido ver Barzotto: "O que constitui, portanto, o direito como sistema normativo é a presença de um critério regulativo que possibilite determinar a pertinência ou não de uma norma ao sistema, o que significa qualificá-la como jurídica", ver *in* BARZOTTO, L. F. *O positivismo jurídico contemporâneo*. 3ª ed. São Leopoldo: Editora da Unisinos, 1999, p. 19.

[228] A estrutura da formulação trata-se claramente de um *simile* da formulação apresentada por *Raz*, reproduzida anteriormente.

[229] Conforme Norberto Bobbio o positivismo pode ser entendido de três formas diferentes: como método, como teoria e como ideologia. Como método: "... which therefore sets at the centre of inquiry the 'formal' problem of the validity of law, not the axiological one of the justice of the contents of norms", como teoria "...law coincides perfectly with the positive order...", e, como ideologia "... the law of the states deserves absolute obedience as such..."; ver in BOBBIO, Norberto; ZOLO, Danilo. *A Talk on Hans Kelsen, the Theory of Law and the International Legal System Jura Gentium. Journal of Philosophy of International Law and Global Politics*. Vol. I (2005), 1, 1998, p. 360.

[230] Assim inicia Kelsen a sua obra *Que es la Teoría Pura del Derecho?*, (*Was ist die reineRechtslehre?*, 1953): "el derecho puede ser *objeto del conocimiento* de muy diversas maneras", (grifos nossos); ver *in* KELSEN, (1993, p. 07). Aos especificar as condições necessárias a criação de uma teoria geral do Direito escreve Kelsen que: "Esta teoria tiene que precisar el *método específico* y los *conceptos fundamentales* con los cuales es posible

c) *Teorias da justiça e da argumentação*

O pensamento sistemático, como exposto neste trabalho, recebe influxos de diferentes matrizes do pensamento filosófico, dentre as quais podemos listar fundamentalmente: as teorias de justiça e da argumentação.

A teoria da argumentação se constitui em uma passagem da preocupação com o conceito ou a norma e consequente vínculo de encadeamento normativo ou conceitual para discurso jurídico e os modelos de argumentação jurídica. Trata-se de uma fecunda área de pesquisas que uniu autores tão diversos como: *Chaïm Perelman, Theodor Viehweg, Robert Alexy, Karl Engish, Manuel Atienza, Aulio Aarnio, Paul Ricoeur, Klaus Günter* e *Tércio Ferraz*.

A riqueza da teoria da argumentação para o Direito está no entendimento de que os casos difíceis e os casos dramáticos não encontram solução adequada no pensamento conceitualista ou normativista, visto que no primeiro os casos seriam decididos com base em axiomas ou conceitos gerais dedutíveis para o caso concreto e, portanto, não existiriam antinomias ou conflitos normativos insolúveis. No segundo caso, o normativismo não irá se preocupar com estes casos, visto que o julgador, como intérprete do caso, irá deliberar no âmbito da moldura normativa, com liberdade para preencher a norma com seus valores, ideologia ou crenças. A teoria da argumentação representa um instrumento gigantesco de solução ao permitir a compreensão do fenômeno normativo em toda a sua riqueza, combinando o estudo aprofundado do texto com a sua significação no con(texto). Não haverá texto sem contexto, nem tampouco compreensão isolada de normas fora de sua perspectiva sintática, semântica e pragmática. O aspecto sintático está no estudo da composição da *estrutura normativa*, de como as normas são compostas e como interagem com outras normas. Por sua vez, o aspecto semântico estuda o sentido da norma, quais os significados que a compõe e como se estabelece a *estrutura do sentido*. Por sua vez, a pragmática analisa o sentido da estrutura e a relação entre a norma e o usuário desta.

O *normativismo* esgotava a sua análise no estudo da sintática das normas, o conceitualismo no entendimento semântico (*conceitual*) e o pensamento sistemático irá apropriar-se destas duas formas (*sintático* e *semântico*) e incorporar a compreensão pragmática.

Para o *conceitualismo*, o grande problema está na possibilidade da ciência do direito em determinar os conceitos gerais, primeiros e superiores de um sistema de conceitos. O conteúdo destes axiomas primeiros é que irá determinar o direito aplicável e, portanto, a grande questão para o jurista está em determinar a estrutura do sentido (conceito).

---

describir y concebir cualquier tipo de derecho; desta manera, proporciona la fundamentación teorética de toda consideración *que tenga por objeto un derecho* o instituición jurídica especial", (grifos nossos); ver *in* KELSEN, (1993, p. 8).

Para o *normativismo*, as normas possuem uma *homogeneidade sintática*, ou seja, todas as normas possuem a mesma estrutura normativa (*se A é, então B deve-ser*). Por outro lado, uma heterogeneidade semântica, ou seja, o conteúdo ou sentido de cada norma varia de uma para a outra e, portanto, trata-se de um problema extrajurídico, oriundo da política ou da ética, determinar o sentido a fazer parte do preenchimento da estrutura normativa. Trata-se de uma questão de escolhas políticas ou éticas, pré-jurídicas, p.ex. determinar se a norma irá autorizar o aborto ou não, ou se haverá tributação dos inativos ou não.

O *pensamento sistemático* irá deslocar o problema para uma compreensão integral do fenômeno jurídico, englobando o estudo da estrutura (sintática), a estrutura do sentido (semântica) e o sentido da estrutura (pragmática). Desse modo, deve-se estudar a estrutura normativa, mas também os valores que são transmitidos por estas normas.

A *teoria da justiça*, por outro lado, representa um esforço de diferentes autores em resgatar um sentido ético para o fenômeno filosófico e jurídico. Assim, igualmente se nos reportarmos à filosofia do século XX como marcada por um giro linguístico de estudo da linguagem como momento privilegiado do conhecimento filosófico, podemos dizer que surge em meados do século XX um *giro ético*, visando ao resgate do argumento ético para o centro do debate jurídico e filosófico. Dentre esses autores podemos destacar *John Rawls, Ronald Dworkin, Walzer, McIntiyre, Amartya Sen* e *Judith Shklar*, entre tantos outros.

O retorno a uma preocupação ética e valorativa demonstra um confronto com as teorias relativistas do positivismo. Para o positivismo, a questão da justiça não pode ser respondida de modo direto, visto que não há como se determinar objetivamente o que é a justiça e como ela se aplica nos casos concretos. Assim, cada teria o seu modelo de justiça e estes modelos disputariam entre si, competindo para determinar qual o modelo prevalente que iria ser positivado no texto constitucional como ato de vontade da elite política vitoriosa (o povo, o soberano, os militares, etc.).

Poderíamos sintetizar rapidamente algumas das *principais teorias modernas da justiça* da seguinte forma:

i) *justiça como equidade:* defendida por *John Ralws*,[231] segundo a qual deve se estabelecer um modelo contratual básico de tal modo a se alcançar uma situação de justiça. Parte o autor da premissa da existência de um lócus argumentativo, ou seja, um dado momento hipotético e meramente argumentativo onde os sujeitos morais reinaugurariam o contrato social. Nesse momento, os sujeitos morais estariam em uma "situação original", protegidos por um "véu da ignorância", pois somente assim eles poderiam debater livremente, destituídos de interesses mes-

---

[231] John Rawls (1921 – 2002) foi professor de filosofia política na Universidade de Harvard. Dentre as suas obras se destacam: *A Theory of Justice* (1971); *Political Liberalism* (1993), e *The Law of Peoples*.

quinhos, sobre a distribuição dos bens básicos. Dois princípios irão emergir dessa forma: a) *Princípio de Igualdade*: somente haverá justiça em uma sociedade onde houver a justa distribuição dos valores sociais básicos e b) *Princípio de Equidade*: a distribuição desigual de algum valor social deve implicar em benefício para os mais necessitados;

ii) *justiça como desenvolvimento:* Amartya Sen[232] irá produzir uma crítica à teoria de *Rawls*, ao avaliar o modelo de bens e valores sociais básicos apresentados pelo autor, ao alertar que uma sociedade pluralista e democrática exige uma concepção pluralista da justiça distributiva, entende-se que o que deve ser igualado são os "funcionamentos básicos das pessoas", ou seja, a igual capacidade de ação para obter bens e serviços sociais com *liberdade substantiva*. Amartya Sen procede a um esforço descomunal de demonstração da vinculação necessária entre liberdades individuais e desenvolvimento social e econômico, com a utilização de um refinado instrumental analítico. Longe de relegar os direitos individuais a um plano secundário, os reforça como condição de possibilidade para o desenvolvimento, bem como um fim a ser alcançado pela sociedade;

iii) *justiça como cidadania:* parte de uma premissa bastante diferente daquela apontada por *John Ralws* ao defender que a busca da justiça em uma sociedade democrática deve partir de uma "situação histórica" do contrato social, e não de uma "situação original". Assim, o lócus argumentativo deve ser situado temporalmente na luta pela cidadania moderna.[233] A luta contra a injustiça adquire uma força simbólica mais forte do que o desejo de estender a justiça e, por outro lado, pretende a autora a superação da visão vertical de distribuição de justiça que opõe de um lado os provedores de bens básicos (governo) e de outro os consumidores (cidadãos). Assim, tão importante será aquela justiça que os cidadãos se devem reciprocamente;

Estas diferentes escolas encontram como elemento comum as seguintes *características comuns*:

i) *Crítica ao utilitarismo,* ou seja, uma crítica ao modelo de distribuição de bens com base tão somente na maximização dos benefícios e na minimização dos encargos, se levar em consideração os casos particulares ou a distribuição justa;

---

[232] Amartya Kumar Sen (1933) é um importante economista indiano e autor das seguintes obras: *Rationality and Freedom* (2004), *Inequality Reexamined* (2004) traduzido como "Desigualdade Reexaminada" (São Paulo: Recorde, 2001); *Development As Freedom* (2000), traduzido no "Brasil como Desenvolvimento Como Liberdade" (São Paulo: Cia. das Letras, 2000) e *Freedom, Rationality, and Social Choice: The Arrow Lectures and Other essays* (2000).

[233] Judith Nisse Shklar (1928 – 1992) foi cientista política e professora em *Government at Harvard University*. Autora de diversas obras, dentre as quais se destacam: *After Utopia: The Decline of Political Faith* (1957); *Legalism: Law, Morals, and Political Trials* (1964), traduzido como "Direito, política e moral". Trad. Octavio A. Velho e Carlos Nayfeld. Rio de Janeiro: Forense, 1967; *Men and Citizens: A Study of Rousseau's Social Theory* (1969); *Freedom and Independence: A Study of the Political Ideas of Hegel's Phenomenology of Mind* (1976); *Ordinary Vices* (1984) – *A collection of 6 essays on the ordinary vices of cruelty, hypocrisy, snobbery, betrayal, and misanthropy* e *The Faces of Injustice* (1990) – *Three essays on injustice: "Giving Injustice Its Due," "Misfortune and Injustice," and "The Sense of Injustice".*

ii) *Crítica à uniformização*, ou seja, uma crítica à desconsideração do pluralismo ou da existência de diferenças particulares.

O *pensamento sistemático* irá receber influxos de diferentes teorias da justiça, mas encontrará como base comum o reposicionamento da questão ética no centro do discurso jurídico e político, apresentando a questão da justiça como um elemento central no pensamento contemporâneo. Ocorrerá assim uma superação do formalismo do positivismo que havia retirado a importância teórica e prática da questão da justiça e do *conceitualismo* que sufocava a diversidade, o pluralismo e a diferença no dogmatismo de axiomas éticos dedutivos. No *conceitualismo* permanecia a prevalência de uma única posição ética dedutível do sistema de conceitos, que não se demonstra mais compatível com o modo de viver moderno, aberto às diferentes visões de mundo.

ESCOLAS DE PENSAMENTO			
Escolas	Conceitualismo	Normativismo	Pensamento Sistemático
Escola de base	pandectística	positivismo metodológico	teorias da justiça e da argumentação
Modelo Argumentativo	sequências encadeadas de conceitos lógicos	sequências encadeadas de conceitos normativos	sequências encadeadas de conceitos normativos e axiológicos
Modelo de Aplicação	dedução de normas jurídicas	criação de normas jurídicas	produção de normas jurídicas
Abertura para influxos externos	apelos éticos, políticos ou sociológicos	ausência de apelos éticos, políticos ou sociológicos	apelos éticos, políticos ou sociológicos
Modelo Normativo	pirâmide conceitual	pirâmide normativa	pirâmide axiológica
Finalidade	construção da cientificidade do Direito	construção da cientificidade do Direito	construção da responsabilidade do Direito
Sujeito	cientista do povo	técnico	jurista comprometido
Substrato	espírito do povo (Volksgeist)	teoria pura	valores da comunidade
Tipo de Argumentação Jurídica	argumentação jurídica conceitual	argumentação jurídica normativa	argumentação jurídica teleológica
Modelo de Argumentação	dedução integral de soluções por meio de um sistema organizado logicamente entre conceitos e normas particulares	dedução não-integral de soluções por meio de um sistema organizado entre normas	dedução não-integral de soluções por meio de um sistema organizado entre valores e normas jurídicas
Modelo de Sistema	sistema racional edutivo	sistema racional não dedutivo	sistema deontológico não dedutivo

2.2. DAS TEORIAS SOBRE O SISTEMA JURÍDICO: SISTEMA DE CONCEITOS, NORMAS E VALORES (DIREITOS FUNDAMENTAIS)

A ideia de sistema jurídico depende também do modelo de pensamento, visto que cada perspectiva irá enfrentar esta definição de modo diverso.

2.2.1. A teoria do sistema jurídico no pensamento conceitualista

O século XIX e início do século XX serão marcados por duas correntes principais: o jusracionalismo e o cientificismo com base matemática ou naturalista. Desse modo, duas correntes irão se destacar: o jusracionalismo francês e o positivismo formalista alemão (jurisprudência dos conceitos e dos interesses).[234]

A ideia de sistema no pensamento conceitualista da *pandectística* representa o modelo mais acabado do formalismo jurídico, que supera significativamente a ideia de sistema no Direito francês. O modelo francês é muito bem descrito por *Judith Martins-Costa* ao explicar que esse modelo representa uma subversão dos conceitos pelos fatos.[235] Isto decorre da necessidade da ideologia revolucionária francesa em construir um sistema de conceitos que legitime os interesses revolucionários e, portanto, os conceitos jurídicos são transmudados de tal forma a expressarem de modo íntimo a nova moral revolucionária em dogmas jurídicos inquestionáveis. O *jusracionalismo* será a ideologia subversiva contra a sociedade pré-revolucionária e o direito será seu instrumento de dominação e autoridade da nova ordem.[236] O modelo da *pandectística* alemã é reforçado pelo fato do seu formalismo não ter sido sufocado pelo peso inicial de um código jurídico exemplar, o que facilitou o surgimento de um formalismo dogmático com profundo peso teórico.

Vejamos a descrição muito precisa e apropriada feita por *Franz Wieacker* sobre o *sistema de conceitos jurídicos* da *Pandectística*:

> (...) o jurista "deveria seguir de cima a baixo a descendência de cada conceito através de todos os elementos que têm parte na sua formação", tornar-se consciente da "proveniência" de cada direito até chegar ao puro conceito de direito e, deste conceito supremo, poder voltar novamente a "descer até cada um dos direitos (subjetivos)" isolados. A legitimidade da norma jurídica baseia-se agora exclusivamente na sua correção sistemática, na sua verdade

---

[234] Cf. CORDEIRO, Antônio Menezes de. Prefácio. *In:* CANARIS, Claus-Wilhelm. *Pensamento sistemático e conceito de sistema na Ciência do Direito.* Lisboa: Calouste Gulbenkian, 2002, p. XVI.

[235] Cf. MARTINS-COSTA, Judith. *A boa-fé no Direito Privado.* São Paulo: RT, p. 180-181.

[236] O *conceitualismo* encontrará no pensamento de *Hegel* um aliado importantíssimo, nesse caso célebre será a frase do autor: "tudo o que é racional é real e tudo o que é real é racional" (*Was vernünftig ist, das ist Wirklich; und was wirklich ist, das ist vernünftig*), exposto no livro *Elementos de Filosofia do Direito* (*Grundlinien der Philosophie des Rechts* – 1820).

lógica e na sua racionalidade; a própria criação do direito torna-se num "desenvolvimento a partir dos conceitos".²³⁷

A argúcia na descrição realizada por *Wieacker* permite a análise dos postulados essenciais deste modelo de pensamento relativos ao conceito de sistema jurídico, que poderíamos listar da seguinte forma:

1. o sistema jurídico é composto de norma, proposições e conceitos, sendo que os *conceitos* se constituem em seu elemento mais relevante;
2. o sistema jurídico se constitui em um todo *ordenado*, onde os conceitos se encadeiam em relações de ascendência e descendência entre as normas jurídicas;
3. o sistema jurídico se constitui em um todo *integrado*, onde os conceitos extraem seu significado de conceitos superiores;²³⁸
4. a correção do discurso jurídico fundamenta-se num desenvolvimento conceitual avaliado por critérios de *lógica dedutiva*;²³⁹
5. a *subsunção* de conceitos se caracteriza por um processo de dedução de normas jurídicas a partir de conceitos ("... de deduzir a norma e a decisão jurídicas a partir do conceito, em vez de, pelo contrário, produzir o sistema e os conceitos através de indução a partir das normas jurídicas, das decisões jurisprudenciais e das valorações sociais").²⁴⁰

Como se pode notar, o modelo de sistema jurídico proposto pela *pandectística* é um modelo fechado e rígido, onde a aplicação normativa aparece como o resultado mais perfeito e acabado da ciência jurídica. A ideia de sistema na *pandectística* se caracteriza como sendo uma *construção jurídica,*²⁴¹ ou seja, como um método que se eleva além do caos da diversidade de objetos e descobre uma organização de elementos lógicos unidos por uma coerência interna. A ciência do Direito distancia-se de uma mera catalogação de conceitos ou de regras, mas propõe-se a uma sistematização dogmática.²⁴² O dogmatismo jurídico funda-se no dogma superior da "aceitação da positividade do direito estatuído pela autoridade".²⁴³

Max Weber irá descrever esse sistema de um modo particularmente preciso ao determinar que: "segundo nossos actuais hábitos de pensamento, ela traduz: a concatenação de todas as proposições jurídicas, obtidas por análise, de tal modo que elas formem entre si, um sistema de regras logicamente claro, em si logica-

---

²³⁷ Cf. WIEACKER, Franz. *História do Direito Privado Moderno.* Trad. António Manoel Botelho HespanhaLisboa: Fundação Calouste Gulbenkian, 1980, p. 457.

²³⁸ Assim, segundo Wieacker: "(...) formalismo jusracionalista – que descia more geométrico dos axiomas para os conceitos gerais, destes para os conceitos especiais e para os princípios particulares – (...)"; ver Idem, ibidem.

²³⁹ Neste sentido entende *Pontes de Miranda* que: "Os sistemas jurídicos são sistemas lógicos, compostos de proposições que se referem a situações da vida, criadas pelos interesses mais diversos"; ver *in* MIRANDA, Pontes. *Tratado de Direito Privado.* Parte Geral, Tomo I, 3ª ed. Rio de Janeiro: Borsoi, 1970, Prefácio IX.

²⁴⁰ Cf. WIEACKER, Franz. Op. cit., p. 457.

²⁴¹ Cf. LAZZARO, G. *Storia e teoria della costruzione giuridica.* Turim: Giappichelli, 1965.

²⁴² Cf. SAVIGNY, F. C. V. *Metodologia Jurídica.* Trad. de J. J. Santa-Pinter. Buenos Aires: Depalma, 1979, p. 9.

²⁴³ Cf. MARTINS-COSTA, Judith. *A boa-fé no Direito Privado.* São Paulo: RT, 1999, p. 214.

mente livre de contradições e, sobretudo e principalmente, sem lacunas, o que requer: que todos os factos possam logicamente subsumir-se numa das suas normas, ou caso contrário, a sua ordem abdica da garantia essencial".[244] Este modelo será caracterizado pela combinação de três características: coerência, plenitude e autonomia.[245] A coerência será a representação precisa de uma sistematicidade interna, a plenitude se deduz da capacidade de dedução de todos os seus elementos, a partir de dogmas superiores ou axiomas, e a recondução de conceitos aos conceitos primeiros, enquanto que a autonomia irá se referir à capacidade do sistema em possuir uma unidade interna fechada sobre os seus próprios dogmas e axiomas.

2.2.2. A teoria do sistema jurídico no pensamento normativista

O *pensamento normativista* apresenta os seguintes postulados teóricos: a noção do direito como um sistema de normas jurídicas, a teoria da norma fundamental e a teoria da hierarquia normativa.

i) *O direito como um sistema de normas jurídicas*[246]

Para *Kelsen*, o Direito é um sistema de normas jurídicas e assim o caráter de jurídico de uma norma decorre de sua pertinência ao sistema de normas jurídicas,[247] desse modo, a validade é característica de uma norma pertencer ou não ao sistema jurídico. Estas conclusões decorrem do desejo de se encontrar igualmente por detrás da multiplicidade das normas e dos conceitos jurídicos o elemento universal da essência do jurídico, que, para estes autores, deve ser buscado na pura forma da norma jurídica. Assim, retirando-se do caos normativo todos os elementos particulares encontrar-se-ia ao final um elemento abstrato e autônomo denominado de norma.[248]

---

[244] Cf. WEBER, Max. *Wirtschaft und Gesellschaft*. Mohr: Tübigen, 1956.

[245] Cf. MARTINS-COSTA, Judith. *A boa-fé no Direito Privado*. São Paulo: RT, 1999, p. 225.

[246] Para François Rigaux a teoria do Direito em *Kelsen* representa uma abordagem normológica do Direito (*Nomological approach*). Conforme este autor: "Kelsen's monistic and logical approach is so well known as not to require lenghty explanation. Its basic elements are i) the identification of law and state; ii) the idea that a legal order is a compound of norms, the validity of which relies on a hypothetical basic norm, the Grundnorm; iii) the exclusion of any factual element in the construction of a legal order; and iv) the repudiation of any reference to other non-logical premises, such as morals or natural law", ver, nesse sentido, *in:* RIGAUX, (1998, p. 328).

[247] Uma das grandes novidades apresentadas pelas obras de Kelsen está neste direcionamento a uma "teoria do ordenamento jurídico", ao entender o direito como um sistema de normas. Nesse sentido, entende Norberto Bobbio que: "Confróntese la teoría de Kelsen con una de las obras más importantes de la teoría general del Derecho que la precedió: Subjektives Recht und juristische Norm (Derecho subjetivo y norma jurídica, 1878) de Augusto Thon. *Lo que falta totalmente en la obra de Thon*, al lado de muchos sutiles análises de algunas partes del sistema jurídico, *es la idea del ordenamiento jurídico como sistema*", (grifos nossos), ver *in:* BOBBIO, (1980, p. 251).

[248] Um modelo semelhante de pensamento pode ser encontrado em Lourival Vilanova que defendia que: "(...) diante da universalidade do conceito do direito quer-se fixar um conceito de tal forma que se aplique em caráter absoluto a qualquer objeto ou fenômeno jurídico no tempo, para tanto, deve-se admitir que diante da diversidade de conteúdo encontra-se um núcleo substancial, um substrato essencial que se extrai do plano lógico que traz um conceito meramente formal", ver, *in:* VILANOVA, Lourival. *Escritos jurídicos e filosóficos*. v.1, São Paulo: Axis Mundi, 2003, p. 36.

Parte, inicialmente, *Kelsen* da chamada "Lei de Hume" para fundamentar o seu conceito de direito. A importante *Lei de Hume* é formulada ao término do Livro III, Parte I, Seção I do Tratado da Natureza Humana, em que observa que:

> Em todo sistema de moral que até hoje encontrei, sempre notei que o autor segue durante algum tempo o modo comum de raciocinar, estabelecendo a existência de Deus, ou fazendo observações a respeito dos assuntos humanos, quando, de repente, surpreendo-me ao ver que, em vez das cópulas proposicionais usuais, como é e não é, não encontro uma só proposição que não esteja conectada a outra por um deve ou não deve. Essa mudança é imperceptível, porém da maior importância. Pois, como esse deve ou não deve expressa uma nova relação ou afirmação, esta precisaria ser notada e explicada; ao mesmo tempo, seria preciso que se desse uma razão para algo que parece inteiramente inconcebível, ou seja, como essa nova relação pode ser deduzida de outras inteiramente diferentes.[249]

Assim, considerando que o direito é um sistema de normas e a validade é a "pertinencialidade" de uma norma ao sistema, qual é o fundamento de validade de uma norma? Quando uma norma passa a pertencer ao sistema de normas? *Kelsen* responde a essa indagação da seguinte forma:

> Do fato de algo ser não pode seguir que algo é. O fundamento de validade de uma norma apenas pode ser a validade de uma outra norma.[250]

> Uma norma que fundamenta a validade de uma norma pode esquematicamente ser chamada de norma superior e, por conseqüência, a norma fundamentada de inferior. Tal fundamentação deve prosseguir até encontrar a norma mais elevada do sistema de normas. A norma mais elevada do sistema deve ser pressuposta, visto que se for posta por uma autoridade este ato deve estar fundado em uma norma de competência, nesse sentido, ela não seria a mais elevada.[251]

O sistema recebe assim o seu fechamento, mediante o uso de um critério de identificação interno.[252] Todas as normas cuja validade possam ser deduzidas de uma mesma norma fundamental formam um sistema. Dessa forma:

> O fato de uma norma pertencer a uma determinada ordem normativa baseia-se em que o seu fundamento de validade é a norma fundamental desta ordem. É a norma fundamental que constitui a unidade de uma pluralidade de normas enquanto representa o fundamento da validade de todas as normas pertencentes a essa ordem normativa.

Chegando aqui possuímos um conceito geral de Direito e à noção de que o fundamento de validade das normas jurídicas é um e apenas um: *a sua recondução à norma jurídica fundamental*. O direito adquire uma estrutura escalonada de normas jurídicas, e esta será conhecida como a "estrutura piramidal" do Direito.[253]

---

[249] Cf. HUME, David. *Tratado da Natureza Humana*. São Paulo: UNESP: Imprensa Oficial do Estado, 2000, p. 509.

[250] Cf. KELSEN, 1997, p. 216.

[251] Idem, p. 217.

[252] Iremos utilizar aqui a terminologia desenvolvida por Joseph Raz. Para o autor, o critério de identidade responde a seguinte questão: "que leis formam um dado sistema?" ("which laws form a given system?"), RAZ, (1978, p. 01).

[253] Para Joseph Raz seria mais apropriado falar-se em "diagrama em árvore" (*tree diagram*) de um sistema legal. Para ele a mais indesejável consequência do uso do termo "pirâmide" é a sua indicação de um modelo com o mesmo número de camadas em todo o sistema legal. Sobre o assunto ver *in* RAZ, (1978, p. 99).

Através dessa breve síntese verifica-se a importância ímpar do conceito de norma fundamental. Sem ele o sistema cairia em uma inexorável circularidade.[254] O sistema é composto de normas válidas (pertencentes ao sistema); elas, por sua vez, são pertencentes ao sistema por serem válidas.

ii) *A teoria da norma fundamental*

Nesse sentido, podemos agora perguntar: *mas o que é essa norma fundamental pressuposta que determina a existência de toda uma ordem normativa?*

Trata-se de uma norma pensada, pressuposta,[255] que poderia ser apresentada da seguinte forma: "Devemos conduzir-nos como a Constituição prescreve". A norma fundamental pode ser apresentada como premissa maior de um silogismo, assim formulado por *Robert Alexy*:[256]

> 1) Si una Constitución há sido realmente promulgada y es socialmente eficaz,[257] entonces será jurídicamente ordenado comportarse de acuerdo com esta Constituición.
>
> 2) La Constitución C há sido realmente promulgada y es socialmente eficaz.[258]
>
> 3) Está jurídicamente ordenado comportarse de acuerdo com la constitución C".[259]
>
> A inclusão da premissa maior (1) é fundamental para que não ocorra uma passagem do plano dos fatos ao plano normativo. O plano dos fatos está na eficácia social da Constituição e na legalidade efetiva.[260]

---

[254] Ver, nesse sentido, Alexy: "Los problemas internos resultan de la circularidad de la definición de la validez jurídica. Ella dice que una norma vale jurídicamente cuando ha sido dictada por un órgano competente en la forma prescripta y no viola un derecho de orden superior; dicho brevemente: cuando ha sido dictada de acuerdo con el ordenamiento. Pero, los conceptos de órgano competente, del dictado de una norma y del derecho de orden superior presuponen ya el concepto de validez jurídica. Sólo puede referirse a un órgano competente en virtud de normas jurídicas válidas, a una forma de dictar normas jurídicamente reglada y a un derecho de orden superior jurídicamente válida. En caso contrario, no se trataría del concepto de validez jurídica en sentido estricto. El instrumento más importante para la superación del círculo contenido en el concepto de la validez jurídica es la norma fundamental". ALEXY, Robert. *El concepto y la validez del derecho.* Gedisa: Barcelona, 1997, p. 95.

[255] Kelsen apresenta a seguinte comparação: se a "... ética teológica que considera Deus como a mais elevada instância legisladora não pode (-mos) afirmar o fato de que qualquer outra pessoa ordenou que obedeçamos à vontade de Deus". Dessa forma a norma: devemos obedecer às normas de Deus não pode ser o resultado da vontade de qualquer pessoa. Deve, portanto, ser um ato de conhecimento. Assim: "se a norma fundamental não pode ser uma norma querida, mas a sua afirmação na premissa maior de um silogismo é logicamente indispensável para a fundamentação da validade objetiva das normas, ela apenas pode ser uma norma pensada". KELSEN, (1997, p. 227).

[256] Ver, nesse sentido, ALEXY (1997, p. 98). A apresentação da norma fundamental como parte de um silogismo é referendado expressamente no pensamento de *Kelsen*. Nesse sentido, entende o autor que: "A fundamentação de validade de uma norma positiva (isto é, estabelecida através de um ato de vontade) que prescreve uma determinada conduta realiza-se através de um *processo silogístico*" (grifos nossos). Ver KELSEN, (1997, p. 226). No mesmo sentido: "A norma afirmada como objetivamente válida na premissa maior, que opera a fundamentação, é a norma fundamental...", Idem, ibidem.

[257] Encontramos em Kelsen a confirmação de que a eficácia é condição de validade, participando da premissa maior desse *silogismo de validade*. Assim, para Kelsen "... uma norma que é pensada como pressuposto quando uma ordem coercitiva globalmente eficaz é interpretada como um sistema de normas juridicamente válidas". (grifos nossos). KELSEN, (1997, p. 227).

[258] Trata-se de um argumento que segue a famosa lei chamada como *modus ponens,* ou também conhecida como *modus ponendo ponens.* Trata-se da forma que "afirma afirmando": assim, dado que (p⊃q), a afirmação do antecedente p permite afirmar o consequente. A sua formulação completa seria: [(p⊃q) . p] ⊃ q. Para maiores esclarecimentos ver GUIBOURG, (1999, p. 92).

[259] Cf. ALEXY, Robert. *El concepto y la validez del derecho.* Gedisa: Barcelona, 1997, p. 98.

[260] Idem, ibidem.

O conceito de sistema no pensamento normativista tem por propósito a construção de um sistema de formas puras imaginável em qualquer ordem jurídica, visto que uma ordem material exige uma contextualização histórica e uma individualidade normativa. O positivismo não se interessa por esta peculiaridade e não está interessado nas questões que possam surgir desta condição particular. Ao se tratar de um pensamento sistemático estaremos necessariamente tratando de um ordenamento jurídico determinado.

A escola analítica de *Paulo de Barros Carvalho* irá manter a centralidade da norma jurídica, mas com uma nova radicalidade metodológica, incorporando todas as novidades da semiótica para reconstruir o sentido da linguagem prescritiva do Direito. Segundo *Eurico de Santi*, esse entendimento categórico irá se apresentar da seguinte forma:

> O conceito fundamental é aquele sem o qual não é possível ordenamento jurídico". Assim, os conceitos de norma, de fato jurídico, de sujeito de direito, fonte técnica ou formal, de direito subjetivo e dever jurídico, todos pertencentes ao nível da Teoria Geral do Direito, são conceitos fundamentais, pois outorgam a condição de possibilidade do direito positivo e, consequentemente, da Ciência do Direito.[261]

E segue o autor a entender que:

> O direito positivo, em sua multivocidade de formas lingüísticas, apresenta-se sob a forma enunciativa. Ensina Paulo de Barros que a norma jurídica "é a significação que colhemos da leitura dos textos do direito positivo" (...) A estrutura sintático-gramatical é enunciado. (...) Norma é estrutura lógico-sintática de significação, que conceptua fatos e condutas, representando-os como significações objetivas.[262]

2.2.3. A teoria do sistema jurídico no pensamento sistemático

Relata com muita propriedade *Antônio Menezes de Cordeiro* que o século XIX prenunciou um conjunto expressivo de promissoras mudanças, iniciando com o êxito de conquistas intelectuais e científicas espantosas comparativamente ao desenvolvimento anterior.[263] Essas mudanças refletiram-se igualmente no Direito com o uso de novos métodos e instrumentos de análise e compreensão do fenômeno jurídico, tais como: o êxito das codificações, a jurisprudência dos conceitos e dos interesses, o surgimento e desaparecimento da escola da exegese e o formalismo *neokantiano*.

O surgimento dos novos códigos implicou um resultado paradoxal, visto que o maior êxito teórico provocado pela novidade resultou em ondas conservadoras

---

[261] Cf. SANTI, Eurico de. Introdução: Norma, Evento, Fato, Relação Jurídica, Fontes e Validade no Direito *in* SANTI, Eurico de. *Curso de Especialização em Direito Tributário*: Estudos Analíticos em Homenagem a Paulo de Barros Carvalho. Rio de Janeiro: Forense, 2005, p. 01-33, p. 6.

[262] Idem, p. 07.

[263] Cf. CORDEIRO, Antônio Menezes de. Prefácio. *In:* CANARIS, Claus-Wilhelm. *Pensamento sistemático e conceito de sistema na Ciência do Direito*. Lisboa: Calouste Gulbenkian, 2002, p. 9.

e formalistas de compreensão do fenômeno jurídico, tanto na França (*Code Civil – 1804*), quanto na Alemanha (*BGB – 1900*).

2.2.3.1. A superação do formalismo e do positivismo na ideia de sistema

O resultado teórico do predomínio do positivismo legalista, cientificista ou formalista foi um afastamento dos dados da realidade e uma perda teórica profunda. O formalismo apresenta diversas falhas, dentre as quais podemos destacar:[264]

i) *incompletude*: paradoxalmente o mesmo modelo de pensamento que procurava a solução racional para o sistema jurídico não encontrava solução para o problema das lacunas. A saída encontrada era o recurso ao irracionalismo da decisão judicial ou do legislador (soberano). O posivitista perante o problema do preenchimento das lacunas normativas ou irá se silenciar sobre o problema, declarando-o como pouco importante ou irá defender que o julgador é livre para preencher as lacunas da forma que achar mais apropriada com seus valores subjetivos pessoais, no limite da moldura normativa.[265] Esta dificuldade irá se expandir para a incapacidade em lidar com as normas em branco, os conceitos indeterminados, as cláusulas gerais; os *standards* éticos e os princípios jurídicos;

ii) *fragilidade metodológica*: novamente o positivismo demonstrou ser desprovido de ferramentas metodológicas capazes de lidar com os difíceis problemas teóricos, visto que era incapaz de lidar com o problema de conflitos entre princípios e valores, bem como toda a forma de conflitos de natureza material. Surpreendentemente, o positivismo metodológico, que mantinha como a sua maior virtude a presença de um instrumental analítico invejável, nada tinha a dizer sobre conflitos comuns em uma sociedade democrática, tais como entre o direito fundamental à liberdade religiosa e à liberdade de expressão. Novamente a postura adotada é mais simples: a recusa da importância do problema ou a sua classificação como sendo um problema pré-jurídico ou decidível pelo recurso ao voluntarismo do julgador e de sua convicção livre. Assim, o racionalismo se rendia ao irracionalismo do decicionismo do julgador, este poderia, com sua autoridade, decidir legitimamente qual valor ou princípio deveria preponderar. Claramente este resultado não é razoável, pois o sistema não deve comportar qualquer interpretação material para a solução dos casos difíceis;

iii) *insuficiência funcional*: do ponto de vista da importância da norma, em sua relação com o usuário da norma, o positivismo fracassa em entregar soluções adequadas, visto que o seu modelo de preservação da segurança jurídica sobre qualquer outro valor ele se tornou incapaz de auxiliar as sociedades democráticas, cindidas em grupos com visões políticas e éticas heterogêneas em alcançar um

---

[264] Cf. CORDEIRO, Antônio Menezes de. Prefácio. In: CANARIS, Claus-Wilhelm. *Pensamento sistemático e conceito de sistema na Ciência do Direito*. Lisboa: Calouste Gulbenkian, 2002, p. 23.
[265] Idem, p. 39.

consenso leal. O positivismo, com o seu dogma da legitimidade da positividade do Direito e da resolução dos conflitos pelo ato do soberano, esquecia que o Direito fazia parte do campo de conflito e a lei muitas vezes não é o momento de pacificação social, mas o de delimitação do campo do conflito e dos limites para uma resolução leal dos mesmos. O conflito entre os defensores da vida e os defensores da eutanásia não se esgotam em um diploma legal, sendo que a lei aparecerá apenas como um momento no debate social, de igual modo não há como crer que uma "ciência jurídica" irá resolver este dilema ético cientificamente, sem o recurso a uma interpretação integral do Direito.

As insuficiências de um positivismo jurídico exigiram uma nova postura metodológica que foi resumida na noção de jurisprudência ética ou dos valores. Esta nova compreensão pode ser explicada pelas seguintes noções:

i) *o direito como um fenômeno cultural:* no sentido de que as normas jurídicas representam um panorama histórico da *cultura* e do *ethos* de determinada sociedade e não pode, assim, o direito reivindicar uma autonomia absoluta do ambiente e contexto onde faz parte. Pelo contrário, a estrutura semântica das normas jurídicas é plena de valores que traduzem a cultura de um tempo e de uma sociedade;

ii) *o direito como fenômeno ético:* a superação da distinção entre o direito e a moral corresponde a um imperativo ético, político, lógico e hermenêutico, visto que somente assim será preservada a riqueza do sistema e da linguagem jurídica e, especialmente, a correta compreensão do fenômeno jurídico. A coerência do sistema jurídico deve ser integral e, portanto, deve possuir um sentido material e não apenas formal;

iii) *abertura do sistema jurídico*: em decorrência do fato que a sistematização do fenômeno jurídico pelo intérprete não exclui o surgimento de soluções orientadas pelo problema, o que elimina a possibilidade de construção de um sistema puramente dogmático ou lógico-dedutivo. A racionalidade do agente caracteriza-se pela finitude dos seus elementos e pela necessidade de tomar decisões em tempo exíguo e sem condição de formular toda a árvore de soluções. Veja-se o caso do investidor na bolsa de valores que precisa tomar decisões rápidas sobre a compra ou venda de ativos em curto espaço de tempo e com informações limitadas. O agente possui, nesse caso, uma racionalidade limitada e opera com esquemas mentais pré-concebidos e padrões intuitivos de ação. O direito como programação intersubjetiva e intertemporal possui as mesmas características na sua definição. O direito trata-se de uma programação, visto que os agentes organizam as suas condutas e intenções com base em informações para a definição prévia das condutas a serem adotadas. Assim, por exemplo, decidem que a velocidade máxima em estradas será de 60 km por hora. Tal decisão tem cunho eminentemente intersubjetivo ao organizar a conduta de diversos agentes e não se constitui em uma linguagem privada. Por fim, é uma programação intertemporal porque se decide hoje ou decidiu-se ontem sobre os efeitos de condutas a serem adotadas no presente ou no futuro. Mesmo normas sobre o passado buscam efeitos futuros, por exemplo, a indenização de presos políticos não restabelece o passado, mas tão somente resolve o ressarcimento ou compensação no presente ou no futuro.

2.2.3.2. A ideia de sistema jurídico como um sistema ético

A construção de um sistema jurídico puro e ausente de dados extrajurídicos ou morais tem sido a busca incessante do positivismo e formalismo jurídico. O Santo Graal dessa busca tem se denominado de "Lei de Hume", para designar o postulado de que dado um conjunto de proposições prescritivas não é lícito, sem o acréscimo de qualquer outra proposição, derivarem-se proposições prescritivas. Desse modo, se digo isto é, não posso designar então o que deve ser bom ou mal.

Esta formulação possui os seguintes fundamentos:

i) *fundamento político*: não podemos derivar de situações de fato, conclusões morais. Não há como da observação da realidade dizer-se que se deve ter certa crença ou entendimento (totalitarismo, comunismo, etc.). As prescrições decorrem de atos de vontade e intencionalidade e, portanto, não é lícito ao sujeito ser reduzido ao seu objeto. A escolha humana livre é que determina o seu comportamento e não os fatos da natureza. A *Lei de Hume* seria uma defesa intransigente da liberdade, da autonomia moral e do livre arbítrio;

ii) *fundamento moral*: dado que a moral não apresenta natureza objetiva, mas claramente subjetiva, não é possível decorrer do objeto as regras de conduta moral. O que é justo e moral para alguém poderá ser claramente imoral para outro e, portanto, não existe um padrão universal e objetivo de aferição do que seja bom, mau ou correto;

iii) *fundamento lógico:* dado que exista uma proposição descritiva, não é possível passar-se para uma proposição prescritiva sem a inclusão de uma outra proposição.

Dada a importância deste argumento e de sua posição como pressuposto metodológico de diversas correntes jurídicas, cabe meditar um pouco sobre o seu sentido. Assim, podemos dizer que o Direito é um fenômeno ético no sentido em que existem relações legítimas entre o Direito e a moral. Como consequência, a justificação do discurso jurídico não poderá prescindir de considerações éticas. Para chegarmos a estas conclusões devemos, contudo, ultrapassar a primeira grande barreira metodológica que é a negação da aplicação universal da *Lei de Hume*. Assim, vejamos os argumentos contrários à *Lei de Hume*:

i) *fundamento político*: a desconsideração sobre questões éticas repousa implicitamente no dogma da legitimidade da autoridade do soberano e indiretamente vem a significar que se é normativo é porque passou pelo teste de legitimidade e justificação política e ética. Dado que ao jurista não é lícito questionar a legitimidade e moralidade de uma norma posta, este acaba por partir do pressuposto de que esta é justa. O erro está em considerar que a legitimidade e justiça da norma não compõem o seu aspecto de validade ou de eficiácia ou mesmo de composição da norma estrutura semântica da norma. Dado que a ética material ingressa no Direito por meio dos valores jurídicos e estes são protegidos e alcançados por princípios e regras, então decorre que o sistema jurídico é um sistema ético também;

ii) *fundamento moral*: o Direito representa a moral de uma sociedade em uma época histórica e não a moral de um indivíduo isolado. O positivismo criticava o ingresso de considerações morais com base na defesa do pluralismo e diversidade de valores na sociedade (axiológico), contudo, o Direito em uma sociedade democrática tentará colmatar o consenso moral de uma época na sua Constituição, ou seja, a Constituição conterá a rede mínima de conexões axiológicas de uma sociedade dividida. Tal situação, longe de evitar o conflito irá permiti-lo, dotando, contudo, a Constituição de mecanismos dinâmicos de recomposição continuada dos laços morais que unem uma sociedade. Dessa forma, o relativismo moral não poderá chegar ao ponto de afirmar que não existem conexões morais e éticas mínimas em uma dada sociedade, estas existem e compete à Constituição declará-las e defendê-las;

iii) *fundamento lógico:* a separação entre o direito e a moral (*Kant*) ou entre proposições prescritivas e descritivas (*Hume*) tem sido questionada por diversos filósofos lógicos sem muito sucesso. Dentre os mais sofisticados argumentos para fundamentar uma separação entre o mundo dos fatos do mundo do dever-ser podemos apontar a chamada *lei de Hume*. Esta *lei lógica* tem sido considerada uma das mais importantes *barreiras lógicas*[266] na filosofia, e a sua superação envolve sofisticados argumentos lógicos, que somente serão listados no presente texto. Podemos afirmar, contudo, que esta separação deve ser superada em face da sua incongruência lógica. Não há como se afirmar a separação entre enunciados de fato e de valor, dado que a própria composição dos enunciados de fato não é "pura", ou seja, para fazermos qualquer afirmação fática estão presentes elementos valorativos e mesmo éticos de dever-ser. Assim, da afirmação "aqui é o Meridiano Greenwich" estamos em verdade falando de uma convenção com sentido valorativo e fático. Não existe um tal de "Meridiano Greenwich" a ser visto, trata-se de uma convenção que tem um sentido valorativo dar segurança às orientações geográficas. Outras afirmações não seriam igualmente ausentes de considerações valorativas;

iv) *fundamento linguístico*: o uso da distinção entre enunciados de fato e de valor e a estruturação de uma linguagem normativa "pura", vazia de signi-

---

[266] Outros exemplos de *Barreiras Lógicas* na história da Filosofia citados por Frank Thomas Sautter: "a) Lei de Russell, conforme a qual uma proposição geral não pode resultar de proposições particulares; b) Segunda Lei de Hume, conforme a qual uma proposição sobre o futuro não pode resultar de proposições sobre o passado ou o presente; c) Lei de Kant, conforme a qual uma proposição apodíctica não pode resultar de proposições assertóricas"; ver *in* SAUTTER, Frank Thomas. *Um breve estudo histórico-analítico da Lei de Hume*. Trans/Form/Ação, São Paulo, 29(2): 241-248, 2006.

ficados materiais, acaba por conformar uma linguagem incompleta e formal do tipo binário (válido/inválido ou lícito/ilícito) ou no máximo trinaria (obrigatório/proibido/facultativo) que não traduz todo o sentido da comunicação e linguagem humana. A linguagem humana estaria mais próxima a uma composição analógica do que digital (binária) e a lógica aplicável seria mais próxima da *fuzzy logic* do que da lógica clássica. A lógica clássica fundamenta-se em unidades completas de sentido e com variáveis controladas, enquanto que a lógica *fuzzy* é composta de múltiplas variáveis e sua linguagem é aproximativa e probabilística.

Para uma melhor compreensão deste problema fundamental vamos analisar detalhadamente as principais tentativas de superação deste problema e uma proposta de solução. Vejamos que este detalhe técnico na argumentação dos filósofos adquiriu uma importância gigantesca por representar uma barreira teórica às investidas dos críticos do positivismo, que ao esbarrarem nesta dificuldade demonstram a presença de uma força argumentativa espantosa ao dizerem que os críticos não podem negar a consistência de seu sistema, assim de tal forma: "vejam vocês são incapazes de derrotar nossas premissas, logo nosso sistema é logicamente superior ao de vocês". Em virtude da importância do tema, e mesmo considerando não se tratar de um tema central ao presente trabalho, pretendemos esboçar os elementos que possam demonstrar que esta barreira lógica não impede a consideração do Direito como um sistema ético de valores.

2.2.3.3. Da superação da Lei de Hume

Dentre as principais tentativas de superação desta *barreira lógica*, podemos listar: a *teoria das regras constitutivas* de *Searle* e da *implicação material* em *Von Kutschera*. Assim, vejamos:

a) Teoria dos Fatos Institucionais (*institutional facts*): para *John Searle* há a comprovação no autor de que de proposições descritivas podem-se alcançar proposições prescritivas. O autor realiza a sua demonstração a partir de um exemplo interessante, vejamos:

> 1) Jones pronuncia as seguintes palavras: "Eu prometo pagar a você, Smith, cinco dólares" (*Jones uttered the words "I hereby promise to pay you, Smith, five dollars"*).
>
> 2) Jones prometeu pagar a Smith cinco dólares (*Jones promised to pay Smith five dollars*).
>
> 3) Jones obrigou-se a pagar cinco dólares a Smith (*Jones placed himself under an obligation to pay Smith five dollars*).
>
> 4) Jones está obrigado a pagar cinco dólares a Smith (*Jones is under an obligation to pay Smith five dollars*).
>
> 5) Jones deve pagar cinco dólares a Smith (*Jones ought to pay Smith five dollars*).[267]

O entendimento de *Searle*, contudo, é incapaz de superar a *Lei de Hume* pelo fato da presença de uma regra prescritiva implícita ou oculta no seu sistema de

---

[267] Cf. SEARLE, John. Speech Acts. *An Essay in the Philosophy of Language*. Cambridge: Cambridge University Press, 1969, p. 177.

proposições, qual seja, aquela que determina que existe um dever geral de cumprir os contratos ou as declarações de comprometimento (*promising*). Dessa forma, a teoria de *Searle* necessita de uma proposição prescritiva geral para dar força às suas operações de ultrapassagem da barreira de *Hume*, que na teoria de *Hume* se denomina como *fatos institucionais* (*institutional facts*) no interior de uma intencionalidade coletiva (*collective intentionality*).[268] A impossibilidade de aplicação imediata das teses de *Searle* para a superação desta barreira lógica não implicam, contudo, a manutenção da *Lei de Hume*, visto que outros argumentos foram utilizados no ataque a esta separação.

b) *a teoria da implicação material*: *Franz von Kutschera* interpreta que a *Lei de Hume* (*Humes Gesetz*) pode ser definida como a proposição de que de assertivas não-normativas não se podem derivar assertivas normativas (*Aus nichtnormativen Aussage folgen keine normative Aussage*)[269] e parte do pressuposto de que as estruturas normativas partem de uma estrutura que implica a presença de um conteúdo factual, assim por exemplo da proposição "A ou deve-ser B" ou da proposição "A é obrigatório" equivale a dizer "dado que A, de A segue que A é obrigatório". No presente caso seria o mesmo que dizer "se A é obrigatório" conclui-se que "A é obrigatório". No último caso, notamos a presença de uma mera tautologia que não gera a conclusão de que de argumentos descritivos segue-se um enunciado prescritivo.[270]

c) *Tese da Incomensurabilidade* (*incommensurability thesis*): segundo *Hilary Putnam*, a distinção entre fatos e valores (*fact/value distinction*), ou seja, entre proposições descritivas e prescritivas, portanto, é falsa.[271] O mecanismo central de questionamento está na noção de verdade como correspondência com o objeto, ou seja, a crença de que os enunciados sobre os fatos refletem exatamente a essência dos objetos descritos. O autor parte de três premissas, quais sejam: i) o conceito de verdade (*truth*) não é correspondente a uma realidade independente do sujeito; ii) verdade é uma função do que é considerado como racionalmente aceitável (*function of rationally acceptable*) e iii) o que consideramos racionalmente aceitável (*function of rationally acceptable*) é relacionado a padrões éticos (*standard ethical*). Deste modo, para o autor, a própria descrição de fatos revela uma comunhão de descrições e valorações. Em concordância com o autor podemos argumentar que quando afirmamos "isto mede um metro" esta descrição está completamente preenchida de sentidos valorativos, dado que a própria descrição revela enunciados prescritivos do tipo "dado que estamos falando de medida, então a unidade a ser utilizada deve-ser o metro" e não outra unidade (*inches, por exemplo*). A mesma conversão de *metros* em *inches* revela a aplicação de um modelo valorativo

---

[268] Cf. SMITH, Barry. *John Searle: From speech acts to social reality. In:* Barry Smith (ed.), John Searle, Cambridge: Cambridge University Press, 2003, p. 1–33.

[269] Cf. VON KUTSCHERA, Franz. *Grundfragen der Ethik*. Berlin: De Gruyter, 1999, p. 31.

[270] Idem.

[271] Cf. PUTNAM, Hilary. *The Collapse of the Fact/Value Dichotomy and Other Essays*. Cambridge: Harvard University Press, 2002.

e normativo. Desta forma, se as coordenadas básicas sobre tempo e espaço estão completas de sentidos valorativos e descritivos, então todo o sistema de descrições revela igual natureza.

Conforme se pode notar, a tese de *Putnam* sobre a *incomensurabilidade da distinção entre fatos e valores* (*incommensurability thesis*) parece ser a mais adequada ao entendimento sobre a necessidade de superação da *barreira lógica* entre proposições prescritivas e descritivas. Desse modo, podemos afirmar que o Direito pode ser compreendido claramente como um sistema de valores ou de uma legitimidade na defesa da construção de uma jurisprudência ética.

2.2.4. O conceito de sistema na interpretação sistemática de Claus-Wilhelm Canaris

A obra de *Canaris* emerge do interior de uma profunda discussão sobre a importância e o papel da ideia de sistema no pensamento jurídico e irá influenciar toda uma geração de juristas.[272] Para o autor, o sistema possui como fundamentos a adequação valorativa e a unidade interior da ordem jurídica.[273]

2.2.4.1. Sistema como ordem e unidade

Inicia o autor por considerar que apesar dos conceitos de unidade e ordenação axiológica parecerem autoevidentes, tal situação tem sido rechaçada por certas escolas de teoria do Direito. Os críticos desse entendimento partem do suposto que dada a impossibilidade de uma teoria da correspondência entre o objeto e a sua representação, então a teoria do Direito não pode prescrever quais são os princípios fundantes de uma tal ordenação axiológica ou unidade interna, ou seja, negam a possibilidade da ciência descobrir quais seriam os elementos que fundam tal sistema. Desse modo, todo o nosso esforço lógico em demonstrar que o Direito é um sistema ético ou que a *Lei de Hume* deve ser superada cai por terra, dado que estamos impossibilitados de descrever quais são estes valores ou conteúdos éticos a nortear o sistema jurídico. A única solução estaria na possibilidade de identificação dos elementos que garantem esta unidade ou ordenação.

Para *Canaris*, a ideia de sistema jurídico se justifica e se realiza na concretização dos valores da justiça, da igualdade, da generalização do sistema de direitos e na segurança jurídica. Assim, a ideia de sistema jurídico não se trata de mero postulado da ideia de Direito, mas "(...) antes sendo sempre, também, pressuposição de todo o Direito e de todo o pensamento jurídico".[274] Dessa forma, *Canaris* tenta recolher o conteúdo mínimo da própria ideia de Direito para justificar que

---

[272] Sobre uma análise crítica da teoria de Canaris, indicamos FREITAS, Juarez. Interpretação Sistemática do Direito. São Paulo: Malheiros, 2002, p. 63.
[273] Cf. CANARIS, Claus-Wilhelm. *Pensamento sistemático e conceito de sistema na Ciência do Direito*. Lisboa: Calouste Gulbenkian, 2002, p. 19.
[274] Idem, p. 22.

ele se constitui em um sistema unido e ordenado, o que não significa, contudo, que ele seja um sistema fechado, lógico-dedutivo, monolítico ou transparente em todo o seu significado. Ele deve ser considerado, ao contrário, como um sistema aberto, rico semanticamente em conteúdos diversos, numa pluralidade e diversidade de valores e sentidos que encontram a sua unidade em princípios rectores (norteadores). Destes, em nosso entendimento, destaca-se o valor justiça para a ideia de Direito.

Entendemos que o direito deve ser considerado mais do que uma mera ordem coativa ou exercício do poder, visto que se assim fosse não poderia fundar-se o conceito de Direito. A afirmação do Direito como mera ordem coativa é paradoxal e falaciosa. A falácia se caracteriza como um tipo de argumento inconsistente ou falho e contraditório. Assim, vejamos:

i) *do vício non sequitur*: é o tipo de falácia onde as conclusões não podem derivar logicamente das premissas, neste caso trata-se da falha da *afirmação do consequente* que tem o seguinte modo: "Se A, então B; Se B, então A". Assim, se afirmarmos que o direito é uma ordem coativa, significando como uma ordem manifesta pelo exercício da força pelo titular de uma situação de poder, então podemos entender que o direito somente pode significar uma listagem caótica de atos de força, sem nenhuma unidade e ordem, salvo pelo "princípio do poder" ("Machtsprinzip"), ou seja, a vontade do soberano. Agora, se este é o poder e este é absoluto a quem ele estará submetido, tão somente a ele mesmo, e o direito será expressão da autolimitação da vontade do soberano. Agora, por que o soberano irá limitar o seu próprio poder, poderíamos nos perguntar, e isso somente poderia ser para exercer mais eficazmente seu poder, evitando a revolta e a resistência ao exercício da força. Logo, ele limita o poder para realizar melhor este, ou seja, para maximizar o poder ele precisa submetê-lo, mesmo que temporária e precariamente, a limitações para o completo exercício da soberania sob pena de enfraquecimento geral. Tal paradoxo tem somente uma solução: a limitação do poder é *conditio sine qua non* para garantir a aceitação ótima dos dominados e o exercício eficaz da dominação. A submissão a um sistema de força exige, em alguma medida, a apresentação de alguns valores no exercício continuado da soberania, o que faz com que o Direito não possa ser considerado mera ordem coativa;

ii) *do vício post hoc ergo propter hoc (correlação coincidente):* afirmar que o direito é um sistema coativo porque as normas são cumpridas e obedecidas se caracteriza como uma falácia cometida pelo intérprete quando afirma que uma coisa é causa da outra, justamente porque uma coisa segue da outra. Assim, quando afirmamos que o direito é *somente* uma ordem coativa, porque sua manifestação externa é o cumprimento às normas, estamos caindo nessa falácia, visto que o cumprimento das normas (manifestação da eficácia do poder) deriva não apenas do mero exercício da força, mas também de características de aceitação interna do poder pelos súditos.

Demonstrado que o Direito deve ser considerado como um sistema que possui unidade interna e ordenação axiológica cabe agora determinar a composição desse sistema.

2.2.4.2. Características do sistema jurídico

Definido que o Direito se constitui em um sistema que possui unidade e ordenação podemos perguntar quais são os elementos que garantem estas características. Considerando que o sistema jurídico é do tipo valorativo ou axiológico,[275] sua ordenação e unidade somente podem possuir um sentido ético e material, como derivação da ideia de justiça. Devemos nos perguntar, contudo, quais os valores dentre todos os concebíveis em uma "multiplicadade de valores singulares"[276] devem ser considerados de tal forma a encontrarmos alguns princípios constitutivos. Poder-se-ia questionar se o sistema deva ser formado por princípios gerais constitutivos ou por outros elementos, tais como normas, conceitos, institutos jurídicos ou valores. Assim, vejamos:

i) *normas*: as normas são incapazes de permitirem por si só um encadeamento interno de natureza material, visto que o sistema surge da "conexão aglutinadora das normas".[277] que deve ser buscada em algum elemento externo às normas jurídicas;

ii) *conceitos*: por sua vez seriam incapazes de responder aos anseios de uma ordem material, salvo se fossem considerados como "conceitos materiais". Como bem definido por *Canaris* "no conceito (bem elaborado) a valoração está implícita; no princípio, pelo contrário explicita-a", de tal forma que para encontrar o valor neles incluídos geralmente devemos procurar o princípio equivalente;

iii) *institutos*: por sua vez não se ligam imediatamente a um valor apenas, mas a um conjunto de valores diretivos deste elemento jurídico. Assim, por exemplo, o instituto da autonomia da vontade ou da prescrição tributária somente pode ser compreendido pela aplicação de um conjunto de princípios. Assim, no caso da prescrição tributária os princípios da proteção da confiança, da segurança jurídica e da proteção do crédito tributário;

iv) *valores*: os valores poderiam ser considerados como os elementos naturais para a concatenação material de um sistema jurídico, contudo, depõe contra esta pretensão a fluidez dos valores. Os princípios jurídicos estão em um grau superior de concretização e estruturação, mais adequados ao modelo argumentativo característico do Direito.[278] Assim, por exemplo, a estruturação dos princípios em hipótese e consequência determinam o sentido deontológico do Direito, mais ade-

---

[275] Cf. CANARIS, Claus-Wilhelm. *Pensamento sistemático e conceito de sistema na Ciência do Direito.* Lisboa: Calouste Gulbenkian, 2002, p. 30-31.

[276] Idem, p. 76.

[277] Idem, p. 81.

[278] Idem, p. 88.

quado do que o modelo axiológico (valorativo) na constituição de uma unidade e ordenação jurídica.

Definidos que os *princípios gerais de direito* devem ocupar o lugar central na construção de um sistema jurídico, deve-se questionar como os princípios realizam a sua função sistematizadora. No entendimento de *Canaris*, os princípios detêm as seguintes propriedades:[279]

a) *podem entrar em contradição ou conflito entre si*: diferentemente das regras os princípios podem entrar em conflitos entre si sem que isto provoque uma violação de sua exigência constitucional. Por exemplo, o princípio da segurança jurídica poderia ser afastado pelo princípio da confiança legítima sem que ocorresse uma ofensa ao sistema constitucional tributário;

b) *não têm pretensão de exclusividade*: dado que uma consequência de um tributo pode ser alcançada por meio da aplicação de outro princípio também. Desse modo, o princípio da justiça fiscal poderia ser alcançado por meio da aplicação do princípio da confiança legítima ou da segurança jurídica, apenas com modalidades diferentes de se alcançar o mesmo estado de coisas final;

c) *são complementares*: eles atuam e adquirem sentido tão somente numa relação mútua de complementariedade e restrição mútua, dado que os princípios não possuem uma pretensão totalizadora e fechada da realidade;

d) *exigem concretização mediante a aplicação de subprincípios*: diferentemente do que entende *Canaris*, cremos que os princípios são normas e podem inclusive possuir eficácia imediata, contudo, na grande parte das vezes eles exigem a aplicação concretizadora por meio de subprincípios.

O sistema jurídico, contudo, não pode ser entendido como sendo exclusivamente um sistema de princípios, visto que a presença das regras deve ser destacada de modo relevante. As regras, longe de serem um mero detalhe técnico na estrutura jurídica, apresentam-se como veículos normativos importantes na concretização dos valores superiores do sistema jurídico. Elas trazem de modo mais densificado, do que os princípios, a forma de realização dos valores jurídicos protegidos pelo sistema jurídico.

2.2.4.3. O sistema jurídico como um sistema de princípios e regras

A defesa da importância das regras para a compreensão do sistema jurídico é parte do esforço interpretativo de diversos autores contemporâneos, principalmente vinculados a uma noção normativista do Direito. Os seus esforços, contudo, esclarecem alguns elementos relevantes para uma teoria sistemática do Direito Tributário, especialmente sobre a reabilitação das regras como veículos norma-

---

[279] Cf. CANARIS, Claus-Wilhelm. *Pensamento sistemático e conceito de sistema na Ciência do Direito*. Lisboa: Calouste Gulbenkian, 2002, p. 88 e segs.

tivos importantes na estruturação do sistema jurídico e não apenas como meras concretizações de princípios ou como normas de segunda importância.

Três autores merecem destaque na reabilitação da dignidade das normas como instrumentos normativos com autoridade sistemática,[280] são eles: *Frederick Schauer*, *Joseph Raz* e *Donald H. Regan*. A importância dos três reveste-se de uma superação do entendimento predominante da dignidade exclusiva dos princípios no sistema jurídico, como realização dos valores fundamentais de uma sociedade. Estes elaboraram desta forma as justificativas e elementos para a defesa de uma teoria jurídica fundada em regras.

Estas concepções podem ser denominadas de concepção de *regras indicativas* (*Donald H. Regan*); concepção do Direito como *sistema excludente* (Joseph Raz) e concepção do *positivismo presuntivo* (*Frederick Schauer*). Estes três modelos teóricos possuem em comum a concepção de uma relevância das regras para o raciocínio prático, visto que elas possuem a função de "completa transparência" e "absoluta opacidade".

Para *Donald H. Regan*, as regras servem como mecanismos para diminuir a capacidade de realização de erros em condições de incerteza. Para *Joseph Raz* seguir uma regra significa seguir uma norma que possui razões válidas para seu cumprimento. Para *Raz* podemos denominar de razão protegida esta combinação entre uma razão de primeira ordem para realizar um ato exigido e uma razão excludente para não atuar em uma determinada situação.

Segundo *Frederick Schauer*, as regras gozariam de uma autonomia semântica em relação a sua justificação, visto que a exemplificação que a sustenta não encontra explicação completa em referência aos propósitos que ditaram as regras. As regras poderiam ser entendidas como mecanismos de distribuição de poder, ou seja, como um mecanismo apropriado para sociedades complexas em que as regras cumprem a função de determinar de plano a distribuição de competências.

Entendemos, contudo, que o sistema jurídico deve ser permeado pela concepção de um sistema rico e complexo onde intereagem elementos axiológicos (valores) e deontológicos (princípios e regras), sendo que estes últimos têm por objetivo a realização dos valores superiores e objetivos do ordenamento jurídico de uma dada sociedade. Diferentemente das concepções normativas anteriores passamos a defender uma definição particular de normas jurídicas.

Em nosso entendimento, as normas jurídicas não são meros comandos do soberano, atos de linguagem ou produtos da intelecção ou da vontade do príncipe. As normas jurídicas devem ser entendidas como um *fenômeno comunicacional*,

---

[280] Cf. CALATAYUD, Angeles Ródenas. *Entre la transparencia y la opacidad: análisis del papel de las reglas en el razonamiento judicial*. Doxa: Cuadernos de filosofía del derecho, nº 21, 1, 1998, p. 99-122. Vejam-se suas obras: SCHAUER, Frederick. *Playng by the rules. A philosophical examination of rulle-based decision-making in law and in life*. Oxford: Claredon, 1991; RAZ, Joseph. *Razón Prática y Normas*. México: UNAM, 1982 e RAZ, Joseph. *La Autoridad del Derecho*. Madrid: Centro de Estudios Constitucionales, 1991 e REGAN, Donald H. *Authorithy an value: Reflections on Raz's Morality of freedom*. Southern California Law Review, n. 62, 1989, p. 995-1095.

que transmite *expectativas em séries intertemporais*, ou seja, elas são um fenômeno que trata sobre *expectativas intersubjetivas no tempo*. Dessa forma, elas foram criadas para, em algum momento, regular condutas presentes ou futuras. Elas moldam programações sobre comportamentos que devem ocorrer e vinculam duas espécies de programações: (i) *imediatas* e (ii) de *longo prazo ou finalísticas*.

No primeiro caso encontramos as regras e no segundo caso os princípios. As regras são comandos sobre condutas que devem ser realizadas, ou seja, programações sobre o cumprimento imediato de determinada expectativa. Por outro lado, os princípios funcionam como programações que generalizam expectativas sobre "estados de coisas" a serem alcançados.

Desse modo, ao resgatarmos a dignidade das normas no interior do sistema jurídico devemos tratar de outro fenômeno relevante que é a possibilidade de conflitos normativos, por razões de alcance ou conteúdo.

2.2.4.4. Do conflito entre princípios e regras

A solução do conflito entre princípios e regras é um dos problemas mais instigantes da ciência do Direito, palco de diversas contribuições e inovações teóricas nos últimos anos. A sua importância prática e teórica não precisaria ser ressaltada, na medida em que ela reflete diariamente na vida do cidadão, por meio da interpretação do texto constitucional, na busca da proteção e promoção dos direitos fundamentais do contribuinte.

Dois entendimentos fundamentais têm se destacado sobre o problema da relação entre princípios e regras: o da prevalência dos princípios ou das regras. Em nosso entender nem um, nem outro resgatam a complexidade do sistema jurídico e, portanto, preferimos defender a noção de que a concreção de princípios e regras no Direito Tributário não decorre de um cânone interpretativo único que indique a prevalência dos princípios sobre as regras ou vice-versa, mas que somente uma *interpretação tópico-sistemática* do caso concreto é que permitirá verificar quais as conexões lógico-axiológicas que indicarão a "melhor solução possível" para o caso.

Entendemos que no conflito entre uma norma de conduta descrita (*regra*) e uma norma que estabelece os fundamentos para a adoção de uma conduta necessária (*princípio*) deve proceder a uma formalização de segundo grau, ou seja, deverá ser realizado entre os elementos que estão na base de princípios e regras.

As regras apresentam uma densificação de princípios (*normas de fundamento*) e carregam valores. Assim, se houver o conflito entre uma norma de conduta descrita (regra) e uma norma que fundamenta condutas necessárias (princípios) o conflito irá ser deslocado para o fundamento (princípio) da regra sobre uma conduta e a norma de fundamento de condutas necessárias (princípio). Se esses fundamentos ou princípios ainda estiverem no mesmo nível ou não se possa solucionar o seu conflito, então caberá ao intérprete verificar os fundamentos dos fundamentos, ou seja, os valores normativos que o ordenamento jurídico tenta proteger por meio de normas jurídicas.

Nesse caso, caberá ao intérprete proceder a *escolhas axiológicas* com base no sistema constitucional.

Dessa forma, a solução de casos "fáceis" poderá a qualquer momento deixar de representar mero mecanismo de subsunção interpretativa, mas chamar todo o sistema jurídico a dialogar sobre como este caso em questão confirma ou não o modelo geral de coerência que rege o sistema ou, então, se um novo tipo de interpretação deve ser utilizado para reencontrar o "equilíbrio" entre as diversas interpretações e permitir que o discurso jurídico continue a orientar os intérpretes de modo confiante na aplicação do sistema jurídico.

2.2.4.5. Síntese conclusiva

De modo simplificado podemos resumir a ideia de sistema no pensamento jurídico da seguinte forma:

TIPOS DE PENSAMENTO	PENSAMENTO CONCEITUAL	PENSAMENTO NORMATIVISTA	PENSAMENTO SISTEMÁTICO
Ideia de sistema jurídico	Sistema conceitual	Sistema de normas jurídicas	Sistema de valores
Legitimidade do sistema	Correção lógico-material	Correção lógico-formal	Correção sistemática
Tipo de sistema	Fechado	Fechado	Aberto
Raciocínio	Subsuntivo	Decisão judicial livre no interior da moldura normativa	Raciocínio tópico-sistemático

O pensamento conceitual irá entender o sistema jurídico como um sistema de conceitos encadeados e sujeitos ao modelo de raciocínio lógico-material de tipo fechado, pela aplicação de uma interpretação subsuntiva, enquanto que o pensamento normativista irá produzir um novo tipo de compreensão. Para o normativismo, o Direito é um sistema de normas jurídicas estruturadas em uma pirâmide normativa e, portanto, o tipo de raciocínio a ser utilizado é diverso, de modo lógico-formal e igualmente de tipo fechado. A interpretação no normativismo será caracterizada pela noção de liberdade judicial no interior de uma moldura normativa.

O pensamento sistemático irá reabilitar os valores para o centro do sistema jurídico, de tal modo que o sistema irá possuir uma ordenação e unidade como fruto de uma coerência sistemática entre valores (axiologia) e princípios e regras (deontologia) no interior de um sistema aberto. A interpretação no pensamento sistemático será do tipo tópico-sistemático.

2.3. MODELO ARGUMENTATIVO NO PENSAMENTO CONCEITUALISTA, NORMATIVISTA E SISTEMÁTICO: DO PROBLEMA DA COERÊNCIA MATERIAL E FORMAL

Cada um dos modos de pensar o jurídico (conceitualista, normativista ou sistemático) utiliza um modelo argumentativo diferente, especialmente sobre a forma que ocorre o encadeamento de argumentos e os critérios de correção de um dado argumento.

As teorias sobre a coerência utilizadas em outras áreas da Filosofia tornaram-se, recentemente, cada vez mais importantes na Filosofia do Direito[281] e diversos são os autores que têm produzido e questionado tal tema, tais como: *Ronald Dworkin, Aleksander Peczenik, Robert Alexy, Aulius Aarnio* e *Jaap Hage.* Isto não quer dizer, contudo, que não existisse um modelo de coerência argumentativa nos modos de pensar anteriores, mas, tão somente, que houve uma clarificação conceitual mais apropriada da importância da coerência como propriedade de um discurso jurídico.

O conceito de coerência pode assumir diversas significações, conforme esses autores, tais como:[282]

i) coerência do sistema jurídico (*coherence in the legal system*);

ii) coerência do raciocínio jurídico (*coherence in legal reasoning*).

Vejamos, pois, cada uma destas abordagens.

2.3.1. Da coerência do sistema jurídico (*coherence in the legal system*)

Existem diversas posições sobre o *conteúdo do conceito de coerência* de um sistema jurídico, dentre as quais podemos citar:

---

[281] Segundo Julie Dickson: "As several commentators have noted (see Kress 1984; Marmor 1992; Raz 1994a), coherence theories, long influential in other areas of philosophy (see, for example, the entries on the coherence theory of truth and coherentist theories of epistemic justification) have more recently found their way into the philosophy of law"; ver *in Interpretation and Coherence in Legal Reasoning*; ver *in* DICKSON, Julie, "Interpretation and Coherence in Legal Reasoning", The Stanford Encyclopedia of Philosophy (Fall 2001 Edition), Edward N. Zalta (ed.), URL = <http://plato.stanford.edu/archives/fall2001/entries/legal-reas-interpret/>. Acesso em: 12.09.04, às 21:00 h.

[282] Ver *in:* SORIANO, Leonor Moral. *A Modest Notion of Coherence in Legal Reasoning. A Model for the European Court of Justice. Ratio Juris.* Volume 16, issue 3, page 296 – September, 2003.

i) coerência como *unidade de princípios* do sistema jurídico, ou seja, como realização de valores ou princípios comuns;[283]

ii) coerência como *graus de aproximação* a uma estrutura definida por um conjunto de proposições;[284]

iii) coerência como *unidade formal*, ou seja, com apenas e qualquer parte do sistema jurídico (*minimally coherent legal system*).[285]

Desse modo, podemos verificar que cada modelo de pensamento apresenta uma forma diversa de entender a coerência do sistema jurídico. Assim, vejamos:

i) *Pensamento conceitual*: a estrutura do sistema jurídico conceitual é altamente integrada, de tal modo que no topo da pirâmide conceitual encontramos axiomas estruturantes de todo o sistema jurídico, de onde proveem, por decorrência lógico-dedutiva, todas as demais proposições e normas jurídicas. Trata-se de um modelo de coerência material em um sistema fechado de proposições e conceitos;

ii) *Pensamento normativista*: neste caso o sistema jurídico apresenta uma unidade meramente formal entre as normas jurídicas e não há a presença de elementos materiais ou axiomas de condutas que vinculem o conjunto do ordenamento jurídico. Trata-se de um modelo de coerência formal, em um sistema formalmente fechado;

iii) *Pensamento sistemático*: o pensamento sistemático permite um elevado grau de encadeamento normativo entre as diversas partes do sistema jurídico, bem como de seus princípios comuns, sem, contudo, abdicar de uma abertura para o surgimento de soluções decorrentes do resultado do enfrentamento entre posições conflitantes no interior do sistema. Desse modo, é do conflito surgido em casos difíceis ou trágicos que o sistema recupera a sua coerência pelo recurso à solução a partir do caso, mas com referência em todo o sistema jurídico. Assim, o conflito sobre o direito à liberdade de expressão e à liberdade religiosa não encontra a resposta imediata no sistema, mas o sistema estabelece as premissas e os critérios para a resolução do conflito. Trata-se de um modelo de coerência material, em um sistema aberto materialmente a informações novas e externas ao sistema jurídico.

---

[283] Cf. MACCORMICK, N. "Coherence in Legal Justification", *in* A. Peczenik *et al.* (eds.), *Theory of Legal Science*, D. Reidel Publishing, Dordrecht, 1984. Para Dworkin, a ideia da integridade do Direito pode ser entendida como uma visão sobre a coerência, em que interpretar o Direito deve ser entendido como "falar uma só voz" (*speaking with one voice*).

[284] Cf. Alexy e Peczenik, 1990. Esse autores estabelecem um conjunto de critérios capazes de avaliar a coerência de um sistema jurídico, quais sejam: "(1) the number of supportive relations, (2) the length of the supportive chains, (3) the strength of the support, (4) the connections between supportive chains, (5) priority orders between reasons, (6) reciprocal justification, (7) generality, (8) conceptual cross-connections, (9) number of cases a theory covers, and (10) diversity of fields of life to which the theory is applicable". A dificuldade dessa abordagem está em estabelecer as diferentes medidas e pesos para critérios diversos.

[285] Cf. LEVENBOOK, B.B., 1984, *The Role of Coherence in Legal Reasoning*, 3 *Law and Philosophy*, 355-74.

Vejamos agora o entendimento da coerência como uma propriedade do discurso jurídico e como os diferentes modos de pensar o jurídico tratam desta questão.

2.3.2. Da coerência do raciocínio jurídico (*coherence in legal reasoning*)

Os debates acerca da coerência no raciocínio jurídico (*legal reasoning*) têm versado, especialmente, sobre como tal conceito pode explicar ou justificar decisões judiciais. Para estes autores, a questão da coerência envolve mais do que a mera consistência lógica entre proposições, ou seja, mais do que a mera subsunção normativa.[286]

Duas são as espécies de coerência, nesse sentido, quais sejam: *i) coerência do raciocínio jurídico (coherence accounts of legal reasoning)*; e ii) das *decisões judiciais (legal decisions)*, ou seja, como elas podem explicar ou justificar uma decisão judicial. No primeiro caso, aplica-se um teste geral de coerência entre as normas oriundas dos órgãos jurídicos. No segundo caso, considera-se que as decisões judiciais podem ser afetadas por considerações de ordem jurídica e política.[287]

Coerência do raciocínio jurídico (*coherence accounts of legal reasoning*)

Cada modo de pensar irá compreender de modo diverso a questão da coerência do raciocínio jurídico, assim:

i) *Pensamento conceitualista*: o encadeamento do raciocínio jurídico ocorrerá entre conceitos materiais, de onde ocorrerá a dedução de proposições específicas derivadas de conceitos gerais e axiomas superiores;

ii) *Pensamento normativista*: o encadeamento ocorrerá entre unidades formais (normas jurídicas), e a validade de uma norma irá decorrer de sua derivação de normas superiores autorizam a edição de normas inferiores;

iii) *Pensamento sistemático*: o encadeamento do raciocínio irá decorrer de um discurso jurídico coerente, que buscará justificação no sistema jurídico como um todo, mas também nas conexões possíveis a serem derivadas dos casos concretos.

---

[286] Segundo Julie Dickson: "(...) there is general agreement both that the coherence in question must amount to more than logical consistency amongst propositions (see Kress 1984; MacCormick 1984; Marmor 1992; Alexy & Peczenik 1990)"; ver *in*: DICKSON, Julie. "Interpretation and Coherence in Legal Reasoning", The Stanford Encyclopedia of Philosophy (Fall 2001 Edition), Edward N. Zalta (ed.), URL = <http://plato.stanford.edu/archives/fall2001/entries/legal-reas-interpret/>. Acesso em: 12.09.04, às 21:00 h.

[287] Este é o entendimento de *Raz* e *MacCormick*, segundo *Julie Dickson*: "MacCormick 1984 espouses a similar view of the role which coherence can play in adjudication and gives an indication of how we might think of the links between interpretation and coherence in legal reasoning. According to MacCormick, in deciding a case according to law, courts should first of all interpret the existing law in order to establish a coherent view of some branch of the law, and they should do this by showing how that branch of law is justified according to some coherent set of principles or values which underlie it. The court should then use this view of the law in order to justify its decision in a new case which comes before it. On such an approach, then, once courts establish what the settled law is, they should then interpret law in applying it to a new case such that their decision is in accord with the most coherent account which justifies that settled law"; ver *in*: DICKSON, Julie. "Interpretation and Coherence in Legal Reasoning", The Stanford Encyclopedia of Philosophy (Fall 2001 Edition), Edward N. Zalta (ed.), URL = <http://plato.stanford.edu/archives/fall2001/entries/legal-reas-interpret/>. Acesso em: 12.09.04, às 21:00 h.

2.3.3. Resumo Provisório

TIPOS DE PENSAMENTO	PENSAMENTO CONCEITUAL	PENSAMENTO NORMATIVISTA	PENSAMENTO SISTEMÁTICO
Preocupação Linguística	Semântica normativa (conceito)	Sintática (norma)	Sintática, Semântica e Pragmática (discurso Jurídico)
Estrutura Argumentativa	Estrutura sintática	Estrutura semântica	Estrutura discursiva
Estudo	Estudo do ser	Estudo da linguagem	Estudo ético (razão prática)
Justiça	Material	Formal	Material
Coerência do Sistema	Material Sistema Fechado	Formal Sistema Fechado	Material Sistema Aberto
Coerência do raciocínio jurídico	Encadeamento de conceitos	Encadeamento de normas	Encadeamento do discurso jurídico
Escola de jurisprudência	Jurisprudência dos Conceitos	Jurisprudência Normativa	Jurisprudência Ética

2.4. DA COMPREENSÃO DO FATO TRIBUTÁRIO: DO FATO GERADOR, DA NORMA JURÍDICO-TRIBUTÁRIA E DO SISTEMA DE DIREITOS FUNDAMENTAIS

2.4.1. Do conceito de fato gerador

O conceito de fato gerador possui uma importância fundamental no Direito Tributário para o pensamento conceitual, de tal modo que este é um conceito de onde derivam todos os outros.

Assim, vejamos, ilustrativamente, como esse conceito estrutura uma cadeia conceitual (fato gerador – obrigação tributária – crédito tributário) em Direito Tributário brasileiro pelo CTN:

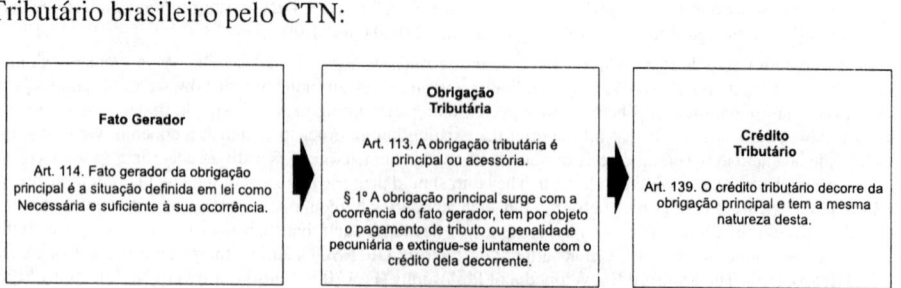

Fato Gerador
Art. 114. Fato gerador da obrigação principal é a situação definida em lei como Necessária e suficiente à sua ocorrência.

➤

Obrigação Tributária
Art. 113. A obrigação tributária é principal ou acessória.
§ 1º A obrigação principal surge com a ocorrência do fato gerador, tem por objeto o pagamento de tributo ou penalidade pecuniária e extingue-se juntamente com o crédito dela decorrente.

➤

Crédito Tributário
Art. 139. O crédito tributário decorre da obrigação principal e tem a mesma natureza desta.

A expressão "fato gerador" tem sua gênese no estudo de Gaston Jèze publicado no Brasil, em 1945. Sua adoção foi imediata pela melhor doutrina nacional e, apesar dos consistentes ataques às suas impropriedades e imprecisão terminológica, trata-se de um termo consagrado na legislação (CTN e CF/88) e na doutrina.

As críticas à denominação são muito variadas e pertinentes e depedem em muito da posição teórica do doutrinador, de modo geral tem se criticado que a expressão é ambígua porque tanto pode se referir à descrição hipotética da norma (p.ex.: "auferir renda"), quanto ao evento concreto que satisfaz a previsão normativa (p.ex.: "João auferiu renda").[288] Outra crítica dirigida ao conceito decorre do entendimento de que se trata de um termo impreciso, visto que não permite a distinção necessária entre a classe de fatos jurídicos previstos nas normas gerais e abstratas e o fato jurídico que compõe a norma individual e concreta.

Historicamente, a doutrina tributária procurou uma denominação especial para descrever uma classe abstrata de fatos jurídicos de natureza tributária e é no recurso do Direito Penal que este conceito irá encontrar a sua gênese. Os tributaristas irão se socorrer da doutrina do *corpus delicti*[289] ("existentia facti seu delicti"), na doutrina italiana e, posteriormente, na doutrina alemã para construir o seu conceito próprio. Um conceito fundamental para toda esta arquitetura conceitual será a expressão *Thatbestand*[290] (*Tatbestand*), que surge pela primeira vez por E.F. Klein, na obra *Grudsätze dês gemeinen deutschen Rechts*, em 1791 e irá influenciar todo o desenvolvimento posterior.

A expressão fato gerador encontrará correspondentes similares no Direito estrangeiro, especialmente: a) *Tatbestand*, no direito alemão; b) *fattispecie* ou *pressuposto dell'imposizione*, no direito italiano;[291] c) hecho imponible, na doutrina espanhola; d) *fait générateur*, no direito francês e e) *tax event*, no direito anglo-americano.

As impropriedades do conceito de fato gerador implicaram na procura por um conceito substitutivo e, dentre estes, o conceito de fato imponível é proposto em substituição ao termo anterior. Igualmente a sugestão de utilização da expressão "fato imponível", ao invés de "fato gerador" provocou severas críticas por parte da doutrina, visto que a expressão indica o sentido de um fato que "está sujeito à imposição tributária", o que não ocorre exatamente no fenômeno de incidência tributária, dado que não existem fatos à espera da chegada norma para

---

[288] Cf. ATALIBA, Geraldo. *Hipótese de Incidência Tributária*. São Paulo: RT, 1973, p. 50.

[289] Cf. Veja-se a exaustiva pesquisa de SCHOUERI, Luís Eduardo. Op. cit., p. 128 e segs.

[290] Cita *Misabel Derzi* o § 3º da Lei de Adaptação de Imposto (*Steueranpassungsgesetz*): "Surge a obrigação tributária com a ocorrência do fato gerador previsto em lei para o imposto" (t.a.) ("Die Steuerschuld entsteht, sobald der Tatbestand verwirklicht ist, an den das Gesetz die Steuer knüpft"). Ver *in*: DERZI, Misabel. *Direito Tributário, Direito Penal e Tipo*. São Paulo: RT, 1988, p. 187.

[291] O termo deriva do latim medieval "facti species". Segundo CATAUDELLA, Antonino, *in*: *Fattispecie: Enciclopedia Del Diritto*. Direzione Costantino Mortati e Salvatore Pugliatti. Vol. XVI, Itália: Giuffrè Editore. 1971, "la dottrina tadizionale definisce la fattispecie, come s'è visto, causa degli effetti giuridici", p. 927. Sobre as tentativas de superação dessa noção veja-se Cataudella, p. 932.

que ocorra a imposição. Presente o evento fático, opera-se automaticamente a incidência da norma tributária.[292]

Cabe ressaltar a natureza dual do conceito de "fato gerador" em razão do fato de que esta expressão tem sido utilizada em sentido duplo, tanto para indicar a previsão abstrata da norma (hipótese de incidência tributária), quanto à ocorrência concreta de um evento que preenche a previsão normativa (fato jurídico). Tal utilização também é verificada no direito comparado, tal como *Tatbestand* e *Sachverhalt*, no direito alemão ou *fattispecie astratta e concreta*, no direito italiano.

Os fatos geradores podem ser classificados em instantâneos, continuados e complexivos, conforme o seu modo de incidência. Essa classificação tem sua origem nas lições de Amílcar de Araújo Falcão, com base na doutrina de A.D. Giannini, E. Vanoni e Wilhelm Merk. Seriam fatos jurídicos instantâneos os que ocorrem em um dado instante de tempo (p.ex.: IPI, II e ICMS), os fatos continuados desdobram-se no tempo por certo período (p.ex.: IPTU e ITR) e os complexivos são aqueles em que ocorreria a composição de diversas situações ou períodos (p.ex.: IR). Tal distinção, bastante difundida na doutrina, foi veementemente criticada por diversos doutrinadores, visto que geralmente o fato gerador não é composto de um fato único, mas de um conjunto de fatos, configurando um fato complexo. Paulo de Barros Carvalho,[293] por sua vez, observa que o fato gerador somente irá produzir os seus efeitos no momento que conter todos os seus elementos, de tal forma que a ausência de apenas um elemento irá inviabilizar a produção dos seus efeitos. Somente naquele momento em que estiver completo é que irradiarão todos os seus efeitos. Desse modo todo o fato gerador seria, assim, desde sempre instantâneo por natureza.

Os fatos geradores, segundo o CTN, podem ser igualmente pendentes e futuros, conforme dependam ou não da ocorrência de determinado fato para que produzam todos os seus efeitos imediatamente. Refere o artigo 105 do CTN à aplicação imediata aos fatos geradores futuros e aos pendentes, como sendo aquela classe de fatos geradores cuja ocorrência tenha tido início, mas não esteja completa nos termos do artigo 116.[294] Considerando que o fato gerador para produzir seus efeitos esteja completo, não é possível, portanto, falar-se em fato gerador pendente. Digamos, apenas por recurso à argumentação (argumentantum tantum), que existisse um fato gerador pendente e que a legislação tributária se aplicasse imediatamente a ele, mesmo que dependesse de outras situações para a sua perfectibilização, o que ocorreria se não sucedesse nunca a sua integralização? Teríamos um fato gerador resolutivo, que perderia os seus efeitos após determinado tempo?

---

[292] Cf. CARVALHO, Paulo de Barros. *Teoria da norma tributária*. 2ª ed. São Paulo: RT, 1981, p. 74.

[293] Cf. CARVALHO, Paulo de Barros. *Curso de Direito Tributário*. Op. cit., p. 261 e segs.

[294] "Art. 105. A legislação tributária aplica-se imediatamente aos fatos geradores futuros e aos pendentes, assim entendidos aqueles cuja ocorrência tenha tido início, mas não esteja completa nos termos do artigo 116".

As imensas dificuldades teóricas e práticas somente podem indicar o desatino do artigo 105 e de sua distinção entre fatos geradores futuros e pendentes.[295]

Outro aspecto da maior relevância para a estruturação desta pirâmide conceitual em matéria tributária é o estabelecimento de um tipo de pensamento denominado de tipificante, de tal modo que o conceito de fato gerador tem sido historicamente vinculado à noção de tipicidade. O modo de pensar tipificante tem origem no direito alemão (*die typisierende Betrachtungsweise*) e na prática da administração fiscal alemã na execução em massa de leis fiscais.[296] Diferencia-se o pensar tipificante da teoria do tipo. A primeira surge da prática fiscal; a outra, da teoria geral do fato jurídico. O pensar tipificante está a serviço da praticabilidade (*pratikabilität*) na aplicação de leis fiscais. São características desse modo de pensar: uso de simplificações, de abstrações, de padrões rígidos, fechados e definidos. Nestes casos, a exigência de praticabilidade nas relações tributárias de massa afasta as peculiaridades do caso concreto e impõe um esquema padrão de solução para o caso.[297]

O modo de pensar tipificante irá socorrer-se da utilização de ficções e presunções, como forma de simplificar a execução de leis fiscais, contudo, tal utilização será limitada pelos princípios da capacidade contributiva, vedação de confisco, isonomia, justiça fiscal, livre iniciativa, proporcionalidade, entre outros.

O tipo pode ser considerado como sendo uma espécie de conceito, ou seja, uma certa classe normativa, com um determinado esquema de concreção normativa. Tipo, nesse sentido, indica um conceito tributário, ou seja, um determinado conjunto de proposições normativas coerentes e determinadas. É característica importante na definição conceitual a especificidade, ou seja, a propriedade diferenciadora entre dois conceitos. Por fim, a teoria dos tipos indica um modelo de incidência tributária (subsunção), no qual conceitos específicos são incluídos em conceitos gerais e geram determinados efeitos previstos na norma. Assim, por exemplo, o conceito "crédito" pode ser incluído no conceito "renda" e implicar o nascimento de obrigação tributária.

Outro aspecto da maior relevância está na previsão da exigência de um certo alcance ou extensão da precisão de sentido do fato gerador. A exigência de conceitos determinados[298] é própria de uma ideia de limitação ao poder do Estado em definir arbitrariamente os elementos que considera imprescindíveis à ocorrência do fato gerador. Trata-se de uma das maiores defesas elaboradas na luta pela cons-

---

[295] O artigo 105 do CTN tem sido utilizado em função de sua interpretação *a contrario sensu*, dado que podemos afirmar que o fato gerador já ocorrido constitui *ato jurídico perfeito* e, assim, o prazo de arrecadação de tributos, cujo fato gerador já ocorreu, será aquele previsto na época do seu acontecimento, não ficando ao sabor da administração tributária e de suas alterações de prazo de recolhimento, *vide* ERESP 53331 / SP.

[296] Sobre o assunto veja-se DERZI, *op.cit.*, p. 251.

[297] A primeira decisão considerada tipificante, na jurisprudência alemã, datada de 16 de fevereiro de 1927 do RFH (*Reichsfinanzhof*), tratou de presentes de núpcias para empregados, os quais não foram considerados como sendo equiparados às parcelas eleitorais, segundo aquilo que pode ser considerado comum ou típico. *Vide* DERZI, Op. cit., p. 253.

[298] Veja-se, sobre o assunto: SCHOUERI, Op. cit., 170-171.

trução do Estado de Direito, e o seu fundamento encontra-se na noção de soberania popular ("não haverá tributação sem representação").[299] Não poderá, assim, o aplicador da lei fiscal expandir, modificar ou desnaturar o sentido dado ao fato gerador pelo legislador. Este entendimento é tão relevante que se questiona a possibilidade de existir, em matéria tributária, conceitos indeterminados e cláusulas gerais que possam ser preenchidas pela administração fiscal.

Posiciona-se a doutrina de modo diverso sobre o tema: a) favoráveis ao uso: Amílcar de Araújo Falcão,[300] Ricardo Lôbo Tôrres[301] e José Marcos Domingues de Oliveira[302] e b) contrários: Yonne Dolacio de Oliveira[303] e Alberto Xavier.[304] Aqueles que defendem o uso de conceitos indeterminados e cláusulas gerais alegam que a lei formal é incapaz de preencher de sentido à aplicação da norma tributária. Os defensores da "tipicidade cerrada" reconhecem existir sempre um certo grau de vagueza, porosidade e imprecisão na linguagem, mas defendem o fechamento dos conceitos como forma de realização dos princípios da separação dos poderes e segurança jurídica. Igualmente, a previsão de cláusulas gerais e conceitos indeterminados têm recebido atenção pela jurisprudência, que limita o seu uso em face do princípio da legalidade,[305] segurança jurídica e proporcionalidade.

Em virtude das limitações teóricas do conceito de fato gerador e das suas impropriedades técnicas, diversos autores propuseram uma solução alternativa com base no pensamento normativista. O recurso aos instrumentos e métodos modernos de interpretação analítica, com base na semiótica e na teoria da ação, permitiu um desenvolvimento ímpar no estudo do fenômeno de incidência.

2.4.2. Da norma jurídico-tributária no sistema tributário

Conforme já verificamos, o núcleo argumentativo do pensamento normativista é deslocado da noção de conceito (fato gerador ou tributo) para a norma jurídico-tributária, cabendo ao intérprete a tarefa de determinar o conteúdo, a estrutura e a incidência da norma jurídica.

O entendimento do estudo do Direito Tributário como estudo das normas jurídico-tributárias é resultado da reflexão, no Brasil, de Alfredo Augusto Becker,

---

[299] Trata-se do clássico preceito previsto na *Magna Carta de 1215:* "no taxation without representation".

[300] Cf. FALCÃO, Op. cit. (nota 3).

[301] Cf. TÔRRES, Ricardo. Op. cit., p. 96.

[302] Cf. OLIVEIRA, José Marcos Domingues de. *Direito tributário e meio ambiente: proporcionalidade, tipicidade aberta, afetação da receita.* 2ª ed. RJ: Renovar, 1999, p. 119.

[303] Cf. OLIVEIRA, Yonne Dolacio. *A tipicidade no Direito Tributário brasileiro.* São Paulo: Saraiva, 1980, p. 25.

[304] Cf. XAVIER, Alberto. *Os princípios da legalidade e da tipicidade da tributação.* São Paulo: RT, 1978, p. 78.

[305] Entendeu o STJ, no RESP 169251 / RS, que todos os elementos da norma tributária devem estar previstos em lei (CTN, art. 97); e, assim, não é possível a previsão de uma "planta de valores genérica" do IPTU, publicada pela autoridade administrativa. Ver ainda RESP 86692 / MG. Entendeu o STJ, por outro lado, que a existência de Lei Complementar prevendo "planta de valores genérica" de IPTU supre a exigência do artigo 97 do CTN, ver *in*: REsp 86692 / MG, RESP 45957-RS, AGA 198661-RS e RESP 45957-RS.

Geraldo Ataliba e Paulo de Barros Carvalho e representa o esforço de toda uma geração de juristas em excluir considerações políticas e ideológicas do fenômeno da tributação. O Direito Tributário era entendido no pensamento conceitualista como mero fenômeno de soberania, ou seja, como manifestação do poder e, por sua vez, o normativismo retirava toda esta carga ideológica e reorganizava o debate jurídico-tributário em uma reafirmação da legitimidade do fenômeno de tributar sobre novos paradigmas. Os dispositivos legais não deveriam ser uma pluralidade de normas jurídicas desorganizadas e mesmo caóticas, sem conexão nenhuma e nem tampouco deveriam ter a pretensão de legitimidade, meramente em razão de estarem positivadas. O normativismo procede a um ataque geral ao dogmatismo legalista, ao raciocínio lógico-dedutivo amparado em concepções políticas e ideológicas que representavam o governo dominante, e não o processo de criação do Direito. Destaca-se neste momento o manifesto de Alfredo Augusto Becker contra o caos tributário.

É na obra *Carnaval Jurídico-Tributário*, de Alfredo Augusto Becker, que será lançado todo o vigor de embate contra o caos legislativo e conceitual que imperava no Direito nacional.[306] A linguagem ácida e tragicômica revelava um desconcerto e uma decepção com o modelo de pensamento tributário vigente e com a apatia das autoridades e dos pensadores com os sucessivos desmandos e desatinos do poder. Vejamos uma passagem ilustrativa deste manifesto-desabafo:[307]

> Em 1963 (três meses depois de ter lançado o meu livro Teoria Geral do Direito Tributário), o Supremo Tribunal Federal, em Tribunal Pleno, julgou, pela primeira vez, o problema da natureza dos empréstimos compulsórios: se eram "empréstimos" ou tributos (neste último caso, inconstitucionais). O único ministro que votou entendendo ser o "empréstimo compulsório" mera máscara para fraudar o contribuinte e considerando-o autêntico tributo, foi o Luiz Gallotti. Seu voto (vencido por 10 x 1) fundamentou-se no meu livro. A partir daquele julgamento, o tributo mascarado de empréstimo compulsório entrou para a Súmula do STF e nós todos "entramos pelo cano".
>
> Nos últimos anos, a quantidade e variedade de tributos mascarados de "empréstimos" é tão grande que formam um bloco carnavalesco: "Unidos da Vila Federal". O Presidente da República e o seu Ministro da Fazenda são os "abre-alas". O ritmo é dado pelo fêmur dos contribuintes, que também fornecem a pele para as cuícas. O Presidente e seus Ministros lançam ao público os confetes de nossos bolsos vazios e as serpentinas de nossas tripas. No Sambódromo conquistaram, por unanimidade, o prêmio: "Fraude contra o Contribuinte".

Sobre a contínua violação da segurança jurídica e da confiança dos administrados, *Alfredo Augusto Becker* ressalta toda a sua indignação:

> As leis do imposto de renda são alteradas – contínua e mensalmente – por outras leis, decretos-leis, portarias ministeriais, pareceres normativos e outros atos de órgãos governamentais. A proliferação dessas alterações é tão rápida e contínua que o Governo não se dá

---

[306] Cf. BECKER, Alfredo Augusto. *Carnaval Tributário*. 2ª ed. São Paulo: Lejus, 1999.
[307] Idem, p. 14.

mais ao trabalho de consolidar tudo em novo Regulamento do Imposto de Renda, cuja sigla, hoje, é uma ironia: RIR.[308]

O mais preparado dos representantes do normativismo detinha um profundo desprezo pela manipulação de conceitos e pelo entendimento do sistema tributário como um sistema de poder e das limitações ao poder de tributar como o resultado das poucas vitórias contra a soberania inexorável do arbítrio das classes dominantes. É com base neste entendimento que o autor irá preparar um ataque geral ao sentido do Direito Tributário como mero exercício do poder. Demonstra-se de modo expresso que a defesa do normativismo não era exatamente uma defesa da ordem estabelecida, do governo de ocasião ou da automática legitimidade da norma positivada, tal como no positivismo legalista ou dogmático. Normalmente ocorria o inverso, os defensores do positivismo assumiam tal posição ou por uma defesa radical da democracia ou por uma defesa do Direito contra a corrupção pelo poder e pela política. Aqueles que defendiam o normativismo viam no processo democrático a cura para recomposição da legitimidade de uma sociedade cindida em valores e ideologias e a norma jurídica seria o resultado desse processo histórico, que deveria ser protegida como um valor em si. De outro lado, a defesa da norma jurídica representava uma defesa contra as investidas do poder e do arbítrio do soberano contra o Direito. Novamente encontramos aqui uma defesa da legitimidade da norma jurídica contra a perversão das escolhas democráticas por manipulações políticas.

Geraldo Ataliba irá ressaltar este entendimento ao expressar a necessária autonomia do Direito perante a economia e o poder: "O direito constrói suas próprias realidades, com especificidade, característica e natureza próprias. 2.2. Balladore Pallieri recorda que a engenharia não confunde coisas heterogêneas como as regras técnicas da arte de construir e o material de construção. Não se pode pretender deixar de lado o discernimento lógico e impostergável entre o objeto do tributo, o comportamento humano, e o objeto deste, inserido no mundo fático, o dinheiro".[309]

O estudo do Direito Tributário será, portanto, o estudo da norma jurídico-tributária e de seu fenômeno de incidência, que manterá uma autonomia de outros ramos do conhecimento, tal como a economia, a política ou a ciência das finanças. O objeto da ciência do Direito estará claramente delimitado no estudo da norma jurídica e o método de análise será igualmente específico. O Direito Tributário será, portanto, o ramo mais entusiasmado das inovações teóricas do positivismo metodológico no âmbito da filosofia e das incontáveis aplicações práticas no campo da tributação. Afinal, que arma sofisticada, eficaz e elegante é o pensamento normativista no combate à corrupção dos princípios jurídicos da confiança, segurança jurídica ou Estado de Direito pelos desmandos do poder e do governo de ocasião. Que mensagem mais forte poderia ser enviada do que a afirmação

---

[308] Cf. BECKER, Alfredo Augusto. *Carnaval Tributário*. 2ª ed. São Paulo: Lejus, 1999, p. 17.

[309] Cf. ATALIBA, Geraldo. *Hipótese de Incidência Tributária*. São Paulo: Malheiros, 1998, p. 23.

que o Direito possui um valor em si, uma autonomia perante outros ramos, uma legitimidade própria a ser defendida e uma defesa de que se trata de um conceito a ser defendido independentemente do ingresso em uma discussão ideológica. Tal mudança de enfoque permitia uma alteração no discurso jurídico, de um mero discurso oposicionista passava-se para um discurso científico, visto que ao cabo não se tratava de se ser oposição aos desejos de maiores recursos financeiros ao governo de ocasião, mas que a estabilidade do sistema jurídico e de sua coerência normativa são os desejos de qualquer governo ou oposição, independentemente das escolhas pré-jurídicas formuladas no campo da sociedade e da política.

Devemos lembrar que muitos destes escritos foram realizados nos períodos mais duros do regime militar brasileiro, onde uma determinada expressão poderia ser o suficiente para a repressão implacável, mesmo *Geraldo Ataliba* irá manifestar esta preocupação ao dizer: "em geral, concordamos com as leis, ou por causa da autoridade do estado, que a impõe, ou por causa da justiça do seu conteúdo. De qualquer forma – concordemos ou não devemos obedecê-la, sob pena de arcarmos com a respectiva sanção".[310] Este professor foi Reitor da PUC/SP, que durante o período militar era uma cidadela de resistência ao regime, e sabia exatamente a importância de uma oposição eficaz ao poder.

Como preleciona *Geraldo Ataliba*, a estrutura da norma jurídico-tributária é idêntica à estrutura de todas as demais normas jurídicas, há, neste sentido, uma *homogeneidade sintática* na sua composição normativa, conforme *Paulo de Barros Carvalho*. O estabelecimento de novo modo de análise do fenômeno jurídico tributário irá implicar uma nova estruturação de categorias de pensamento, com a superação do conceito de fato gerador. Assim, afirma *Geraldo Ataliba* que: "preferimos designar o fato gerador in abstracto por 'hipótese de incidência' e in concreto por 'fato imponível' (...)".[311] A hipótese de incidência representaria o conceito legal, ou seja, a classe de fatos previstos na norma jurídica capaz de desencadear determinada consequência jurídica, enquanto que o fato imponível representaria o fato jurídico ocorrido e que desencadearia a consequência concreta e determinada para aquele caso.

O conceito de hipótese de incidência possui, portanto, as seguintes caracterísiticas: *autonomia, abstração* e *referencialidade a um sistema jurídico*. Trata-se de um conceito autônomo à classe de fatos que pretende representar, visto que é um conceito eminentemente jurídico e é preciso distinguir claramente o conceito do objeto representado.[312]

---

[310] Cf. ATALIBA, Geraldo. *Hipótese de Incidência Tributária*. São Paulo: Malheiros, 1998, p. 27.

[311] Idem, p. 51.

[312] Cf. Vilanova: "(...) é preciso distinguir claramente o conceito e o seu objeto. As propriedades análogas, os caracteres comuns a um grupo de coisas ou fenômenos não entram na constituição do conceito. São elementos que pertencem ao objeto, que participam do tipo de cada esfera de objetividade, enquanto o conceito é, em todos os casos, um ente ideal"; ver *in*: VILANOVA, Lourival. *Sobre o conceito de Direito*. Recife: Imprensa Oficial, 1947, p. 16.

Trata-se de um conceito *abstrato* porque se propõe a regular uma multiplicidade de fatos sem perder-se na reprodução dos detalhes e das diferenças particulares, realizando o objetivo de generalização do Direto por meio de uma *abstração generalizadora*. Por outro lado, trata-se de um conceito referenciado a cada modelo constitucional, e o seu conteúdo e regime devem observar estas características.

Misabel Derzi irá identificar no movimento conflituoso das sociedades em responder as suas tensões internas sobre os valores a serem estabelecidos em uma escolha entre tipos ou conceitos jurídicos a serem aplicados no sistema tributário. Não se trata de definir por exclusão qual se aplicaria e qual seria afastado, mas qual teria predominância no ordenamento jurídico-tributário.[313] Assim, por exemplo, no Brasil não cabe identificar a hipótese de incidência (*h.i*), com o conceito legal, com o conceito de *tipo*, nem tampouco a *abstração generalizadora* da *h.i.* com o *pensamento tipificante*. A *h.i.* no sistema constitucional brasileiro é um conceito fechado e determinado, de tal modo que "(...) aquilo que não está na lei, inexiste juridicamente",[314] conforme entendimento de *Misabel Derzi*.

Os *tipos* são uma espécie normativa caracterizada por serem estruturas flexíveis, graduáveis e de características renunciáveis, enquanto que no sistema brasileiro as *h.i.* se identificam mais adequadamente com os conceitos fechados e determinados. A exigência de sua caracterização como conceitos fechados decorre da repartição rígida de competências constitucionais tributárias, do respeito ao princípio da segurança jurídica, da defesa do Estado de Direito, da uniformidade, da praticabilidade e da legalidade estrita.

O conceito fechado representa uma valorização e um reforço da lei, do princípio da segurança jurídica e de todos os valores conexos a esta ideia e, portanto, surge como uma forma de resposta ao conflito básico entre o "poder e a liberdade, Estado e indivíduo",[315] de tal modo que conhecer os diferentes pontos de equilíbrio desta tensão dialética é a própria forma de se conhecer a história do Direito Público (separação de poderes, federalismo, ideia republicana, ideal democrático e participativo).

Será, contudo, na obra de doutoramento de *Paulo de Barros Carvalho*, publicada em 1973, que irá surgir a evolução mais marcante do estudo da norma jurídico-tributária, de tal modo que o próprio *Geraldo Ataliba*, como Reitor da PUC/SP, teve o mérito de aprovar e confirmar a presença do surgimento de uma nova etapa do estudo do Direito Tributário no Brasil. Segundo *Ataliba*, o trabalho de doutoramento de *Paulo de Barros Carvalho*: "propõe uma revisão completa dos próprios pontos de partida dos raciocínios que a doutrina se habituou a desenvolver de modo convencional. E nesse sentido é um eco da conclamação formulada por Alfredo Augusto Becker, em 1963, com o seu magnífico Teoria Geral do Direito Tributário".[316]

---

[313] Cf. DERZI, Misabel de Abreu Machado. *Direito Tributário, Direito Penal e Tipo*. São Paulo: RT, 1988, p. 83.
[314] Idem, p. 248.
[315] Idem, p. 84.
[316] Cf. ATALIBA, Geraldo. *In:* Prefácio da obra de Carvalho, Paulo de Barros. *Teoria da Norma Tributária*. São Paulo: RT, 1981, p. 11.

A principal crítica e contribuição de *Paulo de Barros Carvalho* está na centralidade que a melhor doutrina tributária venha legando ao estudo do antecedente da norma tributária em detrimento ao estudo da *integralidade* do fenômeno normativo. Assim, autores de renome, como *A. D. Giannini*,[317] *Perez de Ayala*[318] e *Hector B. Villegas*,[319] no direito estrangeiro e *A. A. Becker*,[320] *Amilcar de Araujo Falcão*[321] e *Geraldo Ataliba*,[322] no Direito nacioal, entre tantos outros, centraram seus estudos no suposto da norma jurídica, prosseguindo uma tradição questionável de continuidade à chamada "escola de glorificação do fato gerador".

Será com *Paulo de Barros Carvalho* que a teoria da norma tributária alcançará um patamar de sofisticação e estudos jamais comparado, inclusive no Direito estrangeiro.[323] Vejamos, brevemente, a estrutura da Regra-Matriz de Incidência Tributária (RMIT), conforme o autor:[324]

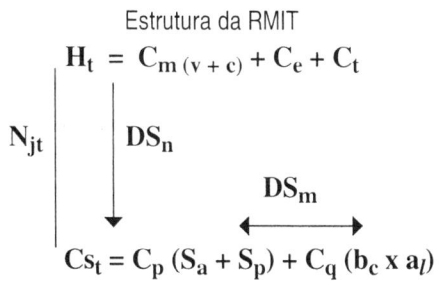

Estrutura da RMIT

$$N_{jt} \begin{cases} H_t = C_{m(v+c)} + C_e + C_t \\ \quad \downarrow DS_n \\ \quad \quad \quad DS_m \\ \quad \leftrightarrow \\ Cs_t = C_p(S_a + S_p) + C_q(b_c \times a_l) \end{cases}$$

Significado das Abreviaturas

N_{jt} - norma jurídica tributária - regra-matriz de incidência;
H_t - hipótese tributária (antecedente);
C_m - critério material da hipótese (núcleo da descrição fática);
v - verbo (sempre pessoal e de predicação incompleta);
c - complemento do verbo;
C_e - critério espacial da hipótese (condicionante de lugar);
C_t - critério temporal da hipótese (condicionante de tempo);
Cs_t - consequência tributária (prescritor normativo);
C_p - critério pessoal do consequente, onde estão os sujeitos da relação jurídica obrigacional;
S_a - sujeito ativo da obrigação tributária;
S_p - sujeito passivo;
C_q - critério quantitativo (indicador da fórmula de determinação do objeto da prestação);
b_c - base de cálculo (grandeza mensuradora de aspectos da materialidade do fato jurídico tributário);
a_l - alíquota (fator que se conjuga à base de cálculo para a determinação da dívida pecuniária);
DS_n - dever-ser neutro (conectivo deôntico interproposicional) - ocorrida a hipótese deve-ser a consequência;
DS_m - dever-ser modalizado (operador deôntico intraproposicional). Significam os direitos e deveres correlatos dos sujeitos, na relação jurídica tributária.

---

[317] Cf. GIANNINI, A.D. *I concetti fondamentali del Diritto Tributário*. Turim: Utet, 1956.

[318] Cf. AYALA, Miguel Perez de. *Fundamentos de Derecho Tributario*. Madrid: Edersa, 1999.

[319] Cf. VILLEGAS, Hector. *Curso de Finanzas, Derecho Financiero y Tributario*. 2ª ed. Buenos Aires: Depalma, 1975.

[320] Cf. BECKER, Alfredo Augusto. *Teoria Geral do Direito Tributário*. São Paulo: Lejus, 1998.

[321] Cf. FALCÃO, Amílcar de Araújo. *Fato gerador da obrigação tributária*. São Paulo: Revista dos Tribunais, 1971.

[322] Cf. ATALIBA, Geraldo. *Hipótese de Incidência Tributária*. São Paulo: Malheiros, 1998.

[323] Veja-se, neste sentido, a aceitação internacional das ideias do autor, por meio de suas publicações internacionais: CARVALHO, P. B. *Curso de Derecho Tributario*. Madrid: Marcial Pons, 2007; CARVALHO, P. B. *Derecho Tributario – Fundamentos Juridicos de la incidencia*. 2ª ed. Buenos Aires: Rodolfo Depalma, 2004 e CARVALHO, P. B. *Diritto Tributario*. Bolonha: CEDAM, 2004.

[324] Cf. CARVALHO, P. B. *Curso de Direito Tributário*. São Paulo: Saraiva, 1999, p. 247-248.

De modo sintético podemos dizer que a norma jurídico-tributária possui uma estrutura bipartida, onde de um lado encontramos o antecedente e de outro o consequente, ou seja, a conduta descrita e a sua consequência jurídica. A hipótese de incidência é constituída por três critérios que determinam as coordenadas espaço-temporais da ação do sujeito (critério material, espacial e territorial), enquanto que a consequência jurídica da conduta realizada é o surgimento da relação jurídico-tributária de cunho patrimonial (obrigação tributária), a ser determinada mediante a aplicação dos critérios quantitativos e pessoais.

Vejamos resumidamente cada um dos critérios normativos da RMIT:

i) *critério material*: pretende descrever a conduta do agente, que realizada irá provocar a incidência do tributo devido. Geralmente é apresentada pela composição entre um verbo e seu complemento, exemplo: auferir (verbo) + renda (complemento), que implicam a exigência do Imposto sobre a Renda;

ii) *critério espacial*: descreve o local de incidência do tributo e a determinação territorial da classe de fatos sujeita à norma tributária; por exemplo, a territorialidade nacional ou estadual do imposto;

iii) *critério temporal*: descreve o momento de incidência do tributo, determinando o surgimento da obrigação tributária;

iv) *critério pessoal*: identifica o sujeito ativo e o sujeito passivo da obrigação tributária, indicando a esfera administrativa titular do direito patrimonial tributário e o contribuinte do débito tributário;

v) *critério quantitativo*: determina o *quantum debeatur*, ou seja, o montante de tributo a ser pago, pela aplicação de uma alíquota sobre uma base de cálculo.

A ocorrência do antecedente, ou seja, a conduta prevista na norma tributária implica automaticamente a realização do consequente. Como se pode notar, a concepção analítica do Prof. *Paulo de Barros Carvalho* avança enormemente em relação a toda a teoria da norma tributária existente até o momento, dotando o Direito nacional de uma concepção sofisticada e útil de análise do fenômeno jurídico-tributário. A ocorrência do antecedente implica necessariamente na ocorrência do dever-ser neutro, ou seja, o surgimento da consequência jurídica. No consequente ocorrerá a implicação do dever-ser modalizado, ou seja, a incidência dos comandos deônticos de obrigatório, proibido ou permitido.

Segundo o autor, uma norma jurídica é o resultado de uma operação em que enunciados particulares possuem os seus sentidos organizados de forma a construir uma proposição com sentido completo. Não se trata, contudo, de um normativismo puro, mas, pelo contrário, incorporando os estudos de *Lourival Vilanova* e *Miguel Reali* o direito passa a ser entendido como um fenômeno cultural, composto por fatos, valores e normas.

Dessa forma, já encontramos na obra de *Paulo de Barros Carvalho* as indicações de que o estudo da norma não pode esgotar-se em si mesmo e que os estudos sobre a argumentação jurídica, a coerência e os valores sistêmicos, tais como a Justiça Fiscal, tornam-se fundamentais para se entender o fenômeno do jurídico.

Assim, pode-se claramente verificar que existe a possibilidade real de uma visão analítica dos fundamentos materiais da interpretação (aplicação), destituída de traços metafísicos. Segundo o autor:

> Ao mencionar ser esse o apogeu da missão hermenêutica, penso em não haver incorrido em qualquer excesso, pois é nesse clímax, momento de maior gradação do processo generativo, que aparece a norma jurídica em sua pujança significativa, como microsistema, penetrada, *harmonicamente, pela conjunção dos mais prestigiados valores que o ordenamento consagra.* Enquanto tal, representa o cruzamento, a força resultante de um sistema em que o plano dos significantes se integra ao plano de conteúdo, numa síntese que dá a autêntica profundidade do texto examinado. *A regra jurídica assim representada terá o condão de exprimir, na sua singeleza estrutural, a orientação jurídica da conduta, precisamente do modo como determinada pela totalidade sistêmica (...).*[325]

Essa tentativa difusa e diversa será denominada por nós de pensamento sistemático, como expressão atual do pensamento crítico. Seu objetivo é fundamentar o discurso jurídico em uma ética material, através de um método analítico, ou seja, um método fundado em requisitos de clareza, transparência e rigor nas demonstrações.[326]

2.4.3. Do dever fundamental de pagar tributos no sistema de direitos fundamentais

O *pensamento sistemático* irá deslocar o problema do fato gerador e da norma tributária para o tema dos deveres fundamentais. Trata-se de uma abordagem não apenas centrada no problema da estrutura sintática da norma, mas principalmente no problema da correta correlação entre a estrutura sintática e a estrutura semântica da norma e o seu contexto pragmático. Não basta apenas estudar o fenômeno de incidência, nem tampouco afirmar que o fato gerador é a situação necessária à sua ocorrência, pelo contrário, a norma não se constitui em uma estrutura sintática vazia a ser preenchida de qualquer forma. O Estado Constitucional estabelece os limites e o conteúdo para o preenchimento da norma. Os fatos a serem escolhidos somente o poderão ser se forem capazes de indicar algum critério racional e justo de repartição dos encargos fiscais no financiamento dos direitos fundamentais em uma sociedade democrática. Não será possível escolher critérios discriminatórios (cor, raça, sexo, etc.), nem tampouco elementos que não se justifiquem pelos critérios da capacidade contributiva ou da equivalência.

Sem esta compreensão global (sintática, semântica e pragmática) o discurso sobre os fatos tributários será incompleto e incapaz de gerar resultados válidos.

---

[325] Cf. CARVALHO, P. B. *Curso de Direito Tributário.* São Paulo: Saraiva, 1999, p. 73.

[326] Como exemplos dessa tentativa, encontramos, entre tanto outros, nos estudos sobre Direito Tributário: Klaus Tipke (Alemanha); Ricardo Lôbo Tôrres, Paulo de Barros Carvalho (Brasil); entre outros.

Haverá um deslocamento do problema do fato gerador e da norma para a questão do dever fundamental de pagar tributos, seu conteúdo, forma, limites e modo de concretização. A teoria dos deveres fundamentais abarca o conceito de norma jurídico-tributária e da antecedente teoria do fato gerador, e realiza uma nova abordagem sobre o tema. Trata-se de uma revitalização da dogmática, por uma teoria da argumentação que explicita as pré-compreensões, mas aceita que o texto constitucional é o ponto de referência obrigatório sobre qualquer interpretação jurídica.

2.4.3.1. Do conceito de dever fundamental de pagar tributos

O tema da *responsabilidade* dos cidadãos em uma sociedade democrática tem sido pouco explorado pela doutrina, como muito bem expressou *Casalta Nabais* em sua obra monumental "O Dever Fundamental de Pagar Tributos".[327] Segundo o autor, uma das razões para tanto está no duplo esvaziamento da importância do tema. De um lado, para os defensores da supremacia da responsabilidade comunitária, os deveres nada mais são do que o reflexo da primazia da ordem e do poder, não possuindo nenhuma característica específica. E do outro, para os defensores da liberdade como categoria fundante do político, os deveres se constituem em categoria secundária ou derivada do sistema de liberdade.

Para *Casalta Nabais*, os deveres fundamentais devem ser entendidos como uma categoria jurídica autônoma ao lado dos direitos fundamentais. Dessa forma, seriam evitados dois equívocos: de um lado a diluição dos deveres no conceito de soberania e de outro seu esvaziamento pela submissão aos direitos fundamentais. Para o autor, este conceito deve ser entendido de modo autônomo, ou seja, como portador de valores constitucionais e "comunitários diferentes e contrapostos aos valores e interesses individuais consubstanciados na figura dos direitos fundamentais".[328]

Para o autor, isso não impede, contudo, por mais paradoxal que seja, como bem alerta, *que estes deveres sejam considerados como integrantes dos direitos fundamentais.*[329] Essa designação se dirige tanto para os deveres fundamentais que são considerados limites específicos, ou gerais para os direitos fundamentais.

---

[327] Cf. NABAIS, Casalta. *O dever fundamental de pagar tributos.* Coleção Teses. Coimbra: Almedina, 1998, p. 15.

[328] Idem, p. 38.

[329] Segundo o autor: "o que não impede, e embora isto pareça paradoxal, que os deveres fundamentais, pois que, constituindo, eles a activação e mobilização constitucionais das liberdades e patrimônios dos titulares dos direitos fundamentais para a realização do bem comum ou do interesse público (primário), se apresentam, em certa medida, como um conceito correlativo, contraste, delimitador do conceito de direitos fundamentais"; Idem, p. 38.

A ideia de deveres fundamentais não encontra muita expressão no surgimento do constitucionalismo moderno e geralmente o seu sentido como limites aos direitos naturais.[330] Por outro lado, surgem alguns deveres do cidadão como *obrigações positivas perante a comunidade política*.[331] Esses deveres se vinculam, particularmente, com o dever de sustentar uma ordem constitucional mediante a defesa da pátria e o pagamento de impostos.

Os fundamentos dos deveres fundamentais devem ser buscados para além do mero poder e das exigências da soberania, visto que a própria soberania deve buscar seus fundamentos na ideia de dignidade da pessoa humana.[332] Não há, contudo, uma cláusula geral de deverosidade social capaz de tutelar deveres ou valores sociais sem a enunciação expressa no texto constitucional.

2.4.3.2. Da estrutura do dever fundamental de pagar tributos

A estrutura dos deveres fundamentais se refere aos seus destinatários, titulares e conteúdo, bem como da sua relação com os demais princípios constitucionais.

A comunidade é titular ativa dos deveres fundamentais, dado que estes representam deveres para a realização dos valores fundamentais da coletividade. Três são os casos previstos: deveres clássicos, deveres fundamentais de conteúdo econômico, social e cultural e deveres de determinados grupos. Os deveres clássicos são aqueles que se dirigem à manutenção da esfera pública em um estado democrático e de suas formas básicas, dentre eles podemos citar o direito de defesa da pátria, o dever de pagar tributos, o serviço militar, entre outros. Neste caso, o titular ativo será o Estado como representante da sociedade politicamente organizada.

No caso dos deveres de conteúdo econômico, social e cultural, a titularidade será da coletividade na manutenção de uma dada sociedade. Não se trata tanto de proteger a própria sociedade, mas um tipo de sociedade almejada. Assim, encontramos os deveres relativos a uma certa *virtú* ou virtude cívica, tais como o dever de trabalhar, de cultivar a terra, de promover a saúde, entre outros.

Por fim, os deveres de determinada categoria ou grupo se referem aos deveres de que são titulares determinados grupos de pessoas em promover direitos fundamentais, tais como o dever dos pais de manter a educação dos filhos, de proteção das crianças, entre outros.

---

[330] Cf. PECES-BARBA, G. Los deberes fundamentales, Doxa: *Cuadernos de Filosofía del Derecho*, núm. 4 (1987), p. 329-341.

[331] Cf. NABAIS, Casalta. *O dever fundamental de pagar tributos*. Coleção Teses. Coimbra: Almedina, 1998, p. 44.

[332] Cf. Casalta Nabais: "por fim, menciona-se que os deveres fundamentais, para além de constituírem o pressuposto geral da existência e funcionamento do estado e do consequente reconhecimento e garantia dos direitos fundamentais no seu conjunto, se apresentam, singularmente considerados, como específicos pressupostos da proteção da vida, da liberdade e da propriedade dos indivíduos"; Idem, p. 59.

Na medida em que esses deveres se caracterizam como meios de proteção dos valores supremos de determinada comunidade, eles serão sempre deveres fundamentais do cidadão e nunca deveres do homem.[333]

São destinatários as pessoas físicas, mas também as pessoas coletivas e mesmo as pessoas desprovidas de personalidade jurídica. Mesmo as pessoas jurídicas de direito público podem ser destinatários de deveres fundamentais, como no caso do dever de pagar tributos de pessoas jurídicas públicas nacionais e estrangeiras.

Segundo *Casalta Nabais*, os deveres fundamentais podem ser de diversas espécies:[334]

i) *deveres negativos e positivos:* conforme determinem uma ação ou omissão do destinatário da norma;

ii) *deveres com conteúdo autônomo e sem conteúdo autônomo*: no primeiro caso o seu conteúdo está numa relação de delimitação dos direitos em geral, e no segundo o seu conteúdo está em uma relação de integração com outros direitos;

iii) *deveres cívico-políticos* (clássicos) *e deveres econômicos, sociais e culturais* (modernos).

2.4.3.3. Do regime do dever fundamental de pagar tributos

Fazem parte do regime dos direitos fundamentais o respeito ao princípio da universalidade, da igualdade, da proporcionalidade *lato sensu* ou da proibição de excesso e da inaplicabilidade direta.

O *princípio da universalidade* determina que a repartição de encargos e sacrifícios entre os membros de uma comunidade sejam realizados de modo universal e equânime. O que não significa que estes deveres incidam sobre todos os cidadãos, mas que incidam sobre todos aqueles na mesma condição ou grupo. Assim, o dever de prestar serviço militar poderá recair somente para os cidadãos do sexo masculino, sem violar esse princípio.

O *princípio da igualdade* determina que:[335] a) *proibição de arbítrio*, ou seja, impede que o legislador realize discriminações sem justificativas razoáveis; b) *proibição de discriminações subjetivas* fundadas em argumentos sobre raça, religião, ideologia, etc.; c) *proteção subjetiva da igualdade* para situações jurídicas constitucionalmente protegidas, tais como igualdade dos cônjuges, dos filhos legítimos e ilegítimos, etc. e d) *ação afirmativa* na compensação de desigualdades naturais ou sociais, tais como cotas para portadores de deficiência, entre outros. No caso dos deveres fundamentais estes sentidos são igualmente exigidos.

---

[333] Cf. Casalta Nabais: "(...) todos os deveres fundamentais são deveres do cidadão, não havendo lugar para os deveres do homem"; ver *in*: NABAIS, Casalta. *O dever fundamental de pagar tributos*. Coleção Teses. Coimbra: Almedina, 1998, p. 105.

[334] Cf. NABAIS, Casalta. *O dever fundamental de pagar tributos*. Coleção Teses. Coimbra: Almedina, 1998, p. 112 e segs.

[335] Idem, p. 139 e segs.

De igual modo, os deveres fundamentais devem respeitar o *princípio da proporcionalidade* no sentido de que este exige a justa proporção entre meio e fim, de modo a afetar da menor maneira possível o valor constitucional da liberdade.

Por fim, entende *Casalta Nabais* que os deveres fundamentais não estão submetidos:[336] i) à aplicabilidade direta; ii) ao requisito de leis gerais e abstratas; iii) à reserva de lei complementar; iv) à exigência de previsão expressa da restrição e v) ao respeito ao conteúdo essencial na revisão constitucional.

A *inaplicabilidade direta dos deveres fundamentais* decorre do fato de que deve estar o legislador mais livre para considerar melhor quais são as condições, dentre as múltiplas variáveis, que garantem a maior liberdade possível para o cidadão. Se fosse realizado de modo diverso, poder-se-ia criar uma situação paradoxal em que uma única previsão constitucional de concretização poderia criar um contexto mais gravoso para o cidadão, ao invés de assegurar o sistema de liberdade.

A doutrina alemã indica alguns casos de previsão constitucional, diretamente aplicáveis, como no caso do dever de intangibilidade da dignidade da pessoa humana (art. 1°, I); do dever de manutenção e educação dos filhos (art. 6°, II), do dever de paz interna e externa (art. 26, I), do dever não escrito de obediência à Constituição e à lei.[337] Mesmo nestes casos citados podemos perceber que eles não podem gerar deveres diretamente ao indivíduo sem a intermediação da concretização legislativa, visto que não determinam diretamente um comportamento a ser seguido no caso concreto, gerando tão somente deveres gerais a serem respeitados e concretizados pelo legislador para que sejam eficazes.[338]

Assim, para a administração e para os particulares, os deveres fundamentais são *deveres legais* e não *deveres constitucionais*, dado que necessitam sempre de concretização legislativa. Para os legisladores esses deveres se traduzem como imposições constitucionais permanentes ou como autorizações para legislar. Não há, tal como no caso dos direitos fundamentais, uma problemática tão profunda sobre a questão da possibilidade de restrição dos deveres fundamentais. De modo geral, pode-se afirmar que os deveres fundamentais dependem de concretização legal e esta decorre do senso do legislador, que terá a liberdade de determinar o conteúdo e alcance dos deveres, nos limites constitucionais. Não há, contudo, possibilidade de restrição de dever constitucional que afete o sentido essencial deste dever.[339]

---

[336] Cf. NABAIS, Casalta. *O dever fundamental de pagar tributos.* Coleção Teses. Coimbra: Almedina, 1998, p. 148 e segs.

[337] Cf. LUCHTERHANDT, V.O. *Grundpflichten als Verfassungsproblem in Deutschland.* Berlin, 1988 e Isensee, J. Die verdrängten Grundpflichten des Bürgers. DöV, 35 (1982).

[338] No entender de Casalta Nabais: "tudo isso significa que os deveres fundamentais, independentemente do grau de concretização normativa de que disponham na constituição, carecem sempre de intervenção do legislador para estabelecer as formas e os modos do seu cumprimento e a sancionação do correspondente não cumprimento"; Idem, p. 105.

[339] Para Casalta Nabais: "finalmente são de referir os limites materiais à concretização e sancionação dos deveres fundamentais, sobre o que pouco mais há a dizer para além do que já foi mencionado no sentido de o legislador ter de respeitar, por um lado, o conteúdo e a sancionação constitucionalmente disciplinados e, por outro, os

Quadro Resumido:

	TEORIAS SOBRE OS FATOS JURÍDICOS		
	Fato Gerador	Norma Jurídica	Dever Fundamental
Conceito	situação definida em lei como necessária e suficiente à sua ocorrência	proposição jurídica de sentido completo	Conduta necessária e integrantes dos direitos fundamentais
Estrutura	natureza dual	homogeneidade sintática heterogeneidade semântica	deveres clássicos, deveres fundamentais de conteúdo econômico, social e cultural e deveres de determinados grupos
Elementos	previsão abstrata e ocorrência concreta	regra-matriz de incidência tributária (RMIT)	além do mero poder, deve buscar seus fundamentos na ideia de dignidade da pessoa humana
Função	execução de leis fiscais	combate à corrupção da autonomia do jurídico	Financiamento dos direitos fundamentais
Finalidade	Arrecadatória	Neutra	Proteção e promoção dos direitos fundamentais
Princípio	Segurança jurídica	Segurança jurídica	Confiança e resolução leal de conflitos
Estado	Estado de Direito	Estado de Direito	Estado Democrático de Direito

Conclusões parciais

1. A história da tributação testemunhará uma tensão permanente em torno do questionamento sobre como pode ser compatível a tributação com o estatuto do homem livre, visto que a tributação caracteriza-se por uma imposição ao homem livre, que, ausente de voluntariedade, é compulsoriamente obrigado a pagar tributos.

A luta contra a opressão fiscal tem sido historicamente como uma luta pela ampliação da cidadania e das liberdades, e o direito tributário tem sido visto *ex parte populus*, como uma forma de redução do arbítrio no poder de tributar ou *ex parte principis*, como uma forma de custear o Estado vigente.

2. O *conceitualismo*, o *normativismo* e o pensamento *sistemático* no Direito Tributário receberam as influências das mais relevantes escolas de pensamento do Direito de suas épocas, especialmente da *pandectística*, do positivismo metodológico e das modernas teorias da justiça e da argumentação. A *pandectística* irá influenciar o *conceitualismo*, o positivismo metodológico irá fundamentar o *normativismo* e as teorias da justiça e da argumentação irão assentar o pensamento *sistemático*.

---

princípios constitucionais que integram o regime geral dos direitos fundamentais como os princípios da universalidade, da igualdade e da proporcionalidade"; ver *in*: NABAIS, Casalta. *O dever fundamental de pagar tributos*. Coleção Teses. Coimbra: Almedina, 1998, p. 173-174.

3. A obra de *Canaris* emerge do interior de uma profunda discussão sobre a importância e o papel da ideia de sistema no pensamento jurídico e irá influenciar toda uma geração de juristas. Para o autor, o sistema possui, como fundamentos, a adequação valorativa e a unidade interior da ordem jurídica.

4. Inicia o autor por considerar que, apesar dos conceitos de unidade e ordenação axiológica parecerem auto-evidentes, tal situação tem sido rechaçada por certas escolas de teoria do Direito. Os críticos desse entendimento partem do suposto que dada a impossibilidade de uma teoria da correspondência entre o objeto e a sua representação, então a teoria do direito não pode prescrever quais são os princípios fundantes de uma tal ordenação axiológica ou unidade interna, ou seja, negam a possibilidade da ciência descobrir quais seriam os elementos que fundam tal sistema. Desse modo, todo o nosso esforço lógico em demonstrar que o direito é um sistema ético ou que a *Lei de Hume* deve ser superada cai por terra, dado que estamos impossibilitados de descrever quais são estes valores ou conteúdos éticos a nortear o sistema jurídico. A única solução estaria na possibilidade de identificação dos elementos que garantem esta unidade ou ordenação.

Bibliografia recomendada

Evolução Histórica do Pensamento Jurídico-Tributário: conceitualismo, normativismo e pensamento sistemático

Modelo de Estado: do Estado Antigo ao Estado democrático de direito

ADAMS, Charles. *For Good and Evil: The Impact of Taxes on the Course of Civilization*. New York: Madison, 1993.

ARDANT, Gabriel. *Histoire de L'Impot*. Paris: Fayard, 1971.

BECKER, Robert A. *Revolution, Reform, and the Politics of American Taxation, 1763-1783*. Baton Rouge: Louisiana State University Press, 1980.

BEITO, David T. *Taxpayers in Revolt: Tax Resistance during the Great Depression*. Chapel Hill: University of North Carolina Press, 1989.

BROWN, Roger H. *Redeeming the Republic: Federalists, Taxation, and the Origins of the Constitution*. Baltimore: Johns Hopkins University Press, 1993.

GROVES, Harold Martin, and Curran, Donald J. *Tax Philosophers: Two Hundred Years of Thought in Great Britain and the United States*. Madison: University of Wisconsin Press, 1974.

HIGGENS-EVENSON, R. Rudy. The Price of Progress: Public Services, Taxation, and the American Corporate State, 1877 to 1929. In: *Reconfiguring American Political History*. Baltimore: Johns Hopkins University Press, 2003.

ULLMANNO, Hans-Peter: *Der deutsche Steuerstaat. Geschichte der öffentlichen Finanzen vom 18. Jahrhundert bis heute*. München 2005.

WAGNER, Adolph. *Finanzwissenschaft. Dritter Theil: Spezielle Steuerlehre*. 1. Buch: Steuergeschichte vom Altertum bis zur Gegenwart. 2. Buch: Die britische Besteuerung im 19. Jahrhundert und bis zur Gegenwart. Mohr, Tübingen, 1960.

———. *Finanzwissenschaft. Zweiter Theil: Theorie der Besteuerung, Gebührenlehre und allgemeine Steuerlehre*. Mohr: Tübingen, 1960.

WEISMAN, Steven R. *The Great Tax Wars: Lincoln to Wilson: The Fierce Battles over Money and Power That Transformed the Nation*. New York: Simon & Schuster, 2002.

ZELIZER, Julian E. *Taxing America: Wilbur D. Mills, Congress, and the State, 1945-1975*. Cambridge, UK, New York: Cambridge University Press, 1998.

Escolas de Pensamento: da Pandectística à Teoria da Argumentação

CORDEIRO, Antônio Menezes de. Prefácio. In: *Canaris, Claus-Wilhelm. Pensamento sistemático e conceito de sistema na Ciência do Direito*. Lisboa: Calouste Gulbenkian, 2002.

DIAS, Gabriel Nogueira. *Rechtspositivismus und Rechtstheorie. Das Verhältnis beider im Werke Hans Kelsen*. Tübingen: Mohr Siebeck, 2005.

FERREIRA, E. G. A Interpretação da Lei Tributária e a Teoria dos Direitos Fundamentais. In: *Revista Tributaria e de Finanças Públicas*, São Paulo, v. 60, 2005.

HUME, David. *Tratado da Natureza Humana*. São Paulo: UNESP: Imprensa Oficial do Estado, 2000.

KELSEN, Hans. "The Pure Theory of Law and Analytical Jurisprudence". In: *Harvard Law Review*, v. 55, p. 44-70, 1941-42.

_____. *Teoria Pura do Direito*. 5ª ed. Trad. João Baptista Machado. São Paulo: Martins Fontes, 1996.

LAZZARO, G. *Storia e teoria della costruzione giuridica*. Turim: Giappichelli, 1965.

MARTINS-COSTA, Judith. *A boa-fé no Direito Privado*. São Paulo: RT, 1999.

MIRANDA, Pontes. *Tratado de Direito Privado*. Parte Geral, Tomo I, 3§ ed. Rio de Janeiro: Borsoi, 1970.

SAVIGNY, F. C. V. *Metodologia Jurídica*. Trad. de J. J. Santa-Pinter. Buenos Aires: Depalma, 1979.

TORRE, Massimo. Legal Argumentation and Concepts of Law. An *Approximation. Ratio Júris, Bologna*, vol 15, n. 04, December 2002 (377-402).

VILANOVA, Lourival. *Escritos jurídicos e filosóficos*. v. 1, São Paulo: Axis Mundi, 2003.

WEBER, Max. *Wirtschaft und Gesellschaft*. Mohr: Tübigen, 1956.

WIEACKER, Franz. *História do Direito Privado Moderno*. 1 ed. Lisboa: Fundação Calouste Gulbenkian, 1980. Trad. António Manoel Botelho Hespanha, do original alemão "Privatrechtsgeschichte der Neuzeit (Privatrechtsgeschichte der Neuzeit unter besonderer Berücksichtigung der deutschen Entwicklung)".

Das teorias sobre o sistema jurídico: o Direito como sistema de conceitos, de normas e valores (direitos fundamentais)

A teoria do sistema jurídico no pensamento conceitualista

CANARIS, Claus-Wilhelm. *Pensamento sistemático e conceito de sistema na Ciência do Direito*. Lisboa: Calouste Gulbenkian, 2002.

CORDEIRO, Antônio Menezes de. Prefácio *in* Canaris, Claus-Wilhelm. *Pensamento sistemático e conceito de sistema na Ciência do Direito*. Lisboa: Calouste Gulbenkian, 2002.

DIAS, Gabriel Nogueira. *Rechtspositivismus und Rechtstheorie. Das Verhältnis beider im Werke Hans Kelsen*. Tübingen: Mohr Siebeck, 2005.

FERREIRA, E. G. A Interpretação da Lei Tributária e a Teoria dos Direitos Fundamentais. In: *Revista Tributaria e de Finanças Públicas*, v. 60, p. 24-36, 2005.

HUME, David. *Tratado da Natureza Humana*. São Paulo: UNESP: Imprensa Oficial do Estado, 2000.

KELSEN, Hans. "The Pure Theory of Law and Analytical Jurisprudence". In: *Harvard Law Review*, v. 55, p. 44-70, 1941-42.

LAZZARO, G. *Storia e teoria della costruzione giuridica*. Turim: Giappichelli, 1965.

MARTINS-COSTA, Judith. *A boa-fé no Direito Privado*. São Paulo: RT, 1999.

MIRANDA, Pontes. *Tratado de Direito Privado*. Parte Geral, Tomo I, 3ª ed. Rio de Janeiro: Borsoi, 1970.

SAVIGNY, F. C. V. *Metodologia Jurídica*. Trad. de J. J. Santa-Pinter. Buenos Aires: Depalma, 1979.

TORRE, Massimo. Legal Argumentation and Concepts of Law. An *Approximation. Ratio Juris*, vol 15, n. 04, December 2002 (377-402).

VILANOVA, Lourival. *Escritos jurídicos e filosóficos*. v. 1, São Paulo: Axis Mundi, 2003, p. 36.

WEBER, Max. *Wirtschaft und Gesellschaft*. Mohr: Tübigen, 1956.

WIEACKER, Franz. *História do Direito Privado Moderno*. Lisboa: Fundação Calouste Gulbenkian, 1980. Trad. António Manoel Botelho Hespanha, do original alemão "Privatrechtsgeschichte der Neuzeit (Privatrechtsgeschichte der Neuzeit unter besonderer Berücksichtigung der deutschen Entwicklung)".

A teoria do sistema jurídico no pensamento normativista

CALATAYUD, Angeles Ródenas. *Entre la transparencia y la opacidad: análisis del papel de las reglas en el razonamiento judicial*. Doxa: Cuadernos de filosofía del derecho, nº 21, 1, 1998.

KELSEN, Hans. "The Pure Theory of Law and Analytical Jurisprudence". In: *Harvard Law Review*, v. 55, p. 44-70, 1941-42.

———. *Teoria Pura do Direito*. 5ª ed. Trad. João Baptista Machado. São Paulo: Martins Fontes, 1996

RAZ, Joseph. *La Autoridad del Derecho*. Madrid: Centro de Estudios Constitucionales, 1991.

———. *Razón Prática y Normas*. México: UNAM, 1982.

REGAN, Donald H. *Authorithy an value: Reflections on Raz's Morality of freedom*. Southern California Law Review, n. 62, 1989.

SANTI, Eurico de. Introdução: Norma, Evento, Fato, Relação Jurídica, Fontes e Validade no Direito. In: SANTI, Eurico de. *Curso de Especialização em Direito Tributário: Estudos Analíticos em Homenagem a Paulo de Barros Carvalho*. Rio de Janeiro: Forense, 2005.

SCHAUER, Frederick. *Playng by the rules. A philosophical examination of rulle-based decision-making in law and in life*. Oxford: Claredon, 1991.

A teoria do sistema jurídico no pensamento sistemático

CANARIS, Claus-Wilhelm. *Pensamento sistemático e conceito de sistema na Ciência do Direito*. Lisboa: Calouste Gulbenkian, 2002.

FREITAS, Juarez. *A interpretação sistemática do direito*. São Paulo: Malheiros, 2004.

———. A melhor interpretação constitucional "versus" a única resposta correta. In: SILVA, Virgílio Afonso da (Org.). *Interpretação Constitucional*. São Paulo: Malheiros, 2005.

PUTNAM, Hilary. *The Collapse of the Fact/Value Dichotomy and Other Essays*. Cambridge: Harvard University Press, 2002.

Modelo Argumentativo no pensamento conceitualista, normativista e sistemático: do problema da coerência material e formal

DICKSON, Julie. "Interpretation and Coherence in Legal Reasoning". In: *The Stanford Encyclopedia of Philosophy* (Fall 2001 Edition), Edward N. Zalta (ed.), URL = <http://plato.stanford.edu/archives/fall2001/entries/legal-reas-interpret/>. Acesso em: 12.09.04, às 21:00 h.

FREITAS, Juarez. *A interpretação sistemática do direito*. São Paulo: Malheiros, 2004.

KELSEN, Hans. *Teoria Pura do Direito*. 5ª ed. Trad. João Baptista Machado. São Paulo: Martins Fontes, 1996.

LEVENBOOK, B.B. "The Role of Coherence in Legal Reasoning", 3 *Law and Philosophy*. Amsterdam, 1984.

MACCORMICK, N. "Coherence in Legal Justification", *in* A. Peczenik *et al.* (eds.). *Theory of Legal Science*, D. Reidel Publishing, Dordrecht, 1984.

RAZ, Joseph. *La Autoridad del Derecho*. Madrid: Centro de Estudios Constitucionales, 1991.

———. *Razón Prática y Normas*. México: UNAM, 1982.

SORIANO, Leonor Moral. *A Modest Notion of Coherence in Legal Reasoning. A Model for the European Court of Justice. Ratio Juris*. Volume 16, issue 3, page 296 – September 2003.

Da compreensão do fato tributário: do fato gerador, da norma jurídico-tributária e do dever fundamental de pagar tributos no sistema de direitos fundamentais.

Do conceito de fato gerador

ATALIBA, Geraldo. *Hipótese de Incidência Tributária*. SP: RT, 1973.

AYALA, Miguel Perez de. *Fundamentos de Derecho Tributario*. Madrid: Edersa, 1999.

BECKER, Alfredo Augusto. *Teoria Geral do Direito Tributário*. São Paulo: Lejus, 1998.

FALCÃO, Amílcar de Araújo. *Fato gerador da obrigação tributária*. São Paulo: Revista dos Tribunais, 1971.

GIANNINI, A.D. *I concetti fondamentali del Diritto Tributário*. Turim: Utet, 1956.

VILLEGAS, Hector. *Curso de Finanzas, Derecho Financiero y Tributario*. 2ª ed. Buenos Aires, 1975.

Da norma jurídico-tributária no sistema tributário

ATALIBA, Geraldo. *Hipótese de Incidência Tributária*. SP: RT, 1973.

AYALA, Miguel Perez de. *Fundamentos de Derecho Tributario*. Madrid: Edersa, 1999.

BECKER, Alfredo Augusto. *Carnaval Tributário*. 2ª ed. São Paulo: Lejus. 1999.

———. *Teoria Geral do Direito Tributário*. São Paulo: Lejus, 1998.

CARVALHO, Paulo de Barros. *Curso de Direito Tributário*. São Paulo: Saraiva, 2008.

———. *Teoria da norma tributária*. 2ª ed. SP: Revista dos Tribunais, 1981.

———, Misabel. *Direito Tributário, Direito Penal e Tipo*. SP: Revista dos Tribunais, 1988.

OLIVEIRA, Yonne Dolacio. *A tipicidade no Direito Tributário brasileiro*. SP: Saraiva, 1980.

VILANOVA, Lourival. *Sobre o conceito de Direito*. Recife: Imprensa Oficial, 1947.

VILLEGAS, Hector. *Curso de Finanzas, Derecho Financiero y Tributario*. 2ª ed. Buenos Aires, 1975.

XAVIER, Alberto. *Os princípios da legalidade e da tipicidade da tributação*. SP: Revista dos Tribunais, 1978.

Do dever fundamental de pagar tributos no sistema de direitos fundamentais

CALIENDO, Paulo. *Direito Tributário e análise econômica do Direito – uma visão crítica*. São Paulo: Campus/Elsevier, 2008. v. 1., p. 374.

———. Dos três modos de pensar a tributação ou repensar o raciocínio jurídico-tributário. In: ROCHA, Leonel Severo; STRECK, Lenio Luiz. (Org.). *Constituição, Sistemas Sociais e Hermenêutica*. Porto Alegre: Livraria do Advogado, 2005, p. 93-111.

———. Da Justiça Fiscal: Conceito e Aplicação. In: Tôrres, Heleno Taveira. (Org.). *Tratado de Direito Constitucional Tributário – Estudos em Homenagem a Paulo de Barros Carvalho*. São Paulo: Editora Saraiva, 2005, p. 371-405.

CALIENDO, Paulo. Tributação e Reserva do Possível. In: SARLET, Ingo; TIMM, Luciano Benetti. (Org.). *Direitos Fundamentais, orçamento e reserva do possível*. Porto Alegre: Livraria do Advogado, 2008, v. 1.

LUCHTERHANDT, V.O. Grundpflichten als Verfassungsproblem in *Deutschland*. Berlin, 1988 e Isensee, J. Die verdrängten Grundpflichten des Bürgers. DöV, 35 (1982).

NABAIS, Casalta. *O dever fundamental de pagar tributos*. Coleção Teses. Coimbra: Almedina, 1998.

OLIVEIRA, José Marcos Domingues de. *Direito tributário e meio ambiente: proporcionalidade, tipicidade aberta, afetação da receita*. 2ª ed. RJ: Renovar, 1999.

TORRES, R. L. Liberdade, Consentimento e Princípios de Legitimação do Direito Tributário. In: *Revista Internacional de Direito Tributário*, Belo Horizonte 8573088753, v. 5, p. 223-244, 2006.

———. Considerações Sobre o Futuro da Hermenêutica Tributária à Luz dos Princípios da Liberdade e Justiça Tributária. In: *Revista de Direito Tributário*, São Paulo, v. 88, p. 24-32, 2004.

———. A Jusfundamentalidade dos Direitos Sociais. In: *Revista de Direito da Associação dos Procuradores do Novo Estado do Rio de Janeiro*, Rio de Janeiro, v. 12, p. 349-374, 2003.

———. *Direitos Humanos e Tributação nos Países Latinos*. Arquivos de Direitos Humanos, v. 3, p. 109-144.

———. *Teoria dos Direitos Fundamentais*. 2/2ª ed. Rio de Janeiro: Renovar, 2004, p. 454.

———. Segurança Jurídica e Estado de Risco. In: Luis Eduardo Schoueri. (Org.). *Direito Tributário*. Homenagem a Paulo de Barros Carvalho. São Paulo: Quartier Latin, 2008, p. 255-267.

———. A Constitucionalização do Direito Tributário. In: Cláudio Pereira de Souza Neto; Daniel Sarmento. (Org.). *A Constitucionalização do Direito*. Rio de Janeiro: Lumen Juris, 2007, p. 961-986.

———. Ética e Justiça Tributária. In: Luis Eduardo Schoueri; Fernando Aurélio Zilueti. (Org.). *Direito Tributário. Estudos em Homenagem a Brandão Machado*. São Paulo: Dialética, 1998, p. 173-197.

Capítulo 3
Da teoria da imposição

> *O problema político da humanidade é combinar três coisas:*
> *eficiência econômica, justiça social*
> *e liberdade individual.*[340]
> John Maynard Keynes

3.1. DA IDEIA DE CONSTITUIÇÃO PARA O DIREITO TRIBUTÁRIO

O poder de tributar está fundamentalmente ligado à ideia de Constituição, que deve ser entendida como sendo o conjunto de normas (princípios e regras) e valores que estabelecem a estrutura jurídico-política de uma sociedade organizada.

A tributação é parte importante da sociedade humana, de tal modo que podemos afirmar que, onde existe comunidade, existe alguma forma de "tributação" (*ubi cives, ubi tributum*). O tributo será considerado toda a forma de contribuição privada destinada à manutenção da "esfera pública". A esfera pública será considerada toda a forma de organização institucional que possui objetivos gerais em oposição a objetivos meramente particulares.

Assim, desde o início da sociedade humana, surge uma tendência à divisão de funções sociais no seio da comunidade. Desse modo, surgem os caçadores, agricultores, sacerdotes, guerreiros e outras funções sociais. A divisão de atribuições sociais implica que certos integrantes da comunidade estarão ocupados com tarefas gerais, tais como rituais (comando) ou guerra (controle).

---

[340] No original: "The political problem of mankind is to combine three things: economic efficiency, social justice and individual liberty. The first needs criticism, precaution, and technical knowledge; the second, an unselfish and enthusiastic spirit, which loves the ordinary man; the third, tolerance, breadth, appreciation of the excellencies of variety and independence, which prefers, above everything, to give unhindered opportunity to the exceptional and to the inspiring. The second ingredient is the best possession of the great party of Proletariat. But the first and third require the qualities of the party which, by its traditions and ancient sympathies, has been the home of Economic Individualism and Social Liberty"; ver *in*: KEYNES, John Maynard. *Liberalism and Labour. Essays in Persuasion*. New York/London: W. W. Norton, 1963, p. 344-345. O texto se refere ao pronunciamento (*speech*) realizado no Manchester Reform Club, February 9, 1926.

A esfera pública tem se desenvolvido através dos séculos, mas a sua natureza bifronte de persuasão e controle permanece. Para manter essa estrutura institucional, impõe-se a uma parcela social a missão de transferir a riqueza necessária à manutenção do aparato estatal.

Podemos, assim, definir a história da tributação como a história que leva o indivíduo da servidão à cidadania. Essa história pode ser vista como uma luta contra o poder e a manutenção de uma esfera privada autônoma e digna.

Igualmente, o Direito Tributário possui a Constituição como premissa maior na formatação do discurso jurídico. Contudo, tal fato não decorre da situação particular de cada sistema, tal como se a posição topológica de uma norma determinasse ab initio se a matéria é ou não constitucional. Tal erro indicaria a inexistência de princípios constitucionais implícitos. O Direito Tributário nacional deve ser analisado a partir da ótica constitucional e não apenas do fato de a Constituição brasileira consagrar grande espaço às normas tributárias. Essa é uma peculiaridade de nosso modelo normativo, moderno e arrojado, mas não refuta o fato de que a Constituição é o lar por excelência do problema da cidadania; e a cidadania é a questão fundamental da tributação.

Ademais, não há, na tributação, uma mera relação de poder ou uma relação contratual entre Estado e cidadão, mas, essencialmente, uma relação jurídica sobre como se dá o pacto fundamental na constituição de uma esfera cívica (*cives*) de liberdade e igualdade entre público e privado.

O Direito Tributário encontra diversas formas de justificação, conforme a referência teórica a que esteja referenciado. O Direito Tributário pode ser entendido como: i) expressão do poder (pensamento conceitual); ii) sistema jurídico (pensamento normativo) ou iii) sistema de direitos e deveres fundamentais (pensamento sistemático), fundado em uma ética material.[341]

A ideia de constituição difere bastante em cada fase do pensamento jurídico-tributário (conceitualista, normativista e sistemático). No pensamento conceitual, o sistema de conceitos de Direito Tributário possui um âmbito material diverso daquele tratado pelo texto da Constituição. A Constituição trata das estruturas de poder, enquanto que o Direito Tributário trata de um ramo específico do quotidiano do poder. O Direito Tributário, aqui, é entendido como subordinado ao Direito Administrativo, ao Civil e até mesmo ao Financeiro e, indiretamente, à Constituição.

---

[341] Conforme bem lembra Heleno Tôrres: "Na atualidade, seu modelo mais radical encontra-se na doutrina que afirma não serem, as normas tributárias, normas jurídicas, em sentido material, vendo-as como ordem do poder soberano que assume a forma de lei, nos termos das competências constitucionais inerentes às funções administrativas e orçamentárias. A obrigação tributária não seria uma relação jurídica, mas sim uma relação de poder, negando a igualdade jurídica das partes. E a versão mais recente desta concepção administrativista, é a doutrina da chamada dinâmica tributária, construída pela Escola de Roma, capitaneada por Gian Antonio Micheli e seguida por seus colaboradores mais diletos, como Augusto Fantozzi, Franco Gallo, Andrea Fedele, Pérez de Ayala e Eusebio González. De orientação procedimentalista, entende esta Escola que a relação tributária seria um complexo de deveres formais e substanciais. É a teoria do procedimento impositivo". Ver *in:* TÔRRES, Heleno. *Direito Tributário e Direito Privado*. São Paulo: RT, 2003, p. 263.

A ideia de Constituição no pensamento normativista irá compreender o Direito Tributário como subsistema do Direito Constitucional. O Direito Tributário complementa o Direito Constitucional, dentro do encadeamento normativo, através de uma relação entre norma superior (Constituição) e norma inferior (Código Tributário). Essa compreensão foi fundamental para consagrar as normas constitucionais como fontes de validade e eficácia para o Direito Tributário.

O desafio está posto em entender a Constituição não apenas como conceito original ou norma superior, mas como um sistema integrado, de tal forma que o próprio Direito Tributário não possa ser entendido sem sua referência a princípios que perpassam a todo sistema tributário. A Constituição não seria, assim, mera fonte formal ou elemento de estruturação e unidade, mas constituinte da estrutura semântica[342] das normas tributárias. O tema constitucional, ao perpassar todo o discurso jurídico-tributário, garantido-lhe coerência, consistência e conformidade, determina tanto a estrutura sintática necessária (regra-matriz de incidência tributária), quanto a estrutura semântica suficiente (argumento). E o elemento integrador de todo o sistema tributário será a noção de direitos fundamentais do contribuinte, com base na ideia de justiça fiscal.

3.1.1. Pensamento Conceitual: estrutura de poder político

No pensamento conceitual o tributo está vinculado às escolhas do poder político e não a um modelo normativo, organizado por meio da codificação ou da constitucionalização. Tradicionalmente, entendia-se que o poder fiscal vinculava-se à tese da substancial ilimitação do poder soberano do Estado e tal poder se mantinha no momento de criação dos tributos. Tal crença encontrava-se tão arraigada que persistiu mesmo sob o regime constitucional de determinados países, como bem relata Gian Antonio Micheli sobre a situação da doutrina de seu país sob a vigência da Constituição Republicana.[343]

Esse fenômeno somente se fará presente na história do Direito Tributário muito depois. Para Morseli[344] o sistema tributário é o resultado da aplicação do princípio da conveniência (*principio di convenienza*), denotando a qualidade que se estabelece pela sistematização harmônica entre os tipos orgânicos de um deter-

---

[342] É necessário realizar uma distinção fundamental de duas classes de conceitos lógico-normativos: *estrutura sintática* e *estrutura semântica*. O conceito de estrutura sintática é amplamente aceito e trabalhado pela doutrina jurídica. O entendimento de que as normas jurídicas são compostas por uma peculiar estrutura sintática é fato pacífico, bem como a composição dessa forma de estrutura normativa. Por outro lado, também está assentado o postulado de que as normas jurídicas apresentam uma *homogeneidade* sintática e uma *heterogeneidade* semântica, ou seja, as normas jurídicas apresentam a mesma composição sintática, independentemente de seu objeto. Sejam essas normas de Direito Penal, Civil ou Tributário, todas as normas jurídicas apresentarão uma hipótese e uma consequência ligadas por uma implicação normativa. Contudo, a diferença entre uma classe de normas e outra encontrar-se-á no seu conteúdo semântico. O que seria *estrutura semântica*? O que comporia esse conceito? Em nosso entender, a estrutura semântica dos conceitos significa *indicar a conotação e a denotação de determinada entidade*, ou seja, indicar a lei de formação e o campo das aplicações pretendidas pelo conceito.

[343] Cf. MICHELI, Gian Antonio. *Curso de Direito Tributário*. São Paulo: Revista dos Tribunais, 1978, p. 90.

[344] Cf. MORSELLI, Emanuele. *Compendio di Scienza delle Finanze*. Padova: CEDAM, 1947, p. 152.

minado país. Segundo o autor, o sistema jurídico é fruto de um raciocínio lógico e empírico na escolha dos tributos.[345] Não há um centro normativo nesse sistema, tal como um código ou a própria constituição, cabendo aos juristas procederem a um esforço metodológico de realizar a estruturação racional do sistema tributário que surge por detrás da multiplicidade de normas jurídicas desconexas, editadas pelo poder governante, no seu objetivo de arrecadar tributos.

Tal situação estará refletida na sustentação do Direito Tributário sobre fontes políticas e na ausência de uma limitação do poder político às regras do Direito. O poder de tributar será tão somente autolimitado e não sofrerá qualquer restrição externa, visto que o poder soberano é absoluto e ilimitado.

Os autores tentarão encontrar nos princípios do bom governo político as orientações sobre a criação de impostos novos, a instituição de bases de cálculo e a escolha do sujeito passivo das obrigações tributárias, assim, exemplificativamente, poderíamos citar Paul Leroy-Beaulieu, que afirmava, ainda em 1892, que a instituição de tributos deveria obedecer a: "(...) uma regra justa, fixa, facilmente aplicável, que seja capaz de orientar o colégio eleitoral de toda a economia e a boa gestão dos negócios públicos" (... *règle juste, fixe, facilment applicable, la seule aussi qui soit de nature à inspirer au corps électoral tout entier l'économie et la bonne gestion des affaires publiques*).[346]

Como se pode notar da leitura acima, inexistiam na época critérios jurídicos claros para orientar precisamente o fenômeno da incidência tributária, bem como regras de competência sobre a instituição de normas jurídico-tributárias. Os únicos critérios existentes diziam respeito aos modelos políticos de finanças públicas e à organização dos tributos no quadro das receitas estatais.

De modo geral, podemos afirmar existirem três grandes modelos de controle político para a atribuição de legitimidade e mesmo validade das normas jurídico-tributárias:

i) *Modelo ético-religioso*: durante muito tempo, o critério de aferição da legitimidade e mesmo validade de normas tributárias passava pelo crivo de considerações ético-religiosas sobre a justa tributação pelo soberano;

ii) *Modelo ético-político*: outra forma de questionamento de aferição da legitimidade e mesmo validade de normas tributárias passava pelo crivo de considerações ético-políticas sobre a justa tributação pelo soberano. Diversos autores irão proceder a um questionamento sobre as limitações ao poder de tributar sob uma ótica ética do que venha a ser um bom governo e;

iii) *Modelo técnico-político*: no Estado Liberal o controle do poder de tributar passou de considerações políticas gerais para o estabelecimento de critérios fi-

---

[345] Para *Morselli*, o *sistema tributário* é: "una materia molto varia, ma nel complesso evidentemente connessa nelle sue parti in quanto è anche oggetto di regolamento giuridico, per cui costituisce un ordinamento, che può, sì, osservarsi analiticamente, ma deve, in definitiva, ricomporsi a unità e come unità essere considerato tanto dal legislatore che lo crea come dal giurista che lo rielabora nel suo pensiero e lo riespone in parele, e che si informa fondamentalmente al pricipio unitario dei caratteri economici che la medesima materia manifesta"; ver *in*: MORSELLI, Emanuele. *Compendio di Scienza delle Finanze*. Padova: CEDAM, 1947, p. 153.

[346] LEROY-BEAULIEU, Paul *et* LIESSE, André. *Précis D'Economie Politique*. Paris: Delagrave, 1922, p. 392.

nanceiros sobre o aumento de arrecadação. Desta forma, os critérios da segurança jurídica, da legalidade, entre outros eram lidos por meio de técnicas advindas da moderna teoria das finanças.

A tarefa de separação da política fiscal do direito tributário foi tanto um esforço intelectual, quanto um esforço político de limitação ao poder do Estado, realizada pelo normativismo positivista.

3.1.2. Pensamento normativista: estrutura normativa

O normativismo irá entender igualmente que a Constituição se configura como a fonte primeira e superior do ordenamento tributário, de tal modo que da Constituição Fiscal derivam todas as demais normas jurídicas do sistema tributário. A diferença, contudo, em relação ao pensamento conceitual se caracteriza pela compreensão de que a Constituição possui um aspecto eminentemente formal.

A Constituição possui um sentido formal na medida que os valores que carrega são objetivados sob a forma de comandos deônticos: proibido, obrigatório e permitido. O jurídico não realiza considerações ético-políticas sobre os seus comandos, apenas garante validade e eficácia aos comandos oriundos da ética e da política que se juridicizaram e ingressaram no sistema jurídico adquirindo eficácia normativa.

Deve-se ressaltar que do mesmo modo que não existe apenas *uma* concepção normativista, não há igualmente apenas *uma* concepção normativista da Constituição. Para a teoria normativista, em geral, o problema da Constituição é essencialmente um problema sobre as fontes do Direito, e não sobre o conteúdo e sentido das normas existentes em um dado sistema jurídico. Diversos são os sentidos atribuídos à função e natureza jurídica da Constituição Tributária, assim poderíamos ilustrar que sob o ponto de vista normativo a Constituição Tributária possui dentre os seus diversos entendimentos os seguintes como:

i) *Veículo introdutor de normas jurídicas*: a Constituição Tributária deve ser compreendida como o veículo normativo por excelência na introdução de novas normas jurídicas no sistema,[347] visto que ela própria é a portadora de todo um sistema jurídico que irá regular a vida social;[348]

ii) *Norma superior*: a Constituição Tributária será a norma mais importante e mais elevada do sistema jurídico tributário.[349] Desta irá decorrer e derivar todas

---

[347] Cf. *Tárek Moussallem*: "essas regras não são fontes do Direito, mas conformadoras de normas jurídicas que prescrevem critérios identificadores do órgão e do procedimento competentes para inserirem documentos normativos (através de veículos introdutores) no sistema"; ver *in* MOUSSALLEM, Tárek. Capítulo III: Fontes do Direito Tributário *in* SANTI, Eurico Marcos Diniz. *Curso de Especialização em Direito Tributário. Estudos Analíticos em Homenagem a Paulo de Barros Carvalho*. Rio de Janeiro: Forense, 2005, p. 113.

[348] Cf. *Tércio Sampaio Ferraz Júnior*, a teoria das fontes busca verificar: a "(...) série de regras estruturais do sistema do ordenamento que dizem respeito à entrada de uma norma no conjunto, portanto, ao seu reconhecimento como jurídica"; ver *in*: FERRAZ JÚNIOR, Tércio Sampaio. *Introdução ao estudo do Direito*. São Paulo: Atlas, 1994, p. 226.

[349] Segundo *Paulo de Barros Carvalho*: "é por aceitar que a norma N' entrou pela via constitucional, que reivindico sua supremacia com relação à norma N", posta por lei ordinária"; ver *in*: CARVALHO, Paulo de Barros. *Curso de Direito Tributário*. São Paulo: Saraiva, 1998, p. 113.

as demais normas,[350] que por sua vez irão procurar no texto constitucional o seu fundamento de vigência e validade;[351]

iii) *Norma primeira*: a Constituição Tributária será norma genética de onde todas as demais normas jurídico-tributárias irão procurar sua validade, mas principalmente ela será a norma inaugural do sistema jurídico tributário, inexistindo norma superior ou mesmo anterior em validade. As constituições anteriores farão parte da história do Direito, mas não do ordenamento positivo;

iv) *Norma de reconhecimento*: o texto constitucional adquirirá a função de norma de reconhecimento, no sentido de que todas as demais normas irão atestar a sua pertinência ao sistema jurídico, bem como o seu fundamento de validade se "re-conhecendo" no texto da Constituição, ou seja, é devido ao fato da possibilidade de procurar na cadeia normativa o retorno à Constituição que permite que uma norma tenha a garantia (*warrant*) de que pertence ao sistema e, logo, é uma norma válida e eficaz;[352]

v) *Norma de distribuição de competências*: o texto constitucional será uma carta do poder normativo, ou seja, uma carta de repartição e delimitação de competências jurídicas. Não se trata mais de uma mera carta de poder fiscal, mas da Carta de delimitação do poder de tributar.[353]

O normativismo falha ao compreender a Constituição como mera fonte formal e norma superior das normas jurídicas do sistema jurídico, sem compreender o alcance do texto constitucional como uma norma de compromisso entre setores sociais distintos sobre dilemas valorativos, ou seja, a Constituição é uma carta política que carrega os valores sociais (Carta axiológica) mais importantes de uma sociedade e orienta a solução leal de conflitos existentes em uma dada sociedade.

---

[350] Cf. *Tárek Moussallem*: "O direito positivo estrutura-se em uma hierarquia de veículos introdutores, em virtude da hierarquia do seu órgão produtor, em cujo cume encontramos a Assembléia Constituinte, na condição de órgão-fonte superior, descendo verticalmente a 'ladeira' do direito positivo até aos órgãos encarregados de expedir os derradeiros comandos normativos"; ver *in*: MOUSSALLEM, Tárek. Capítulo III: Fontes do Direito Tributário. *In*: SANTI, Eurico Marcos Diniz. *Curso de Especialização em Direito Tributário. Estudos Analíticos em Homenagem a Paulo de Barros Carvalho*. Rio de Janeiro: Forense, 2005, p. 113.

[351] Conforme *Hans Kelsen*: "A aplicação do Direito é, por conseguinte, criação de uma norma inferior com base numa norma superior"; ver *in*: KELSEN, Hans. *Teoria Pura do Direito*. São Paulo: Martins Fontes, 1997, p. 261.

[352] A noção de uma *regra de reconhecimento* (*rule of recognition*) foi defendida por *Herbert Hart* no sentido de que existiria uma regra secundária e superior no sistema jurídico, que teria por função determinar quais as regras primárias ou de conduta que pertencem ao sistema, ou seja, que são válidas. Sobre o assunto, veja-se: HART, H.L. *The concept of law*. Oxford: Clarendon Press, 1994; RAWLS, John. Two concepts of rules, em FOOT, P. (Org.). *Theories of Ethics*. Oxford: Oxford Univ. Press, 1974 e SCHAUER, Frederick. *Playing by the rules: a philosophical examination of decision-making in law and in life*. Oxford: Oxford Univ. Press, 1998.

[353] Segundo *Sacha Calmon Navarro Coelho*: "No direito Tributário encontramos (...) normas de competência para instituir os tributos ou proibir o seu exercício, realizar a função fiscal, produzir atos administrativos (...)"; ver *in*: COELHO, Sacha Calmon Navarro. Teoria Geral da Obrigação Tributária *In*: TÔRRES, Heleno Taveira. *Teoria Geral da Obrigação Tributária. Estudos em homenagem ao Professor José Souto Maior Borges*. São Paulo: Malheiros, 2005, p. 563.

3.1.3. Pensamento Sistemático: sistema de direitos fundamentais

O pensamento sistemático irá compreender a Constituição como a norma jurídica mais importante no sistema jurídico, detentora de princípios, regras e valores jurídicos. A tributação passa a ser entendida como dever fundamental derivado do texto constitucional, e não apenas como obrigação derivada de lei. Conforme Ricardo Lôbo Tôrres: "tributo será considerado o dever fundamental estabelecido pela Constituição no espaço aberto pela reserva da liberdade e da declaração dos direitos fundamentiais".[354]

A centralidade da explicação dos deveres fiscais, por meio da legislação, foi explicada por Casalta Nabais em decorrência do fato que "os deveres fundamentais, por via de regra, não têm o seu conteúdo concretizado ou concretizável na Constituição, sendo, pois, deveres de concretização legal".[355] Para o autor tal situação faz compreender que o primeiro destinatário das normas constitucionais sobre o poder de tributar seja o legislador ordinário.

O pensamento sistemático irá entender a Constituição em sua natureza dúplice, tanto como Carta de Direitos (limitações ao poder de tributar), quanto como Carta de Competências (poder de tributar). De um lado como norma de atribuição de competências e de outro como norma de exclusão de competência tributária sobre determinadas condutas.

O pensamento sistemático difere dos momentos anteriores ao reafirmar a Constituição como sendo a norma mais importante na atribuição do dever fundamental de pagar tributos, bem como na compreensão desta como um sistema de princípios, regras e valores constitucionais.

Quadro Resumido
Da ideia de Constituição para o Direito Tributário

	Pensamento Conceitual	Pensamento Normativista	Pensamento Sistemático
Ideia de Constituição	política	jurídico-formal	jurídico-material
Sentido	distribuição de poder	repartição de competências	consagração de valores
Tributação	obrigação ex lege	norma jurídica	dever fundamental

---

[354] Cf. TÔRRES, Ricardo Lôbo. O Conceito Constitucional de Tributo In: TÔRRES, Heleno (Coord.). *Teoria Geral da Obrigação Tributária. Estudos em homenagem ao Professor José Souto Maior Borges*. São Paulo: Malheiros, 2005, p. 567.
[355] Cf. NABAIS, Casalta. A face oculta dos direitos fundamentais: os deveres e os custos dos direitos. *In:* NABAIS, Casalta. Por uma liberdade com responsabilidade. *Estudos sobre Direitos e Deveres Fundamentais*. Coimbra: Coimbra, 2007, p. 174.

3.2. DOS FUNDAMENTOS DO PODER DE TRIBUTAR

O poder de tributar recebeu no pensamento jurídico-tributário diferentes fundamentações, dependendo da matriz teórica escolhida. Assim, para o pensamento conceitual o poder de tributar será entendido como expressão da soberania fiscal, enquanto no pensamento normativo será compreendido como exercício da competência tributária e no pensamento sistemático como instrumento de financiamento dos direitos fundamentais.

O poder de tributar alimenta a impressão de ser um dado inquestionável na literatura tributária,[356] com ares de autojustificação. Salvo algumas considerações da doutrina, não se verificam grandes questionamentos sobre a legitimidade de tal poder. De igual modo, os fundamentos às limitações ao poder de tributar emergem como sendo, talvez, uma mera reação aos excessos do poder sem limites. O objetivo da presente é questionar essas duas visões corriqueiras.

Ordinariamente, o poder de tributar pode ser ligado tão somente à noção de "entrega". Poder de tributar significa, nesta acepção, tão somente "entregar dinheiro ao Estado" ou, dito de outra forma, o poder do Estado em retirar da esfera privada qualquer manifestação de riqueza ou rendimento, sob qualquer ou nenhum argumento.

O poder de tributar significa, neste aspecto, tão somente o poder de coerção do Estado. Nossa perspectiva não compartilha exatamente dos mesmos pressupostos, visto que para nós o Estado precisa de uma justificação e, tampouco, fundamenta-se somente em coerção, sendo esta apenas a exteriorização mais visível de seu poder. Se o Estado é reconhecido em situações-limite pelo uso da coerção, não é este o seu modo de existência, dado que inexiste um guarda ao lado de cada indivíduo para o cumprimento de cada norma. Igualmente importante é o fenômeno da persuasão.

No pensamento conceitual, o poder de tributar é entendido como sendo fruto do poder soberano. Nesse entendimento, o tributo é uma forma compulsória de transferência de riqueza privada para o Estado.[357] A justificativa para a tributação decorre da natureza própria do poder do Estado e do exercício do *jus imperii*. Há, nessa teoria, uma clara distinção entre Estado e indivíduo. Diversos autores nacionais e estrangeiros irão ressaltar a natureza política da relação entre tributos e o cidadão, assim para Antonio Berliri: "Direito Tributário é o ramo do direito que estabelece os princípios e as normas relativas à instituição, à aplicação e a à arrecadação dos impostos e das taxas, bem como à observância do monopólio

---

[356] Como exceções, podemos encontrar os estudos de *Klaus Tipke, James Buchanan, Geoffrey Brennan* e *Thomas Nagel*. *Klaus Tipke* no âmbito do Direito; *James Buchanan* e *Geoffrey Brennan* na Economia; e *Thomas Nagel* na Filosofia.

[357] Cf. MORSELLI: "l'imposta è uma cessione obbligatoria della ricchezza che trova fondamento e gisutificazione nell'esistenza del servizio pubblico generale e indivisible..."; ver *in*: MORSELLI, Emanuele. *Compendio di Scienza delle Finanze*. Padova: CEDAM, 1947, p. 27.

fiscal",[358] de outro lado para Rubens Gomes de Souza Direito Tributário é o "ramo do direito público que rege as relações jurídicas entre o Estado e os particulares, decorrentes da atividade financeira do Estado no que se refere à obtenção de receitas que correspondam ao conceito de tributos".[359]

Notamos claramente uma ausência de referências aos direitos fundamentais do contribuinte e à promoção de políticas públicas. Talvez uma das mais claras afirmações do poder de tributar como fenômeno político possa ser encontrado na definição de Morselli sobre impostos, como sendo "uma forma de obrigação patrimonial de indivíduos submentidos à potestade tributária de um ente público e oriunda diretamente do exercício do poder fiscal" (*l'imposta forma obbligazione patrimoniali di persona sottoposta alla potestà tributaria di un ente pubblico e nascente direttamente dall'esercizio di tale potestà*).[360] O autor chega a afirmar que num primeiro momento o tributo se constitui na vontade do Estado (voluntà dello Stato) criado de determinadas pretensões (*creativa di un determinabile numero di pretese*) originando uma relação de subordinação (*rapporti di sudditanza*). Esta vontade criativa se manifesta como um ato de imposição (*atto di imposizione*).

Em contraposição, ao poder do Estado torna-se necessário impor-se limitação ao poder. Tal entendimento geralmente parte de uma concepção moral deste exercício ou em favor do poder absoluto (ordem e legalidade como moralidade objetiva) ou do indivíduo (o Estado como mal ante o bom indivíduo). Esta clara divisão de interesses entre Estado e indivíduo decorre de noções históricas, morais, filosóficas ou valorativas. Defensores de um ou de outro ponto de vista realçaram os elementos fundamentais de seus argumentos, explicitando uma clara distinção entre indivíduo e Estado.

Pelo critério lógico-histórico travaram os partidários de um ou de outro ponto de vista que, inicialmente, surgiu o indivíduo e, posteriormente, o Estado, através de um contrato social; ou o contrário, de que, inicialmente, surge a comunidade e, posteriormente, aparece a noção de indivíduo destacado da ordem social. Independente da filiação inicial, o certo é que não há como se negar a existência do indivíduo como realidade independente da ordem social, bem como da necessidade de cooperação social por parte dos sujeitos individuais.

Tentam, por outro lado, os partidários de uma ou de outra noção apresentar a nobreza moral de um ou outro ponto de vista metodológico. Os partidários do individualismo metodológico tratam de afirmar que a liberdade, a igualdade e a solidariedade decorrem de uma ação humana individual e autônoma, que, ao escolher a decisão a ser tomada, fundamento o privilégio à ação sem obstáculos ou interferências. De outra parte, o coletivismo metodológico parte do pressuposto

---

[358] Cf. BERLIRI, Antonio. *Corso Instizionale di Diritto Tributario*. Milano: Dott A. Giuffrè, 1965, vol. I, p. 1 e 2.

[359] Cf. SOUZA, Rubens Gomes de. *Compêndio de Legislação Tributária*. Rio de Janeiro: Edições Financeiras, 1954, p. 17 e 18.

[360] Cf. MORSELLI, Emanuele. *Corso di Scienza della Finanza Pubblica*. Vol. Primo, Padova: CEDAM, 1949, p. 131.

de que a natureza humana contém o mal, ou seja, a possibilidade potencial de realização de danos ao próximo e, portanto, o indivíduo abdica de parte de sua liberdade em prol da segurança e dos direitos civis.

Nesse momento, o grande debate a ser travado é entre o alcance do exercício do jus impositionis e o estabelecimento das limitações ao poder de tributar. Trata-se de um esforço no estabelecimento de limites ao poder do Estado, tal como o dos direitos civis básicos que buscam barrar a ação estatal abusiva.

No pensamento normativista, por outro lado, o poder de tributar é o exercício da competência tributária. Para esta corrente, o poder de tributar é o exercício de uma competência normativa, amparada em procedimentos e regras previstos no ordenamento jurídico. Somente será legítima e justificável a norma jurídica criada em conformidade com o sistema jurídico. Os questionamentos acerca da justiça do poder de tributar ou das limitações ao poder de tributar caracterizam-se como sendo irrelevantes para o Direito, sendo mero capítulo da Moral ou da Política.

O grande debate estabelecido no Direito não é sobre os conflitos entre indivíduo e Estado, mas sobre os dilemas decorrentes da consistência do sistema jurídico, sobre a validade e eficácia das normas e sobre o seu mau entendimento. O esforço do jurista e, inclusive, do tributarista é encontrar a correta compreensão do fenômeno de incidência tributária e verificar o mau uso da linguagem jurídica.

A noção de indivíduo será substituída por sujeito de direito (contribuinte e fisco), e a noção de Estado estará substituída por ordenamento ou sistema tributário. As origens históricas deste modelo pouco interessam. O relevante estará na definição de sua origem lógica, se em uma norma fundamental ou de reconhecimento, ou em uma rede de normas. Será a origem lógica que irá determinar os mecanismos sintáticos (gramaticais) de correta compreensão do discurso jurídico.

Não existirão questionamentos morais ou éticos sobre a natureza do direito e das normas, visto que inexiste objetividade em tais considerações. O sistema jurídico poderá adotar quaisquer fundamentos éticos ou morais, faltando qualquer critério de mensuração (incomensurabilidade) sobre o valor ético de uma ou outra concepção. A problemática ética (axiológica) é substituída pela jurídica pura (deôntica).

No pensamento sistemático, o poder de tributar configuraa concretização de um valor, ou seja da contribuição à manutenção da esfera pública de liberdade e igualdade. A ideia desenvolvida em inúmeros debates jurídicos no século XX está na verificação de possibilidade sobre a legitimidade do discurso jurídico sobre a justiça. Três ideias irão transparecer de modo imediato: i) a justiça como critério de validade do sistema jurídico e das normas particulares (direito porque justo); ii) o direito como critério de identificação da justiça (justo porque legal) e iii) o direito como instrumento de realização da justiça (direito para justiça).

No terceiro caso, o direito não tem seu fundamento de validade na justiça, seja em termos de sistema ou de normas particulares. Tanto as normas, como a própria ordem podem ser injustas e isso não irá retirar o seu caráter jurídico.

De outro lado, haverá uma exclusão do tema da justiça da agenda do Direito. A justiça não será um tema externo ao jurídico, pertencente à ética ou política, mas um tema jurídico. O fundamento da exclusão do problema da justiça encontra-se na sua relatividade conceitual. Dado que não podemos afirmar o que é a justiça ou, o justo, e dado que o direito possui uma unidade básica identificável (norma), então a justiça deve ser um tema pré-jurídico.

Ademais, não há como negar o caráter relativo do sentido da justiça, mas também não há como negar que existe um mínimo de significação atribuída a esta, e é sobre tal característica inicial, de um mínimo de sentido intransitivo, ou seja, que não pode assumir qualquer significação, que podemos afirmar que o relativismo conceitual não implica em um niilismo conceitual.

A tarefa dos juristas não é encontrar fundamento de validade no Direito, nem de encontrar neste uma identificação objetiva com a justiça, mas encontrar, no sistema jurídico, um meio de realização desta, através da agregação de sentidos (históricos, controversos e diversos) ao mínimo de sentido que a "justiça" exige.

Dado que o problema da justiça faz parte da preocupação do jurista e que este é um dos elementos que devem compor as proposições jurídicas, a questão dirigir-se-á para o conceito mínimo de justiça, sua função na ordem e unidade do sistema jurídico, bem como no discurso jurídico.

O pensamento sistemático produzirá uma superação do dilema entre indivíduo e coletividade e procurará uma nova síntese na cooperação à manutenção da esfera pública de liberdade e igualdade.

3.2.1. Pensamento Conceitual: do tributo como expressão da soberania fiscal à sua compreensão como relação jurídica

O pensamento conceitual irá evoluir de uma compreensão do poder de tributar, assentada tão somente na ideia de soberania fiscal e irá evoluir, para uma compreensão do poder fiscal como fenômeno jurídico (relação jurídico-obrigacional).

3.2.1.1. Pensamento Conceitual: do tributo como expressão da soberania fiscal

A ideia de que o Direito Tributário está fundamentado em uma noção de soberania ou de poder[361] encontra-se em diversas escolas sobre o direito tributário. Cabe esclarecer que a própria ideia de soberania fiscal não é algo pacífico, sendo

---
[361] Cf. NETO, Manoel Cavalcante de Lima. *Direitos Fundamentais dos Contribuintes*. Recife: Nossa Livraria, 2005, p. 20.

que existem várias acepções para este conceito, tais como: i) delimitação de esferas tributárias; ii) definição de regimes legais ou iii) capacidade de realização de múltiplos atos da fiscalidade.

Historicamente, a ideia de soberania fiscal está vinculada à noção de território, dessa forma, o príncipe por direito de conquista ou de defesa seria o proprietário de toda a terra. Este por sua vez poderia ceder parte deste solo a outrem a título perpétuo ou não, exigindo em troca o pagamento de uma contraprestação periódica e perpétua. Esse pagamento teria a natureza assemelhada a um foro enfitêutico, sendo uma espécie primitiva de imposto real. Essa ideia adentra no pensamento público sob a forma da teoria do domínio eminente do princípio.[362]

A doutrina italiana elaborou os conceitos de "potestà finanziaria" e de "potestà tributaria", que foram traduzidos no espanhol por "potestad tributaria". Para Giannini, a "potestà finanziaria" pode ser definida como um dos aspectos do poder de império do Estado, para Berliri a "potestà tributaria" é o poder de criar impostos, é o poder de legislar em matéria tributária e coincide com o poder soberano do Estado.[363] Para Renato Alessi, a "potestà finanziaria" se estende igualmente ao plano concreto da administração fiscal, posição igualmente adotada por Hensel.

Para Pedro Soares Martínez, citando as palavras de Liccardo, é necessário distinguir a soberania fiscal da "potestà tributaria",[364] situando a primeira junto à expedição de comandos legais, e a segunda, no plano dos direitos tributários de crédito. Trata-se de algo duvidoso, conforme o autor, que exista a necessidade de se elaborar uma teoria do poder tributário em relação à cobrança de créditos fiscais.

Vejamos a seguir as diversas teorias que fundamentam a fiscalidade na ideia de soberania, dentre as quais podemos citar: i) do imposto como uma relação de forças (*Abgabengewaltverhältnis*) de Schneider e Bühler; ii) da Escola da Dinâmica Tributária,[365] da Escola de Roma e por Gian Antonio Micheli; iii) da Escola das Escolhas Públicas, de Knut Wicksell e James Buchanan; iv) da Escola do Estado Fiscal como poder monopolístico (*Teoria della illusione finanziaria*), de Amilcare Puviani e v) da Escola austríaca da tributação como "servidão moderna", de Ludwig von Mises e Friedrich A. Hayek.

3.2.1.1.1. Imposto como uma relação de forças (Abgabengewaltverhältnis)

Esta escola será defendida especialmente por Schneider[366] e Bühler.[367] Este pensamento irá igualmente influenciar a escola marxista, que irá ver no tributo

---

[362] Cf. MARTÍNEZ, Pedro Soares. *Manual de Direito Fiscal*. Coimbra: Almedina, 1983, p. 72.
[363] Idem, p. 67.
[364] Idem, p. 68.
[365] Sobre o assunto, veja-se: TÔRRES, Heleno. Contribuições da Doutrina Italiana para a Formação do Direito Tributário brasileiro. In: Schoueri, Luís Eduardo. *Direito Tributário*. v. II. São Paulo: Quartier Latin, 2003, p 1157.
[366] Cf. SCHNEIDER, Franz. *Das Abgabengewaltverhältnis*. Tübingen: Mohr, 1918.
[367] Cf. BÜHLER , O. *Lehrbuch des Steuerrechts*. Berlin: Franz Vahlen, 1927.

uma forma de manifestação do poder. Segundo Marx, em o *18 Brumário*: "O imposto é a fonte de vida de toda a máquina do Poder Executivo. Governo forte e pesados impostos são sinônimos".

Nesta escola o tributo se definia quase exclusivamente em função da lei, de tal modo que a lei impõe a sua exigência, sem a necessidade de qualquer outro título para dar nascimento à obrigação tributária, de tal forma que o dever geral de pagar tributos seria uma fórmula destituída de qualquer sentido ou valor jurídico.[368]

Em sentido ligeiramente diverso, mas acatando com todo o vigor o entendimento de que o tributo nada mais é do que uma expressão da soberania (*suprema potestas*), defendido por Bernardo Ribeiro de Morais.

Esta escola irá encontrar no pensamento germânico um sentido um pouco diverso, mas partilhará dos mesmos pressupostos teóricos, sendo denominada de teoria absoluta do Estado. Para esta compreensão o dever de pagar tributos decorre da submissão do indivíduo à soberania do Estado, de tal modo que não existiria um fundamento específico para o tributo, salvo o próprio poder soberano do Estado. Ao tratar do tema, entendeu Bernardo Ribeiro de Morais que:

> O poder fiscal é inerente ao Estado, fazendo parte de sua soberania (o todo). Sendo soberano, o Estado pode impor sua vontade aos súditos, inclusive exigir tributos. O dever de pagar tributos nasce, naturalmente, do fato do indivíduo sujeitar-se ao Estado. Assim postulam Helferich, Santi Romano e diversos autores. O Estado cobra tributos em virtude da soberania que exerce sobre todos os seus súditos, os quais devem pagá-los independentemente de qualquer vantagem a ser auferida. Esta última corrente é por nós admitida.[369]

Este autor irá, contudo, afirmar que a manifestação do poder fiscal se realiza por meio de normas jurídicas, de tal modo que apesar de que na sua "(...) essência o poder fiscal constitua faculdade ínsita da própria soberania, o Estado somente pode utilizar-se de tal poder através da sua supremacia outorgada a um de seus órgãos (...) o tributo, assim não representa mais uma imposição exigida arbitrariamente do contribuinte, à semelhança da submissão do vencido ao vencedor como era antigamente. O tributo, nos dias de hoje, representa um instrumento jurídico do Estado para auferir as receitas que necessita para poder atender aos seus fins. No Estado moderno, isso somente se justifica quando permitido por lei, através de órgão estatal devidamente autorizado".[370]

No pensamento desse autor, como se pode notar, existem traços de um normativismo puro, onde a norma é mera expressão do poder coativo do Estado, sem

---

[368] Cf. TÔRRES, Ricardo Lôbo. *Curso de Direito Financeiro e Tributário*. Rio de Janeiro: Renovar, 2005, p. 233.
[369] Idem, p. 121-122.
[370] Idem, p. 122.

nenhuma referência ético-política.[371] Assim, afirmava categoricamente o autor que: "o poder fiscal é utilizado pelo Estado, quando este elabora a norma jurídica tributária". Assim, assegura o autor que o "(...) poder fiscal e a competência tributária, concretizando-se através da norma jurídica, não representa mais uma *relação de força* ou de poder (soberania)"[372] (grifos nossos).

Como se pode notar, a ideia de tributação como mera relação de forças intermediada pela lei será o sustentáculo ideológico do pensamento normativista. O positivismo irá tomar o pressuposto neutro da ideia de tributação como exercício do poder e irá lhe acrescentar as feições próprias do fenômeno jurídico, preocupando-se exclusivamente com a questão da incidência da norma tributária, relegando, desse modo, o problema das escolhas valorativas para o plano pré-jurídico.

A incapacidade desta teoria de entender o fenômeno tributário em um Estado Democrático de Direito será latente, visto que o postulado da neutralidade esconde a real natureza das normas jurídicas em uma sociedade plural, visto que o sistema jurídico deverá ser portador e protetor de determinados valores jurídicos escolhidos pela sociedade.

3.2.1.1.2. Escola da Dinâmica Tributária

Esta abordagem[373] foi estabelecida pela Escola de Roma e por Gian Antonio Micheli e seus colaboradores, tais como Augusto Fantozzi, Franco Gallo e Andréa Fedele. Conforme Heleno Tôrres, "(...) é a teoria do procedimento impositivo, segundo o qual o Direito Tributário seria essencialmente dinâmico, não podendo construir-se apenas sobre um conceito estático como o de relação jurídica; antes, deve seguir afirmando-se sobre um conceito dinâmico, como o de atividade tributária, no qual função e poder são manifestações típicas e necessárias. O fenômeno tributário consistiria, então, numa transferência coativa de recursos, de particulares aos entes públicos (...)".[374] O Direito Tributário seria antes uma relação de poder do que uma relação jurídica. Claramente nos afastamos destes argumentos, visto que para nós o Direito Tributário é muito mais do que uma expressão da soberania do Estado, sendo propriamente uma resultante do equilíbrio entre os direitos fundamentais e o dever fundamental de pagar tributos.

---

[371] No mesmo sentido, entende *Franz von Myrbach-Rheinfeld*: "Lês impôts publics sont, au point de vue juridique, des prestations pécuniaires aux personnes publiques, que la loi impose em vue de certaines hypothèses déterminèes, sans qu'il y ait besoin d'um autre titre pour donner naissance à l'obligation. Que la loi qui crée l'obligation vise, ou non, l'hypothèse d'une contra-prestation dèterminée, d'un service determine rendu au contribuable, peu importe au point de vue juridique"; ver *in*: MYRBACH-RHEINFELD, Franz Von. *Précis de Droit Financier*. Paris: V Giard & E. Briere, 1910, p. 115.

[372] Idem, p. 123.

[373] Sobre o assunto, veja-se: TÔRRES, Heleno. Contribuições da Doutrina Italiana para a Formação do Direito Tributário brasileiro. *In*: SCHOUERI, Luís Eduardo. *Direito Tributário*. v. II. São Paulo: Quartier Latin, 2003, p 1157.

[374] TÔRRES, Heleno. Contribuições da Doutrina Italiana para a Formação do Direito Tributário brasileiro. *In*: Schoueri, Luís Eduardo. *Direito Tributário*. v. II. São Paulo: Quartier Latin, 2003, p 1157.

Essa teoria questiona os fundamentos do Direito Tributário, tais como: i) relação tributária; ii) obrigação tributária e iii) tributo. Para essa teoria, a relação tributária nada mais é do que um feixe de relações instrumentais vinculadas ao poder de imposição conferido pelo ordenamento à Administração e, por outro lado, dever geral de submissão ou de concorrer para o sustento público, pelo contribuinte. Assim, inexiste uma verdadeira relação jurídica, havendo tão somente deveres específicos e particulares dirigidos ao exercício do poder de tributar.

A obrigação tributária possui um sentido essencialmente particular nesta concepção. Não há uma verdadeira relação jurídica entre administrado e Administração, mas uma relação de poder. Não podendo falar-se, portanto, na existência de uma relação de igualdade entre credor (Estado) e devedor (contribuinte), tal como na doutrina de Direito privado.

O tributo será considerado, nessa teoria, como expressão da soberania, estando vinculado à noção de poder-dever e não de crédito e débito do Direito Privado.[375]

As críticas a serem formuladas à essa concepção são nítidas. Do ponto de vista metodológico, a tentativa de encontrar, no conceito de soberania, o critério de justificação e correção para o discurso jurídico-tributário demonstra-se claramente insuficiente e incapaz de explicar a natureza do Direito Tributário. O conceito de soberania é, cada vez mais questionado como uma entidade metafísica e sem conteúdo concreto. O próprio Direito Internacional demonstrou a falência desse conceito para explicar a realidade internacional, tendo sido superado pela noção de competência. A tentativa de compreender a realidade através do uso de conceitos acaba identificando o conceito com a essência que se deseja descrever e, ao final, produz-se uma substituição da realidade pelo próprio conceito. No final, o discurso jurídico torna-se uma cadeia conceitual, que, multiplicando-se, se afasta cada vez mais da realidade, até que o conceito se transforma numa pálida derivação da essência inicial.

3.2.1.1.3. Escola das Escolhas Públicas

Essa escola tem como autor inicial Knut Wicksell,[376] famoso economista sueco, que influenciou significativamente o trabalho de James Buchanan.[377] Em uma de suas obras mais importantes, o autor defendeu, em 1896, a tese de que a

---

[375] Cf. TÔRRES, (2002, p. 1157).
[376] Johan Gustaf Knut Wicksell, economista sueco (20.12.1851 – 03.05.1926). Principais obras: *Lectures on Political Economy*, I. 1901. Translated by E. Classen. 1934; *Lectures on Political Economy*, II. Translated by E. Classen. 1935; *Value, Capital and Rent*. 1893. Translated by S. H. Frowein, 1954. Reprint. 1970 e *Finanztheoretische Untersuchungen nebst Darstellung und Kritik des Steurewesens Schwedens*. Jena: G. Fischer, 1896.
[377] Outro autor influenciado por Knut Wicksell foi Erik Lindahl, que também estudou na Universidade de Lund e foi um dos grandes economistas suecos. Dois grandes seguidores de Lindahl são John Hicks (1939-1965) e Friedrich Hayek (1941). Suas principais obras são: *Die Gerechtigkeit der Besteurung*, (1919), (traduzida como "Just Taxation: A positive solution", 1958); *Some Controversial Questions in the Theory of Taxation; Scope and*

tributação seria justa quando o cidadão recebesse o valor pago em tributos sob a forma de serviços públicos durante sua vida.[378] Assim, durante alguns anos de sua vida o cidadão pode pagar mais ou menos tributos e receber no outro ano mais serviços e investimentos públicos, que irão compensar os tributos pagos. Para um contribuinte racional, a tributação deve ser vista como um bom negócio, onde existe um equilíbrio razoável entre o que é pago em tributo e o que se recebe em investimentos e serviços públicos (rational citizen the payment of taxes should be a good deal).[379]

Para Buchanan, o Estado democrático sofre de um paradoxo fundamental. Para ele, as pessoas tendem, na medida em que há um aumento na transferência, a buscar seus interesses imediatos e particulares de classe, grupo, região, profissão, ocupação ou atividade. Desse modo, existe uma contradição fundamental no Estado Democrático, visto que haverá sempre uma crescente demanda por distribuição localizada de recursos e uma capacidade limitada de arrecadação fiscal e financiamento do Estado. O paradoxo de demandas crescentes e resistências à tributação sofre nas disputas entre exigências por distribuição orientada e exigências por justiça e equidade (*equity or justice*). Muitas das crises fiscais do Estado Democrático se referem à ausência de solução por essas demandas.[380] Igualmente, ocorrerá uma crise de legitimidade do Estado moderno, visto que a utilização de mecanismos públicos e gerais para a geração de distribuição de recursos para grupos particulares importará em uma crise de legitimidade do Estado Moderno.

3.2.1.1.4. Escola do Estado Fiscal como poder monopolístico (Teoria della illusione finanziaria), de Amilcare Puviani

A escola da ilusão fiscal no Estado monopolístico (*Teoria della illusione finanziaria*) tem seus primórdios com os estudos de Amilcare Puviani, que fazem parte da mais renomada tradição fiscalista italiana e se constituem na história da

---

Means of Monetary Policy (1929); *The Concept of Income* (1933) e *Sweden's Monetary Policy and Tax Policy After the War* (1943).

[378] Cf. WICKSELL, Knut. *A new principle of just taxation*, 1896. Traduzido por Musgrave, Richard e Peacock, A. T. 1958, p. 72-118 da obra original: *Finanztheoretische Untersuchungen*.

[379] Discurso realizado por *Waldemar Ingdahl* no *Danish Markedscentret* sobre: "Conference on Tax Harmonization, financial privacy, and other attacks on our liberty", em Copenhagen, dia 09 de agosto de 2003. Disponível em: http://www.eudoxa.se/content/archives/2003/08/knut_wicksell_a.html, Acesso em: 01.08.06, às 17 h.

[380] Cf. Buchanan: "I suggested that this feature of modern politics is exhibited particularly when fiscal redistribution, in the form of tax-financed welfare transfers, is implemented through the authority of polities with large constituencies. Persons will tend, and increasingly so as the transfer sector expands, to ehave in the narrow interests of their own perceived class, group, geographic district, profession, occupation, or industry. As a consequence, the modern welfare state, which might have remained viable either in smaller politiesor at lower levels of transfer, may founder in the sense that demands for entitlementlike transfers may exceed the revenues that persons, as taxpayers, are willing to generate. Claimancy for transfer on the one hand, and resistance to taxation on the other, maybe motivated more bu targeted distributional objectives than by any generalized considerations for equity or justice. The observed fiscal crises in modern welfare democracies maybe traceable in no small measure to the working out of these effects"; ver *in*: BUCHANAN; MUSGRAVE, Op. cit., p. 122.

tributação em uma expressiva vertente de contribuições. Os estudos de Puviani são fundamentados na premissa de que o Estado é um agente "monopolístico", ou seja, é uma agência formada por um grupo de pessoas que possui poder e o exerce sobre outro grupo de pessoas. Esta concepção, dividida em uma classe política dominante e outra dominada, tem seus fundamentos em autores tais como Mosca e Pareto e, apesar de sua semelhança com a tese marxista, trata-se de uma concepção política e não econômica.[381]

A proposta de Puviani é mais uma teoria da "reação fiscal" (*fiscal reaction*) do que uma teoria das "escolhas fiscais" (*theory of fiscal choice*). A neoclássica formulação da tributação como "menor sacrifício agregado" (*least aggregate sacrifice*) é reformulada sob a forma da classe dominante encontrar meios em minimizar a resistência do contribuinte ao pagamento de tributos e sua transferência para os governantes. O objetivo principal da classe dominante é passar a impressão que está tributando menos e transferindo mais investimentos públicos para o contribuinte.

3.2.1.1.5. Escola austríaca da tributação como "servidão moderna", de Ludwig von Mises e Friedrich A. Hayek

Para Ludwig von Mises,[382] a preocupação central da literatura tributária tem sido centrada na busca da justa tributação e não da tributação neutra (*neutral tax*). Para o autor, a tributação deve significar, contudo, tão somente uma forma de financiar na menor medida possível os gastos do governo, produzindo o menor número possível de efeitos secundários.

Para Mises, entretanto, a existência de uma verdadeira tributação neutra[383] em uma economia de mercado em transformação é um fato irrealizável, mas que deve ser buscado de modo a alcançar um correto sistema tributário.

Friedrich A. Hayek[384] é considerado o líder da denominada Escola Austríaca, que possui posições muito importantes sobre o fenômeno da tributação em uma

---

[381] Ver *in:* BUCHANAN, James. *Public Finance in Democratic Process: Fiscal Institutions and Individual Choice.* Item 4.10.7. Disponível em: http://www.econlib.org/library/buchanan/buchCv4Contents.html. Acesso em: 05 de agosto de 2006, às 21 h.

[382] Ludwig von Mises (1881 – 1973) foi um dos mais renomados autores da chamada Escola Austríaca, sendo que a sua obra mais importante *Ação humana* (*Human Action: a treatise on economics*. Chicago: Contemporary Books, 1966) foi publicada em 1949. Sua tese sobre a ação humana e economia parte da noção de *catalática* ou economia da sociedade de mercado e tenta explicar como se formam os preços. Foi professor em Viena, no *Institut Universitaire dês Hautes Etudes Internationales* (Genebra) e New York.

[383] Taxation is a method of government interference with business. A tax is the more satisfactory the less neutral it is and the more it serves as a device for diverting production and consumption from those lines into which the unhampered market would have directed them.

[384] Friedrich August von Hayek, nascido em 08 de Maio de 1899 e falecido em 23 de Março de 1992 foi o maior representante da denominada Escola Austríaca. Suas contribuições se estendem por diversas áreas do conhecimento, tais como: a psicologia, a teoria do direito, a economia e a política. Em 1974, foi ganhador do prêmio Nobel de Economia, juntamente com o Gunnar Myrdal. Suas principais contribuições estão no entendimento da sociedade e da economia como um sistema complexo e adaptativo, incapaz de ser planejado por qualquer mente ou instituição humana, em virtude dos limites da racionalidade humana. Estudou na Universidade de Viena e foi

economia de mercado.³⁸⁵ Os trabalhos dele sobre o papel da política fiscal estão centrados no seu entendimento dos limites da racionalidade, da função das normas e nos limites da regra da maioria. Suas contribuições se aproximam bastante dos estudos de James Buchanan.

Com o propósito de descrever a realidade, a pirâmide conceitual passa a produzir um domínio sufocante sobre o discurso jurídico. Afinal, se a realidade não consegue adequar-se perfeitamente o conceito, que se mude a "realidade" e se preserve a beleza e coerência do sistema. Em um combate revolucionário aos exageros do pensamento conceitual, surge o pensamento normativista, procurando encontrar conceitos claramente justificáveis. Em uma posição nitidamente crítica, o positivismo denuncia a metafísica do discurso vigente e a falsidade da adoção de premissas não demonstráveis (não justificáveis).

Por conta deste relativismo quanto aos valores, o positivismo substitui a noção de soberania: ambígua e vazia; pela clara noção de competência. Esta é parte da ideia de procedimento de produção de normas jurídicas prevista no ordenamento jurídico.

3.2.1.1.6. Denominação da Disciplina: Direito Fiscal e Direito Tributário

Durante uma determinada época, a denominação da disciplina demonstrou-se indecisa, sendo que atualmente a esmagadora maioria da doutrina já consolidou a aceitação da designação Direito Tributário.³⁸⁶ A denominação Direito Fiscal salienta o entendimento da disciplina vinculada aos propósitos financeiros do fisco em realizar a arrecadação de tributos.

A denominação "fiscal" é usada por estrangeiros como Gualterio Monacelli, Louis Trotabas, François Geny, Sainz de Bujanda, entre outros, e no Brasil pelos autores Mário Accioly (1936), F. Sá Filho (1942), Augusto Maciel (1937), Ademar Ferreira (1949), J. Martins Oliveira (1943), Monteira Pessoa (1932), entre outros. Como se pode notar, trata-se, especialmente, de autores dos anos 30 e 40. Os anglo-americanos utilizam a denominação *Tax Law*; os italianos utilizam *Diritto Tributario*, e os alemães, *Steuerrecht* (Direito dos Tributos) e *Abgaberecht* (Direito Tributário).

A denominação fiscal também foi utilizada pela IFA (*International Fiscal Association*), bem como os franceses com a denominação *Droit Fiscal*.³⁸⁷

---

o primeiro diretor do Instituto Austríaco de Pesquisas Econômicas. Foi professor em Londres, na Universidade de Chicago e na Albert-Ludwigs Universität em Freiburg.

[385] Cf. SPICER, Michael W. On Friedrich Hayek and taxation: rationality, rules, and majority rule. *National Tax Journal*. Evanston: Northwestern University; Mar, 1995, vol. 48 Issue 1, p103-112.

[386] Dentre os autores nacionais que originalmente adotaram esta denominação encontramos: Rubens Gomes de Souza, Ruy Barbosa Nogueira, Antônio Roberto Sampaio Dória, Gilberto Ulhôa Canto, Aliomar Baleeiro, Amílcar de Araújo Falcão, Alfredo Augusto Becker, José Geraldo Ataliba Nogueira e José Souto Maior Borges.

[387] Cf. FANUCCHI, Fábio. *Curso de Direito Tributário*. v. I. São Paulo: Resenha Tributária, 1975, p. 14-15.

3.2.1.2. Pensamento conceitual: tributo como relação jurídica

As tentativas de se compreender o fenômeno da tributação como sendo um fenômeno jurídico e não meramente ético-político remontam à doutrina do imposto como uma relação de direito (*Rechtsverhältnis*), que tinha como defensores Hensel,[388] Nawiasky,[389] Blumenstein[390] e Giannini.[391]

3.2.1.2.1. Concepção contratual do tributo

As teorias jurídico-contratuais do tributo passam a entender o tributo como uma relação contratual, com obrigações recíprocas. A ideia contratualista do tributo tem seus fundamentos políticos e econômicos na ideia de benefício, ou seja, o cidadão paga tributos na proporção dos benefícios que aufere com a existência de um governo. Boa parte dessa concepção pode ser encontrada em Grotius, Pufendorf, Hobbes, Locke, Rousseau e Adam Smith.[392] Dentre as diversas teorias, podemos citar:[393]

i) *Teoria do Preço de Troca*: para estes autores, o imposto nada mais significa do que uma compensação aos contribuintes pelos serviços que auferem do Estado. Esta teoria entende que o tributo é um preço que remunera os serviços utilizados, de tal modo que lhes atribuem um caráter jurídico-contratual. Para Paul Leroy-Beaulieu[394] e Thiers[395] o tributo nada mais é do que uma compensação dos tributos pelos serviços que lhes presta o Estado. Assim, cada cidadão deveria pagar o preço justo dos serviços que recebe da sociedade. O tributo seria um mero preço que remunera o Estado na denominada Teoria do Preço de Troca.

A teoria do imposto como troca irá surgir igualmente como reação à teoria do imposto como seguro da classe proprietária e irá afirmar que o tributo não pode significar somente uma forma de remuneração pelo benefício de proteção ideológica de uma classe, mas deve se estender para garantir serviços públicos universais, tais como praças, jardins, saúde pública, educação, estradas, etc. Essa teoria foi defendida por Simonde de Sismondi, mas também e, principalmente, por Proudhon ao declarar a ilegitimidade da conduta das classes mais abastadas em usar a força para proteger seus interesses egoísticos. Trata-se de alargamento

---

[388] Albert Hensel (1895 -1933). Dentre as suas principais obras se destacam: *Der Finanzausgleich im Bundesstaat in seiner staatsrechtlichen Bedeutung* (1922) e Steuerrecht (1924-33).

[389] Cf. NAWIASKY, Hans. *Steuerrechtliche Grundfragen*. München, 1926.

[390] Cf. BLUMENSTEIN, Ernest. *Die Steuer als Rechtsverhaltnis*. Festgabe für G.v. Scanz. Tübingen: Mohr, 1928.

[391] Cf. GIANNINI, A. D. *Instituciones de derecho tributario*. Madrid: Derecho Financiero, 1957.

[392] Cf. NAGEL, Thomas *et* MURPHY, Liam. *O mito da propriedade*. São Paulo: Martins Fontes, 2005, p. 22.

[393] Cf. VILLEGAS, Héctor. *Curso de Direito Tributário*. São Paulo: RT, 1980, p. 11.

[394] Cf. LEROY-BEAULIEU, Paul. *Traité de la science des finances*. 8ª ed. Paris: Félix Alcan, 1912 e Leroy-Beaulieu, Paul. *Précis d'économie politique*. 20ª ed. Paris: Delagrave, 1922.

[395] Louis Adolphe Thiers (1797 – 1877).

do princípio do benefício para além da mera segurança da classe burguesa, para atingir a toda a sociedade.[396] São defensores dessa teoria:[397]

- Mirabeau defendeu em sua "Teoria do Imposto", de 1766, que: "o imposto é o preço pelas vantagens que a sociedade concede aos indivíduos";
- Proudhon, em sua "Théorie de L'Impôt", de 1861, afirmou que: "o imposto é uma troca na qual o Estado presta os serviços e o indivíduos dinheiro";
- Thiers, em sua obra "De la proprieté", defende que: "O que é a sociedade? Sociedade onde cada um tem ações, mais ou menos, e onde é justo que cada um contribua na proporção ao número que possuem";
- Paul Leroy-Beaullieu, em sua "Traité de la science dês finances", afirmou que: "A função do Estado, por meio do imposto consiste em pagar a cada um o preço justo pelos serviços que recebe da sociedade e a justa parte que incumbe em suas dívidas sociais";
- Para Oliver Holmes o tributo era considerado o preço que pagamos pela civilização.

Segundo Sérgio Vasques, a teoria do imposto de troca adquiriu ampla expressão em Portugal por meio das defesas de Joaquim José de Oliveira Valle (Finanças – Estudo sobre o imposto em particular – 1866) e Lopo Vaz de Sampaio e Mello (Theoria do Imposto – 1866), de que os impostos são a contrapartida pelos serviços de higiene, viação, canalização, iluminação, proteção, etc.[398] A teoria do imposto-troca em Portugal irá se afastar do socialismo acadêmico de Proudhon, mas irá aceitar a expansão de sentido da teoria do benefício para toda a sociedade. Sobre o tema veja-se, igualmente, o importante estudo de Sérgio Vasques sobre Eça de Queiroz e os Impostos.[399]

Cabe notar que nem toda afirmação de que o tributo é um preço representa uma adesão literal a uma teoria contratualista. Para alguns autores esta afirmação deve ser levada a sério literalmente como adoção de uma concepção privatista do tributo, para outros surge como metáfora para a relação bilateral entre o Estado e o particular, que se forma por conta do tributo. Tanto para um caso quanto para o outro afirmamos que a denominação de preço do tributo não se justifica, primeiro porque a civilização, a liberdade, a igualdade, a segurança e o *status civitatis* não têm preço. Segundo, porque não se trata de algo a ser adquirido *do* Estado, mas fornecido *pelo* Estado. Considerar de modo diverso é entender o tributo como a expropriação de riqueza de um grupo por outro, que joga algumas migalhas aos dominados. Talvez este conceito se aproxime da noção de "bandido estacionário" e do surgimento do Estado, mas de modo algum abarca o tributo na sociedade moderna sob o manto do Estado Democrático de Direito.

---

[396] Sérgio Vasques cita a obra de *Simonde de Sismondi*, intitulada "Nouveaux Principes d'Économie Politique". Ver *in*: VASQUES, Sérgio. *O Princípio da Equivalência como critério de Igualdade Tributária*. Coimbra: Almedina, 2008, p. 265.

[397] Cf. JUANO, Manuel de. *Curso de Finanzas y Derecho Tributario*. Tomo I, Parte General. Rosario: Molachino, 1969, p. 296-297.

[398] Cf. VASQUES, Sérgio. *O Princípio da Equivalência como critério de Igualdade Tributária*. Coimbra: Almedina, 2008, p. 266.

[399] Cf. VASQUES, Sérgio. *Eça de Queiroz e os Impostos*. Lisboa, 2001.

ii) *Teoria da retribuição pela segurança*: para autores como Montesquieu e Bodin, os impostos são os pagamentos que os indivíduos pagam, como contraprestação pela segurança que o Estado proporciona aos seus súditos. O imposto é a retribuição paga pelos proprietários para assegurar contra qualquer risco que alguém perturbe a sua posse das coisas. Para Bodin: "o imposto é o preço necessário pela proteção acordada entre o soberano e seus súditos" e para Montesquieu "imposto é uma porção que cada cidadão entrega de seus bens ao Estado para assegurar a proteção do restante".[400]

Para a teoria da retribuição pela segurança o que os indivíduos realmente pagam para o Estado é a contraprestação pela segurança oferecida.[401] Assim, o tributo seria a remuneração daqueles que possuem propriedade para que esta seja protegida de qualquer risco de perturbação. Essa teoria tem sido defendida por Montesquieu e Bodin. Esta escola será reformada com as releituras liberais sobre os fundamentos do Estado-mínimo e do papel do Estado como garantidor da paz e da segurança da propriedade e dos contratos. A tese mais conhecida foi denominada de imposto-seguro (*impôt-assurance* ou *Versicherungstheorie*), e afirmava que o imposto era a remuneração que os particulares pagavam para terem a garantia de sua propriedade, por meio da manutenção das forças armadas, da polícia e dos tribunais.[402]

Esta teoria irá igualmente aparecer na doutrina fiscalista portuguesa, conforme relata Sérgio Vasques ao citar o livro *Espelho dos Reis*, redigido por Álvaro Pais, entre 1341 e 1344, que afirmava que: "nem os imperadores, nem os reis, e muito menos os príncipes inferiores podem, sem causa legítima, conceder pedágios, guidágios, ou imposto sobre o sal, e eles próprios receber ou conceder talonária (impostos aduaneiros). Causa legítima (...) é a defesa da via pública contra os salteadores em terra ou os piratas no mar, ou a defesa da fé e da pátria contra os pagãos, hereges, sarracenos, ou outros fins justos semelhantes".[403] Cita o autor, ainda, as seguintes obras: *Tratado da Virtuosa Benfeitoria*, de autoria do Infante D. Pedro (1428-1433), de Diogo Lopes de Rebelo "Liber de Republica (do Governo da República pelo Rei)".[404] Assim, afirma Sérgio Vasques que: "a doutrina que acompanha a formação do moderno Estado Fiscal será, assim, a de que o imposto constitui a remuneração devida ao Príncipe pela manutenção da paz e da justiça, pela segurança de pessoas, bens, povoações, estradas e mercados, e que é dessa sua

---

[400] Cf. JUANO, Manuel de. *Curso de Finanzas y Derecho Tributario*. Tomo I, Parte General. Rosario: Molachino, 1969, p. 298.

[401] Sobre o assunto, veja-se: VILLEGAS, Héctor. *Curso de Direito Tributário*. São Paulo: Revista dos Tribunais, 1980, p. 11.

[402] Cf. VASQUES, Sérgio. *O Princípio da Equivalência como critério de Igualdade Tributária*. Coimbra: Almedina, 2008, p. 261-262.

[403] Cf. PAIS, Álvaro. *Espelho dos reis (Speculum regum)*. Lisboa: Instituto de Alta Cultura, 1963, p. 241.

[404] Cf. REBELO, Diogo Lopes. *Liber de Republica Magna. Doctrina et Eruditione. Do Governo da República pelo Rei*. Trad. de Miguel Pinto de Meneses, A. Moreira de Sá, introd. e notas. Lisboa: Instituto de Alta Cultura, 1951.

causa ou natureza que decorrem as obrigações dos soberanos e súbditos".[405] Como se pode notar, a teoria da causa apresentada nestas teorias ainda não possui um caráter jurídico-privatista de causa contratual pura, mas de causa filosófica que fundamenta a comutatividade da relação entre soberano e súditos. O vínculo jurídico se fundamentava nas relações bilaterais e de prestações comutativas, mas não existia ainda uma distinção entre causa próxima e causa remota para a tributação;

iii) A teoria do imposto-seguro cinge-se a uma visão de que o tributo insere-se em um Estado com funções mínimas e que o único benefício real que este pode proporcionar é a própria segurança.[406] Desse modo, a teoria tributária surge como um critério de contenção das funções do Estado e de sua intromissão na economia, caracterizando como válidas tão somente as tarefas realizadas com o objetivo de assegurar a paz e a tranquilidade social.

Outra característica da teoria do imposto, como preço da segurança, está no deslocamento do problema da justiça geral para o plano individual, em que todos os contribuintes passam a ser considerados como uma espécie de consumidores. O princípio do benefício passa a ser considerado como uma espécie de pagamento pelo uso de serviços públicos escolhidos por agentes privados em regime de mercado.[407]

Posteriormente, as revoluções burguesas de 1848 irão realizar um giro conservador no entendimento do princípio do benefício e na tese do imposto como seguro. O surgimento do Estado-Gendarme irá dar uma noção autoritária ao sentido de que o Estado possui como função realizar a paz social, entendida como sendo a proteção da classe dos proprietários e a manutenção do *status quo*.[408] Esse

---

[405] Cf. VASQUES, Sérgio. *O Princípio da Equivalência como critério de Igualdade Tributária*. Coimbra: Almedina, 2008, p. 253.

[406] Sérgio Vasques apresenta uma extensiva listagem de autores filiados a esta escola, dentre os quais se destacam: JOHN RAMSAY MCCULLOCH (1852) *Principles of Political Economy and Taxation*; LOUIS-ADOLPHE THIERS (1848) *De La Proprieté*; JEAN BAPTISTE SAY (1841) *Traité d'Économie Politique e Cours Complet d'ÉConomie Politique*; M. MICHAUD (1885) *L'Impôt*; HENRY BAUDRILLART (1878) *Manuel d'Èconomie Politique*; ANSELME BATBIE (1866) *Nouveau Cours d'Économie Politique*; KARL VAN HOCK (1863) *Die öffentliche Abgaben und Schulden*; WILLIAN SARGANT (1862) *An Undiscriminating Income Tax Reconsidered in Journal of the Statistical Society*, vol. XXV, 341; JOSEPH GARNIER (1862) *Traité de Finances*; MICHEL-GUSTAVE DU PUYNODE (1853) *De La Monnaie, Du Crédit et de l'Impôt*; EMILE DE GIRARDIN (1852) *L'Impôt*; CHARLES BABBAGE (1851) *Thoughts on the Principles of Taxation with reference to a property Tax and its Exceptions*; LUDWIG VON JAKOB (1837) *Die Staatsfinanzwissenschaft*; JOHAN LOTZ (1837) *Handbuch des Staatswirtschaftslehre*; KARL MURHARD (1834) *Theorie und Politik der Besteuerung*; FRIEDRICH K. FULDA (1827) *Handbuch der Finanzwissenschaft*; ALOIS VON KREMER (1821) *Darstellung des Steuerwesens – Ein Versuch*; KARL HEINRICH KREHL (1816) *Das Steuersystem nach den Grundsätzen des Staatsrechts und der Staatswirtschaft*. Na Itália defenderam esta tese, do imposto-seguro, os seguintes autores: ANTONNIO SCIOLOGOJA (1844) *Lês Principles de L'Économie Sociale*; GIUSEPPE DELLA VALLE (1836) *Saggio sulla Spesa Privata e Publica*; SALVATORE SCUDERI (1827) *Príncipii di Civile Economia*; FRANCESCO FUOCO (1825-27) *Saggi Economici*; I. SANFILIPPO (1824) *Sposizione dei Principii di Economia Política*. Veja-se em: VASQUES, Sérgio. *O Princípio da Equivalência como critério de Igualdade Tributária*. Coimbra: Almedina, 2008, p. 261.

[407] Cf. VASQUES, Sérgio. *O Princípio da Equivalência como critério de Igualdade Tributária*. Coimbra: Almedina, 2008, p. 261.

[408] Idem, p. 264.

entendimento se torna mais radical no pensamento de Girardin, ao afirmar que o imposto é o prêmio que os proprietários pagam para se protegerem do risco de uma revolução proletária.

Como bem recorda Sérgio Vasques, o pensamento liberal passou por uma transformação radical, de uma ideia transformadora, detentora de um programa de reforma social, passou-se a uma concepção conservadora, desconfiada das reivindicações sociais e dos programas de transformação social.

i) *Teoria do benefício (benefit theory):* trata-se do entendimento de que os contribuintes devem receber um benefício dos serviços públicos proporcional ou igual ao custo dos impostos.[409] Essa teoria é também conhecida como teoria da *retribuição* ou da *contraprestação*. É uma concepção de difícil sustentação teórica, visto que não há como provar a relação entre os serviços públicos e os benefícios que cada contribuinte recebe.[410] Não há ainda, como relata *Sérgio Vasques*, como: "(...) distinguir com rigor entre o plano da fundamentação política do imposto e o plano da sua repartição, surgindo ambos os problemas confundidos na discussão em torno do imposto justo. Considera-se que o imposto justo é o imposto fundado no benefício que o soberano presta à comunidade".[411] Como bem observa o autor, ainda nesta fase a fundamentação da fiscalidade não encontra uma fundamentação autônoma, estando ligada a considerações de ordem religiosa, política, moral, econômica ou filosóficas.[412] Os próprios autores que escreviam sobre o tema não eram juristas, mas humanistas que transitavam por diversas áreas do saber e que tentavam orientar a ação do Estado, para que as *razões de Estado* fossem os mais *racionais* possíveis. O segundo grande problema da *teoria do benefício* está na noção de repartição dos encargos segundo um critério claro e razoável. Este foi buscado na doutrina, com a utilização das ideias de igualdade, de capacidade econômica e, posteriormente, de capacidade contributiva.

---

[409] Cf. EINAUDI, Luigi. *Principios de Hacienda Publica*. Madrid: Aguilar, 1962, p. 89.

[410] Sérgio Vazques inclui na *teoria do benefício* um grupo maior de autores: "o princípio do benefício constituiu, portanto, um instrumento decisivo na legitimação do poder de cobrar impostos e no alargamento a toda a sociedade do dever de os pagar. Desde os primeiros avanços do Estado Fiscal, entre os séculos catorze e quinze, até as vésperas do liberalismo no século dezoito, o princípio do benefício constituiu um dos mais importantes lugares-comuns no estudo e discussão da fiscalidade. Encontramo-lo na doutrina italiana dos séculos quinze a dezasseis, em autores como Diomede Carafa (1406-87) ou Matteo Palmiere (1405-75); em teorizadores do Estado como Jean Bodin (1530-96) ou Thomas Hobbes (1588-1679); na aritmética política inglesa de Willian Petty (1623-87) e Charles Davenant (1656-1714); nos cameralistas germânicos como Jakob Bornitz (1560?-1625) ou Samuel Pufendorf (1623-94); nos fisiocratas franceses como Marquês de Mitebau (1715-89) e Dupont de Nemours (1739-1817), e noutros ainda insusceptíveis de classificação como Locke, Bentham e Montesquieu"; ver *in*: VASQUES, Sérgio. *O Princípio da Equivalência como critério de Igualdade Tributária*. Coimbra: Almedina, 2008, p. 254.

[411] Idem, p. 253.

[412] Sobre uma obra seminal para a doutrina portuguesa, encontramos: PACHECO, Frei Pantaleão Rodrigues, 1650. Tratado da justa exacção do tributo [Tractatus de justa exactione tributi]. Ms. Biblioteca Nacional. Trad. Portuguesa *in*: AMZALAK, Moses B. Frei Pantaleão Rodrigues Pacheco e o seu *Tratado da justa exacção do tributo*. Lisboa: ed. do autor, 1957, 63-127, Trad. de Miguel Pinto de Meneses.

Por fim, *Paul Leroy-Beaulieu*, já em 1892, irá esclarecer de modo inquestionável a impossibilidade da relação direta entre os tributos pagos e a fruição de benefícios individuais, visto que muitas vezes os impostos são formas de financiamento de dívidas contraídas em gerações pretéritas. Os tributos são exigências das finanças públicas para pagamento dos acertos e das loucuras fiscais dos governantes atuais e passados e não apenas a retribuição por um serviço auferido imediatamente.[413]

Para o autor, pensar a tributação tão somente no quadro de uma teoria de retribuição pelo preço dos serviços prestados ou pela troca implicaria, em último caso, em renegar as dívidas contraídas pelo Estado (*théorie de la répudiation des dettes nationales*). Para *Paul Leroy-Beaulieu*, as finanças públicas nacionais devem ser pensadas sob o *princípio da solidariedade nacional entre gerações* e da responsabilidade perpétua pelas dívidas geradas. Deste modo, cada geração é responsável não somente pelas dívidas contraídas por si, mas também pelas dívidas deixadas pelas gerações anteriores. O tributo seria a contraprestação pelo fato do indivíduo pertencer e auferir os benefícios da vida nacional em todos os seus aspectos (morais, intelectuais, culturais e de serviços públicos).[414]

Poder-se-ia dizer com propriedade que os impostos são o preço que pagamos pelas escolhas, bem como, pelos erros e acertos dos governos atuais e de nossos antepassados.

Em sentido contrário encontraremos a *teoria da distribuição dos encargos públicos*, que foi defendida pelos juristas franceses *Lafarrière* e *Waline* ao defenderem que os tributos são derivados da solidariedade social. Dado que a solidariedade social sustenta o tecido social, então a tributação é a forma de financiamento realizada pelos membros da sociedade. *Deste modo, a forma de repartição dos encargos se realiza por meio da capacidade econômica do indivíduo em contribuir para o sustento dos gastos sociais.* Assim, para *Griziotti*, os contribuintes recebem benefícios gerais e particulares em razão de sua capacidade econômica.

A necessidade prematura de formação e financiamento fiscal do Estado nacional português, submetido a pressões de todas as ordens,[415] de um lado os mouros e de outro o império espanhol, implicou no surgimento precoce de uma vasta literatura financista de origem lusa, ainda inexplorada pela doutrina nacional e que muito antecipou sua época e prognosticou soluções avante de seu tempo. Se formos verificar com cuidado, essa literatura ainda se encontra absolutamente

---

[413] Cf. muito bem explicou *Paul Leroy-Beaulieu*: "Tout membre des nations civilisées contemporaines n'acquitte pas seulement, em payant l'impôt, Le prix qu'il reçoit actuellement de l 'État ni meme la restituition des avences utiles qui ont été faites par lês générations antérieures: Il contribuie aussie à sa part dans les charges que la folie et les erreurs soit de ses contemporaines, soit de sés prédécesseurs, ont fait peses sur la nation"; ver *in* LEROY-BEAULIEU, Paul. *Traité de la Sciencia des Finances*. Tome Premier. Paris: Guilhaumin, 1892, p. 114.

[414] Idem, *i*bidem.

[415] CF. GODINHO, Vitorino Magalhães. *Ensaios, vol. II, Sobre História de Portugal*. Lisboa, Sá da Costa, 1968.

inexplorada em sua riqueza e originalidade, chamando a atenção a quantidade de obras publicadas e a qualidade dos escritos.[416]

3.2.1.2.2. Concepção jurídico-obrigacional do tributo

Diversos autores tentarão fundamentar o conceito de tributo em uma noção *contratualista*. Esta teoria tem suas origens no período correspondente ao início do século XX.[417] Essa teoria pressupõe que o Direito Tributário, por tratar de obrigações tributárias, deveria estar submetido aos princípios gerais aplicáveis às

---

[416] Cf. Abreu, Domingos Manuel Pereira de. *Questões de finanças*, Coimbra. O Instituto, Vol. XXVII. 1880, p. 1-14; 49-54; 97-110. AIRES, Cristóvão. *Equidade nos novos impostos: os serviços e as despesas do exército. Discursos proferidos na Câmara dos Senhores Deputados*. Lisboa: Imprensa Nacional. 1892. ALBANO, Agostinho. *Alegoria por fim desenvolvida em benefício da causa pública e progresso da Fazenda*. Lisboa: Régia Tipografia Silviana. 1822. ALMEIDA, António José Pedroso de. *Teoria da administração da fazenda*. Lisboa: Tipografia Carvalhense. 1834. IV. ALMEIDA, Lourenço de. *A política e as finanças*. Lisboa: Lallemant Frères Tipógrafos. 1870. AMORIM, Joaquim da Rocha e Cunha. *Estudos sobre o imposto*. Coimbra: O Instituto, Vol. XXX (Julho 1882-Junho 1883). 1882, p. 97-109; 145-151; 289-301; 338-343; 385-393; 453-465; 481-488. BARROS, Henrique de. *Relatório sobre o estudo de Fazenda Pública Apresentado às Cortes em Janeiro de 1880*. Lisboa: 1880. CABREIRA, Tomás. *O problema tributário português*. Lisboa: Imprensa Libânio da Silva. 1916. 2 vols. Carqueja Bento. *O Futuro de Portugal*. Porto, 1920. CARQUEJA, Bento de Sousa. *O Imposto e a riqueza pública em Portugal: dissertação*. Porto: Tipografia do Comércio do Porto. 1898. CARVALHO, Mariano Cirilo de. *Reorganização das finanças portuguesas*. Relatório e propostas de lei. Lisboa: Tipografia Grilo, 1887. COELHO, João Baptista Ribeiro. *Ensaio sobre a teoria do imposto*. Coimbra: O Instituto, Vol. XXXVI (Julho 1888-Junho 1889). 1888. CORDEIRO, Joaquim António da Silva. *Sistemas sobre a base do imposto*. Coimbra: O Instituto, Vol. XXXI (Junho-Dezembro). 1883, p. 165-177; 209-227. CORREIA, Francisco António. *Elementos de Direito Fiscal*. Lisboa, 1913. DUARTE, Manuel. *Estatística das Contribuições e Impostos. Liquidação e Cobrança nas Gerências de 1922-23 a 1924-25*, M. das Finanças, Lisboa, 1927. FALCÃO, José M. da Silva. *Acerca da medida da progressividade do imposto sobre o* FARIA, Alberto Carlos Cerqueira de, *Esclarecimentos sobre o estado das finanças de Portugal*. Coimbra: Imprensa da Universidade. 1838. FERREIRA, Eduardo Paz. *As Finanças Regionais*. Lisboa, 1985. FORTUNA, Vasco Nunes Pereira. *Teoria raciométrica da repartição do imposto*. Lisboa: Oficina Gráfica de Ramos Afonso & Moita. 1949. GRACIAS, José António Ismael. *O Imposto e o Regime Tributário da Índia portuguesa*. Nova Goa: Imprensa Nacional. 1898. VI. LIMA, António Augusto Pires de. *Reforma do imposto e outros meios de simplificação e aperfeiçoamento da vida económica dos estados*. Coimbra: Imprensa da Universidade. 1901. LUXAN MELENDEZ, Santiago de. *El control de la hacienda desde el poder central: la junta de hacienda de Portugal 1602-1608+ 1602- 1608+/* Santiago de Luxan Melendez. Porto: Revista da Faculdade de Letras, 1992, p. 119-135; Separata da Revista da Faculdade de Letras, II Serie, vol. IX, 1992. MARTINS, Manuel. *Dissertação académica feita para a cadeira de finanças*. Tema: o imposto, Coimbra. Imprensa da Universidade. 1879. MATA, Maria Eugénia *et* VALÉRIO, Nuno. *Normas de Direito Financeiro nas Constituições Portuguesas*, in *Revista de História Económica Social*, n° 3, 1974. MELO, António Maria de Fontes Pereira de. *Discursos acerca dos Impostos de Consumo*, Lisboa, 1867. MELO, Lopo Vaz de Sampaio e. *Finanças I. Teoria do imposto*. Coimbra. Imprensa da Universidade. 1867. MIRANDA, Francisco Luís Coutinho de. *A cruz do imposto, apreciação das medidas da Fazenda com relação aos actos do governo e ao estado geral do país*. Lisboa: Imprensa de Joaquim Germano de Sousa Neves. 1869. MOREIRA, João Pinto. *Breves estudos sobre o imposto*. Porto: Imprensa Portuguesa. 1869. MOREIRA, Virgílio. Duplicação de tributação. Lisboa. *Revista de Economia*, Vol. I, fasc. 4 (Dezembro). 1948, p. 230-232. PINHEIRO, Magda de Avelar. Reflexões sobre a História das Finanças Públicas Portuguesas no séc. XIX. In: *Ler História*, n° 11 (1987), p. 47-75. QUEIRÓS, Tomé José de Barros. Apontamentos para o estudo do imposto proporcional e progressivo (extracto), Lisboa. *Revista da Faculdade de Direito da Universidade de Lisboa*, Vol. 1, n° 3 e 4 (Julho-Dezembro). 1917, p. 261-271. SILVA, Fernando Emídio da. *O regime tributário das colónias portuguesas*. Lisboa: Tipografia Universal. 1906.

[417] Sobre origens anteriores veja-se, por exemplo, o texto de: "A tax is a payment, exacted by authority, from part of the community, for the benefit of the whole. From whom, and in what proportion such payment shall be required, and to what uses it shall be applied, those only are to judge to whom government is intrusted. In the British dominions taxes are apportioned, levied, and appropriated by the states assembled in parliament. Of every empire all the subordinate communities are liable to taxation, because they all share the benefits of government, and, therefore, ought all to furnish their proportion of the expense"; ver *in* JOHNSON, Samuel. Taxation no

obrigações e, portanto, deveria sujeitar-se ao direito privado em sua plenitude. Denominada de teoria do primado do direito civil sobre o direito tributário.

A teoria obrigacional do tributo parte do entendimento do conceito do tributo como objeto de uma relação obrigacional criada por lei.[418] Esse entendimento partia da constatação de que o vínculo obrigacional se firmava entre dois sujeitos (credor e devedor) e os tributos possuíam igualmente uma fonte ou uma causa derivada da lei, especialmente do fato gerador que dava origem ao nascimento da obrigação tributária. Essa teoria influenciou sobremaneira o Direito nacional, especialmente *Rubens Gomes de Souza* e *Amílcar de Araújo Falcão* e o novo Código Tributário.

Infelizmente, conforme *Ricardo Lôbo Tôrres*, essa teoria afastava o fenômeno tributário de seus fundamentos constitucionais, reduzindo-o ao campo da legislação ordinária e às figuras de direito privado, numa limitação à ideia de vínculo obrigacional.[419]

A ideia *contratualista* do tributo tem seus fundamentos políticos e econômicos na ideia de benefício, ou seja, o cidadão paga tributos na proporção dos benefícios que aufere com a existência de um governo. Boa parte dessa concepção pode ser encontrada em *Grotius*, *Pufendorf*, *Hobbes*, *Locke*, *Rousseau* e *Adam Smith*.[420]

3.2.1.2.3. Teoria causalista do tributo

A teoria da causa dos tributos se situa no âmbito das escolas que tentaram entender o fenômeno tributário por meio da compreensão da obrigação tributária. Existem duas ordens de entendimento do conceito de causa: filosófico e jurídico. A teoria filosófica da causa encontrou evidência na doutrina medieval, por meio da recepção da filosofia aristotélico-tomista.

Essa teoria parte da noção de *causa final*, ou seja, de fato constitutivo ou fato gerador da obrigação tributária. No entender de *São Tomás de Aquino*, os tributos criados somente no interesse pessoal do príncipe não obrigam, tal como as leis que ofendem à exigência do bem comum. Assim, o soberano somente pode exigir o que for indispensável ao bem comum, retirando a legitimidade dos tributos criados para o interesse exclusivo dos governantes.

Tal entendimento foi consagrado na teoria da causa legítima dos tributos defendida por *Garsia Mastrillo*, no Tratado "de magistratibus eorum império et iurisdicione", em Veneza, em 1667 ("collecta dicitur quae eex justa causa impo-

---

Tyranny – an answer to the resolutions and address of the American Congress. *The Works of Samuel Johnson*, published by Pafraets & Company, Troy, New York, 1913; volume 14, p. 93-144.

[418] Cf. TÔRRES, Ricardo Lôbo. *Curso de Direito Financeiro e Tributário*. Rio de Janeiro: Renovar, 2005, p. 233.

[419] Idem, p. 234.

[420] Cf. NAGEL, Thomas *et* Murphy, Liam. *O mito da propriedade*. São Paulo: Martins Fontes, 2005, p. 22.

situr pro expensis").⁴²¹ A causa justa passa a ser entendida como elemento nuclear na constituição dos tributos e como elemento de controle e limitação ao poder de tributar dos soberanos. Defendeu *Leitão de Lima*, em 1759, em sua obra *Comentários aos artigos das sisas*, que o príncipe não poderia estabelecer novas sisas sem a presença de uma "justíssima causa" e, se este, porventura, criasse tributos sem causa, os súditos poderiam resistir aos mesmos, desde que tal resistência não implicasse em revolta, sedição ou perturbação da ordem pública.⁴²²

A *teoria causalista dos tributos* foi questionada quando da centralização do poder a superar o modelo medieval de distribuição do poder, desse modo, o problema da causa foi transposto para o plano abstrato do poder de tributar e das limitações ao poder fiscal.⁴²³ Raros serão os autores que irão desenvolver um questionamento fundamental à teoria da causa, visto que esta passou a ser aceita pela maioria dos jurisconsultos, moralistas e políticos da época. Uma renovação fundamental da teoria da causa vai ser apresentada pela *Escola de Pavia* e de *Nápoles*.

A *Escola de Pavia*, por meio de *Benvenuto Griziotti*⁴²⁴ e *Oreste Ranelleti*,⁴²⁵ fundador da *Escola de Nápoles*, irá defender a *teoria causalista do tributo* ou *teoria da causa impositiva* ao afirmar que a tributação legitima-se não apenas no poder soberano do Estado, mas na vantagem que proporciona a cada indivíduo,⁴²⁶ ou seja, a causa do tributo está na ação do Estado de proporcionar serviços que aumentam a atividade econômica e melhoram a vida dos contribuintes.⁴²⁷ O direito

---

[421] Cf. MARTÍNEZ, Pedro Soares. *Manual de Direito Fiscal*. Coimbra: Almedina, 1983, p. 184.

[422] Idem, ibidem.

[423] Idem, ibidem.

[424] Cf. GRIZIOTTI, Benvenuto. *Principios de ciencia de las finanzas*. Buenos Aires: Depalma, 1959.

[425] Cf. RANELLETI, Oreste. *Instituizioni di Diritto Pubblico*. Milão: Giuffrè, 1ed, 1948.

[426] Segundo Perez De Ayala e Eusebio Gonzalez: "... Griziotti, que fue el que perfeccionó decisivamente el primitivo concepto de *causa* que elaborase Ranelleti, se situo inicialmente afirmando que la causa de la obligación tributaria ha de encontrarse en la participación del contribuyente en las ventajas generales y particulares que derivan de la actividad y de la existencia misma del Estado, y posteriormente, influido por Jarach, rectificó en parte diciendo que la causa es la capacidad contributiva en cuanto síntoma de aquella participación. Con todo, como al enjuiciar la obra de Griziotti y sus seguidores las valoraciones han sólido seguir derroteros extremos. No estará de más resumir aqui de forma muy breve, una posición de equilibrio respecto a la obra del ilustre autor, que empieza a abrirse paso en la doctrina..."; ver *in* DE AYALA, Perez; GONZALEZ, Eusebio. *Curso de Derecho Tributario*, p. 174.

[427] Para uma revisão bibliográfica sobre a *teoria causalista do tributo* vejam-se os seguintes autores: GIANNINI A.D. *Il rapporto giuridico d'imposta*. 1937; PUGLIESE, M. *Istituzione di Diritto Finanziario*. Padova, 1937; RANELLETTI, O. *Diritto finanziario italiano*; TESORO, G. *Principii di diritto tributário*. Bari, 1938. ALLORIO, E. *Diritto processuale triburario*; BUHLER, O. La causa giuridica nel diritto tributário tedesco. *Rivista di diritto tributario tedesco*, 1939. BLUMENSTEIN, E. La causa nel diritto tributatio svizzero. *Rivista di diritto finaziario e scienza della finanze*, 1939; BOMPANI, V. *Contributo alla teoria Del rapporto giuridico d'imposta*. Jus III, 1942; GORINI, B. La causa giuridica dell'obbligazione tributaria. *Rivista Italiana di diritto finanziaria*, 4-5, 1940; DI PAOLO, G. La causa giuridica dell'imposta nello Sttato fascista. *Riv. Di pol Economica*. VI, 1936. Nuove considerazione sulla causa giur. dell'imp. ecc., ivi, XII, 1936. Tributi, I, 1939; MEZZACAPO. *La causa giuridica dell'obbligazione tributaria*. Bibl. Della Corte dei Conti *in* s. g. 1942; BERLIRI, L. V. *La giusta imposta*, Roma, 1945. POMINI, Renzo. *La 'causa impositionis' nello svolgimento Storico della Dottrina Finanziaria*. Giuffrè: Milano, 1951.

à tributação decorre da criação de benefícios gerais e específicos para os indivíduos.[428]

Para *Oreste Raneletti* a causa última dos impostos está na transformação dos tributos em serviços destinados à satisfação dos interesses públicos, contudo o autor reconheceu a impossibilidade de se determinar em concreto a medida que individualmente cada contribuinte deveria colaborar para suportar os encargos devidos.[429] No entender do autor haverá uma contraprestação do Estado à sociedade pelos impostos pagos, mas não uma contraprestação do Estado a cada contribuinte individualmente considerado. *Raneletti* provoca uma mudança da *causa da obrigação tributária* da verificação das vantagens individuais para a posse de riqueza (*capacidade contributiva*).[430]

Raneletti irá proceder outra mudança substancial no modelo de pensamento medieval sobre o problema da causa, ao incorporar as inovações dos sistemas financeiros modernos, tais como: a extrafiscalidade dos tributos, a progressividade, a discriminação da origem da renda, as ficções e presunções de renda, entre outras. Todas essas inovações demonstrarão que o Estado deve realizar uma contraprestação à sociedade e não diretamente a cada contribuinte. Poderíamos inclusive acrescentar a este aspecto as modernas tarefas do Estado Democrático de realização de objetivos da justiça social, que inexistiam nos tipos de Estados anteriores, tais como: a proteção de grupos sociais, a redistribuição de renda, o combate aos desequilíbrios regionais, entre outros.

A *Escola de Pavia* possuiu como expoentes, além de seu fundador, *Benvenuto Griziotti*, os seguintes juristas: *Francesco D'Alessio*,[431] *Gustavo Ingrosso*[432] e *Romanelli Grimaldi*.[433]

Griziotti irá defender um sincretismo entre os estudos de Direito e Economia, enquanto que *Ranelleti* irá propor uma análise distinta, advogando um distanciamento das preocupações econômicas.[434] Para este último, o fenômeno financeiro deveria ser analisado de um ponto de vista jurídico, à parte de considerações econômicas deste fato.[435]

Para *Griziotti*, a determinação da causa dos impostos decorre dos elementos objetivos da capacidade contributiva, tais como: a participação em uma sociedade

---

[428] Cf. VANONI, Ezio. *Natureza e interpretação das leis tributárias*. Rio de Janeiro: Financeiras, 1932.
[429] Cf. MARTÍNEZ, Pedro Soares. *Manual de Direito Fiscal*. Coimbra: Almedina, 1983, p. 184.
[430] Idem, p. 185.
[431] Francesco D'Alessio escreveu o livro *Corso di Diritto Finanziario* (1937).
[432] Gustavo Ingrosso escreveu o livro *Diritto Finanziario* (1954).
[433] Romanelli Grimaldi proferiu uma famosa lecture denominada "Metodologia del Diritto Finanziario", pblicada na *Rassegna di Diritto Pubblico* (1960).
[434] Cf. EINAUDI, Luigi. The Pavia and Milan Schools of Tax Law and their Relationship. In AMATUCCI, Andrea; GONZALEZ, Eusebio *et* TRZASKALIK, Christoph. *International Tax Law*. Kluwer Law International. P. 16-22.
[435] Cf. ABBAMONTE, Giuseppe. The Testing and Analysis of Ranellettis Methodology. In: *International Tax Law*. Kluwer Law International. P. 09 a 15.

política, econômica e social e não em seus elementos subjetivos. Para o autor, as vantagens da causa dos impostos devem ser verificadas individualmente, e não apenas nos benefícios gerais oferecidos pelo Estado a toda a sociedade.[436]

Para *Morselli*, a causa do tributo se caracteriza como uma justificação do direito expresso na lei e a medida de cada singular obrigação concreta, expressa na *ratio legis*.[437] A teoria da causa surge na doutrina italiana como uma forma de estabelecer limites racionais ao poder do Estado em criar tributos e de garantir uma determinada sistematicidade ao caos normativo que imperava na vida jurídica nacional.

O individualismo da *teoria causalista* foi ressaltado pelo fato de esquecer o dever geral de solidariedade que deve embasar o dever fundamental de pagar tributos como um ato de solidariedade social. Para *Franscesco Moschetti*, o princípio da causa poderia atenuar esta ênfase individualista com o recurso ao artigo 43 da Constituição Italiana, que fundamenta o princípio da capacidade contributiva que se constitui no fundamento para o dever solidário de dever de pagar tributos[438] ("todos são obrigados a concorrer para o custeio das despesas públicas na razão da sua capacidade contributiva"). Para *Moschetti* este dispositivo constitucional garante um fundamento de solidariedade para o dever de pagar tributos.[439] Estes autores irão diferenciar a causa indireta ou mediata, ou seja, as vantagens que o contribuinte usufrui de uma esfera pública organizada da causa última ou imediata (capacidade contributiva).

Segundo *Manuel de Juano*, a causa do imposto deve ser entendida no quadro geral da compreensão de que o Direito Tributário não escapa da teoria geral do Direito e apesar de seus institutos diferirem daqueles próprios ao Direito Privado, aqueles estão sujeitos as mesmas regras comuns, inclusive aquelas que regem as obrigações privadas e tributárias. O autor recorda, portanto, que a autonomia do Direito Tributário somente existe no quadro geral de uma teoria geral do Direito, especialmente, quanto ao regramento das obrigações em geral.[440] Desse modo, afirma o autor que:

> (...) pero ya podemos adelantar que es la capacidad contributiva donde debe verse la causa jurídica del hecho imponible, y no en el goce que los individuos obtengan de los servicios públicos que presta el Estado ni en la armonía o bienestar general de la colectividad, que sólo son la causa mediata de la tributación en cuanto ésta allega al erario los medios para satisfacer los gastos públicos que la actividad financiera del Estado originen.[441]

---

[436] Cf. MARTÍNEZ, Pedro Soares. *Manual de Direito Fiscal*. Coimbra: Almedina, 1983, p. 186.

[437] Cf. MORSELLI, Emanuele. *Corso di Scienza della Finanza Pubblica*. Vol. Primo, Padova: CEDAM, 1949, p. 133.

[438] Cf. PONTES, Helenilson Cunha. Causa dos tributos. Publicado no jornal *O Liberal*, de 09.07.2002 e disponível em http://mx.geocities.com/profpito/causa.html, acesso em 24.11.08, às 14 horas.

[439] Idem, *i*bidem.

[440] Cf. JUANO, Manuel de. *Curso de Finanzas e y Derecho Tributario*. Tomo I, Parte General. Rosario: Molachino, 1969, p. 244.

[441] Idem, p. 278.

Tal entendimento foi inclusive adotado por *Grizziotti* e *Ranelletti*, ao entender sobre a *causa dupla da obrigação impositiva* como: uma geral na participação das vantagens da atividade do Estado e outra particular, a posse de determinada renda. Posteriormente, *Griziotti* irá aceitar a tese de que a *causa próxima* dos impostos é a capacidade contributiva, como melhor representação do fato imponível e do dever de repartir os encargos fiscais.[442]

Para *Dino Jarach*, a causa última da obrigação de pagar tributos deve ser buscada no pressuposto do fato de que se se paga imposto é porque esta imposição está prevista em lei, de tal modo que para outros autores é no poder de império do Estado que deve ser buscada a causa dos impostos.[443] A causa técnico-jurídica deve ser buscada por sua vez, no conceito de capacidade contributiva.

Para outros autores, contudo, a causa jurídica do tributo não pode ser verificada no pressuposto de fato (*presupuesto de hecho*) previsto na lei, nem tampouco na afirmação que determinado tributo deve ser pago porque a lei assim o determina, com vista à satisfação dos interesses de arrecadação do Estado. Dessa forma, como leciona *Tulio Rosembuj*,[444] para a caracterização do tributo não basta a mera menção a coação soberana do Estado, assim:

> Todo cuanto el elemento de la coacción no esclarece, se aclara apenas se piensa que el tributo es instrumento de la autoridad política para gravar manifestaciones de capacidad contributiva.

A identidade entre a causa do tributo e o princípio da capacidade contributiva decorre, portanto, da noção de que o tributo não pode ser instituído de modo arbitrário ou como uma manifestação caótica do poder. A fundamentação ético-jurídica dos tributos deve ser encontrada em um critério racional sobre a exigência do dever de pagar tributos.

No entender de *Dino Jarach*:

> Temos sustentado em outras ocasiões, e repetimos, que a capacidade contributiva constitui o que, com a extensão de um conceito já elaborado e usado no directo privado, ainda que, todavía, matéria de discussões e divergencias, poder-se-ia titular causa jurídica de imposto. Usando este termo não atribuímos ao conceito de capacidade contributiva um relevo que não teria de outra maneira, negando a extensão do conceito da causa ao imposto, não se pode negar que a capacidade contributiva seja princípio próprio do imposto, do qual deriva a característica do fato imponible, isto é, sua natureza econômica.
>
> Somente a exigencia de dar uma sistematização dogmática aos conceitos que se definem e a identidade de posição lógica entre conceito de causa jurídica no direito privado e no direito administrativo e o conceito de capacidade contributiva, como assim mesmo, o de contraprestação de serviço e de vantagem derivada do gasto público, que são os princípios

---
[442] Cf. JARACH, Dino. *O fato imponível*. São Paulo: RT, 1989, p.109.
[443] Idem, p.100.
[444] Cf. ROSEMBUJ, Tulio. *Que Son Los Impuestos*. Barcelona: Biblioteca De Divulgacion Econômica. 1977.

próprios da taxa e da contribuição, nos induzem a estender o conceito de causa ao direito tributário.[445]

O princípio da capacidade contributiva será, dessa forma, identificado, segundo o tributarista argentino *Manuel de Juano*, com a causa do tributo:

> La causa de la obligación tributaria, como enseñara Pugliese y con él la doctrina moderna financiera es, a nuestro juicio, la capacidad contributiva, o sea la capacidad económica de quien posee bienes o riqueza para el tributo, vale decir, la aptitud o potenciabilidad económica del individuo sometido a la soberanía de un Estado para contribuir al pago de los gastos públicos.[446]

Os fatos jurígenos econômicos é que seriam a manifestação e representação mas clara da capacidade econômica. Esta abordagem irá caracterizar a capacidade contributiva como "causa objetiva dos tributos" (*causa objetiva de la imposición*).[447]

> Nos países cuja Constituição juridicizou o "princípio da capacidade contributiva" convertendo-o em regra jurídica constitucional, o legislador está juridicamente obrigado a escolher para a composição da hipótese de incidência das regras jurídicas tributárias, fatos que sejam signos presuntivos de renda ou capital acima do mínimo dispensável.[448]

No entender de *Morselli*, contudo, a causa ético-jurídica é capaz de fundamentar genericamente o poder de pagar tributos, mas é incapaz de fundamentar concretamente a formação do crédito tributário.[449]

Outra ordem de crítica foi no sentido da desnecessidade de se questionar o conceito de causa do tributo se o problema foi deslocado para a capacidade contributiva e a adequação dos elementos da norma tributária (hipótese de incidência, base de cálculo, alíquota, entre outros). Originalmente, o conceito de causa foi identificado com o princípio da capacidade contributiva e, logo, o problema passou a ser da correta aplicação deste e não mais de considerações sobre a causa. Deste modo, muito mais produtivo e correto seria o questionamento da adequação normativa e não da causa do tributo vinculada ao cumprimento do dever de suportar os ônus públicos.

---

[445] Cf. JARACH, Dino. *O fato imponible. Teoria Geral do Direito Tributário Substantivo*. São Paulo: Revista dos Tribunais, 1989,p. 105-106.

[446] Cf. JUANO, Manuel de. *Curso de Finanzas e y Derecho Tributario*. Tomo I, Parte General. Rosario: Molachino, 1969, p. 278.

[447] Cf. JARACH, Dino. *El Hecho Imponible*. 3 ed. Buenos Aires:Abeledo-Perrot, p.85.

[448] Cf. VALDÉS COSTA, Ramón. *Instituciones de Derecho Tributario*. Buenos Aires:Depalma, 1992, p. 370

[449] Segundo Morselli: "quest' ultima può avere l'importanza – e certamente deve averla – di causa etico-giuridica, da doversi ricercare "nei servizi pubblici generali e particolari che lo Stato presta e nella capacità individuale di questi ultimi di contribuire agli oneri pubblici", ma non può formare Il fondamento giuridico per La determinazione del credito tributario. Come processo spiegativo e giustificativo del fenomeno d'imposta, Le considerazioni intorno al pricipio di causa in quest'ultimo senso intesa, precedono la trattazione del "principi giuridico dell'imposta"; ver in MORSELLI, Emanuele. *Corso di Scienza della Finanza Pubblica*. Vol. Primo, Padova: CEDAM, 1949, p. 134.

Dino Jarach, ao defender a ausência de importância para o problema da causa, sepultou o tema ao escrever que:

> Dispensamos de tratar a conexão entre o problema da natureza substancial do fato imponível e o problema da causa do imposto, porque disto já falamos retro. Já afirmamos, ademais, que a identificação da causa do imposto com o pressuposto de fato, quer dizer, com o fato imponível, equivale a repelir o conceito de causa, porque este conceito não cumpriria com a sua função característica, a de representar a ponte lógica entre a vontade da lei e a situação de fato, das quais ao mesmo tempo deriva a relação jurídica.[450]

A *teoria privatista da tributação* errava por não reconhecer a diferença de natureza entre a obrigação em Direito privado e a obrigação tributária, visto que, por exemplo, a obrigação em Direito civil funda-se na autonomia privada para a constituição de obrigações, enquanto que o Estado possui o direito de estabelecer o surgimento do enlace obrigacional, independentemente da vontade do contribuinte.

Dino Jarach irá estabelecer, dessa forma, uma ponte para o pensamento normativista ao afirmar que o Direito Tributário deve se ater às indagações sobre as normas jurídicas, e não sobre os fundamentos político-filosóficos destas normas, de tal modo que as únicas razões ou justificativas que o jurista deva se preocupar são aquelas contidas nas próprias normas, de tal forma que toda a preocupação adicional será considerada extrajurídica.[451]

Outra crítica formulada por *Martínez* está no questionamento da possibilidade de definição rigorosa do conceito de *causa do imposto*, visto que os preceitos legais do Código Civil italiano não permitem a construção de um princípio geral aplicável a todas e quaisquer relações obrigacionais. Trata-se tão somente de uma construção dirigida aos atos de vinculação negocial, regulados pela autonomia da vontade.[452]

3.2.1.2.4. Concepção jurídico-financeira do tributo

As relações entre direito tributário e financeiro são, ainda, demasiadamente confusas. Surgem no início do século XX, com *Enno Becker*, e derivaram diversas posições polêmicas.

Pode-se dizer que existam as seguintes posições:

a) *Subordinação do Direito Tributário ao Direito Financeiro:* essa posição, adotada antigamente, é atualmente ultrapassada;

b) *Autonomia didática:* por tratarem, através de princípios diversos, do fenômeno da receita tributária.

O Direito Tributário possui princípios de legitimação diversos do Direito Financeiro. Enquanto o Direito Financeiro aborda a receita tributária como fonte de recursos para o financiamento da esfera pública, o Direito Tributário trata da

---

[450] Cf. JARACH, Dino. *O fato imponível*. São Paulo: RT, 1989, p. 112.
[451] Idem, ibidem.
[452] Cf. MARTÍNEZ, Pedro Soares. *Manual de Direito Fiscal*. Coimbra: Almedina, 1983, p. 187.

receita pública como relação de cidadania, como forma de realização de um dever fundamental e garantindo os direitos correspondentes.

A preocupação da concepção jurídico-financeira do tributo estará em como produzir um acréscimo de arrecadação e de como repartir o ônus fiscal entre os cidadãos. Para *Luigi Einaudi*,[453] a repartição do imposto entre os indivíduos deve levar em consideração a igualdade na repartição dos encargos fiscais, visto que não se pode afirmar em uma república que os indivíduos devam ser tratados diferentemente. A igualdade deve ser entendida como uma repartição da quota de sacrifício que cada contribuinte deve arcar com o sustento das necessidades públicas.

A teoria *financeira,* conforme *Luigi Einaudi,* irá apreciar os diversos métodos de divisão deste encargo, especialmente:

i) *método da capitação*: trata-se da repartição do imposto de modo igual para todos os indivíduos (*por cabeça*). O problema desse método é que se ocorre a igualdade no encargo financeiro, não há a correspondente igualdade na distribuição econômica dos encargos, visto que os indivíduos não possuem a mesma condição econômica;

ii) *método do imposto proporcional*: nesse método os contribuintes são obrigados a pagar uma porcentagem da sua renda (p. ex. 10% da renda total). Deste modo, os contribuintes serão obrigados a pagar um valor diferente do ponto de vista financeiro e aproximadamente mais isonômico do ponto de vista econômico, visto que o sacrifício se tornará mais próximo da capacidade econômica de cada contribuinte. Para *Einaudi*, contudo, trata-se ainda de um método falho em repartir igualmente o sacrifício entre os indivíduos, visto que: "si se parte de a premisa de que el sistema adoptado dea satisfacer al requisito de que los contribuintes sufran um sacrificio igualmente proporcional, hemos de responder negativamente, porque el sacrifício soportado por el contribuyente obtiene de su renta. cuanto mayor es la renta y más grande la masa de ventaja y utilidad que el contribuyente obtiene com ella, tanto menor es el sacrifício proporcional que sufrirá el contribuyente";[454]

iii) *método progressivo*: trata-se do método que procede à tributação da renda em função de uma escala progressiva de alíquotas que na prática produzem uma escala progressiva de sacrifícios para quem possui uma renda maior. Desse modo, há uma maior diferenciação entre as unidades financeiras pagas, mas, por outro lado, uma maior igualdade no impacto do sacrifício na renda de cada um dos indivíduos.[455] Assim, por exemplo, a incidência de uma alíquota de 10% sobre

---

[453] Dentre as obras de Luigi Eunaudi podemos destacar: *Lezioni di scienza delle finanze e diritto finanziario: anno scolastico 1903-1904* (1904); *Corso di scienza della finanza* (1916); *Il sistema tributario italiano* (1939); *Miti e paradossi della giustizia tributaria* (1940); *La terra e l'imposta* (1942); *Principi di scienza delle finanze* (1948) e *Saggi sul risparmio e l'impost*a (1965).

[454] Cf. EINAUDI, Luigi. *Princípios de Hacienda Publica.* Madrid: Aguilar, 1962, p. 96.

[455] A *progressividade* foi eleita por alguns autores como *o* método por excelência de cumprimento do princípio da capacidade contributiva. No entender de Roque Carrazza: "É por isso que, em nosso sistema jurídico, todos os impostos, em princípio, devem ser progressivos. Por quê? Porque é graças à progressividade que eles conse-

a renda de quem possui 1000 unidades monetárias é maior do que a incidência de 10% sobre quem possui uma renda de 10.000 unidades.

O enfoque do Direito Financeiro é funcionalista: verifica a receita e a sua função no ordenamento. A abordagem do Direito Tributário é estruturalista, ou seja, verifica o sentido da tributação. O primeiro verifica a função da receita e, o segundo, o seu sentido em um Estado Democrático de Direito.

A teoria da tributação corresponde nesta fase a uma reinvenção liberal da antiga teoria do benefício, segundo *Sérgio Vasques*. Segundo o autor, a doutrina liberal irá proceder a uma releitura radical das teses fiscais anteriores, com a grande diferença no assento ao aspecto econômico da tributação. Dessa forma, o assento passa das discussões sobre *justa repartição dos encargos* (*justiça*) para debates sobre *eficiência econômica*. Desloca-se aqui o problema da tributação de questões relativas ao aspecto comutativo do tributo, bem como da visão de que o tributo é uma expressão da troca que procedem o Estado e os particulares para uma análise do impacto do tributo sobre as transações e decisões econômicas dos agentes econômicos.[456]

A própria conceituação de *benefício* será objeto de indagações por parte da doutrina liberal, que tentará encontrar um conteúdo mínimo para o tema em pelo menos três aspectos:[457] i) como associação à prestação de vantagens divisíveis e ao uso de tributos comutativos; ii) da distinção entre equivalência de custos e equivalência de benefícios e iii) como regra de igualdade e instrumento de eficiência econômica.

No primeiro caso trata-se de determinar o beneficiário efetivo do tributo e a sua forma de cobrança, de tal modo que a defesa nacional que interessa a todos deva ser financiada por todos; por sua vez, o uso de pontes interessa a um número limitado de indivíduos, que deveriam custear este serviço com o pagamento de taxas (*fees*) ou contribuições especiais (*local taxes*). Cita *Sérgio Vasques* que a doutrina liberal e, especialmente, *Adam Smith* irão se defrontar com o problema da *contabilização das vantagens auferidas* com o pagamento de impostos, de tal modo que irá propor que a fixação de taxas e contribuições deveria subsidiar o custo das obras públicas, sem atentar para os benefícios gerados para os contribuintes. Por último, o problema da eficiência remete para a questão do uso racional dos recursos públicos, de tal modo que o estado somente ofereça os serviços públicos para os quais existe uma procura suficiente. Desse modo, quando se

---

guem atender ao princípio da capacidade contributiva"; ver *in* CARRAZZA, Roque Antônio. *Curso de Direito Constitucional Tributário*. 9 Ed. Ver. São Paulo: Maheiros, 1997, p. 65.

[456] Dentre tantos trabalhos podemos citar, conforme Sérgio Vasques: Martin Dauton em *Trusting Leviathan: the politics of taxation in Britain*, 1799-1914; Francisco Comín em *História de La Hacienda Pública*; Fritz Karl Mann em *Steuerpolitische Ideale: Vergleichende Studien zur Geschichte der ökonomischen und politischen Ideen und ihres Wirkens in der öffentlichen Meinung, 1600-1935*; Richard Musgrave em *Adam Smith on Public Finance and Distribution*; Alan Peacock em *Principles of Public Finance in the Wealth of Nations* publicados na obra de *Thomas Wilson e Andrew Skinner* denominada *The Market and the State: Essays in Honour of Adam Smith*. Veja-se, também, *Gabriel Ardant* em "Histoire de L'Impôt".

[457] Cf. MARTÍNEZ, Pedro Soares. *Manual de Direito Fiscal*. Coimbra: Almedina, 1983, p. 268-269.

constroem pontes, onde existe um razoável universo de beneficiários interessados, previnem-se os casos de desperdício do uso dos escassos e limitados recursos públicos, em lugares com menor aproveitamento do dinheiro público.

O tributo será estudado sob a ênfase de seu impacto no sistema de trocas e de como gera uma repercussão na formação dos preços, nas escolhas dos consumidores e na aplicação dos fatores de produção. Como bem esclarece *Sérgio Vasques*: "os princípios de David Ricardo ilustram como entre a Economia Política clássica, o estudo do imposto constitui sobretudo uma teoria da incidência, desligada do problema da igualdade tributária".[458] Poderíamos acrescentar dizendo que nesta fase de pensamento o problema da igualdade passa a ser um problema de incidência, que deve ser isonômica para ser correta, e não mais um problema autônomo ou orientador de toda a relação tributária. Há um deslocamento do problema de ordem material, para uma análise formal do fenômeno tributário, retirando inclusive o conteúdo de conceitos como igualdade, liberdade ou justiça e os substituindo por um conceito procedimental do que seja isonômico e justo.

A ênfase em elementos econômicos irá produzir um efeito colateral: a *atrofia dos estudos sobre matéria fiscal*. O tributo passa a ser considerado mais um custo do que um benefício, visto que na concepção liberal o Estado é um mal em si mesmo. O liberalismo irá entender que o Estado é um setor improdutivo, que retira riquezas essenciais à multiplicação do bem-estar e os remete para uma classe parasitária, descomprometida com a produção de renda. Desse modo, a ação e o tamanho do Estado devem ser limitados ao máximo, bem como o próprio tributo será o instrumento para alimentar o mal e, portanto, deve ser combatido.

Relata *Sérgio Vasques* que a doutrina financista alemã irá proceder a um enfoque diferenciado do problema, visto que neste país a tradição liberal foi recepcionada com uma maior resistência, em virtude da tradição *cameralista*[459] e da concepção idealista de Estado. Tal situação permitiu uma análise financeira do Estado um pouco mais rigorosa e aberta à aceitação do problema da igualdade como um problema relevante para a tributação.[460]

---

[458] Cf. VASQUES, Sérgio. *O Princípio da Equivalência como critério de Igualdade Tributária*. Coimbra: Almedina, 2008, p. 259.

[459] O *cameralismo* é a doutrina financeira vigente na Alemanha e na Áustria nos séculos XVI a XVII, fundamentada na tentativa de associação entre os Estados alemães o tesouro real. A denominação cameralismo provém da palavra "Kammer", que designa tesouro real. Trata-se de um modelo de formação de riqueza nacional onde a riqueza privada e o patrimônio público não se encontravam em pólos opostos, mas conjugados na dinamização da economia e no desenvolvimento nacional. São autores destacados nesta escola *Kasper Klock* (1583-1655), *Ludwig von Seckendorf* (1626-1692), *Johann Joachim Becker* (1625-1685), *F.W. Hoernick* (1638-1713), *D.L. Seckenvorf* (1626-1692), e *Josep von Sonnenfels* (1733-1817).Veja-se VECCHIATO, Francesco. *Note sul cameralismo tedesco la dottrina economico-finanziaria di Kaspar Klock*. Verona: Universita degli studi di Padova, 1977.

[460] São autores citados: Christian Von Schlözer (1805) "Anfangsgründen der Staatswirtschaft"; Wilhelm Behr (1822) "Die Lehre von der Wirtschaft des Staats oder praktische Theorie der Finanzgesetzbug und Finanzverwaltung"; Ludwig Heinrich von Jakob (1821) "Die Staatsfinanzwissenschaft"; Karl Heirich Rau (1826-1837) "Lehrbuch der Politischen Ökonomie". Cita, também, o autor: Ernst Klein (1974) "Geschichte der öffentliche Finanzen in Deutschland", 1500-1870 e Johannes Jenetzky (1978) "System und Entwicklung des Materiellen Steuerrechts in der Wissenschaftlichen Literatur des Kameralismus von 1680 bis 1840".

O entendimento de que o Direito Tributário faz parte do Direito Financeiro foi defendido no Brasil por *Aliomar Baleeiro,* que lecionava que:

> O Direito Fiscal é o sub-ramo do Direito Financeiro que apresenta maior desenvovimento doutrinário e maior riqueza de diplomas no direito positivo de vários países. Alguns destes já o codificaram, como o Brasil com o projeto Oswaldo Aranha-Rubens Gomes De Souza, hoje integrado na Lei 5.172, de 1966.[461]

Para o autor, a denominação Direito Fiscal era sinônima de Direito Tributário e designava o campo restrito das receitas compulsórias do Estado e, especialmente, a relação entre o Fisco como sujeito ativo e o contribuinte como sujeito passivo da relação jurídico-tributária. Assim, afirmava que: "a lei tributária integra-se no Direito Público, do qual é sub-ramo o Direito fiscal. Este rege as obrigações entre o Erário e os contribuintes (...)".[462] Não há atualmente no Brasil defensores explícitos desta tese.

Quadro Resumido
Dos fundamentos do poder de tributar: pensamento conceitual

TEORIA	ESCOLA	SENTIDO	PRINCIPAIS OBRAS E AUTORES
Teorias que fundamentam a fiscalidade na ideia de soberania	Imposto como uma relação de forças (*Abgabengewaltverhältnis*)	O tributo se definia quase exclusivamente em função da lei.	Schneider e Bühler
	Escola da Dinâmica Tributária	O Direito Tributário seria antes uma relação de poder do que uma relação jurídica.	Escola de Roma e Gian Antonio Micheli
	Escola das Escolhas Públicas	Para um contribuinte racional a tributação deve ser vista como um bom negócio, onde existe um equilíbrio razoável entre o que é pago em tributo e o que se recebe em investimentos e serviços públicos.	Knut Wicksell e James Buchanan
	Escola do Estado Fiscal como poder monopolístico (Teoria della illusione finanziaria)	O tributo é a forma da classe dominante encontrar meios em minimizar a resistência do contribuinte ao pagamento de tributos e sua transferência para os governantes.	Amilcare Puviani
	Escola austríaca da tributação como "servidão moderna"	É uma forma de financiar, na menor medida possível, os gastos do governo, produzindo o menor número possível de efeitos secundários.	Ludwig von Mises e Friedrich A. Hayek

---

[461] Cf. BALEEIRO, Aliomar. *Direito Tributário Brasileiro.* 6ª ed. Rio de Janeiro: Forense, 1974, p. 07.
[462] Idem, p. 10.

Tributo como relação jurídica.	Teoria do Preço de Troca	O imposto nada mais significa do que uma compensação aos contribuintes pelos serviços que auferem do Estado.	
	Teoria da retribuição pela segurança	Os impostos são os pagamentos feitos pelos indivíduos, como contraprestação pela segurança que o Estado proporciona aos seus súditos.	Montesquieu e Bodin
	Teoria do benefício (benefit theory)	Trata-se do entendimento de que os contribuintes devem receber um benefício dos serviços públicos proporcional ou igual ao custo dos impostos.	Locke, Bentham e Montesquieu
	Concepção jurídico-obrigacional do tributo	Esta teoria pressupõe que o Direito Tributário, por tratar de obrigações tributárias, deveria estar submetido aos princípios gerais aplicáveis às obrigações e, portanto, deveria sujeitar-se ao direito privado em sua plenitude.	Hobbes, Rousseau e Adam Smith
	Teoria causalista do tributo	A tributação legitima-se não apenas no poder soberano do Estado, mas na vantagem que proporciona a cada indivíduo, ou seja, a causa do tributo está na ação do Estado de proporcionar serviços que aumentem a atividade econômica e melhorem a vida dos contribuintes.	Raneletti, Griziotti e Morselli
	Concepção jurídico-financeira do tributo	O enfoque do Direito Financeiro é funcionalista, verifica a receita e a sua função no ordenamento. A abordagem do Direito Tributário é estruturalista, ou seja, verifica o sentido da tributação. O primeiro verifica a função da receita e o segundo, o seu sentido em um Estado Democrático de Direito.	Luigi Eunaudi

3.2.2. Pensamento Normativista: do poder de tributar como competência tributária

O entendimento do poder de tributar como um fenômeno decorrente do exercício da competência tributária tem seus fundamentos no positivismo jurídico e na noção de que o Direito Tributário é parte de um sistema geral de normas estruturadas. O tributo deveria ser, portanto, entendido como uma espécie de norma.

O normativismo possui um postulado central: o sistema tributário é um sistema de normas jurídico-tributárias e o Direito Tributário é o ramo didaticamente autônomo do Direito que estuda as normas tributárias. Veja-se que inexiste uma definição material sobre o conceito de poder de tributar, de tal modo que este poderia ser entendido como uma manifestação particular do poder geral do soberano e das normas como instrumento de realização de comandos garantidos por sanções.

De modo geral, para esta escola de pensamento, a definição sobre o poder de tributar no pensamento normativista será realizada no âmbito da política fiscal ou da economia pública, cabendo ao Direito dar tão somente cumprimento às definições realizadas anteriormente.

O pensamento normativista irá esporadicamente questionar-se sobre a vinculação didática das normas tributárias a determinado ramo do Direito Público (administrativo, financeiro, constitucional ou autônomo), de tal modo a encontrar os princípios orientadores das normas tributárias. Esta escolha somente mudará determinada nuance do poder de tributar como tipo de relação jurídica (administrado/administrador; contribuinte/arrecadador; contribuinte-cidadão/Fazenda Nacional), mas não irá se desvincular da noção de que a tributação é ato soberano consubstanciado em sanções jurídicas, mas sem tentar justificar ou descrever a natureza do poder de tributar.

3.2.2.1. Concepção normativa do tributo

Para os positivistas, a relação tributária é uma espécie de relação jurídica, "que se inaugura pelo acontecimento de fato previsto em hipótese normativa".[463] O pensamento normativista passa a encarar a estrutura sintática ou estrutura da norma como um problema teórico da maior grandeza. Dado que não é lícito estabelecer enunciados definitivos sobre a realidade ou almejar tocar a essência das coisas, cabe-nos tratar do assunto que pode merecer um juízo definitivo: a forma do jurídico (norma). Dessa maneira, o problema semântico (sentido) passa a ser um problema de segunda ordem, dado que a norma jurídica é meramente uma forma a ser preenchida por sentidos diversos (heterogeneidade semântica). O jurista passa ser um estudioso da linguagem do Direito.

As obrigações tributárias serão entendidas como parte do consequente da norma tributária, caracterizada por uma relação patrimonial. Não irão possuir uma natureza metafísica e universal, mas terão o seu sentido preenchido pelo ordenamento jurídico, o qual poderá variar de sociedade para sociedade ou de época para época. Sua estrutura sintática será, contudo, invariável. O estudo do Direito será, fundamentalmente, um estudo das normas jurídicas, sendo que o problema do sentido será um problema nitidamente pré-jurídico ou extrajurídico. Será pré-jurídico

---

[463] Ver, sobre o assunto, CARVALHO, Paulo de Barros. *Teoria da Norma Jurídica*. São Paulo: RT, 1981, p. 117.

quando se caracterizar em um problema do legislador que irá escolher os valores a serem protegidos. A norma, tal como um cálice, servirá para comportar vinho ou veneno. Entretanto, o preenchimento de sentido não será problema jurídico, mas político ou ético.

Mesmo quando, no curso do processo de preenchimento normativo por meio da sentença judicial, encontrar-se o juiz na condição de compor a norma jurídica, estará este livre para pôr seus valores, ideologias e motivações, desde que respeite a moldura normativa (limites). Cabe observar que mesmo essa moldura poderá ser desrespeitada pelo aplicador.

O conceito de tributo será essencialmente um conceito normativo, entendido como conjunto de normas. A sua melhor descrição estará na verificação da estrutura normativa: antecedente e consequente. Será por meio do estudo da hipótese de incidência e, especialmente, da base de cálculo que poderemos conhecer o tributo e suas classificações.

No Brasil, devemos destacar o papel de Gian Antonio Micheli como sendo um dos grandes responsáveis pela recepção da teoria normativista dos tributos. Para este autor, o estudo do Direito Tributário se caracteriza como sendo o estudo do conjunto de normas jurídicas que regulam o exercício da potestade tributária. Segundo o autor: "(...) no corpo das normas jurídicas que foram definidas como tributárias, importa distinguir mais grupos: aquele das normas que fixam os sujeitos ativos e passivos da potestade de imposição, os pressupostos para o exercício de tal potestade, o conteúdo da prestação tributária, etc.; aquele das normas que estabelecem o modo em que a potestade tributária é exercitada, disciplinando o procedimento de realização concreta da própria potestade, e, por fim, aquele das normas que regulam momentos diversos da realização da potestade tributária, e que não dizem respeito senão mediatamente, a esta última, porque se referem, por exemplo, à tutela jurisdicional, civil ou penal dos direitos dos sujeitos ativos e passivos".[464]

As insuficiências das duas formas de pensamento exigem a proposição de uma alternativa. O pensamento conceitual peca por sua multiplicação de conceitos, sua visão metafísica do mundo, sua incapacidade de compreender a especificidade do jurídico, entre outras características. Por sua vez, o pensamento normativista peca pela insuficiente fundamentação ética, pelo excessivo relativismo moral e pela construção de um modelo teórico carente de significações, muitas vezes trazendo uma bela explicação de coisa nenhuma.

Assim, a exigência de um novo modelo que combine uma ética material com uma rigorosa fundamentação do discurso jurídico é um desafio atual. Não se pode, contudo, dar-se ao capricho de esquecer que a justiça participa do algoritmo básico (regra de formação) do sistema jurídico, tampouco estabelecer um discurso destituído de clara fundamentação e correção discursiva.

---

[464] Cf. MICHELI, Gian Antonio. *Curso de Direito Tributário*. São Paulo: Revista dos Tribunais, 1978. p. 15.

3.2.2.2. Concepção jurídico-administrativa do tributo

O Direito Tributário seria nessa concepção a resultante das relações entre administração e cidadão, na melhor compreensão do Estado de Direito, consubstanciada em normas jurídicas administrativas. Não se trata de uma concepção exclusiva do pensamento normativista, mas merece destaque dado que os principais positivistas brasileiros defenderam este entendimento durante longo tempo.

Segundo Celso Antônio Bandeira de Melo e Geraldo Ataliba, o Direito Tributário se circunscreve ao Direito Administrativo e conforme Geraldo Ataliba: "a norma jurídica tributária encerra, pois, em síntese e principalmente, o mandamento 'pague dinheiro ao Estado'".[465]

Apesar de coerente, a subordinação do Direito Tributário ao Direito Administrativo impõe e induz a subordinação dos seus princípios aos princípios de direito da Administração. Impõe cientificamente porque os fundamentos "mais próximos" do Direito Tributário devem ser buscados no Direito Administrativo. Por outro lado, induz à noção de que o princípio primeiro do Direito Tributário deve ser a satisfação do "princípio da supremacia do interesse público sobre o particular". Tal conceito, contudo, esquece-se de pontos centrais ao fenômeno da tributação e verifica somente a lógica do poder, em detrimento do cidadão.

Para a Teoria da Distribuição dos Encargos Públicos, o tributo é fruto da solidariedade social que une todos os cidadãos. Assim sendo, é dever de todos os membros da comunidade sustentá-la sem consideração dos benefícios particulares que cada cidadão recebe em particular, mas em virtude de sua capacidade pessoal de contribuir para sustentar os gastos para o financiamento do Estado. Esta posição foi defendida por Villegas,[466] que afirmava que o indivíduo recebia benefícios gerais e particulares que aumentavam a sua capacidade econômica e, portanto, seria a capacidade econômica o critério para a determinação da obrigação de sustento geral, sem esquecer o dever geral de solidariedade.[467]

---

[465] Veja-se, nesse sentido, Ataliba, Geraldo. *Hipótese de Incidência Tributária*. 5ª ed. São Paulo: Malheiros, 1998, p. 38.

[466] Cf. *Villegas*: "se foram os cidadãos que conceberam e estruturaram o Estado, é lógico que contribuam para a sua manutenção. A respeito tem-se considerado justo que cada um colabore na medida de sua possibilidade econômica, isto é, de sua capacidade contributiva"; ver *in* VILLEGAS, Héctor. *Curso de Direito Tributário*. São Paulo: Revista dos Tribunais, 1980, p. 11.

[467] Sobre o assunto veja-se VILLEGAS, Héctor. *Curso de Direito Tributário*. São Paulo: Revista dos Tribunais, 1980, p. 11.

Quadro Resumido
Dos fundamentos do poder de tributar: pensamento normativista

ESCOLA	SENTIDO	PRINCIPAIS OBRAS E AUTORES
Conceito normativista de tributo	O conceito de tributo será essencialmente um conceito normativo, entendido como conjunto de normas.	Alfredo Augusto Becker
Concepção jurídico-administrativa do tributo	O Direito Tributário seria nessa concepção a resultante das relações entre administração e cidadão, na melhor compreensão do Estado de Direito.	Geraldo Ataliba
Teoria da Distribuição dos Encargos Públicos	O tributo é fruto da solidariedade social que une todos os cidadãos.	Villegas

3.2.3. Pensamento Sistemático: financiamento dos direitos fundamentais

O pensamento sistemático representa um esforço conjugado de diversos autores, com pressupostos teóricos diversos, mas que possuem como pontos em comum a aceitação de três pilares conceituais: *a constitucionalização dos direitos fundamentais, a re-introdução do problema da justiça e uma nova hermenêutica jurídica*.[468] Dentre os principais autores, selecionamos pela sua importância: *Klaus Tipke* (Alemanha), *Casalta Nabais* (Portugal), *Thomas Nagel* (Estados Unidos), *Ricardo Lôbo Tôrres* (Brasil) e *Paulo de Barros Carvalho* (Brasil). Cada um desses autores, apesar de suas formações filosóficas distintas, contribui de seu modo para o movimento de afirmação de uma *teoria sistemática do Direito Tributário*.

3.2.3.1. Klaus Tipke: tributo como instrumento de realização do Estado de Direito

A obra de *Klaus Tipke* pode ser considerada um dos paradigmas na construção de uma *teoria sistemática* do Direito Tributário, de tal modo que o próprio autor assume este propósito de modo explícito ao assim afirmar Lang na famosa obra *Direito Tributário (Steuerrecht)*, produzida juntamente com *Klaus Tipke*:

> O Direito Constitucional Tributário forma a base para a teoria sistemática da ciência do direito tributário fundada por K. Tipke e no "Steuerrechtsordnung" ulteriormente desenvolvida,

---

[468] Para uma breve literatura sobre a *constitucionalização do Direito Tributário* veja-se: NABAIS, Casalta. *O dever fundamental de pagar impostos*. NABAIS, Casalta. *A constituição Fiscal de 1976, sua evolução e seus desafios. Por um Estado Fiscal Suportável – Estudos de Direito Fiscal*. FRIAUF, H. *Steuerrecht und Verfassungsrecht*. Köln. 1989; TIPKE, Klaus. *Steuerrechtsordnung*. Köln: Otto Schmidt, 1993; CANOTILHO, Gomes et MOREIRA, Vidal. *Constituição da República Portuguesa Anotada*. Coimbra: Coimbra, 1993; MARONGIU, Gianni. *I Fondamenti Costituzionali Dell'Imposizione Tributaria. Profili Storici e Giudici*. Torino. 1995 e CHULVI, Cristina Pauner. *El Deber Constitucional de Contribuir al Sostenimiento de los Gastos Públicos*. Madrid, 2001.

que extrai do princípio do Estado de Direito uma atribuição abrangente de uma efetiva organização do Direito Tributário, cujo sistema é sustentado por princípios de formal e material Jusestatalidade (Rechtstaatlichkeit) (s. § 4 Rz. 50 ff.). Essa teoria exige do legislador e do aplicador das leis a conseqüente execução de princípios de sustentação sistemática, um consequente desenvolvido sistema tributário de regras ajustadas ao caso,[469] que garante justiça tributária (Steuergerechtigkeit), segurança jurídica (Rechtssicherheit) no Direito Tributário e também oportunidade (Zweckmäszajgkeit) da imposição.[470]

Como se pode notar a obra de *Klaus Tipke* proporciona uma visão abrangente da tarefa de construção de uma *teoria sistemática do direito tributário*. São características dessa visão:

i) *Concepção material do Direito Tributário*: uma superação das teorias formalistas e positivistas do Direito, como sendo um mero sistema de normas sem uma estruturação semântica de valores e princípios que orientem o sistema tributário;

ii) *Fundamento no Estado de Direito*: o sistema tributário extrai da noção de Estado submetido ao Direito todas as suas principais balizas (segurança jurídica, justiça, igualdade, etc.). Poderíamos dizer que a carta constitucional brasileira molda o sistema tributário a partir do Estado Democrático de Direito, com a principal diferença que se trata de um Estado assentado em um texto constitucional que reconhece a pluralidade de valores sociais e impõe a sua harmonização por meio da ponderação;

iii) *Interpretação Tópico-sistemática*: apesar do autor não utilizar expressamente esta denominação, o modelo de aplicação interpretativa com base em regras ajustadas ao caso representa um verdadeiro esforço de renovação hermenêutico, com vistas à superação da dicotomia da oposição do raciocínio, fundamentado tão somente em regras ou tão somente em princípios. O modelo hermenêutico deve combinar a aplicação sistemática de princípios e regras para a solução do caso concreto, sem impor soluções iniciais absolutas, tal como deve a interpretação privilegiar sempre os princípios ou sempre as regras. Tanto uma quanto a outra devem ser utilizadas no caso concreto de modo integrado (*sistemático*);

iv) *Justiça Fiscal*: o sistema tributário deve estar voltado para realizar tanto a justiça fiscal (*Steuergerechtigkeit*), quanto a segurança jurídica (*Rechtssicherheit*). Trata-se de uma substancial diferença em relação à defesa intransigente do positivismo de que o sistema jurídico em geral e o tributário em particular procuram a garantia precípua da segurança jurídica. A procura de regras matériais de justiça e não apenas de um tratamento formal adequado (segurança jurídica) é um dos grandes elementos de diferenciação da teoria sistemática do Direito Tributário. Em nosso entendimento poderíamos acrescentar a neutralidade ou eficiência econômica;

---

[469] Esta formulação poderia ser compreendida como *interpretação tópico-sistemática*, no sentido cunhado por *Juarez Freitas*.

[470] Cf. TIPKE, Klaus; LANG, Michael. *Direito Tributário* (*Steuerrecht*). Tradução da 18 edição alemã de Luiz Dória Furquim, vol. I. Porto Alegre: Sergio Antonio Fabris, 2008, p. 72.

v) *Complexidade*: a *teoria sistemática* na obra de *Klaus Tipke* admite a complexidade que rege o sistema tributário, de tal modo que: "(...) tal teoria desponta especialmente da real desordem do Direito Tributário, da assim chamada selva tributária (*Steuerdschulgel*) ou caos tributário (*Steuerchaos*)".[471] A complexidade não é apenas um fenômeno patológico ou doentio do fenômeno tributário, mas igualmente uma realidade do sistema social, econômico e tributário. Não há como extirpar a complexidade, visto que a realidade social é complexa. Desse modo, a "doutrina da justificação do tributo" (*Steuerrechtfertigungslehre*) deve incorporar em sua compreensão o dado da complexidade como característica imanente do sistema;

vi) *Fundamentação Ética*: há em *Klaus Tipke* uma reafirmação da ética como elemento central nas preocupações jusfilosóficas, de tal modo que a frase de abertura da obra *Direito Tributário* (*Steuerrecht*), escrita com *Joachim Lang*, irá afirmar que: "a justa distribuição da carga fiscal total a cada um dos cidadãos é um imperativo da Ética (...). A mais nobre missão de um Estado de Direito é velar por regras justas e executá-las, proteger seus cidadãos da injustiça".[472] De modo mais explícito tal entendimento foi expresso da seguinte forma: "por isso mesmo é desiderato central deste livro, desenvolver o Direito Tributário tal como parte de um Ordenamento do Direito próprio de um Estado de Direito e especialmente como Direito com a função da Justiça Tributária, em suma, como ordenamento jurídico tributário, objeto de conhecimento mais abrangente, que, para Klaus Tipke, o autor deste livro, era e é".[473]

Como se pode notar a *teoria sistemática do Direito Tributário* desenvolvida por *Klaus Tipke* apresenta todos os fundamentos apresentados por nós à vinculação a uma teoria dos direitos fundamentais, uma teoria da justiça fiscal e a uma hermenêutica com base ética.

3.2.3.2. Casalta Nabais: tributo como instrumento de financiamento dos direitos fundamentais

Os estudos de *Casalta Nabais* serão fundamentais para o reencontro entre a teoria da tributação e a teoria dos direitos fundamentais. Dentre os seus mais diversos estudos destaca-se a comunicação posteriormente publicada sob o título de "A face oculta dos direitos fundamentais: os deveres e os custos dos direitos".[474] Para o autor, os direitos e deveres devem ser postos no mesmo plano, ou seja, no plano constitucional, visto que: "(...) tanto os direitos como os deveres fundamen-

---

[471] Cf. TIPKE, Klaus; LANG, Michael. *Direito Tributário* (*Steuerrecht*). Tradução da 18 edição alemã de Luiz Dória Furquim, vol. I. Porto Alegre: Sergio Antonio Fabris, 2008, p. 73.

[472] Idem, p. 49.

[473] Idem, p. 52.

[474] Cf. NABAIS, Casalta. A face oculta dos direitos fundamentais: os deveres e os custos dos direitos *in* NABAIS, Casalta. *Por uma liberdade com responsabilidade. Estudos sobre Direitos e Deveres Fundamentais.* Coimbra: Coimbra, 2007, p. 163.

tais integram o estatuto constitucional do indivíduo, ou melhor da pessoa. Um estatuto que assim tem duas faces, ambas igualmente importantes para compreender o lugar que a pessoa humana deve ter na constituição do indivíduo, constituição que, como é bom de ver, deve ocupar o primeiro lugar na ordenação das matérias constitucionais".[475]

Inicia o autor afirmando que todos os direitos têm custos públicos e, portanto, a tributação é a forma democrática de financiamento dos mesmos. Para *Casalta Nabais* todos os direitos possuem custos comunitários, ou seja, custos financeiros públicos. O autor desmitifica a falsa ilusão de que somente os direitos fundamentais sociais seriam onerosos e demonstra claramente que mesmo os clássicos direitos e liberdades também exigem investimentos públicos. Não existem direitos gratuitos, nem tampouco a proteção dos direitos negativos de omissão do Estado, especialmente, o direito de propriedade e da liberdade contratual, teriam apenas custos privados. Há, nesse sentido, uma negação das teorias anarquistas e libertárias de que a proteção da liberdade contratual e da propriedade privada poderia ser financiada privadamente e a ação do Estado seria mais um serviço adquirido de um prestador de segurança.[476]

Igualmente irá posicionar o dever de pagar tributos como forma de concretização da *dignidade da pessoa humana* ao assim lecionar: "o que, atenta a razão de ser do estado, que é a realização da pessoa humana, a realização da pessoa no respeito pela sua eminente dignidade humana, o estado fiscal não pode deixar de se configurar como um instrumento dessa realização. Porventura o instrumento que historicamente se revelou e continua a revelar como o mais adequado à materialização desse desiderato".[477]

Poder-se-ia questionar como o autor pode afirmar categoricamente que o Estado Fiscal é o instrumento mais adequado de realização da dignidade da pessoa humana, na medida em que a fiscalidade historicamente está associada à opressão, ao confisco e às violações dos direitos do cidadão em prol dos interesses privados de uma classe dominante?

Tal situação é possível, visto que o autor contrapõe o Estado Fiscal ao Estado Patrimonial. Para *Casalta Nabais*, o Estado Fiscal é aquele que pretende realizar os direitos fundamentais clássicos e sociais, enquanto que o Estado Patrimonial pretende realizar os interesses egoísticos e privados da classe dominante. O Estado Fiscal se assenta principalmente na ideia de uma cidadania fiscal, ou seja, uma cidadania em que todos os membros da sociedade contribuem para suportar os encargos públicos e financiar o custo dos direitos na medida de sua capacidade contributiva.[478]

---

[475] Cf. NABAIS, Casalta. Op. cit., p. 164.
[476] Idem, p. 177.
[477] Idem, p. 179.
[478] Idem, p. 190.

O autor jamais porá em causa a importância e o primado da liberdade no rol de valores constitucionais, apesar do reconhecimento da importância do dever fundamental de pagar tributos. Assim, para *Casalta Nabais*, o dever de repartir os encargos para o financiamento dos direitos fundamentais: "(...) não põe em causa o primado da liberdade, isto é, o primado dos direitos e liberdades fundamentais. Na verdade, os deveres fundamentais ou os custos dos direitos em sentido amplo não são senão um aspecto do estatuto constitucional do indivíduo, um estatuto polarizado obviamente nos direitos e liberdades fundamentais do homem, ou melhor, da pessoa humana".[479]

3.2.3.3. Thomas Nagel: o mito da propriedade

No âmbito da cultura jurídica norte-americana encontramos a presença destacada da obra do filósofo Thomas Nagel, que escreveu conjuntamente com *Liam Murphy* a obra "O mito da propriedade – Os impostos e a justiça" (*The mith of ownership*). Essa obra foi o resultado do Seminário sobre *Justiça e Política Tributária* oferecido na Faculdade de Direito de Nova York (NYU), em 1998.

A obra, realizada em diálogo com muitos dos mais importantes tributaristas norte-americanos (*David Bradford, Noel Cunningham, Deborah Paul, Debora Schenk, Daniel Shaviro* e *Miranda Stewart*), é um exemplo do novo modo de pensar o Direito Tributário. A obra inicia de modo categórico, ao afirmar que: "numa economia capitalista, os impostos não são um simples método de pagamento pelos serviços públicos e governamentais: são também o instrumento mais importante por meio do qual o sistema político põe em prática uma determinada concepção de justiça econômica ou distributiva. É por isso que a discussão desse tema gera paixões tão fortes, exacerbadas não só pelos conflitos de interesses econômicos como também por idéias conflitantes acerca de o que é a justiça ou imparcialidade".[480]

O texto escrito por um dos maiores filósofos da atualidade colocava-se na posição de desvelar a enganadora imparcialidade do debate tributário, bem como preencher uma lacuna sobre a "baixa densidade" da discussão filosófica sobre as discussões éticas da tributação. Notavam os autores que, diferentemente dos grandes debates sobre outras questões públicas relevantes (aborto, pena de morte, eutanásia, etc.), a tributação quedou no esquecimento pelos filósofos morais, apesar deste dever público influenciar vivamente a distribuição de bens públicos.

Assim a discussão sobre a tributação envolve questões tão relevantes quanto:

> Até que ponto a educação, a saúde, os transportes públicos e as artes devem ser financiados por meio da arrecadação de impostos? Acaso a tributação deve ser usada para redistribuir os recursos dos ricos para os pobres, ou pelo menos para aliviar a situação daqueles que não conseguem se sustentar em virtude de uma deficiência, do desemprego ou de uma baixa capacidade produtiva?

---

[479] Cf. NABAIS, Casalta. Op. cit., p. 195.
[480] Cf. NAGEL, Thomas *et* MURPHY, Liam. *O mito da propriedade*. São Paulo: Martins Fontes, 2005, p. 5.

> É preciso determinar a melhor forma de tributação – se os impostos devem ser cobrados dos indivíduos, das empresas ou sobre as transações econômicas específicas, como é o caso de um imposto sobre as vendas ou sobre o valor agregado. A base tributária deve ser a riqueza e a propriedade ou o fluxo de recursos no decorrer do tempo – e, neste caso, a medida dever ser a renda ou o consumo? Como o sistema tributário deve tratar a transferência de recursos dentro das famílias e de uma geração à outra, particularmente quando alguém morre?[481]

Os tributos passam a ser entendidos, desse modo, como um elemento do sistema geral de direitos de propriedade e de um mecanismo de proteção deste mesmo sistema. Assim, a "justiça ou injustiça na tributação não pode ser outra coisa senão a justiça ou injustiça no sistema de direitos e concessões proprietárias que resultam de um determinado regime tributário".[482] Trata-se de uma obra de referência para uma *teoria sistemática do Direito Tributário* pela profundidade do texto, a importância das questões tratadas e a incorporação da questão da justiça fiscal e do financiamento dos direitos fundamentais.

3.2.3.4. Ricardo Lôbo Tôrres: o conceito constitucional de tributo

O Prof. *Ricardo Lôbo Tôrres* é o mais importante e proeminente representante de uma teoria pós-positivista, por nós denominada de sistemática, no Brasil. Seus estudos remontam à década de 80 e se tornaram absolutamente pioneiros e revolucionários nos estudos sobre o fenômeno da tributação no país. Dentre as principais obras do autor, podemos destacar: *Sistemas Constitucionais Tributários* (1986); *A Idéia de Liberdade no Estado Patrimonial e no Estado Fiscal* (1991); *Os Direitos Humanos e a Tributação: Imunidades e Isonomia* (1995); *Legitimação dos Direitos Humanos*; *Teoria dos Direitos Fundamentais* (Org. 1999) e *O Direito ao Mínimo Existencial* (2008).

Segundo *Ricardo Lôbo Tôrres*, o conceito de tributo é o conceito fundamental da Constituição Tributária e do Estado Fiscal, e a sua instituição coincide com o surgimento do Estado Liberal e do Estado Fiscal. Para o autor, o conceito de tributo surge com o Estado Moderno, visto que anteriormente os rendimentos devidos ao príncipe resultavam de mera relação de vassalagem. Esse conceito irá evoluir ao longo da história do constitucionalismo moderno do Estado Liberal Clássico ao Estado Social de Direito e ao Estado Democrático de Direito.

O autor irá demonstrar uma relação entre o Estado Social Fiscal e o predomínio das ideias positivistas. Assim, "a relação essencial com a liberdade, por exemplo, foi relegada a um segundo plano, substituída pelos aspectos econômicos da incidência tributária (...) O problema do valor passou a ser considerado extrajurídico. Dilui-se a finalidade ínsita no tributo, de ser uma prestação destinada

---

[481] NAGEL, Thomas et Murphy, Liam. Op. cit., p. 07.
[482] Idem, p. 11.

a atender às necessidades públicas. Enfatizaram-se, em contrapartida, o vínculo obrigacional existente no tributo e a forma de arrecadação".[483]

O conceito de tributo em um Estado Democrático de Direito deve ser entendido no interior de uma "visão pluralista e finalista" do Direito Constitucional Tributário. Dessa forma, esse conceito se desenha no relacionamento com a liberdade, os direitos fundamentais e os princípios constitucionais da segurança (legalidade), da justiça (capacidade contributiva, custo-benefício e solidariedade); bem como da recuperação da importância do conceito de destinação pública.[484]

Uma das grandes observações feitas por *Ricardo Lôbo Tôrres* está na conceituação de tributo como sendo um "*dever fundamental* estabelecido pela Constituição no espaço aberto pela reserva de liberdade e pela declaração dos direitos fundamentais".[485] Desse modo, trata-se de um conceito superior a mera obrigação prevista em lei, dada a sua estatura constitucional, correspectivo à liberdade e aos direitos fundamentais. Para o autor não se trata de um conceito pré-constitucional como a liberdade, mas como uma obra de natureza exatamente constitucional. A natureza dúplice deste dever impõe de um lado o direito do Estado em cobrar tributos, e de outro o dever deste em prestar serviços públicos e para o contribuinte o direito de exigir tais serviços.

Para *Ricardo Lôbo Tôrres*, "a dimensão axiológica, apesar de tudo o que em contrário possam dizer os positivistas, é absolutamente indispensável na construção do conceito de tributo. Sendo um dever fundamental, limitado pelas liberdades, o tributo, em sua normatividadde, isto é, em sua complementação na via legislativa ordinária e judicial, vai se afirmar de acordo com os princípios, as diretivas e os programas ínsitos na Constituição". O autor chega ao ponto de afirmar que "qualquer prestação exigida pelo Estado em desconformidade com os princípios constitucionais da irretroatividade, da boa-fé, da anualidade, da territorialidade, etc. não será tributo, mas ingresso inconstitucional, violência, despojo".[486]

O autor irá, com base nestes fundamentos, propor um conceito constitucional de tributo, como sendo: "o dever fundamental, consistente em prestação pecuniária, que, limitado pelas liberdades fundamentais, sob a diretiva dos princípios constitucionais da capacidade contributiva, do custo/benefício ou da solidariedade e com a finalidade principal ou acessória de obtenção de receita para as necessidades públicas ou para atividades protegidas pelo Estado, é exigido de quem tenha realizado o fato descrito em lei elaborada de acordo com a competência específica outorgada pela Constituição".[487]

---

[483] Cf. TÔRRES, Ricardo Lôbo. O Conceito Constitucional de Tributo *in* TÔRRES, Heleno (Coor.). *Teoria Geral da Obrigação Tributária*. Estudos em homenagem ao Professor José Souto Maior Borges. São Paulo: Malheiros, 2005, p. 563.
[484] Idem, p. 564.
[485] Idem, p. 567.
[486] Idem, p. 572.
[487] Idem, p. 589.

A presente definição possui todos os elementos suficientes e necessários para uma delimitação conceitual de tributo: i) é um dever fundamental; ii) de natureza pecuniária; iii) que promove e garante as liberdades fundamentais; iv) sob a égide dos princípios da capacidade contributiva (impostos), custo/benefício (taxas) e solidariedade (contribuições); v) com vistas à obtenção de receita pública derivada e vi) com natureza legal.

A importância teórica de *Ricardo Lôbo Tôrres* para a construção de uma teoria sistemática do Direito Tributário é inquestionável e suas contribuições são fundamentais para a construção de um novo modelo de interpretação e práxis jurídico-tributária.

3.2.3.5. Paulo de Barros Carvalho: o construtivismo metodológico

A obra de *Paulo de Barros Carvalho* representa um dos esforços mais notáveis de luta pela precisão teórica e clareza metodológica no âmbito do Direito Tributário. Dificilmente uma obra conseguirá superar o esforço realizado pelo autor nestas últimas décadas. Tendo recebido a aceitação e a internacionalização de suas ideias, representa a escola doutrinária nacional mais difundida no estrangeiro.

Como síntese deste modo de pensar encontramos a obra *Direito Tributário, Linguagem e Método*, publicada em 2008. Neste texto encontramos o reposicionamento de valores como um dado importante no fenômeno jurídico. Assim, diferentemente do positivismo clássico que entendia que os valores eram dados externos e, portanto, extrajurídicos, o autor insere os valores como algo imanente e intrínseco ao Direito. Segundo o autor: "não é exagero afirmar que o dado valorativo está presente em toda configuração do jurídico, desde seus aspectos formais (lógicos), como nos planos semântico e pragmático. Em outras palavras, ali onde houver direito, haverá certamente, o elemento axiológico".[488]

A teoria de *Paulo de Barros Carvalho*, ao inserir o fenômeno jurídico no mundo dos objetos culturais, realiza uma nova interpretação do jurídico, de tal modo que a noção de norma como objeto cultural passa a ser entendida como síntese do ser e do dever-ser.[489] Este giro teórico, em direção ao mundo da cultura, incorpora todos os elementos do giro linguístico anterior, bem como conflui com o movimento de revalorização dos aspectos éticos e valorativos do fenômeno jurídico.

O esforço da obra de *Paulo de Barros Carvalho* representa no Direito brasileiro a síntese do movimento de convergência entre tendências tidas por separadas (tradição analítica e continental). Sua obra será a demonstração mais acertada da existência de um diálogo genuíno e complexo entre a *tradição* e a *filosofia analítica*, ou seja, da articulação entre o problema central da justiça e dos valores com a exigência do máximo de transparência e rigor metodológico.

---

[488] Cf. CARVALHO, Paulo de Barros. *Direito Tributário, linguagem e método*. São Paulo: Noeses, 2008, p. 174.
[489] Idem, *ibidem*

3.2.3.6. Considerações finais

Essa tentativa difusa e diversa será denominada por nós de pensamento sistemático, como expressão atual do pensamento crítico. Seu objetivo é fundamentar o discurso jurídico em uma ética material, através de um método analítico, ou seja, um método fundado em requisitos de clareza, transparência e rigor nas demonstrações.[490]

Nessa concepção, a relação tributária é vista como sendo mais do que uma mera relação de poder ou "normativa pura". Trata-se de uma relação dirigida à regulação da cidadania, de seu conteúdo e alcance em uma sociedade. A relação tributária trata, essencialmente, do núcleo do pacto social, ou seja, da contribuição cidadã à manutenção de uma esfera pública e privada de liberdade e igualdade. Assim, a relação tributária possui uma estrutura normativa nítida, visto que trata de proposições prescritivas ou comandos de conduta e, por outro lado, trata possui um sentido original à realização da cidadania.

As obrigações tributárias deverão ser entendidas como normas jurídicas, possuidoras de homogeneidade sintática e heterogeneidade semântica. Contudo, a estrutura semântica não será preenchida de modo absolutamente livre; deverá, na sua composição normativa, dentre as diversas possibilidades de proposições prescritivas – utilizar aquelas que mais se aproximem de uma ética material. Ou seja, a justiça fiscal irá atuar como um critério seletor de proposições normativas possíveis de compor a estrutura sintática da norma jurídica. Portanto, o conceito de justiça fiscal possuirá duas características: intransitividade e coerência semântica. O sentido de justiça será essencialmente variável, conforme a época e a sociedade. No entanto, existirá um mínimo de sentido a que a noção de justiça fiscal irá reportar-se.

Não existirá uma absoluta transitividade do conceito, ou seja, não possuirá todo e qualquer significado. O conceito de justiça poderá assumir incontáveis sentidos, mas não poderá assumir todos ou quaisquer sentidos. A interpretação do conceito será limitada a um campo proposicional indefinido, porém não infinito. Algumas interpretações não serão admitidas, sob pena de incorrermos em uma superinterpretação. Assim, não significará justiça qualquer descrição natural (ex.: justiça é cadeira).

Por outro lado, esse *mínimo de significação semântica* irá estruturar-se com o campo de significações do sistema jurídico de determinada sociedade, cultura e época. O conceito, conteúdo e alcance da justiça deverão referenciar e respeitar o campo dos valores ou axiomas valorativos de uma sociedade. Não poderá o juiz compor a norma jurídica – preenchendo a moldura normativa – de modo absolutamente "irresponsável" ou "livre". Deverá, contudo, procurar, na sociedade, coerência valorativa para a norma individual e concreta. Uma sociedade pluralista ou multicultural irá possuir uma diversidade de axiomas e sistemas valorativos legítimos, o que não significa uma infinidade de axiomas nem justifica que qualquer

---

[490] Como exemplos dessa tentativa, encontramos, entre tanto outros, nos estudos sobre Direito Tributário: Klaus Tipke (Alemanha); Ricardo Lôbo Tôrres, Paulo de Barros Carvalho (Brasil); entre outros.

decisão será conforme ou adequada. Na ocorrência de decisões que exponham conflitos entre sistemas valorativos, deverá o Juiz procurar reforçar o caráter transitivo da noção de justiça entre os axiomas diversos em uma sociedade, buscando recuperar um equilíbrio dinâmico de coerência no sistema jurídico.

A justiça fiscal poderá ser entendida em três sentidos: sintático, semântico e pragmático. Seu *sentido sintático* está na sua afirmação como critério seletor de sentido na composição da estrutura semântica das normas jurídicas. Na presença de duas ou mais proposições ou sentidos possíveis na composição da norma, a justiça fiscal irá ser um critério de seleção (justificação) daquela mais adequada ao caso e ao sistema (coerência).

No *sentido semântico*, a justiça fiscal irá designar um mínimo de sentido em determinada sociedade e época. Esse mínimo de sentido será encontrado nas noções de igualdade (capacidade contributiva) e liberdade (limitações ao poder de tributar).

Já no *sentido pragmático*, a justiça fiscal irá significar uma relação de adequação entre a norma e seu usuário. Nesse sentido, a justiça fiscal irá apresentar uma relação intersistêmica entre Política, Economia e Direito. O conceito de justiça fiscal deverá produzir uma relação virtuosa com a Economia e, especialmente, com a exigência de prosperidade da sociedade. A consagração da justiça fiscal de modo autárquico, ou seja, isolada de preocupações de seus efeitos na Economia e na eficiência geral da sociedade, irá produzir somente situações ineficientes, antieconômicas e, por consequência, uma sociedade, injusta, desigual e oprimida. Nesse caso, teremos belas intenções e péssimos resultados.

Muitas vezes, a necessidade de aplicação de ambos os critérios seletivos básicos (justiça fiscal e neutralidade fiscal) irá produzir resultados diversos e mesmo contraditórios. A busca do equilíbrio dinâmico entre esses critérios não implica a possibilidade da vedação de conflito, o qual somente poderá ser respondido por cada ordenamento jurídico e sua hierarquia de valores.

Quadro Resumido

	Pensamento Sistemático
Klaus Tipke	O Direito Constitucional Tributário forma a base para a teoria sistemática da ciência do Direito tributário
Casalta Nabais	Tributo como dever fundamental que instrumentaliza o financiamento dos direitos fundamentais
Thomas nagel	Os tributos são uma forma de realização da justiça ou injustiça no sistema de direitos e concessões proprietárias
Ricardo Lôbo Tôrres	Conceito constitucional de tributo e hermenêutica ética
Paulo de Barros Carvalho	Construtivismo metodológico

Conclusões parciais

1. O poder de tributar está fundamentalmente ligado à ideia de Constituição, que deve ser entendida como sendo o conjunto de normas (princípios e regras) e valores que estabelecem a estrutura jurídico-política de uma sociedade organizada.

2. No pensamento conceitual o tributo está vinculado às escolhas do poder político e não a um modelo normativo organizado por meio da codificação ou da constitucionalização. Tradicionalmente, entendia-se que o poder fiscal vinculava-se à tese da substancial ilimitação do poder soberano do Estado e tal poder se mantinha no momento de criação dos tributos.

3. O normativismo irá entender igualmente que a Constituição se configura como a fonte primeira e superior do ordenamento tributário, de tal modo que da Constituição Fiscal derivam todas as demais normas jurídicas do sistema tributário. A diferença, contudo, em relação ao pensamento conceitual se caracteriza pela compreensão de que a Constituição possui um aspecto eminentemente formal.

4. O pensamento sistemático irá compreender a Constituição como a norma jurídica mais importante no sistema jurídico, detentora de princípios, regras e valores jurídicos. A tributação passa a ser entendida como dever fundamental derivada do texto constitucional e não apenas como obrigação derivada de lei.

5. O pensamento sistemático irá entender a Constituição em sua natureza dúplice, tanto como Carta de Direitos (limitações ao poder de tributar), como Carta de Competências (poder de tributar). De um lado como norma de atribuição de competências e de outro como norma de exclusão de competência tributária sobre determinadas condutas.

6. Ordinariamente, o poder de tributar pode ser ligado tão somente à noção de "entrega". Poder de tributar significa, nessa acepção, tão somente "entregar dinheiro ao Estado" ou, dito de outra forma, o poder do Estado em retirar da esfera privada qualquer manifestação de riqueza ou rendimento, sob qualquer ou nenhum argumento.

7. No pensamento normativista, por outro lado, o poder de tributar é o exercício da competência tributária. Para essa corrente, o poder de tributar é o exercício de uma competência normativa, amparada em procedimentos e regras previstos no ordenamento jurídico. Somente será legítima e justificável a norma jurídica criada em conformidade com o sistema jurídico. Os questionamentos acerca da justiça do poder de tributar ou das limitações ao poder de tributar caracterizam-se como sendo irrelevantes para o Direito, sendo mero capítulo da Moral ou da Política.

8. O pensamento sistemático representa um esforço conjugado de diversos autores, com pressupostos teóricos diversos, mas que possuem como pontos em comum a aceitação de três pilares conceituais: a constitucionalização dos direitos fundamentais, a reintrodução do problema da justiça e uma nova hermenêutica jurídica.

Bibliografia recomendada

Da ideia de Constituição para o Direito Tributário

Pensamento Conceitual: estrutura de poder político

BALTHAZAR, Ubaldo Cesar (Org.). *O tributo na História: Da antiguidade à globalização*. Florianópolis: Fundação Boiteux, 2006.
LEROY-BEAULIEU, Paul *et* LIESSE, André. *Précis D'Economie Politique*. Paris: Dalagrave, 1922.
MICHELI, Gian Antonio. *Curso de Direito Tributário*. São Paulo: Revista dos Tribunais, 1978.
MORSELLI, Emanuele. *Compendio di Scienza delle Finanze*. Padova: CEDAM, 1947.
TÔRRES, Heleno. *Direito Tributário e Direito Privado*. São Paulo: RT, 2003.

Pensamento Normativista: estrutura normativa

CARVALHO, Paulo de Barros. *Curso de Direito Tributário*. São Paulo: Saraiva, 1998.
FERRAZ JÚNIOR, Tércio Sampaio. *Introdução ao estudo do Direito*. São Paulo: Atlas, 1994.
KELSEN, Hans. *Teoria Pura do Direito*. São Paulo: Martins Fontes, 1997.
MOUSSALLEM, Tárek. Capítulo III: Fontes do Direito Tributário. *In:* SANTI, Eurico Marcos Diniz. *Curso de Especialização em Direito Tributário*. Estudos Analíticos em Homenagem a Paulo de Barros Carvalho. Rio de Janeiro: Forense, 2005.

Pensamento Sistemático: sistema de direitos fundamentais

COELHO, Sacha Calmon Navarro. Teoria Geral da Obrigação Tributária *in* Tôrres, Heleno Taveira. *Teoria Geral da Obrigação Tributária*. Estudos em homenagem ao Professor José Souto Maior Borges. São Paulo: Malheiros, 2005.
NABAIS, Casalta. Por uma liberdade com responsabilidade. In: *Estudos sobre Direitos e Deveres Fundamentais*. Coimbra: Coimbra, 2007.
TÔRRES, Ricardo Lôbo. O Conceito Constitucional de Tributo. In: Tôrres, Heleno (Coord.). *Teoria Geral da Obrigação Tributária*. Estudos em homenagem ao Professor José Souto Maior Borges. São Paulo: Malheiros, 2005.

Dos fundamentos do poder de tributar

Pensamento Conceitual: do tributo como expressão da soberania fiscal

ALESSI, Renato *et* STAMMATI, G. *Istituzione di diritto tributario*. Torino, UTET.
BERLIRI, A. *Principios de Derecho Tributario*, Vol. II, Editorial de Derecho Financiero, Madrid, 1971.
BERLIRI, Antonio. *Corso Instituzionale di Diritto Tributario*. Milano: Dott A. Giuffrè, 1965, vol. I.
BIRK, D., Steuerrecht I. *Allgemeines Steuerrecht*. 2ª ed. München, C.H. Beck, 1994.
BÜHLER, O. *Steuerrecht, Grundriß in zwei Bänden*. 2ª ed. Wiesbaden, 1953, Vol. I.
———. *Lehrbuch des Steuerrechts*. Berlin: Franz Vahlen, 1927.
FANUCCHI, Fábio. *Curso de Direito Tributário*. Vol. I, São Paulo: Resenha Tributária, 1975.
FERREIRO LAPATZA, Jose Juan. *Curso de derecho financiero español*. 23ª ed., Madrid: Marcial Pons, 2004.
KLEIN, F.; ORLOP. G. *Abgabenordnung Kommentar*. 2ª ed. München, C.H. Beck, 1979. 508.
MARTÍNEZ, Pedro Soares. *Manual de Direito Fiscal*. Coimbra: Almedina, 1983.
MORAIS, Bernardo Ribeiro de. *Compêndio de Direito Tributário*. Rio de Janeiro: Forense, 1984.
MORSELLI, Emanuele. *Compendio di Scienza delle Finanze*. Padova: CEDAM, 1947.
———. *Corso di Scienza della Finanza Pubblica*. Vol. Primo, Padova: Cedam, 1949.
MYRBACH-RHEINFELD, Franz Von. *Précis de Droit Financier*. Paris: V Giard & E. Briere, 1910.
NETO, Manoel Cavalcante de Lima. *Direitos Fundamentais dos Contribuintes*. Recife: Nossa Livraria, 2005.
PUGLIESE, M. *Instituzioni di diritto finanziario*. Padova: Cedam, 1937.

SCHNEIDER, Franz. *Das Abgabengewaltverhältnis*. Tübingen: Mohr, 1918.
SOUZA, Rubens Gomes de. *Compêndio de Legislação Tributária*. Rio de Janeiro: Edições Financeiras, 1954.
SPICER, Michael W. On Friedrich Hayek and taxation: rationality, rules, and majority rule. In: *National Tax Journal*. Evanston: Northwestern University; Mar, 1995, Vol. 48 Issue 1, p103-112.
TÔRRES, Heleno. Contribuições da Doutrina Italiana para a Formação do Direito Tributário brasileiro. In: SCHOUERI, Luís Eduardo. *Direito Tributário*, vol. II. São Paulo: Quartier Latin, 2003.
TÔRRES, Ricardo Lôbo. *Curso de Direito Financeiro e Tributário*. Rio de Janeiro: Renovar, 2005.
UCKMAR, Victor. *Princípios comuns de direito constitucional tributário*. 2ª ed. SP: Malheiros, 1999.
ULHÔA CANTO, Gilberto de. *Temas de direito tributário* ed. Alba, 1964. v. 1.
VANONI, Ezio. *Opere giuridiche*. Milano, Giuffrè, 1961.
WICKSELL, Knut. *A new principle of just taxation*, 1896 traduzido por MUSGRAVE, Richard *et* PEACOCK, A. T. 1958, p. 72-118 da obra original *Finanztheoretische Untersuchungen*.

Pensamento Normativista: do poder de tributar como competência tributária

ABBAMONTE, Giuseppe. The Testing and Analysis of Ranellettis Methodology. In: *International Tax Law*. Kluwer Law International.
BALEEIRO, Aliomar. *Direito Tributário Brasileiro*. 6ª ed. Rio de Janeiro: Forense, 1974.
BLUMENSTEIN, Ernest. *Die Steuer als Rechtsverhaltnis*. Festgabe für G.v. Scanz. Tübingen: Mohr, 1928.
———. *Schweizerisches Steuerrecht*, I, Tübingen: J.C.B. Mohr (Paul Siebeck), 1926.
———. *Sistema di diritto delle imposta*. Trad. It. F. Forte. Milano, 1954.
CARVALHO, Paulo de Barros. *Teoria da Norma Jurídica*. São Paulo: RT, 1981.
DE AYALA, Perez e GONZALEZ, Eusebio. *Curso de Derecho Tributario*. v. 01, Madrid: Edersa, 1986.
EINAUDI, Luigi. *Principios de Hacienda Publica*. Madrid: Aguilar, 1962.
GIANNINI, A. D. *Instituciones de derecho tributario*. Madrid: Derecho Financiero, 1957.
GODINHO, Vitorino Magalhães. *Ensaios*, vol. II, Sobre História de Portugal. Lisboa, Sá da Costa, 1968.
GRIZIOTTI, Benvenuto. *Principios de ciencia de las finanzas*. Buenos Aires: Depalma, 1959.
JARACH, Dino. *O fato imponible. Teoria Geral do Direito Tributário Substantivo*. São Paulo: Revista dos Tribunais, 1989.
JUANO, Manuel de. *Curso de Finanzas y Derecho Tributario*. Tomo I, Parte General. Rosario: Molachino, 1969.
LEROY-BEAULIEU, Paul. *Traité de la science des finances*. 8ª ed. Paris: Félix Alcan, 1912
———. *Précis d'économie politique*. 20ª ed. Paris: Delagrave, 1922.
MARTÍNEZ, Pedro Soares. *Manual de Direito Fiscal*. Coimbra: Almedina, 1983, p. 184.
MICHELI, Gian Antonio. *Curso de Direito Tributário*. São Paulo: Revista dos Tribunais, 1978.
NAGEL, Thomas *et* MURPHY, Liam. *O mito da propriedade*. São Paulo: Martins Fontes, 2005.
NAWIASKY, Hans. *Steuerrechtliche Grundfragen*. München, 1926.
———. *Steuerrechtliche Grundfragen*. München, Dr. Franz A. Pfeiffer Verlag, 1926.
RANELLETI, Oreste. *Instituizioni di Diritto Pubblico*. Milão: Giuffrè, 1ª ed., 1948.
ROSEMBUJ, Tulio. *Que Son Los Impuestos*. Barcelona: Biblioteca De Divulgacion Econômica, 1977.
TÔRRES, Ricardo Lôbo. *Curso de Direito Financeiro e Tributário*. Rio de Janeiro: Renovar, 2005.
VALDÉS Costa, Ramón. *Instituciones de Derecho Tributario*. Buenos Aires: Depalma, 1992.
VANONI, Ezio. *Natureza e interpretação das leis tributárias*. Rio de Janeiro: Financeiras, 1932.
VASQUES, Sérgio. *O Princípio da Equivalência como critério de Igualdade Tributária*. Coimbra: Almedina, 2008.
VILLEGAS, Héctor. *Curso de Direito Tributário*. São Paulo: RT, 1980.

Pensamento Sistemático: financiamento dos direitos fundamentais

AVILA, H. B. *Sistema Constitucional Tributário*. 3ª ed. São Paulo: Saraiva, 2008.

CALIENDO, Paulo. Dos três modos de pensar a tributação ou repensar o raciocínio jurídico-tributário. In: ROCHA, Leonel Severo; STRECK, Lenio Luiz. (Org.). *Constituição, Sistemas Sociais e Hermenêutica*. Porto Alegre: Livraria do Advogado, 2005, p. 93-111.

―――. Da Justiça Fiscal: Conceito e Aplicação. In: TÔRRES, Heleno Taveira. (Org.). T*ratado de Direito Constitucional Tributário – Estudos em Homenagem a Paulo de Barros Carvalho*. São Paulo: Saraiva, 2005, p. 371-405.

CARVALHO, Paulo de Barros. *Direito Tributário, linguagem e método*. São Paulo: Noeses, 2008.

NABAIS, Casalta. Por uma liberdade com responsabilidade. In: *Estudos sobre Direitos e Deveres Fundamentais*. Comibra: Coimbra, 2007.

NAGEL, Thomas *et* Murphy, Liam. *O mito da propriedade*. São Paulo: Martins Fontes, 2005.

TIPKE, Klaus *et* LANG, Michael. *Direito Tributário (Steuerrecht)*. Trad. da 18ª edição alemã de Luiz Dória Furquim, vol. I. Porto Alegre: Sérgio Antônio Fabris, 2008.

TÔRRES, Ricardo Lôbo. O Conceito Constitucional de Tributo. In: Tôrres, Heleno (Coord.). *Teoria Geral da Obrigação Tributária*. Estudos em homenagem ao Professor José Souto Maior Borges. São Paulo: Malheiros, 2005.

Capítulo 4

Da Teoria dos Direitos Fundamentais

> *A verdadeira revolução que gerará o novo Ser Social deverá ser obra de humanismo e seu principal instrumento, a legislação integralmente rejuvenescida. E nesta obra revolucionária a tarefa fundamental é atribuída ao Direito Tributário. A nova legislação tributária, pelo impacto dos tributos, destruirá a velha ordem sócio-econômica e, simultaneamente, financiará a reconstrução da comunidade humanizada. Aos demais ramos do Direito cabe a tarefa de disciplinar a reconstrução.*[491]
>
> Alfredo Augusto Becker

Introdução

O conceito de direitos fundamentais do contribuinte recebeu em cada tradição teórica uma fundamentação diversa e somente com a teoria sistemática haverá uma abordagem completa deste tema.

4.1. DOS DIREITOS FUNDAMENTAIS: CONCEITO, NATUREZA E CLASSIFICAÇÃO

4.1.1. Elementos e características do Conceito de Direitos Fundamentais

Os direitos fundamentais[492] se constituem como veículos de introdução dos direitos da pessoa humana em uma determinada ordem constitucional, considerando que os direitos da pessoa humana possuem formulações filosóficas distintas, cada qual assentando nos direitos do ser humano em bases axiológicas distintas. Contudo, o sistema normativo irá receber essas formulações e irá selecionar como devem ser juridicamente relevantes. Desse modo, as concepções de pessoa humana deixam de ser objeto de especulação teórica e de compreensão individual e

---

[491] Cf. BECKER, Alfredo Augusto. *Carnaval Tributário*. 2ª ed. São Paulo: Lejus. 1999, p. 20.

[492] Sobre o assunto veja-se a obra mais importante sobre o tema SARLET, Ingo Wolfgang. *A eficácia dos Direitos Fundamentais*. Porto Alegre: Livraria do Advogado, 2005.

passam a se tornarem valores normativos que *devem* ser necessariamente protegidos e promovidos. Há uma passagem do plano da axiologia para a deontologia, ou seja, de assunção de valores pelo ordenamento jurídico que irá exigir o seu cumprimento e respeito pela sociedade.

Podemos definir os Direitos Fundamentais como sendo o conjunto de Direitos da Pessoa Humana reconhecido, protegido e promovido por um determinado ordenamento constitucional. Esse reconhecimento pode ser implícito ou explícito. Essa proteção e promoção podem ser direta ou indireta.

A expressão "Direitos Fundamentais", apesar de encontrar diversas possibilidades de origens, que remontam inclusive à Revolução Francesa (Declaração dos Direitos do Homem e do Cidadão), terá sua difusão e consagração a partir da Constituição de Bonn, no Direito constitucional alemão (*Grundrechte* – Lei Fundamental de 1949 – *Grundgesetz*) e no Direito português (Constituição de 1976). A tradição constitucional brasileira utilizou as expressões: "Garantia dos Direitos Civis e Políticos dos Cidadãos Brasileiros" (Constituição de 1824) e "Direitos e garantias Individuais" (Constituições de 1934, 1937, 1946 e 1967 e Emenda n° 01 de 1969).[493] Verifica-se, portanto, que se trata de uma expressão constitucional relativamente recente.

As expressões "direitos públicos subjetivos" e "direitos subjetivos públicos" irão designar a natureza normativa dos direitos fundamentais em uma dada ordem constitucional. Por outro lado, iremos reservar as expressões "liberdades públicas", "liberdades fundamentais", "direitos fundamentais", "direitos civis" e "direitos individuais" para designar espécies de direitos fundamentais protegidos no ordenamento constitucional.[494]

As "garantias individuais" se referem aos dispositivos que protegem e limitam o poder com o fim de preservar direitos.[495] Dessa forma, podemos verificar a natureza instrumental das garantias constitucionais. As garantias podem ser consideradas como verdadeiros direitos subjetivos, visto que possibilitam a exigência e concretização dos direitos fundamentais, consagrando o que se denominou de verdadeiros "direitos-garantia". As garantias constitucionais possuem em seu núcleo semântico dois elementos de sentido, um que enuncia a proteção e outro que conduz o próprio direito ou valor a ser protegido.[496]

---

[493] Cf. SARLET, Ingo Wolfgang. *A eficácia dos Direitos Fundamentais*. Porto Alegre: Livraria do Advogado, 2005, p. 34. Ver, também, DIMOULIS, D. *Dogmática dos Direitos Fundamentais: conceitos básicos*. Comunicações. Caderno don Programda de Pós-Graduação da Universidade Metodista de Piracicaba, ano 5, n° 02, 2001, p. 13.

[494] Conforme Ingo Sarlet estas expressões encontram-se em desuso no constitucionalismo contemporâneo, visto que "...atrelados a categorias específica do gênero direitos fundamentais"; ver *in* SARLET, Ingo Wolfgang. *A eficácia dos Direitos Fundamentais*. Porto Alegre: Livraria do Advogado, 2005, p. 35.

[495] Cf. BARBOSA, Ruy. *República: Teoria e prática*. Petrópolis: Brasília: Vozes/Câmara dos Deputados. 178, p. 121 e 124.

[496] Cf. LIMA NETO, Manoel Cavalcante de. *Direitos Fundamentais do Contribuinte*: Limitações constitucionais ao poder de tributar. Recife: Nossa Livraria, 2005, p. 76.

O texto constitucional brasileiro apresenta as seguintes expressões: a) direitos humanos (art. 4°, inc. II); b) direitos e garantias individuais (epígrafe do Título II e art. 5°, § 1°); c) direitos e liberdades constitucionais (art. 5°, inc. LXXI) e d) direitos e garantias individuais (art. 60, § 4°, inc. IV). Todas elas serão resumidas ao conceito de direitos fundamentais.

Diversas são as classificações sobre a evolução dos direitos fundamentais, não pretendemos apresentá-las todas, bem como não defendemos que estas classificações sejam verdadeiras ou falsas, mas tão somente úteis ou inúteis. Assim, portanto, iremos sugerir uma classificação dos direitos fundamentais sob a ótica de seu reconhecimento e efetivação. Desse modo, podemos afirmar existirem *quatro estágios* dos direitos fundamentais:

i) 1ª Fase: *ausência de reconhecimento*; que vai até o século XVI;

ii) 2ª Fase: *luta pelo reconhecimento*; com as primeiras formulações jusnaturalistas em filosofia política;

iii) 3ª Fase: p*ositivação nacional e internacional*, iniciada com a Declaração de Independência dos EUA em 1776 e com a Declaração Universal de Direitos Humanos da ONU, em 1946 e;

iv) 4ª Fase: *busca da Efetividade,*[497] período atual da luta pela universalização, concretização e efetivação dos direitos fundamentais na esfera nacional e internacional.[498]

4.1.2. Elementos e características do Conceito

Os elementos e características dos direitos fundamentais irão se diferenciar em função da sua fundamentação teórica[499] e do contexto constitucional em que estes estiverem inseridos. Existem, contudo, alguns elementos semânticos mínimos que descrevem o sentido da expressão direitos fundamentais nos mais variados sistemas positivos de proteção. Dentre as diversas características dos direitos fundamentais, podemos citar, especialmente, que eles: são relacionais, criam deveres e obrigações, são inalienáveis, são individuais, são universais e não decorrem do Estado, têm fundamentalidade normativo-axiológica, possuem custos e podem colidir entre si.

---

[497] A classificação histórica dos direitos humanos e fundamentais é uma tarefa exercitada por diversos autores com muita maestria e cuidado. Não pretendemos aqui superar os estudos já realizados, mas tão somente ofertar uma possibilidade de sumário das principais idéias. Esta divisão tem semelhança por aquela apontada por K. Stern que defende a presença de três fases: a) uma pré-história, que se desenrola até o século XVI; uma fase intermediária, que abrange os primórdios de uma doutrina jusnaturalista da filosofia política e da afirmação dos direitos fundamentais; c) a constitucionalização dos Direitos Fundamentais, iniciada na carta constitucional do EUA em 1776. Sobre o assunto veja-se a obra de Stern, K. Staatsrecht, III/I, p. 53.

[498] Cf. SARLET, Ingo Wolfgang. *A eficácia dos Direitos Fundamentais*. Porto Alegre: Livraria do Advogado, 2005, p. 44-52.

[499] Iremos assumir como referencial teórico o posicionamento explicitado na *Seção I* do presente livro.

Os direitos fundamentais podem ser considerados como sendo *relacionais*, visto que são determinados pelo conjunto de direitos e deveres do indivíduo em determinada ordem jurídica. Assim, quando se fala que alguém possui direito, estamos afirmando que alguém (indivíduos, grupos ou Estado) possui deveres para com este. Assim, o direito de expressão significa o dever que possui o Estado e os outros membros da coletividade em respeitar o meu direito, mediante ações ou abstenções. Eles se referem àquela zona de autonomia ou proteção que não pode sofrer interferências ou invasões indevidas, por parte de outros. Os direitos decorrem da existência de uma vida em sociedade e sob um ordenamento jurídico. É a característica do sujeito de direitos ser-com-outros em sociedade.

Os direitos fundamentais *criam deveres e obrigações*, dado que se distinguem de prescrições morais. Não são apenas considerações morais, mas valores normativos protegidos por prescrições normativas que exigem o seu cumprimento sob pena da aplicação de sanções ou consequências jurídicas. Ao afirmarmos que A possui direitos, significa que existe o dever de outros em não interferir nesse direito e que aquele que indevidamente violar o direito de A poderá sofrer sanções. Assim, se o direito de propriedade de A for violado por B, este poderá ser obrigado a indenizar A pelos danos sofridos.

Estes direitos são *inalienáveis* porque não podem ser disponíveis, representam o substrato básico das liberdades públicas. O interesse de sua proteção não é meramente individual, mas de todos. A ninguém seria lícito negociar o seu direito à vida ou à liberdade para conseguir recursos para uma operação de um parente querido. Não pode o indivíduo por contrato dispor sobre o seu direito à propriedade, poderia tão somente dispor sobre o seu direito *de* propriedade de determinado bem. As restrições aos direitos fundamentais pela ordem política serão analisadas posteriormente na próxima seção (Seção III).

A afirmação de que os direitos fundamentais são *individuais* certamente é polêmica e exige uma explicação. Queremos afirmar assim que o fundamento dos direitos fundamentais deve ser buscado no indivíduo, conforme o individualismo metodológico que indicamos anteriormente. Por outro lado, queremos indicar que mesmo direitos fundamentais que se refiram a temas sociais e coletivos se dirigem em última instância à proteção dos direitos de um indivíduo. Assim, o direito à saúde somente tem significado concreto quando o indivíduo A ou B individualmente podem usufruir de um sistema de proteção social concretamente em sua experiência individual. De outra forma, o direito à saúde do ponto de vista social somente tem significado quando podemos identificar individualmente que milhares de pessoas na sua concretude individual puderam usufruir dos benefícios do sistema de proteção social. Não há direito à saúde para indivíduos virtuais, imaginários ou estatísticos, nem tampouco podemos tocar um grupo ou uma classe, mas com certeza podemos reconhecer na criança B todas "as dores do mundo" quando precisa de determinado procedimento médico e não encontra. Os direitos fundamentais são individuais porque somente podem existir na concretude da experiência de cada indivíduo em sua particular condição.[500]

Podemos questionar se a existência de direitos de exercício coletivo, de pessoas coletivas, de direitos sociais e de direitos difusos não comprova o fato de serem os direitos fundamentais *também* supraindividuais. A nossa resposta será negativa, pois mesmo nestes casos permanecem os direitos fundamentais como intrinsecamente individuais.

Quando falamos em *direitos de exercício coletivo* (direito de greve, associação ou reunião) estamos tratando de direitos fundamentais que não podem ser exercitados isoladamente, exigindo uma ação coordenada de uma pluralidade de sujeitos. De outra parte, parece que estamos tratando de direitos que somente possuem sentido coletivo, visto que representam interesses compartilhados de um grupo ou setor. Na verdade, somente o exercício dos direitos é que é coletivo, a titularidade (poder e interesse básico) continua sendo individual, ou seja, de cada um dos indivíduos na condição de trabalhadores, associados, etc. A ação coletiva é somente um *instrumento* para fazer valer o interesse individual.[501]

Os *direitos das pessoas coletivas* se referem a sujeitos que não possuem uma referência humana direta, tal como os direitos de organização sindical ou partidária. Nesse caso cabe observar que essas pessoas coletivas não possuem todos os direitos fundamentais (direitos políticos, liberdades públicas, etc.), pois não se trata de uma extensão geral dos direitos individuais para as pessoas jurídicas. Em verdade são *instrumentos* de proteção e promoção dos direitos individuais, por meio de organizações jurídicas, por onde melhor se instrumentalizam os interesses individuais. Dessa forma, a proteção a direitos específicos de manter e organizar-se em determinado tipo de pessoa coletiva implica na proteção de interesses de titularidade individual coordenados.[502] A proteção dirigida às pessoas coletivas sempre irá significar a proteção ao verdadeiro destinatário de direitos, que é a pessoa humana.

Não significa, contudo, que as *pessoas coletivas* não possuam titularidade jurídica de direitos, mas essa titularidade própria se exerce mais como competência ou poder do que como interesse próprio. Ou seja, são poderes concedidos a uma organização política, social ou econômica com o intuito relevante de proteção da

---

[500] No mesmo sentido entende José Carlos Vieira de Andrade: "O outro elemento característico do direito subjectivo fundamental será a sua individualidade, ou seja, a possibilidade da sua referência a homens individuais. Em rigor, só indvíduos poderiam ser titulare (sujeitos ativos) de direitos fundamentais, pois a dignidade da pessoa humana que os fundamenta só vale para as pessoas físicas (pessoas humanas) e não para as pessoas jurídicas ou colectivas"; ver *in* ANDRADE, José Carlos Vieira de. *Os Direitos Fundamentais – Na Constituição Portuguesa de 1976*. Coimbra: Almedina, 1987, p. 173-174.

[501] Idem, p. 174.

[502] No mesmo sentido entende José Carlos Vieira de Andrade: "e, se é assim, arriscamos o passo seguinte e, para já quanto a estes direitos individuais extensíveis, afirmamos que eles são conferidos às pessoas colectivas ainda para garantia do livre desenvolvimento do homem, isto é, da protecção da dignidade humana do indivíduo 'no seio das formações sociais onde se exerce a sua personalidade"; Idem, p. 178.

dignidade da pessoa humana. Podem ser melhor definidos como sendo "garantias institucionais", antes do que direitos subjetivos, visto que não são passíveis de atribuição individual. Esses direitos não possuem referência ao interesse fundamental constitutivo dos direitos fundamentais: dignidade da pessoa humana,[503] desse modo, devem ser considerados como *garantias institucionais* aos direitos fundamentais.

Este mesmo raciocínio deve ser aplicado aos direitos atribuídos às *pessoas jurídicas públicas*, tal como no caso da proteção da autonomia didático-pedagógica, científica e financeira das universidades públicas ou de determinadas autarquias. Igualmente estaremos perante verdadeiras garantias institucionais, e não perante direitos subjetivos fundamentais.[504] Não basta a noção de que exigem uma abstenção ou omissão do agir do Estado para a sua caracterização como direitos fundamentais, pois se torna necessária a verificação de seu sentido essencial (núcleo semântico). A atribuição de sua titularidade jurídica por ficção somente tem o sentido *instrumental* de garantia para a defesa da dignidade da pessoa humana.

Os *direitos difusos*, por sua vez, diferem dos direitos coletivos pelo fato de que os interesses protegidos nos direitos coletivos se referem a titulares unidos por uma *relação jurídica* (trabalhadores de uma empresa), enquanto nos direitos difusos os titulares estão unidos por *circunstâncias de fato*. Assim, o ordenamento é uma forma de proteção dos direitos fundamentais por meio do instrumento dos direitos difusos, mas no final das contas a materialidade protegida é de interesses individuais, que são melhor ou somente protegidos por meio de um mecanismo de proteção e exercício de direitos transindividuais. A fruição desses direitos continua, contudo, sendo individual. Concordamos com os autores que defendem que tanto os direitos coletivos e os direitos difusos se constituem em *direitos individuais homogêneos*.

Ao afirmarmos que os direitos fundamentais são *universais*, isso significa dizer mais do que eles possuem um *conteúdo mínimo comum*, conforme já exposto. Mas, de que inclusive as diferenças de localização geográfica no interior do país, de classes sociais, etárias, raciais, étnicas, dentre tantos outros contextos particulares, não retiram a exigência da proteção da vida, da liberdade, da propriedade e de outros direitos fundamentais básicos em determinada ordem constitucional. Assim, por exemplo, o direito à integridade física não pode ser afastada em uma tribo indígena sob o argumento contextualista de que a tradição tribal

---

[503] Nesse sentido, José Carlos Vieira de Andrade, ao tratar dos direitos de pessoas coletivas, afirma: "porém, devem então ser equiparados a garantias institucionais e não aos direitos subjetivos fundamentais. (...) Por exemplo, os direitos exclusivos das organizações de trabalhadores não constituem, em si, direitos dos homens trabalhadores, partindo do princípio de que estes não devem confundir-se com os poderes ou os privilégios conferidos na organização social e política dos grupos que formam, isto é, que direitos fundamentais dos trabalhadores não é igual a 'poder das classes trabalhadoras"; ver *in* ANDRADE, José Carlos Vieira de. *Os Direitos Fundamentais – Na Constituição Portuguesa de 1976*. Coimbra: Almedina, 1987, p. 180.

[504] Nesse sentido ver ANDRADE, Op. cit., p. 182; em sentido contrário veja-se CANOTILHO, G. *Direito Constitucional*, vol. I, 2 ed., Almdina: Coimbra, 1980, p. 465. Para Canotilho a autonomia se constitui em um verdadeiro direito fundamental e não apenas em uma garantia constitucional.

permite o estupro. A ordem jurídica do Estado de Direitos Fundamentais irradia sua proteção em todo o território nacional. A soberania dos Direitos Fundamentais revoga toda e qualquer ordem jurídica particular e instaura um sistema de proteção e promoção dos Direitos Fundamentais, que beneficia a todos os indivíduos sob a proteção da ordem constitucional.

Ao afirmarmos que os direitos fundamentais *não decorrem do Estado* significa afirmar que eles não possuem a sua existência e legitimidade decorrente da vontade do Estado, mas ao contrário, de que a legitimidade do Estado decorre de uma ordem de proteção e reconhecimento de direitos fundamentais. Para *Hannah Arendt* (1906 – 1975) trata-se justamente do oposto, os homens não nascem livres e iguais, esta condição é uma decorrência de uma escolha política. Assim, a evolução dos direitos fundamentais é uma história de lutas e de embates para a afirmação de determinados direitos. Eles são essencialmente históricos, dado que em determinado período da história uma sociedade foram afirmados, mas nada impede que sejam revistos, afastados e violados por um governo despótico.

Para nós, a existência da luta significa justamente a afirmação de que os direitos não decorrem do Estado, não são um favor estatal e a sua violação não é um fato natural. Pelo contrário, justamente porque estes direitos não decorrem do Estado é que as sociedades podem lutar por eles. Digamos, por exemplo, que determinada ordem totalitária estabeleça a seguinte norma fundamental: *todos os direitos decorrem da vontade exclusiva do soberano e ninguém pode exigir nenhum direito diverso daquele outorgado pelo soberano*. Nesse caso, como poderia existir a luta democrática se todos os direitos decorrem do Estado e o Estado veda a luta democrática. Essa luta somente pode existir porque os indivíduos são dotados de automia subjetiva para julgar uma determinada ordem como injusta e possuem a liberdade de decidir assumir um projeto existencial próprio e independente da opressão, mesmo que a pena seja o seu aniquilamento existencial. Essa é a prova da autonomia do indivíduo perante a ordem política, que pode em determinado momento histórico subjulgar o indivíduo, contudo, este será um ato contrário ao sentido da condição existencial de autonomia subjetiva privada e de liberdade.

Os direitos fundamentais possuem *fundamentalidade normativa-axiológica*, ou seja, eles governam a Constituição. Sua centralidade é tanto formal, quanto material. Do ponto de vista formal são as normas mais importantes do sistema, delas derivam os fundamentos de validade de todas as demais normas derivadas, que as devem observar sob pena de inconstitucionalidade. De outra parte, possuem centralidade material porque todas as normas devem incorporar em seu núcleo de significação o código genético básico de proteção aos direitos fundamentais. Todas as normas, das mais elevadas e abstratas às mais concretas e inferiores, devem trazer as significações decorrentes da proteção aos direitos fundamentais. Tal como cada célula transporta o DNA básico da identidade de um indivíduo, cada norma traz o algoritimo básico da proteção à dignidade da pessoa humana, como marca da individualidade do Estado Democrático e Social de Direito.

Os direitos fundamentais *possuem custos* porque sua proteção ou promoção por ações ou abstenções do Estado e da sociedade implicam em recursos materiais e humanos finitos. Assim, a proteção da liberdade de crença exige a manutenção de uma ordem democrática com instituições, juízes, promotores, advogados, servidores, etc. Todos estes irão exigir recursos para a sua manutenção. Somente quando a dada sociedade possui excedente para manter uma classe de pessoas especializadas na proteção da esfera pública é que existe a possibilidade de vicejarem os direitos fundamentais. Contudo, não podemos concordar que somente a partir de determinado estágio econômico e social é que os direitos fundamentais devem ser preservados. Este argumento tem sido utilizado pelas mais "sangrentas" ditaduras para esclarecer a exclusão social de um regime de proteção de direitos. Está provado, conforme *Amartya Sen,* que a democracia e a proteção dos direitos fundamentais possuem um valor para o desenvolvimento, aos estabelecerem parâmentros institucionais relevantes para o crescimento de um país. O grau de proteção deverá respeitar, entretanto, os limites da reserva do possível.

Por último, podemos afirmar que os direitos fundamentais podem *colidir entre si*, visto que a ordem constitucional fundamenta-se no postulado da pluralidade de valores. Assim, podem existir choques entre valores distintos que devem ser harmonizados com coerência, mediante procedimentos de ponderação entre valores de pesos diferentes. A ordem constitucional deve prever a resolução justa e leal do conflito entre direitos fundamentais, de modo a reduzir os efeitos de seu choque e preservar a dignidade dos valores envolvidos. Caso contrário, estaríamos negando a aceitação da pluralidade de valores e propugnando a prevalência de determinados valores e a supressão de outros, o que conduziria a uma contradição no sistema.

Conforme afirmamos anteriormente, estas características são derivadas de determinada matriz teórica e podem receber influxos diversos, conforme a fundamentação adotada. Para ilustrar comparativamente os resultados decorrentes de outras afirmações teóricas, apresentamos o quadro abaixo:

	MODELO LIBERAL CLÁSSICO	MODELO SOCIALIZANTE	MODELO UTILITARISTA	MODELO SISTEMÁTICO
Tipo de relação	Indivíduo ↔ indivíduo	Sociedade → indivíduo	Indivíduo → sociedade	Sociedade → indivíduo
Fundamento	individuais	sociais	individuais	individuais
natureza	universais	históricos	históricos	universais
origem	não decorrem do Estado	decorrem do Estado	não decorrem do Estado	decorrem da sociedade
colisão	não podem colidir	podem colidir	podem colidir	podem colidir
custo	não possuem custos	possuem custos	possuem custos	possuem custos
Identidade	concepção substantiva	concepção procedimental	concepção procedimental	concepção substantiva
valor protegido	Direitos negativos (protetivos – liberdade)	Direitos positivos (prestacionais – igualdade)	Direitos negativos (protetivos – liberdade)	Direitos negativos (protetivos – liberdade)

No *modelo liberal clássico* os direitos fundamentais se referem às relações entre indivíduos que fundam a sociedade política e, portanto, são pré-estatais e não dependem do reconhecimento do Estado para a sua efetivação. Por outro lado, se referem a direitos *contra* a intervenção indevida do Estado nos assuntos privados dos indivíduos, que devem ser preservados. Por outro lado, a questão dos custos não é entendida de modo relevante, visto que se tratam principalmente de direitos de proteção contra a ação do Estado, ou seja, exigem uma omissão estatal. Para esta teoria não há como se pensar em colisão de direitos fundamentais.

Em nosso entendimento, os direitos fundamentais não são somente de *proteção*, mas igualmente de *promoção* dos direitos. Não há como se pensar em liberdade sem desenvolvimento. Por outro lado, os direitos fundamentais possuem custos que devem ser tomados em consideração na sua efetivação.

No *modelo socializante*, os direitos fundamentais decorrem da ordem política e são somente aqueles que a ordem política decide que devam possuir o estatuto de normas fundmantais. Devem, portanto, ser contextualizados no contexto histórico e social. Ninguém possui direitos fundamentais, estes são atribuídos pela ordem jurídica. Os direitos fundamentais não são fatos naturais, mas escolhas públicas feitas pela sociedade. Esses direitos podem colidir, e em caso de conflito devem prevalecer os direitos que maximizam os ganhos sociais. Este é o argumento dos países socialistas para hierarquizar a busca do desenvolvimento antes da democracia como valor fundamental. Há uma hierarquia que privilegia o social em detrimento do individual. Os custos podem determinar se um dado direito será protegido ou não. Nesse modelo podemos encontrar as propostas de diferentes escolas e ideologias, tais como: da *institucionalista* (*Hauriou, Santi Romano e Schnur*); do *funcionalismo* (*deliberativo-democrático – Habermas e Hanna Arendt*); da teoria dos *valores* (*Smend*) e do *marxismo* e dos diferentes modelos de *socialismo*.

Para o *institucionalismo* (*institutionellen Grundrechtstheorie*), os direitos fundamentais não são direitos subjetivos, mas instituições (*Instituts*) de onde derivam os direitos individuais. Dessa forma a "medida" do direito seriam as instituições e não o indivíduo (*objektiver Ordnungsprinzipen*). Já para a teoria dos *valores* irá ser defendido que os direitos fundamentais são essencialmente opções constitucionais de valores a serem protegidos, igualmente, não estamos novamente tratando dos indivíduos, mas dos valores expressos em normas que atribuem determinado estatuto a eles. A liberdade individual corresponde a uma atribuição no quadro de valores socialmente estabelecido, nesse caso, a Constituição é definida como um sistema ou ordem cultural, ou seja, de valores estáveis e arraigados. Os valores individuais seriam decorrência do sistema geral de valores, e não o inverso.

Por sua vez, para a teoria *funcionalista* (*democrático-deliberativa*) será defendido que os direitos fundamentais somente podem ser entendidos em comparação com a função pública que exercem. Todos os direitos seriam direitos do cidadão e o seu estabelecimento, o resultado do processo público de deliberação. Os direitos não são a "medida" dos seus destinatários, mas antes se caracterizam como deveres ou competências vinculadas. A liberdade individual e o próprio indivíduo passam a ser um meio para a consecução de um fim.

Em nosso entendimento, os direitos fundamentais possuem uma matriz de *concepção individualista*. Todas as tentativas de fundamentação dos direitos humanos no todo, na sociedade e na classe foram pretextos para a eliminação das liberdades individuais e o estabelecimento de regimes despóticos. Os direitos fundamentais não decorrem do Estado, pelo contrário, são protegidos ou promovidos pela sociedade política, mas a sua existência é anterior.

No *modelo utilitarista* procura-se ampliar os benefícios individuais pela maximização de expectativas e redução dos prejuízos. Igualmente, neste caso os direitos fundamentais representam um valor relativo à determinada época histórica, a condições materiais para implementação, à utilidade na sua proteção, entre outras considerações.

O *modelo utilitarista* falha por priorizar a utilidade dos direitos fundamentais sob uma ótica rasa. Os direitos fundamentais devem ser protegidos não porque são úteis, mas porque possuem um valor em si. A vida não deve ser protegida porque é útil para alguém, alguns ou para a maioria, mas porque possui um valor em si. A arte não é arte porque é útil para as vendas, para as emoções ou para o prazer, mas porque é uma manifestação sobre o sublime da condição humana.

Como demonstramos anteriormente, estas posições diferenciadas possuem diversos pontos distintos e que exigem uma atenção na caracterização dos elementos constitutivos dos direitos fundamentais.[505]

4.1.3. Da cidadania multidimensional

Utilizando as premissas anteriores dos modelos podemos compreender os direitos fundamentais como possuindo fundamentalidade material e formal, bem

---

[505] Outros modelos têm sido propostos. Para José Carlos Vieira de Andrade existem *seis sistemas* de cristalização dos direitos fundamentais, referentes às teorias: liberal, institucional, dos valores, democrática (funcional), do Estado Social e marxista-leninista. A teoria *liberal-burguesa* ressalta o caráter individual dos direitos humanos, como sendo direitos de liberdade e entre seus defensores estão *Bettermann* (*Freiheit unter Gesetz* – 1962) e Dietze (*In Defense of Property* – 1971). Dentre os defensores da teoria *institucional* encontramos M. Hauriou (*Précis de Droit Constitutionnel* – 1930), Schnur (*Die Theorie der Instituition und zwei andere Aufsätze von M. Hauriou* – 1905) e Santi Romano (*Principii di Diritto Costituzionale Generale* – 1947). Na doutrina dos direitos fundamentais encontramos P. Häberle (*Die Wesensgehaltsgarantie dês Art. 19 Abs. 2 Grundgesetz* -1962) e N. Luhmann (*Grundrechte als Instituition* – 1973). A teoria dos *valores* foi proposta por Smed (*Bürger und Bourgeois im deutschen Staatsrecht in Staatsrechliche Abhandlungen* – 1968) e Canotilho (*Direito Constitucional* – 1980). A teoria *democrática* (funcional) será referida nos estudos de Smend, Krüger e Häberle. A teoria do *Estado Social* não é uma teoria completa, visto que é compatível com as demais. Sua contribuição está em demonstrar a limitação das liberdades abstratas no liberalismo. A teoria *marxista-leninista* pode ser encontrada nos estudos de F. Gentile (*I diritti dell'uomonella critica marxiana dell'emancipazione poltitica in Rivista internazionale di filosofia del diritto* -1981) e Maria Hirszowicz (*Lê marxisme et lês droits de l'homme* -1966). Em verdade, em nossa opinião, não se tratam, como demonstrado pelo próprio Vieira de Andrade de sistemas cristalizados de compreensão dos direitos fundamentais, mas de abordagens distintas.

como origem na condição da pessoa humana. Assim, devemos considerar a *cidadania* nas múltiplas dimensões em que esta aparece, considerando-a, contudo, como decorrente da existência de indivíduos livres e detentores de uma liberdade original, fruto de sua condição humana. *A liberdade funda a cidadania e se reconhece, se protege e se promove na cives.* Desse modo, adotamos a sistematização apresentada por *Ingo Sarlet* por meio da seguinte classificação[506] dos direitos fundamentais:[507]

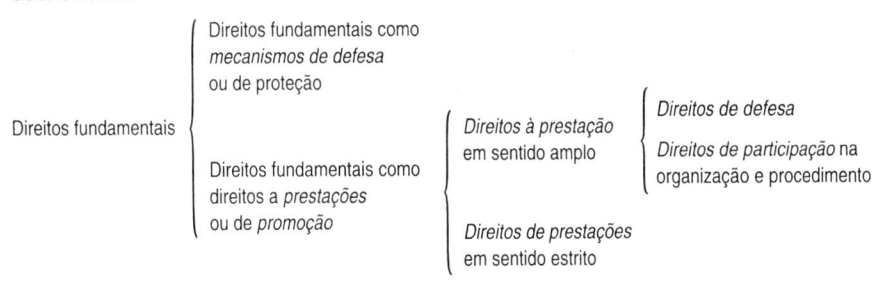

Direitos fundamentais
- Direitos fundamentais como *mecanismos de defesa* ou de proteção
- Direitos fundamentais como direitos a *prestações* ou de *promoção*
  - Direitos à prestação em sentido amplo
    - Direitos de defesa
    - Direitos de participação na organização e procedimento
  - Direitos de prestações em sentido estrito

Essa classificação parte de uma divisão fundamental entre direitos de proteção e direitos a prestações. Os direitos de defesa ou proteção são mais bem conceituados do que direitos negativos ou liberdades negativas, visto que estes exigem inclusive uma ação estatal na proteção das liberdades. Assim é o caso da manutenção de toda uma esfera de proteção da liberdade com um sistema judiciário, executivo, Mnistério Público e tantas outras formas de atuação com o intuito de garantir uma esfera de liberdade. O direito a prestações ou de promoção é aquele em que compete ao Estado atuar na busca da promoção de condições para que o indivíduo alcance um estado de coisas em que a sua situação fática seja de efetiva fruição de direitos.

4.2. DOS DIREITOS FUNDAMENTAIS DO CONTRIBUINTE: CONCEITO, NATUREZA E CLASSIFICAÇÃO

Os fundamentos das limitações ao poder de tributar são de três ordens: i) *no pensamento conceitual,* como um limite ao poder do soberano; ii) no *pensamento normativista,* como regras de limitação de competência e mesmo de não-incidência normativa e, por último, iii) no *pensamento sistemático,* como a realização de um *valor,* promoção e proteção dos direitos fundamentais.

---

[506] Cf. MENDES, Gilmar Ferreira. Os Direitos Fundamentais e seus múltiplos significados na ordem constitucional. *Revista Jurídica Virtual.* Brasília, vol. 2, n. 13, junho/1999. Disponível em http://www.planalto.gov.br/ccivil_03/revista/Rev_14/direitos_fund.htm, acesso em 09.10.06, às 23 horas.

[507] Cf. SARLET, Ingo Wolfgang. *A eficácia dos Direitos Fundamentais.* Porto Alegre: Livraria do Advogado, 2005, p. 185.

No *pensamento conceitual,* as limitações ao poder de tributar são vistas como um limite ao poder do soberano. Duas são as orientações teóricas fundamentais: absolutismo conceitual e individualismo metodológico. Na primeira versão, o conceito clássico de soberania irá indicar uma propriedade do político que não admite limitações; trata-se de um poder soberano ausente de poderes superiores.[508]

Nessa concepção, as limitações ao poder do Estado, em geral, e de tributar, em particular, somente podem ser explicadas em termos de autolimitação ao poder do Estado. É o Estado, em seu poder absoluto, que irá limitar o seu poder em prol de seus interesses. Toda autolimitação terá inevitavelmente, contudo, a marca da precariedade. Se o Estado limita-se, poderá também retornar ao estado anterior sem nenhum drama de legitimidade, afinal ele mesmo decide os momentos e circunstâncias que impõem o exercício de seu poder. Essa concepção ofende, claramente, a noção de direitos públicos subjetivos e de direitos fundamentais.[509]

O segundo posicionamento parte da noção de oposição entre a condição original do indivíduo e o surgimento do Estado. Para a concepção contratualista, existirá sempre uma esfera individual intocada e intocável pelo Estado. As limitações ao poder de tributar constituem o limite entre a esfera pública e os direitos naturais do indivíduo, ou seja, o ponto além do qual inexiste autorização legítima para o exercício do poder soberano do Estado.

Se, na primeira versão, toda limitação ao poder de tributar é relativa e afastável *ab initio* sem problemas, na segunda teoria, toda limitação é absoluta e inarredável sob pena de ofensa a direitos inalienáveis. Tanto uma teoria, quanto a outra submetem o Direito à Política e esquecem os requisitos da linguagem e discurso jurídico, transformando o problema em mero capítulo da disputa pelo poder. Buscando superar essa concepção, o normativismo irá propor uma abor-

---

[508] O *conceito clássico de soberania* tem sua origem no discurso religioso, exatamente ligado à figura divina. O conceito de soberania é um daqueles conceitos religiosos que irá ser transportado para o discurso do político e possuirá como principal carácterística a ideia de poder divino como poder absoluto e último, além do qual inexiste forma de reformar ou derrogar decisões tomadas pela divindade. O conceito científico de soberania somente atingirá a sua maturidade conceitual no pensamento de Hobbes e Jean Bodin. Contudo, isso não quer dizer que o debate sobre a ideia de indivisibilidade e absolutidade do poder não existisse durante o período medieval. O conceito de soberania tornar-se-á modernamente moldado com os estudos de Thomas Hobbes. Em *Leviathan*, estará defendida a ideia da indivisibilidade da soberania do Estado e de seu caráter absoluto. O poder do Estado, nessa concepção, é absoluto e não permite cisões. É absoluto como instância última de decisão acima do qual não existem mais recursos; é a última instância de decidibilidade. É absoluto porque dele é que todas as regras do sistema social e jurídico recebem legitimidade e foros de validade.

[509] O *conceito de direitos subjetivos públicos* somente adquirirá feições modernas com Jellinek no século passado. A obra de Jellinek tentará responder a questão de como podem os indivíduos ter direitos perante o Estado que é soberano. Antecedendo a obra de Jellinek, Gerber lançou, na Alemanha, a obra "Ueber öffenlich Rechte", que entendia que somente o Estado é que tem direitos, sendo que os direitos que porventura existam são apenas reflexo do poder do Estado e da limitação de sua vontade soberana. Apesar dessa posição, Gerber entendia que os indivíduos participavam, em certa medida, da autoridade estatal. Seu argumento partia da premissa de que, se o indivíduo pudesse invocar direitos contra o Estado este perderia a sua natureza soberana. Conforme Baumgarten a teoria dos direitos subjetivos públicos em Jellinek parte do reconhecimento do *status* pertencente a cada indivíduo. A ideia de *status* tem o mesmo sentido do Direito Romano: é a relação que amplia ou restringe a capacidade jurídica do indivíduo. Teremos, dessa forma, três espécies de *status* fundamentais: o *status sujectionis*, o *status libertatis* e o *status civitatis*.

dagem fundada no campo específico do discurso jurídico: o discurso sobre normas jurídicas.

No *pensamento normativista,* as limitações ao poder de tributar são entendidas como regras de limitação de competência e mesmo de não incidência normativa. O discurso sobre o poder é substituído por um discurso sobre normas. Tanto o poder de tributar, quanto as limitações ao poder de tributar são compreensões do exercício da competência normativa. As noções de Estatuto do Contribuinte, imunidades, isenções e não incidência serão institutos do sistema jurídico tributário que se manifestarão sob a forma de normas jurídicas. Cada sistema jurídico irá determinar as suas limitações e o sentido a estas atribuídos.

Para esta concepção, as limitações ao poder do Estado são decisões pré-jurídicas, a qual resta ao Direito organizar os valores políticos sob a linguagem jurídica. Partindo do postulado de que o sistema jurídico é composto de proposições prescritivas é possível que existam normas contraditórias no interior do sistema, visto que a contradição é propriedade das proposições descritivas, ou seja, que possuem valor de verdade. Desse modo, as limitações ao poder de tributar possuirão natureza relativa, visto que sua fundamentação e justificativa deve ser analisada quando de sua aplicação. Cada aplicação poderá ampliar ou restringir o alcance das normas e mesmo criar normas jurídicas que possuam comandos contrários e contraditórios.

Não haverá limitação absoluta ao poder de tributar, nem tampouco sentido preciso. Estas serão ou não determinadas pelo sistema jurídico, em conformidade com as regras referentes à cadeia de validade de cada sistema particular.

A incapacidade dessa compreensão em encontrar, no próprio sistema jurídico, os fundamentos para a justificação no momento de aplicação das normas irá exigir uma nova postura, pela qual os valores serão parte integrante do processo de aplicação coerente das normas jurídicas.

No *pensamento sistemático,* as limitações ao poder de tributar são compreendidas como a realização de um *valor,* a proteção e promoção dos direitos fundamentais. Essas limitações não são apenas normas de competência (estrutura), mas possuem um conteúdo semântico mínimo, voltado à realização de um valor: a manutenção e a proteção de uma esfera privada intocável. Retirar este sentido mínimo significa retirar a própria norma do ordenamento jurídico e, por sua vez, a própria legitimidade democrática e cidadã do sistema.

O desenvolvimento da esfera pública democrática relaciona-se à ampliação de sentido e alcance das limitações ao poder de tributar, em um longo caminho que vem da servidão em direção à cidadania. A aplicação normativa deverá buscar justificação no sentido de manutenção da esfera privada autônoma em relação à esfera pública, sob pena de ofensa ao próprio sistema democrático contemporâneo.

A importante relação entre justificação e aplicação é um dos temas mais relevantes e exigentes, os quais deverão ser estudados sob a ótica da consistência, da coerência e da conformidade do discurso jurídico.

4.2.1. Pensamento conceitual: autolimitação do poder do soberano

No *pensamento conceitual*, as limitações ao poder do soberano de tributar foram compreendidas de três formas principais, como limite: i) *ético-religioso*; ii) *ético-político* e iii) *técnico-político*.

4.2.1.1. Modelo ético-religioso

Durante muito tempo o critério de aferição da legitimidade e mesmo validade de normas tributárias passava pelo crivo de considerações ético-religiosas sobre a justa tributação pelo soberano;

Tais considerações podiam ser encontradas em diversos pensamentos, tais como:

• no *Direito hebraico*: segundo *Caetano Dias Corrêa*, "a instituição do sacrifício mediante a entrega de algo aferível patrimonialmente se deu inicialmente em um tempo de paz,, não sendo destinada ao financiamento de nenhuma investida bélica. Embora isso tenha acontecido posteriormente, o objetivo principal dessa tributação era o reconhecimento da glória de Deus, perdoador de todo o pecado e provedor da vida em todos os sentidos. Acessoriamente, destinava-se à subsistência daqueles ocupados nessa atividade".[510]

• na *Bíblia*: "a César o que é de César e a Deus o que é de Deus" (*Lucas 20:21-26*), esta passagem relembra a resposta de Jesus sobre o questionamento sobre a legitimidade do pagamento de tributos a César;

• em *Santo Agostinho*: "removida a justiça, o que são os reinos senão um bando de ladrões?" ("*remota itaque justitia, quid sunt regna nisi magna latrocinia?*" De Civ. Dei, 1. IV, 4);

• em *São Tomás de Aquino*: o tema será tratado na *Summa Theologica*, na *Questão 66, artigo VIII (II-II)*, na seguinte passagem:

> Se pode haver rapina sem pecado.
>
> (*omissis*)
>
> Solução. – A rapina importa uma certa violência e coação, pela qual e contra a justiça tiramos a alguém o que lhe pertence. Ora, na sociedade humana só pode exercer a coação quem é investido do poder público. E portanto, a pessoa privada, não investida do poder público, que tirar violentamente uma coisa a outrem, age ilicitamente e pratica uma rapina, como é o caso dos ladrões.
>
> Aos governantes, porém, foi dado o poder público para serem guardas da justiça. Por onde, não lhes é lícito usar de violência e coação senão de acordo com os ditames da justiça; e isto, quer lutando contra os inimigos, quer punindo os cidadãos malfazejos. E o ato violento pelo qual se lhes tira uma coisa, não sendo contrário à justiça, não tem natureza de rapina. Mas, os que, investidos do poder público, tirarem violentamente aos outros, contra a justiça,

---

[510] Cf. CORRÊA, Caetano Dias. Direito, Religião e fiscalidade no antigo testamento, *in* BALTHAZAR, Ubaldo Cesar (org.). *O tributo na História: Da antiguidade à globalização*. Florianópolis: Fundação Boiteux. 2006, p. 19.

o que lhes pertence, agem ilicitamente, cometendo rapina e são por isso obrigados à restituição.[511]

(*omissis*)

Os governantes que exigem por justiça dos súditos o que estes lhes devem, para a conservação do bem comum, não cometem rapina, mesmo se violentamente, o exigirem. Os que, porém extorquirem indebitamente, por violência, cometem tanto rapina como latrocínio. Por isso, diz Agostinho: "Posta de parte a justiça, que são os reinos senão grandes latrocínios? Pois, por seu lado, que são os latrocínios senão pequenos reinos?" E a Escritura: "Os seus príncipes eram no meio dela como uns Lôbos que arrebatam a sua presa". E portanto, estão, como os ladrões, obrigados à restituição. E tanto mais gravemente pecam que os ladrões, quanto mais perigosa e geralmente agem contra a justiça pública, da qual foram constituídos guardas.[512]

4.2.1.2. Modelo ético-político

Outra forma de questionamento de aferição da legitimidade e mesmo validade de normas tributárias passava pelo crivo de considerações ético-políticas sobre a justa tributação pelo soberano. Diversos autores irão proceder a um questionamento sobre as limitações ao poder de tributar sob uma ótica ética do que venha a ser um bom governo.

Conforme já observamos, o pensamento conceitual tendeu a posicionar-se entre duas tendências teóricas distintas: o *absolutismo conceitual* e o *individualismo metodológico (contratualismo)*.

i) *Absolutismo conceitual:*

O absolutismo conceitual foi melhor representado pelo pensamento de *Jean Bodin* e *Thomas Hobbes*. Para *Jean Bodin*, o problema da soberania passa igualmente pelo poder de instituir tributos, visto que o poder de financiar o Estado é um dos atributos fundamentais da soberania. O autor já se insurgia contra a descentralização do poder de cobrar tributos que era atribuído à nobreza, em franca

---

[511] No original em latim: "Respondeo dicendum quod rapina quandam violentiam et coactionem importat per quam, contra iustitiam, alicui aufertur quod suum est. In societate autem hominum nullus habet coactionem nisi per publicam potestatem. Et ideo quicumque per violentiam aliquid alteri aufert, si sit privata persona non utens publica potestate, illicite agit et rapinam committit, sicut patet in latronibus. Principibus vero publica potestas committitur ad hoc quod sint iustitiae custodes. Et ideo non licet eis violentia et coactione uti nisi secundum iustitiae tenorem, et hoc vel contra hostes pugnando, vel contra cives malefactores puniendo. Et quod per talem violentiam aufertur non habet rationem rapinae, cum non sit contra iustitiam. Si vero contra iustitiam aliqui per publicam potestatem violenter abstulerint res aliorum, illicite agunt et rapinam committunt, et ad restitutionem tenentur" ([41912] II-IIae q. 66 a. 8 co.) e segue ao entender que: "Ad tertium dicendum quod si principes a subditis exigant quod eis secundum iustitiam debetur propter bonum commune conservandum, etiam si violentia adhibeatur, non est rapina. Si vero aliquid principes indebite extorqueant per violentiam, rapina est, sicut et latrocinium. Unde dicit Augustinus, in IV de Civ. Dei, remota iustitia, quid sunt regna nisi magna latrocinia? Quia et latrocinia quid sunt nisi parva regna? Et Ezech. XXII dicitur, principes eius in medio eius quasi lupi rapientes praedam. Unde et ad restitutionem tenentur, sicut et latrones. Et tanto gravius peccant quam latrones, quanto periculosius et communius contra publicam iustitiam agunt, cuius custodes sunt positi"; ([41915] II-IIae q. 66 a. 8 ad 3).

[512] Cf. AQUINO, Tomás de. *Summa Theologica*, tradução de Alexandre Correia. São Paulo: Siqueira, 1944-49, vol 18, questão LXVI, artigo VIII.

competição com o poder real,⁵¹³ para este a soberania significava o "poder em última instância" (*princeps superiorem non recognoscens*), ou seja, a subordinação de todos os demais poderes ao poder soberano sob a forma de "poder absoluto e perpétuo". Desse modo, o poder soberano seria indivisível e uno, inexistindo a possibilidade de outros poderes paralelos ou concorrentes com a soberania absoluta.⁵¹⁴

O problema teórico principal para *Bodin* era criar uma concepção universal do Estado e de suas funções, isenta de particularismos e que não ficasse refém de um grupo social particular. *Bodin* pretendia construir um poder de natureza política pura, que não fosse identificado com nenhum credo, classe ou corpo social e, portanto, não pudesse ser reivindicado por nenhum setor ou facção social.⁵¹⁵

Bodin adota uma perspectiva diferente de *Montesquieu*, dado que não reparte o poder por não reconhecer em nenhum grupo ou setor social virtude ou vício em particular. Desse modo, diferentemente de *Aristóteles* e *Montesquieu*, o poder deriva da capacidade de mando e obediência e não do exercício da virtude. O poder surge como síntese superior, acima dos conflitos particulares e dos grupos em disputa, e se firma como um instrumento único acima de todos e capaz de garantir a paz social.

A própria distinção que o autor realiza entre Estado e governo possui um sentido fundamental de distinguir as tarefas fundamentais do poder político, sob a forma da noção dos "dois corpos do rei". Assim, encontraremos de um lado uma face voltada para a administração das questões materiais e a outra para o transcendente,⁵¹⁶ ou seja, para o estabelecimento da concórdia do reino, com inspiração divina.⁵¹⁷ Esta compreensão foi consagrada na forma "o rei não morre jamais" (*le Roi ne meurt jamais*), com a compreensão de que o rei é a imagem visível de Deus e há de ser necessariamente imortal ("morreu o rei!", então "viva o rei!").

O pensamento de *Bodin* partirá da compreensão da ilimitação do poder de tributar, como expressão da soberania estatal, mas isso não significa que o poder

---

⁵¹³ Não é possível existir uma República na qual o povo designe os oficiais, disponha-se do tesouro e conceda graça (que são três atributos da soberania): a nobreza faça as leis, ordene a paz e a guerra e distribua as contribuições e impostos, (que também são atributos da soberania) e, além disso, exista um magistrado a quem, o povo em geral e cada um em particular, dispense homenagem e que julgue em última instância sem direito a apelação e recurso? Respondo que tal República nunca existiu e que jamais se poderá realizar, dado que os atributos da soberania são indivisíveis. (S.L.R. II, 1, p. 25-26)

⁵¹⁴ Cf. RISCAL, Sandra Aparecida. *O conceito de soberania em Jean Bodin: um estudo do desenvolvimento das idéias de administração pública, governo e estado no século XVI*. Dissertação de Mestrado apresentada perante a Universidade Estadual de Campinas em junho de 2001, sob a orientação da Prof. Dra. Raquel Pereira Chainho Gandini, p. 445.

⁵¹⁵ Idem, p. 234.

⁵¹⁶ "É certo que o rei não morre jamais, como se diz, uma vez que no momento em que um rei morre, o varão mais próximo da dinastia toma posse do reino antes mesmo de ser coroado. Isto não é uma consequência da sucessão paterna, mas ocorre em virtude da lei do reino" (S.L.R. I. VIII, p. 227)

⁵¹⁷ Cf. RISCAL, Sandra Aparecida. *O conceito de soberania em Jean Bodin: um estudo do desenvolvimento das idéias de administração pública, governo e estado no século XVI*. Dissertação de Mestrado apresentada perante a Universidade Estadual de Campinas em junho de 2001, sob a orientação da Prof. Dra. Raquel Pereira Chainho Gandini, p. 234, p. 407.

deva ser arbitrário. *Fortescue* irá trabalhar com esta ideia, ao confrontar o exercício da soberania na Inglaterra e na França, demonstrando que o regime político pode ser mais ou menos justo, mantendo a característica unitária do poder. Para o autor, o poder possui duas características especiais: o Poder Legislativo e o poder de taxação. Se estes dois poderes estiverem concentrados com o monarca estaremos perante o poder absoluto e se estiverem divididos teremos um poder limitado.[518]

Fortescue[519] irá distinguir claramente os modelos de exercício do poder com base no poder de tributar, em sua obra máxima publicada em 1714 sob o título "A diferença entre a Monarquia Absoluta e a Limitada" (*The Difference between an Absolute and a Limited Monarchy*) 1714 e republicada com uma introdução histórica, sob o título de *Governo da Inglaterra* (*The Governance of England*), em 1885. Para o autor, a questão do exercício do poder tributário é fundamental para distinguir entre o domínio violento por conquista (*dominium regale*) e o domínio voluntário e por produção (*dominium políticum et regale*). Fortescue irá diferenciar o regime inglês e o francês com base nestas duas formas de exercício do poder.

A questão tributária seria fundamental para traçar a diferença de regime na França e Inglaterra, entre a servidão e a liberdade, entre o estatuto do indivíduo francês e inglês:

> (...) pois a condição dos plebeus franceses, sob um rei que, – desde a guerra dos Cem Anos – taxa-os à discrição, é pobre, sórdida, embrutecida: Bebem água, comem maçãs, com pão escuro de centeio; não comem carne exceto raras vezes, algum toucinho, ou entranhas e pele de animais mortos para os nobres e mercadores da terra. (...) Vivem eles certamente na mais extrema pobreza e miséria, e contudo residem num dos mais férteis países do mundo. Fortescue pretendia demonstrar que na Inglaterra a distância entre as classes é menor. Como observa Janine, para Fortescue, o dominium regale francês revela portanto um rei mais fraco que um inglês porque, sem apoio na comunidade do reino, depende de seus nobres.

Para *Fortescue* a tirania do rei francês seria contrária inclusive contra a lei da natureza, visto que não cumpriria o dever divino de proteger seu povo contra os malfeitores, dado que ele mesmo seria um "malfeitor" por maltratar seu povo com a opressão fiscal que retirava o alimento e a dignidade de seu povo. Desse modo, mesmo no pensamento que absolutiza o poder de tributar existe uma crítica aos excessos fiscais por parte do soberano, os quais recebem uma severa reprimenda por parte dos defensores da teoria da soberania.

O *absolutismo conceitual* irá ressurgir no pensamento de esquerda moderno, principalmente pela identificação da ideia de soberania com a noção de poder de

---

[518] Cf. RISCAL, Sandra Aparecida. *O conceito de soberania em Jean Bodin: um estudo do desenvolvimento das idéias de administração pública, governo e estado no século XVI*. Dissertação de Mestrado apresentada perante a Universidade Estadual de Campinas em junho de 2001, sob a orientação da Prof. Dra. Raquel Pereira Chainho Gandini, p. 234, p. 407.

[519] Sir John Fortescue (c. 1394 – c. 1476).

classe social. Assim, a soberania será entendida como o exercício do poder da classe dominante sobre os dominados (proletários) e o poder fiscal como opressão de classe. Os impostos terão um sentido ideológico claro, ou a favor ou contra a classe dominante. *Karl Marx* irá defender claramente este ponto de vista no *Manifesto do Partido Comunista*, ao afirmar o caráter revolucionário do papel de uma tributação confiscatória da propriedade privada: "Isto naturalmente só poderá realizar-se, em princípio, por uma violação despótica do direito de propriedade e das relações de produção burguesas, isto é, pela aplicação de medidas que, do ponto de vista econômico, parecerão insuficientes e insustentáveis, mas que no desenrolar do movimento ultrapassarão a si mesmas e serão indispensáveis para transformar radicalmente todo o modo de produção. Essas medidas, é claro, serão diferentes nos vários países. Todavia, nos países mais adiantados, as seguintes medidas poderão geralmente ser postas: (...) 2. *Imposto fortemente progressivo*;". Igualmente este ponto de vista recusa frontalmente o indivíduo e os seus direitos individuais, substituindo-os por direitos de classe, assim: "É a abolição de semelhante estado de coisas que a burguesia verbera como a abolição da individualidade e da liberdade. E com razão. Porque se trata efetivamente de abolir a individualidade burguesa, a independência burguesa, a liberdade burguesa". Os direitos fundamentais do contribuinte são expressões sem sentido nesta concepção, que somente compreende os direitos da classe trabalhadora contra a burguesia dominante e seu aparato estatal opressor.

Marx irá apontar a tributação como o uso de um mecanismo de dominação de classes, assim afirmou na *Crítica ao Programa de Gotha*: "além da hipoteca que lhe é imposta pelo capital, a pequena propriedade está ainda sobrecarregada de impostos. Os impostos são a fonte de vida da burocracia, do exército, dos padres e da corte, em suma, de toda a máquina do Poder Executivo. Governo forte e impostos fortes são coisas idênticas".

O anarquismo de *Proudhon* será igualmente uma força motriz fundamental na crítica à tributação como uma espécie de *roubo de classes*. Para o autor: "Por toda a parte em que se pretendeu de fato, organicamente, estas três coisas, o capital, o trabalho e o talento, o trabalhador foi escravizado: ele se chamou alternativamente escravo, servo, pária, plebeu, proletário; o capitalista foi explorador: nomeia-se ora patrício ou nobre, ora proprietário ou burguês; o homem de talento foi um parasita, um agente de corrupção e servidão: este foi primeiro o sacerdote, mais tarde o clérigo, hoje o funcionário público, qualquer gênero de capacidade e de monopólio".[520]

O pensamento de *Proudhon* irá influenciar fortemente a doutrina portuguesa por meio da sua recepção nas obras de: Joaquim d'Oliveira Valle (*Proudhon e o Imposto* – 1866); Domingos Pereira de Carvalho Abreu (*O Imposto e a teoria de Proudhon* – 1880); Joaquim da Rocha e Cunha Amorim (*Proudhon e a Teoria do*

---

[520] Cf. PROUDHON, J. Pierre. *A propriedade é um roubo e outros escritos anarquistas*. Porto Alegre: L&M Pocket, 1997, p. 68-69.

Imposto – 1883); Joaquim A. da Silva Cordeiro (*Proudhon e o Sistema do Imposto* – 1884) e João B. Ribeiro Coelho (*Proudhon e a Teoria do Imposto* – 1888).

Uma prova esclarecedora da influência de *Proudhon* no pensamento português pode ser encontrada nos textos publicados por *Eça de Queiroz* sobre a fiscalidade de sua época. Trata-se de artigos publicados nos jornais n'*As Farpas* e no *Distrito de Évora*, durante os tumultuados anos 60 e 70 do século XIX. Dentre estes artigos, destacam-se: "As Alfândegas"; "O Imposto do Pescado"; "O Imposto para o Aqueduto"; "O Monopólio do Tabaco"; "Défice e Despesismo"; "O Manifesto e os Impostos de Consumo" e "A Legitimação do Imposto".

Encontramos, como exemplo do pensamento de *Eça de Queiroz*, a seguinte passagem escrita pelo autor, em 1867, sobre os impostos na cidade de Évora: "Por que motivo, em virtude de que protecção, de que garantia, se pagam nesta cidade impostos? É porventura pela regalia de poder pisar as calçadas e receber a luz do sol? É pela garantia de poder semear pela liberdade de poder viver? O Estado não tem nesta cidade o direito de receber o preço dos serviços que não presta. Ele não protege, não defende, não policia; não cura da higiene, não faz nada,e hão-de os contribuintes fazer o sacrifício do seu sustento para terem o prazer de ser desprezados? (...) O povo tem direito a autoridades que policiem, que velem, que diligenciem (...) doutro modo o imposto é um roubo fiscal".[521]

ii) *Individualismo metodológico (contratualismo).*

O individualismo metodológico representado principalmente pelo contratualismo irá originar uma vertente sólida de questionamentos do poder fiscal e de sua necessária limitação perante os direitos individuais, naturais ou universais do indivíduo. *Thomas Hobbes* será um dos primeiros e mais destacados representantes desta forma de pensar. Para o autor, o tributo é uma contribuição dada pelo indivíduo em troca de segurança e paz social e se insere no dever geral de obediência em troca de proteção.

Para *Hobbes*, existe um dever geral de obediência que inaugura e mantém a comunidade civil, de tal forma que: "Servos devem obedecer seus mestres em tudo e (Verse 22) 'Filhos devem obedecer seus país em tudo'. Há a simples obediência nas coisas que estão sujeitas ao domínio despótico ou paternal. Igualmente, (Mateus 23. 2,3) na cadeira de Moisés se assentam os escribas e fariseus. Portanto, tudo o que vos disserem, isso fazei e observai; mas não façais conforme as suas obras; porque dizem e não praticam. E, São Paulo (Titus, 3.2) 'Adverte-lhes que estejam sujeitos aos governadores e autoridades, que sejam obedientes, e estejam preparados para toda boa obra', esta obediência é algo simples".[522]

---

[521] Cf. VASQUES, Sérgio. *Eça e os Impostos.* Coimbra: Almedina, 2000.

[522] *Servants obey your masters in All things, and, (Verse. 22)* "Children obey your Parents in All things". There is simple obedience in those that are subject to Paternall, or Despoticall Dominion. Again, (Math. 23. 2,3) "The Scribes and Pharisees sit in Moses chayre and therefore All that they shall bid you observe, that observe and do". *There again is simple obedience. And St. Paul, (Tit. 3. 2)* "Warn them that they subject themselves to Princes, and to those that are in Authority, & obey them". *This obedience is also simple.*

O dever de pagar tributos deriva do *dever geral de obediência*, visto que segundo *Hobbes*: "Por último, nosso Senhor ele mesmo reconheceu que os homens devem pagar tributos ao soberano, tal como ele disse: 'dê a César o que é de César' e pagou ele mesmo tributos" (*lastly, our Saviour himselfe acknowledges, that men ought to pay such taxes as are by Kings imposed, where he sayes, "Give to Caesar that which is Caesars;" and payed such taxes himselfe*). A tributação nada mais seria que a retribuição pela proteção devida pelo Estado aos seus súditos, dado que: *pois os impostos que são cobrados ao povo pelo soberano nada mais são do que os soldos devidos àqueles que seguram a espada pública para defender os particulares no exercício de várias atividades e profissões.*[523]

Esta proteção teria um sentido social, inclusive, como uma espécie de seguro universal contra os infortúnios da vida. Neste caso, *Hobbes* anteciparia certa forma de previdência e assistência social custeada por tributos, de tal modo que: "E sempre que muitos homens, por um acidente inevitável, se tornam incapazes de sustentar-se com seu trabalho, não devem ser deixados à caridade de particulares, mas serem supridos (tanto quanto as necessidades da natureza o exigirem) pelas leis do Estado".

Este dever geral de pagar tributos, contudo, não decorre de uma obediência cega, mas está submetido aos princípios gerais de justiça, de tal modo que: "Da igualdade da justiça faz parte também a igual imposição de impostos, igualdade que não depende da igualdade dos bens, mas da igualdade da dívida que todo homem deve ao Estado para sua defesa. Não é suficiente que um homem trabalhe para a manutenção de sua vida; é necessário também que lute (se for preciso) para assegurar seu trabalho". (*To Equall Justice, appertaineth also the Equall imposition of Taxes; the Equality whereof dependeth not on the Equality of riches, but on the Equality of the debt, that every man oweth to the Common-wealth for his defence. It is not enough, for a man to labour for the maintenance of his life; but also to fight (if need be,) for securing of his labour.*).[524]

Por sua vez, os critérios de *distribuição de encargos fiscais*, no entender de *Hobbes*, deveriam ser fundamentados no *consumo individual*, visto que: *Dado isto, a igualdade dos impostos consiste mais na igualdade daquilo que é consumido do que nos bens das pessoas que o consumem. Pois que razão há para que aquele que trabalha muito e, poupando os frutos do seu trabalho, consome pouco, seja mais sobrecarregado do que aquele que vivendo ociosamente ganha pouco e gasta tudo o que ganha, dado que um não recebe maior proteção do Estado do que o outro? Mas quando os impostos incIdem sobre aquelas coisas que os homens consomem, todos os homens pagam igualmente por aquilo que*

---

[523] Cf. HOBBES, Thomas. *Leviatã ou matéria, forma e poder de um Estado eclesiástico e civil*. Tradução de João Paulo Monteiro e Maria Beatriz Nizza da Silva. São Paulo: Abril, 1983, p. 115.

[524] Cf. HOBBES, Thomas. *The Leviathan*, Chapter XXX – Of the office of the sovereign representative.

usam e o Estado também não é defraudado pelo desperdício luxurioso dos particulares.[525]

Esta noção de que a tributação deve assentar-se sobre o consumo, e não sobre o patrimônio ou a renda se fundamenta para *Hobbes* no entendimento de que: "Dado que, portanto, o benefício que todos retiram disso é o usufruto da vida, que é igualmente cara ao pobre e ao rico, a dívida que o homem pobre tem para com aqueles que defendem sua vida é a mesma que o homem rico tem pela defesa da sua, exceto que os ricos, que têm um serviço dos pobres, podem ser devedores não apenas de suas pessoas, mas de muitas mais".[526]

Esta corrente será amplamente aceita e defendida por autores, como *Locke*, *Rousseau*, entre outros, que irão resguardar os direitos do contribuinte perante a voracidade fiscal. Para *John Locke*, o governo civil deve proteger a comunidade de proprietários livres, visto que os indivíduos abandonam o Estado de Natureza em prol da sociedade civil com o propósito de garantirem o seu bem-estar.[527]

A sociedade civil seria uma sociedade de proprietários, visto que para *John Locke*: "124. Portanto, o grande e principal fim dos homens se unirem em sociedade, e de se constituírem debaixo de hum governo, é a conservação da sua propriedade; para cujo fim se exigem muitas coisas que faltam no estado natural". O direito de propriedade seria o primeiro e mais significativo direito fundamental: (*§. 140. It is true, governments cannot be supported without great charge, and it is fit every one who enjoys his share of the protection, should pay out of his estate his proportion for the maintenance of it. But still it must be with his own consent, i. e. the consent of the majority, giving it either by themselves, or their representatives chosen by them: for if any one shall claim a power to lay and levy taxes on the people, by his own authority, and without such consent of the people, he thereby invades the fundamental law of property, and subverts the end of government: for what property have I in that, which another may by right take, when he pleases, to himself?*).[528]

---

[525] Cf. HOBBES, Thomas. *Leviatã ou matéria, forma e poder de um Estado eclesiástico e civil.* Tradução de João Paulo Monteiro e Maria Beatriz Nizza da Silva. São Paulo: Abril, 1983, p. 115. ver no original em ingles: "Seeing then the benefit that every one receiveth thereby, is the enjoyment of life, which is equally dear to poor, and rich; the debt which a poor man oweth them that defend his life, is the samewhich a rich man oweth for th defence of his; saving that the rich, who have the service of the poor, may be debtors not onely for ther own persons, but for many more. Which considered, the Equality of Imposition, consisteth rather in the Equality of that which is consumed, than of the riches of the persons that consume the same. For what reason is there, that he which labouretch much, and sparing the fruits of his labour, consumeth litle, should be more charged, then he that living iddlely, getteth little, and spendeth all he gets; seen the one hath no more protection from the Common-wealth, then the other? But when the Impositions, are layd upon thore things which menn consume, every man payeth Equally for what he useth: norr is the Common-wealth defrauded, by the luxurious wate of private men", Cf. HOBBES, Thomas. *Leviathan*. Harmondsworth: Penguin, 1971, p. 386.

[526] Idem, ibidem.

[527] Cf. HUGHES, Martin. *Locke on taxation and suffrage.* 1990 e HUGHES, Martin. *Locke, taxation and reform*, 1992.

[528] Cf. LOCKE, John. *Concerning Civil Government, second Essay.* London: Enciclopaedia Britannica, 1977, p. 58.

Dessa forma, qualquer modo de retirada da propriedade de homens livres deveria se fundamentar no consenso,[529] de tal modo que a tributação, por sua vez, deveria ela mesma assentar-se em decisões coletivas. Para *Locke: Terceiro: O poder legislativo não deve impor impostos sobre a propriedade do povo sem que este expresse seu consentimento, individualmente ou através de seus representantes. E isso diz respeito, estritamente falando, só àqueles governos em que o legislativo é permanente, ou pelo menos em que o povo não tenha reservado uma parte do legislativo a representantes que eles mesmos elegem periodicamente*[530]; (142. (...) *Thirdly, They must not raise taxes on the property of the people, without the consent of the people, given by themselves, or their deputies*).[531]

Jean Jacques Rousseau[532] se insere em outro contexto, em uma França marcada pela extrema desigualdade social, por um Estado corrupto e ineficiente e uma classe dominante irresponsável e perdulária.[533] Neste contexto os tributos nada mais eram que a expropriação imoral[534] de recursos da sociedade para financiar um sistema moribundo.[535]

A França de *Rousseau* era um reino falido pelas mais desastradas aventuras militares e por um sistema social decadente, neste ponto o autor procura propor uma reforma fiscal sob três pilares: i) uma melhoria do sistema fiscal, com a possível adoção de um imposto unificado e seguro; ii) um tratamento adequado ao contribuinte e iii) uma justa distribuição dos encargos fiscais e das receitas

---

[529] Conforme Locke: "Sect. 21. The natural liberty of man is to be free from any superior power on earth, and not to be under the will or legislative authority of man, but to have only the law of nature for his rule. The liberty of man, in society, is to be under no other legislative power, but that established, by consent, in the commonwealth; nor under the dominion of any will, or restraint of any law, but what that legislative shall enact, according to the trust put in it. Freedom then is not what Sir Robert Filmer tells us, Observations, A. 55. a liberty for every one to do what he lists, to live as he pleases, and not to be tied by any laws: but freedom of men under government is, to have a standing rule to live by, common to every one of that society, and made by the legislative power erected in it; a liberty to follow my own will in all things, where the rule prescribes not; and not to be subject to the inconstant, uncertain, unknown, arbitrary will of another man: as freedom of nature is, to be under no other restraint but the law of nature". Cf. LOCKE, John. *Concerning Civil Government, second Essay*. London: Enciclopaedia Britannica, 1977, p. 29.

[530] Cf. LOCKE, John. *Concerning Civil Government, second Essay*. London: Enciclopaedia Britannica, 1977, p. 58.

[531] Idem, ibidem.

[532] Cf. ROUSSEAU, J.-J. *Discurso sobre a origem e os fundamentos da desigualdade entre os homens*. São Paulo: Abril Cultural, 1978. (coleção "Os pensadores") e Rousseau, J-J. Do contrato social. São Paulo: Abril Cultural, 1978. (coleção "Os pensadores").

[533] Sobre o assunto ver BESSE, G. Jean-Jacques Rousseau, l'apprentissage de l'humanité. Paris: Messidor/Sociales, 1988 e BONNEY, R. Système économiques et finances publiques. Paris: PUF/CNL, 1996.

[534] Cf. ROUSSEAU, J.-J. Discours sur l'économie politique. In: Œuvres Complètes. Tomo III. Paris: Pléiade, Gallimard, 1964a. Du contrat social. In: ——. *Œuvres Complètes*. Tomo III. Paris: Pléiade, Gallimard, 1964b. Fragments politiques. In: ——. *Œuvres Complètes*. Tomo III. Paris: Pléiade, Gallimard, 1964c. Lettres écrites de la montagne. In: ——. *Œuvres Complètes*. Tomo III. Paris: Pléiade, Gallimard, 1964d. Projet de constitution pour la Corse. In: ——. *Œuvres Complètes*. Tomo III. Paris: Pléiade, Gallimard, 1964e. Considérations sur le gouvernement de Pologne. In: ——. *Œuvres Complètes*. Tomo III. Paris: Pléiade, Gallimard, 1964f. Emile ou de l'éducation. *Œuvres Complètes*. Tomo IV. Paris: Pléiade, Gallimard, 1969. Lettre à M. d'Alembert. In: ——. *Œuvres Complètes*. Tomo V. Paris: Pléiade, Gallimard, 1995. Première esquisse et fragments de l'article Économie politique. In: ——. *Œuvres Complètes*. Tomo II. Paris: l'Intégrale, Seuil, 1971.

[535] Cf. SAHD, Luiz Felipe Netto de Andrade e Silva. *Rousseau e a administração dos bens*. Trans/Form/Ação [online]. 2003, v. 26, n. 1, p. 141-159. ISSN 0101-3173. doi: 10.1590/S0101-31732003000100007.

públicas. O sistema fiscal francês era absolutamente desigual e desorganizado, prevalecendo a sonegação e a distinção entre regiões fiscais.[536]

A tarefa que se propõe *Rousseau* é a de propor uma reforma fiscal que atenda às exigências de financiamento do Estado ao mesmo tempo responda aos anseios de justiça fiscal. Esta preocupação irá aparecer tanto em sua obra "Considerações sobre a Polônia", quanto em seu artigo "Economia Política", de tal modo que certa linha de raciocínio pode ser vislumbrada em sua proposta de reforma fiscal: i) respeito à propriedade como base do pacto social; ii) compromisso individual com o custeio das despesas públicas e iii) aprovação popular para fixação de impostos. Esta compreensão afasta o caráter de ilegitimidade dos impostos, combatendo a sonegação de um lado, e de outro retira a arbitrariedade da fixação de impostos sem aprovação social.

Rousseau entende claramente a psicologia dos proprietários que pretendem legitimamente proteger sua propriedade contra retiradas externas, mas ao fundar a tributação na vontade livre retira o caráter autoritário dos impostos, visto que o cidadão não poderia ser escravo de seu bolso: "As receitas da República não são iguais as suas despesas, Eu acredito nisto bem – de que os cidadãos não gostam de pagar tributos, mas os homens que desejam ser livres não podem ser escravos de seu bolso e onde há Estado, onde a liberdade não se compra ele é até muito querido".[537] Os limites ao poder de tributar decorrem na concepção *rousseauniana*, diretamente da vontade geral soberana e da assembleia geral, afastando as exigências fiscais, como resultado da vontade particular do aparato estatal.

Por ser resultado da vontade geral, o poder de tributar irá respeitar a pluralidade de vozes e o comprometimento individual, proporcional a sua capacidade de contribuir para o esforço fiscal. Novamente encontramos aqui o esboço de outro direito fundamental contemporâneo: o respeito à *capacidade contributiva*.[538]

Será em seu artigo sobre *Economia Política* que Rousseau irá fundamentar sua compreensão sobre o sistema fiscal ideal. Para o autor existem dois tipos de tributos: o *real* sobre as coisas e o *pessoal* por *cabeça*.[539] Os subsídios são os tributos cobrados com base em uma soma estabelecida e os impostos são aqueles decorrentes de um produto de uma taxa, de tal modo que a melhor forma de contribuição seria aquela em que houvesse a conciliação entre os dois meios de co-

---

[536] Segundo *Bonney*: "La France, par exemple, était un royaume fondé sur plusieurs économies, radicalement différentes les unes des autres, et fort peu intégrées les unes aux autres; les tentatives antérieures à 1789 de suppression des barrières douanières intérieures y ont abouti pour l'essentiel à des échecs. Ces systèmes économiques régionaux étaient, à leur tour, en relation avec d'autres économies régionales européennes"; ver *in* BONNEY, R. *Système économiques et finances publiques*. Paris: PUF/CNL, 1996, p XIII.

[537] Segundo o autor: "Les revenus de la République n'égalent pas sa dépense; je le crois bien – les Citoyens ne veulent rien payer du tout. Mais des hommes qui veulent être libres ne doivent pas être esclaves de leur bourse, et où est l'État où la liberté ne s'achète pas et même très Cher"; ver *in* ROUSSEAU, J.-J. Considérations sur le gouvernement de Pologne. In: _____. *Œuvres Complètes*. Tomo III. Paris: Pléiade, Gallimard, 1964.

[538] Cf. SAHD, Luiz Felipe Netto de Andrade e Silva. *Rousseau e a administração dos bens*. Trans/Form/Ação [online]. 2003, v. 26, n. 1, p. 141-159. ISSN 0101-3173. doi: 10.1590/S0101-31732003000100007.

[539] Idem, ibidem.

brança, ou seja, taxa por indivíduo proporcionalmente a seus meios de pagamento. Pois ela será a mais equitativa e conveniente a homens livres.

De outro lado, a imposição fiscal harmônica deve ser bem balanceada de tal modo que seja: "é necessário que a tributação seja tão bem proporcionada, que o embaraço da fraude ultrapasse o lucro" (*Il faut que l'imposition soit si bien proportionnée que l'embarras de la fraude en surpasse le profit*),[540] mesmo assim ela pode sofrer distorções em razão da avareza, do crédito e da fraude.[541]

Rousseau responde ao questionamento sobre o que venha a ser a proporção desejada, afirmando que a tributação deve obedecer a três critérios: a *quantidade*, o *uso* e a *utilidade*. Estes devem ser combinados para alcançar um equilíbrio entre o contribuinte e o fisco (*aerarium*).

A quantidade determina uma proporção entre quem possui mais e quem possui menos, de tal forma que os ricos devem pagar mais do que os mais pobres. O critério do *uso* determina que os produtos essenciais devam receber uma tributação mais favorável do que produtos supérfluos, enquanto que o critério da *utilidade* determina a relevância da tributação para o contribuinte, de tal modo que os mais ricos devem pagar mais tributos porque eles recebem mais benefícios de proteção social de suas propriedades e da administração da justiça que as garante no caso de perdas.[542]

Para *Rousseau*, a tributação deve levar em consideração as desigualdades sociais e o papel da tributação como elemento de manutenção do *statu quo* ou como forma de redução das desigualdades sociais, por meio da tributação mais gravosa de bens supérfluos e dos mais ricos. Para ele o pacto irregular não poderia ser nem mesmo definido como uma espécie de contrato, visto que se assemelharia mais a um pacto com o mal.

---

[540] Cf. ROUSSEAU, J.-J. Considérations sur le gouvernement de Pologne. In: ——. *Œuvres Complètes*. Tomo III. Paris: Pléiade, Gallimard, 1964.

[541] Conforme Rousseau: "Ces proportions paraissent d'abord très faciles à observer, parce qu'étant relatives à l'Etat que chacun tient dans le monde, les indications sont toujours publiques; mais outre que l'avarice, le crédit et la fraude savent éluder jusqu'à l'évidence, il est rare qu'on tienne compte dans ces calculs, de tous les éléments qui doivent y entrer"; ver *in* ROUSSEAU, J.-J. Discours sur l'économie politique. In: *Œuvres Complètes*. Tomo III. Paris: Pléiade, Gallimard, 1964a.

[542] Conforme Rousseau: "Premièrement on doit considérer le rapport des quantités, selon lequel, toutes choses égales, celui qui a dix fois plus de bien qu'un autre, doit payer dix fois plus que lui. Secondement, le rapport des usages, c'est-à-dire la distinction du nécessaire et du superflu. (...) Un troisième rapport qu'on ne compte jamais, et qu'on devrait toujours compter le premier, est celui des utilités que chacun retire de la confédération sociale, qui protège fortement les immenses possessions du riche, et laisse à peine un misérable jouir de la chaumière qu'il a construite de ses mains. Tous les avantages de la société ne sont-ils pas pour les puissants et les riches? tous les emplois lucratifs ne sont-ils pas remplis par eux seuls? toutes les grâces, toutes les exemptions ne leur sont-elles pas réservées? et l'autorité publique n'est-elle pas toute en leur faveur? Qu'un homme de considération vole ses créanciers ou fasse d'autres friponneries, n'est-il pas toujours sûr de l'impunité? (...) Tous ces égards ne lui coûtent pas un sou; ils sont le droit de l'homme riche, et non le prix de la richesse. (...) Il y a plus encore: c'est que tout ce que le pauvre paye, est à jamais perdu pour lui, et reste ou revient dans les mains du riche, et comme c'est aux seuls hommes qui ont part au gouvernement, ou à ceux qui en approchent, que passe tôt ou tard le produit des impôts, ils ont, même en payant leur contingent, un intérêt sensible à les augmenter"; ver *in* ROUSSEAU, J.-J. Discours sur l'économie politique. In: *Œuvres Complètes*. Tomo III. Paris: Pléiade, Gallimard, 1964a.

O pensamento de *Rousseau* disputou diretamente com as ideias de *Montesquieu* sobre os rumos da Revolução Francesa, de tal modo que, segundo *K. Loewenstein*, existiria uma "(...) sí se considera el desarrolo total de la Revolución francesa como um enfrentamiento entre la prudente concepción de Montesquieu de uma representación elite y el radical principio rousseauniano de uma democracia plena (...)".[543] O processo revolucionário irá testemunhar a vitória dos seguidores de *Montesquieu*, mais moderados sobre a esquerda radical, influenciada pelos ideais democráticos de inspiração rousseuniana. A defesa dos ideais de uma democracia representativa de inspiração em Montesquieu será realizada de modo eficiente por *Sieyès* e *Talleyrand*.

Como não poderia deixar de ser, a questão fiscal não passou desapercebida por *Montesquieu* perante graves dilemas que sofria a França, de tal modo que todo o livro do *Espírito das Leis* será dedicado exclusivamente à questão tributária. A preocupação de *Montesquieu* com a reforma fiscal na França e a proteção da liberdade é demonstrada pela escolha do título, para o *Livro XIII*, de sua obra *magna*: "Das relações que a arrecadação dos tributos e a grandeza das rendas públicas têm com a liberdade" (*Des rapports que la levée des tributs et la grandeur des revenus publics ont avecla liberté*). Para ele o tributo tinha por função a garantia da liberdade e segurança do cidadão: *as rendas do Estado são uma parcela que cada cidadão dá de seu bem para ter a segurança da outra ou fruí-la agradavelmente.*[544]

As sábias palavras de *Montesquieu* ainda hoje ecoam como diretrizes fundamentais para determinar os rumos da política fiscal do Estado e de como conciliar estes interesses públicos com o bem estar privado. A beleza de estilo e a sabedoria das ideias nos permitem reproduzir *in totum* o argumento do autor sobre os limites gerais ao poder de tributar:

> Para fixar corretamente essas rendas, cumpre considerar as necessidades do Estado e as necessidades dos cidadãos. Não se deve retirar as necessidades reais do povo para suprir as necessidades imaginárias do Estado.[545]

Veja-se que a primeira diretriz está assim fixada como sendo a exigência do *equilíbrio entre as exigências públicas e as capacidades privadas*. Por outro lado, devemos considerar o que se determina como necessidades públicas, visto que o Estado corre o risco de forjar necessidades gerais que somente beneficiam aos detentores do aparato estatal. Assim observa *Montesquieu*:

---

[543] Cf. LOEWENSTEIN, K. *Teoría de la constitución*. Barcelona: Ariel, 1976, p. 98.

[544] Cf. MONTESQUIEU, Barão de. Espírito das Leis. Coleção Os Pensadores, São Paulo: Abril, 1973, p. 197. No original: "Les revenus de l'État sont une portion que chaque citoyen donne de son bien pour avoir la sûreté de l'autre, ou pour en jouir agréablement"; ver *in* MONTESQUIEU, Charles-Louis de Secondat. *De l'esprit des lois. Ouvres Completes de Montesquieu*. Paris: Chez Fimin Didot Fréres, 1862, p. 293.

[545] Idem, ibidem. No original: "Pour bien fixer ces revenus, il faut avoir égard et aux nécessités de l'État, et aux nécessités des citoyens. Il ne faut point prendre au peuple sur ses besoins réels, pour des besoins de l'État imaginaires"; ver Idem, ibidem.

> Necessidades imaginárias são exigidas pelas paixões e fraquezas dos que governam, a atração de um projeto extraordinário, o desejo doentio de uma glória inútil e uma certa impotência de espírito contra os caprichos. Amiúde, os que, com espírito inquieto, estavam na direção dos negócios sob o governo do Príncipe, julgaram que as necessidades do Estado eram as necessidades de suas almas insignificantes.[546]

Nada mais atual e eloquente aos dias de hoje do que estas passagens do Espírito das Leis. Segue o autor ao afirmar que: "a sabedoria deve regular tão bem como a porção que se retira e a porção que deixa aos súditos. Não é pelo que o povo pode dar que se deve medir as rendas públicas, mas pelo que ele deve dar; e, se as medimos pelo que ele pode dar, é mister que isso seja, pelo menos, segundo o que o povo pode sempre dar".[547] Montesquieu continua o seu raciocínio atacando o pensamento de que a grandeza de um reino se deve aos pesados impostos que exige de seu povo, e argumenta novamente com sabedoria e propriedade que:

> Concluiu-se, entretanto, que da pobreza destes pequenos países, que para que o povo fosse laborioso, eram necessários pesados impostos. Seria melhor concluir que eles não eram necessários (...). O resultado da riqueza de um país é inserir a ambição em todos os corações. O resultado da pobreza é inserir o desespero. A primeira estimula-se no trabalho; o outro consola-se na indolência.[548]

E segue o autor ao afirmar que:

> A natureza é justa com os homens; recompensa-os de seus sofrimentos; torna-os laboriosos porque atribui maiores recompensas aos maiores trabalhos. Porém, se um poder arbitrário suprime as recompensas da Natureza, recupera-se a aversão pelo trabalho e a inação parece ser o único bem.[549]

Para Montesquieu, o peso dos tributos é o preço da liberdade nos reinos moderados e isto pode ser encontrado, segundo o autor, na história dos governos. Segundo ele: "(...) a regra geral continua válida. Há, nos Estados moderados, uma

---

[546] Cf. Montesquieu, Barão de. Espírito das Leis. *Coleção Os Pensadores*, São Paulo: Abril, 1973, p. 197. No original: "Les besoins imaginaires sont ce que demandent les passions et les foiblesses de ceux qui gouvernent, le charme d'un projet extraordinaire, l'envie malade d'une vaine gloire, et une certaine impuissance d'esprit contre les fantaisies. Souvent ceux qui, avec un esprit inquiet, étoient sous le prince à la tête des affaires, ont pensé que les besoins de l'État étoient les besoins de leurs petites âmes l'État imaginaires"; ver *in* MONTESQUIEU, Charles-Louis de Secondat. De l'esprit des lois. Ouvres Completes de Montesquieu. Paris: Chez Fimin Didot Fréres, 1862, p. 293.

[547] Idem, ibidem. No original: "Il n'y a rien que la sagesse et la prudence doivent plus régler que cette portion qu'on ôte et cette portion qu'on laisse aux sujets. Ce n'est point à ce que le peuple peut donner qu'il faut mesurer les revenus publics, mais à ce qu'il doit donner ; et si on les mesure à ce qu'il peut donner, il faut que ce soit du moins à ce qu'il peut toujours donner"; ver idem, ibidem.

[548] Idem, ibidem. No original: "On a pourtant conclu de la pauvreté de ces petits pays que, pour que le peuple fût industrieux, il falloit des charges pesantes. On auroit mieux fait d'en conclure qu'il n'en faut pas (...) L'effet des richesses d'un pays, c'est de mettre de l'ambition dans tous les coeurs. L'effet de la pauvreté est d'y faire naître le désespoir. La première s'irrite par le travail; l'autre se console par la paresse"; ver idem, ibidem.

[549] Idem, ibidem. No original: "La nature est juste envers les hommes ; elle les récompense de leurs peines ; elle les rend laborieux, parce qu'à de plus grands travaux elle attache de plus grandes récompenses. Mais, si un pouvoir arbitraire ôte les récompenses de la nature, on reprend le dégoût pour le travail, et l'inaction paroît être le seul bien"; ver idem, ibidem.

compensação para o excesso de tributos: é a liberdade. Nos Estados despóticos há um equivalente para a liberdade: a modicidade de impostos".[550]

Após a verificação dos limites ao poder de tributar no pensamento político e filosófico, cabe pesquisar como os pensadores procuraram delimitar critérios técnico-políticos para o problema da soberania fiscal.

4.2.1.3. Modelo técnico-político

No Estado Liberal, o controle do poder de tributar passou de considerações políticas gerais para o estabelecimento de critérios financeiros sobre o aumento de arrecadação. Desta forma, os critérios da segurança jurídica, da legalidade, entre outros, eram lidos por meio de técnicas advindas da moderna teoria das finanças.

Dentre os mais importantes autores podemos citar, inicialmente, a obra prima de Adam Smith *A Riqueza das Nações* (*An Inquiry into the Nature and Causes of the Wealth of Nations*), em que o autor realiza um forte estudo sobre o papel do governo na economia e sobre os sistemas de tributação. Apesar de Adam Smith ser mais conhecido por sua obra criticar o protecionismo mercantil, cabe observar que a maior parte de seu livro se dirige ao estudo de um modelo de tributação eficiente e justo capaz de permitir que o governo tenha recursos para as suas tarefas sem afetar o funcionamento da economia de mercado.

Se verificarmos as quatro máximas para uma tributação ideal, encontraremos postulados básicos que orientam os limites ao poder de tributar que permanecem atuais até os dias de hoje:

i) Princípio da justiça do imposto

Os cidadãos devem contribuir na maior medida do possível para a existência e sustentação financeira do governo, na proporção de sua capacidade contributiva, ou seja, na proporção da renda obtida sob a proteção do Estado.[551] O pensamento de *Adam Smith* parece ser mais complexo e completo do que a mera presunção de que o cidadão paga tributos em troca de segurança ou como um seguro de proteção de sua propriedade, mas que se trata de uma contribuição para manter um sistema gerador de riquezas coletivo que diretamente traz benefícios para cada integrante da sociedade.

---

[550] Cf. MONTESQUIEU, Barão de. *Espírito das Leis. Coleção Os Pensadores*, São Paulo: Abril, 1973, p. 202. No original: "Règle générale: on peut lever des tributs plus forts, à proportion de la liberté des sujets ; et l'on est forcé de les modérer à mesure que la servitude augmente (...) Mais la règle générale reste toujours. Il y a, dans les États modérés, un dédommagement pour la pesanteur des tributs : c'est la liberté. Il y a dans les États despotiques un équivalent pour la liberté : c'est la modicité des tributs"; ver *in* MONTESQUIEU, Charles-Louis de Secondat. *De l'esprit des lois. Ouvres Completes de Montesquieu*. Paris: Chez Fimin Didot Fréres, 1862, p. 296.

[551] Segundo *Adam Smith*: "1. The subject of every State ought to contribute towards the support of the government, as nearly as possible, in proportion to their respective abilities; that is, in proportion to the revenue which they respectively enjoy under the protection of the State"; ver *in* SMITH, Adam. *An inquiry into the nature and causes of the wealth of nations*. 6ª ed. London: Methuen, 1950, p. 310.

ii) Princípio da certeza

O tributo que cada contribuinte deve pagar deve ser certo e não arbitrário. Todos os elementos da tributação devem ser conhecidos, definidos e previsíveis, tais como: o modo de pagamento, o momento, a soma, entre outros. Tudo deve estar claro para o contribuinte e para qualquer outro cidadão.[552]

iii) Princípio da comodidade

Todo o tributo deve ser cobrado no período e no modo que possam ser mais convenientes para o contribuinte pagar.[553] Novamente a máxima indicada por *Adam Smith* aponta uma preponderância do interesse privado sobre o interesse público, que, paradoxalmente, trará ao final mais benefícios coletivos.

iv) Princípio da economia

O tributo deve ser arrecadado de tal modo que se retire a menor quantia possível do povo e se mantenha o maior tempo possível nos bolsos do contribuinte, antes de ir para a sustentação financeira do Estado.[554] Os quatro princípios apresentados por *Adam Smith* aparecem ainda, nos dias de hoje, como atuais e necessários para a construção de um sistema tributário justo e eficiente na criação de riqueza.[555]

Será com base nessas máximas que *Adam Smith* irá defender a tributação sobre artigos de luxo (*tax on luxury consumables*) e sobre os rendimentos decorrentes da propriedade imobiliária (*tax on ground-rents – the annual value of holding a piece of land*). A ideia de tributar produtos supérfluos contém em si o princípio da essencialidade, ou seja, de que a tributação deve ser mais gravosa sobre produtos supérfluos e mais suave sobre os produtos essenciais. No entender de *Adam Smith*: "os tributos sobre produtos de luxo não têm a tendência de aumentar

---

[552] Para o autor: "2. The tax each individual is bound to pay ought to be certain, and not arbitrary. The time of payment, the manner of payment, and the quantity to be paid, ought all to be clear and plain to the contributor, and to ever other person"; ver *in* SMITH, Adam. *An inquiry into the nature and causes of the wealth of nations*. 6ª ed. London: Methuen, 1950, p. 310-311.

[553] No entender de Adam Smith: "3. "Every tax ought to be levied at the time, or in the manner in which it is most likely to be convenient for the contributor to pay it"; ver Idem, p. 311.

[554] Para Adam Smith: 4. "Every tax ought to be so contrived as both to take out and to keep out of the pockets of the people as little as possible, over and above what it brings into the public treasury of the State"; ver Idem, ibidem.

[555] Dessa forma, discordamos da opinião de "A revisão que pretendemos fazer dos artigos de Smith sobre a questão tributária não entrará nesta discussão da busca do 'critério mais justo' para a arrecadação de impostos. Isto porque acreditamos que encarar os princípios tributários de Smith como uma norma geral para os sistemas tributários é um erro metodológico, pois retira da obra do autor clássico o seu contexto histórico. Encarar os princípios como uma norma a ser seguida por todos os sistemas que perseguem uma 'justiça fiscal' é encarar as recomendações de Smith como se fossem uma verdade universal e encarar o próprio conceito de justiça como passível de uma aceitação geral. Deste ponto de vista, a reflexão sobre os escritos de Smith sobre tributação não devem apenas se restringir ao capítulo onde ele apresenta os princípios, mas deve se estender aos artigos em que analisa os impostos no seu contexto histórico. Assumimos, assim, a concepção de que uma estrutura tributária não é resultado de interpretações e aplicações de princípios normativos, mas é resultado da dinâmica econômica e social de um dado contexto histórico, portanto só pode ser determinada historicamente, e não por uma 'racionalidade universal'; ver *in* ARIENTI, Wagner Leal. *A teoria tributária de Adam Smith: uma revisão*. Textos Econ. Florianópolis, n.2, p. 43-58, junho, 1987, p. 43.

o preço sobre outras commodities exceto aquelas tributadas (...) Os tributos sobre produtos de luxo são pagos pelos consumidores das mercadorias tributadas, sem nenhuma retribuição".[556]

No caso da *tributação sobre a renda imobiliária* esta se justifica na medida que a renda obtida neste caso, seja em decorrência da propriedade em si ou da riqueza decorrente da propriedade, não derive diretamente por um cuidado na geração de riqueza. Dessa forma, a produção anual de riqueza imobiliária provavelmente será a mesma após a tributação.[557]

Adam Smith não irá somente se preocupar com a melhor tributação, mas principalmente com a tributação como um caso onde os direitos individuais podem ser violados. Para ele a tributação sobre a renda e o lucro (*taxes on profits*) além de serem custosos para ser arrecadados (*expensive to collect*) podem ferir os direitos do contribuinte por produzirem uma invasão de privacidade e uma ofensa à liberdade (*to subject every private family to the odious visits and examination of the tax-gatherers... would be altogether inconsistent with liberty*).[558] De igual forma irá criticar a *tributação sobre o trabalho* por implicar no longo prazo, em uma redução do rendimento imobilliário e um aumento de preços das mercadorias.[559]

Outros autores e economistas irão se preocupar com a questão da tributação e de como esta pode ser estabelecida em limites suportáveis pelos agentes econômicos. Dentre estes podemos citar: *J.C.L. Simonde de Sismondi* (1815), que escreveu a obra *Economia Política* (*Political Economy*). Para este autor, as limitações ao poder de tributar derivavam da necessidade de tornar o peso da tributação o mais suportável possível pelo contribuinte (*rendering each tax as little burdensome as possible* ou de que *doit toujours se proportionner au revenu de tous*[560]), ou seja, as limitações à soberania fiscal não derivavam de seus fundamentos político-constitucionais, mas tão simplesmente de regras eficientes de arrecadação dos tributos.

---

[556] "Taxes upon luxuries have no tendency to raise the price of any other commodities except that of the commodities taxed ... Taxes upon luxuries are finally paid by the consumers of the commodities taxed, without any retribution"; ver *in* SMITH, Adam. *An inquiry into the nature and causes of the wealth of nations*. 6ª ed. London: Methuen, 1950, p. 357.

[557] Conforme *Adam Smith*: "Both ground- rents and the ordinary rent of land are a species of revenue which the owner, in many cases, enjoys without any care or attention of his own. The annual produce of the land and labour of the society, the real wealth and revenue of the great body of the people, might be the same after such a tax as before. Ground-rents, and the ordinary rent of land are, therefore, perhaps the species of revenue which can best bear to have a peculiar tax imposed upon them"; ver idem, p. 328.

[558] Idem, p. 421.

[559] Para *Adam Smith*: "In all cases, a direct tax upon the wages of labour must, in the long run, occasion both a greater reduction in the rent of land, and a greater rise in the price of manufactured goods, than would have followed from a proper assessment of a sum equal to the produce of the tax, [levied] partly upon the rent of land, and partly upon consumable comodities"; ver idem, p. 349.

[560] Cf. SIMONDE DE SISMONDI, Jean Charles Leonard. Nouveaux principes d'économie politique, ou, De la richesse dans ses rapports avec la population. 3ª ed. Paris: Jeheber, 1951, p. 107. Veja-se, também, Simonde de Sismondi, Jean Charles Leonard. *Études sur les Constitutions des peuples libres*. Bruxelles : Wouters, Raspoet, 1843.

Sismondi irá, tal como *Adam Smith*, sugerir quatro diretrizes para a tributação:[561]

1. *Proporcionalidade*: a tributação deve ser proporcional à riqueza do contribuinte;
2. *Necessária*: a arrecadação deve ser o menos onerosa possível, do que deve ser angariado pelo Estado;
3. *Conveniência*: o termo e os modos de pagamento devem ser razoáveis e suportáveis pelo contribuinte, evitando-se os meios vexatórios e cruéis de cobrança.
4. *Liberdade*: a tributação não pode implicar em ofensa à liberdade do contribuinte.

David Ricardo (1817), em sua obra *Sobre os princípios da Economia Política e da tributação* (*On The Principles of Political Economy and Taxation*), irá, no mesmo período, questionar sobre o papel da tributação no âmbito da economia política (*Political Economy*). Para este autor, o problema da tributação se resume igualmente sobre como conciliar o financiamento do Estado com a produção de riquezas nacionais. Assim, toda a sua preocupação se voltará para verificar quais os tributos que mais influenciam na decisão dos agentes econômicos em produzir mais e com mais eficiência. Para Ricardo: "alguns tributos produzem estes efeitos em maior escala do que outros, mas o grande mal da tributação deve ser encontrado não na seleção de seus objetos, mas na proporção geral de seus efeitos coletivos" (*Some taxes will produce these effects in a much greater degree than others; but the great evil of taxation is to be found, not so much in any selection of its objects, as in the general amount of its effects taken collectively*).

Como se pode notar nesta linha de pensamento, as limitações ao poder de tributar não possuíam um caráter interno ou essencial à relação constitucional, mas tão somente uma perspectiva pragmática no contexto da economia política.

O tema das limitações ao poder de tributar no pensamento conceitual, em seus três principais modelos (ético-religioso, ético-político e técnico-político), possui falhas claras, visto que apesar de avançar indicando os limites gerais ao poder soberano não conseguiu impor resultados apropriados, de tal modo que a tributação continuava submetida à vontade do governante de plantão. Uma alternativa será o estabelecimento de limites absolutos à vontade do poder, por sua submissão ao Direito e a um pensamento livre de considerações morais e particulares, por meio do positivismo jurídico. Diferentemente do que se imagina, o positivismo não representava uma rendição ao poder, mas a imposição de limites

---

[561] Conforme *Sismondi*: "In establishing those different taxes, four rules appear of essential importance for rendering each tax as little burdensome as possible. Each citizen must contribute, if he can do so, according to the proportion of his fortune; the collection must not be expensive, that so the tax may cost as little to the people as possible beyond what it brings into the treasury; the term of payment must be suitable to the contributor, who might frequently be ruined by an unreasonable demand of what he could pay, without constraint, if his convenience were consulted; and, finally, the citizen's liberty must be respected, that so he may not be exposed otherwise, than with extreme cautions to the inspection of revenue-officers, to the dependent, and all the vexatious measures too often connected with the levying of taxes"; ver *in* SISMONDI, J.C.L. Simonde de. Political Economy. Disponível em http://socserv2.socsci.mcmaster.ca/~econ/ugcm/3ll3/sismondi/poliec. Acesso em 19.04.09, às 17 horas.

racionais e previsíveis aos interesses egoísticos e caprichosos do príncipe, por meio da autonomia do Direito em relação à política e ao governo de ocasião.

4.2.2. Pensamento Normativista: limitações de competências tributárias

O pensamento normtivista representa uma revolução no pensamento jurídico e se baseia na noção de que o Direito deve estar livre de considerações políticas ou ideológicas, e que deve ser liberto dos interesses egoísticos e caprichosos do príncipe, por meio da autonomia do Direito. Trata-se de um equívoco comum identificar o positivismo jurídico justamente com o seu oposto: a defesa intransigente do príncipe. Desse modo, longe de ser um modelo conceitual ex parte principis e legitimador do poder, o positivismo é uma teoria potencialmente democrática, visto que assume a cisão social, o pluralismo de valores, a diversidade de ideias e o respeito e tolerância pela diferença ideológica, religiosa, moral e política.

Talvez nenhum autor tenha escrito com tamanha desenvoltura e propriedade sobre a necessária revolução que o Direito Tributário necessitava para se libertar do poder como Alfredo Augusto Becker. Expressiva é a apresentação de sua obra *Teoria Geral do Direito Tributário*, em que o autor releva o papel central da teoria jurídica como forma de limitação ao poder de tributar:

> Manicômico jurídico-tributário – Durante muitos séculos, os tributos foram manipulados por Príncipes e Assembléias sem qualquer conhecimento científico sobre estas questões, *simplesmente porque a Ciência das Finanças Públicas não havia surgido* (grifos nossos).[562]

O pensamento normativista realiza uma velada crítica ao fracasso do pensamento conceitual de natureza política ou ética em deter os caprichos do poder, em aumentar a retirada de recursos da população para sustentar os desejos de uma classe dominante. Assim:

> Em épocas mais próximas, no século XVIII, já se pode considerar existente um núcleo de princípios sobre as finanças públicas. Porém êsses princípios eram de natureza econômica e a ordenação jurídica das finanças públicas continuava rudimentar até o fim do século XVIII.[563]

Como bem observa o autor, somente uma teoria que afirmasse a dignidade dos direitos perante a vontade do poder ou as necessidades da economia é que garantiriam um sistema tributário efetivo e justo. Para tanto, era necessário separar o direito da economia e da política, dotando a ciência jurídica de um método e um objeto próprio (normativo), pois somente uma teoria assim estabelecida imporia uma genuína limitação à soberania fiscal, dado que: "o verdadeiro e genuíno sentido da expressão 'autonomia' é o poder (capacidade de agir) de o Ser Social impor uma disciplina aos indivíduos (que o estão, continuamente, criando) e a si

---

[562] Cf. BECKER, Alfredo Augusto. *Teoria Geral do Direito Tributário*. São Paulo: Saraiva, 1963, p. 3.
[563] Idem, ibidem.

próprio numa *autolimitação*"[564] (grifos nossos). A confusão conceitual que vivia o Direito se refletia na confusão legislativa e na profusão de abusos praticados pelos soberanos. Para *Becker*:

> Nesta perigosa atitude mental, incorrem muitos daqueles que põem o fundamento do tributo (e consequentemente do Direito Tributário) na soberania do Estado e cujo raciocínio em síntese é este: o Estado tem necessidade de meios financeiros para custear suas atividades e com tal finalidade (...) tributa e tributa (inclusive extrafiscalmente) porque é soberano (...).[565]

Cita *Alfredo Augusto Becker* a obra de *Luigi Einaudi*, sobre o péssimo estado da teoria tributária naquela época:

> Me dejaba um sabor amargo aquel ir cogiendo flor a flor em los campos más diversos de la Economía política (translación de los impustos), Del Derecho (leys tributarias), de la Historia (precedentes de las instituciones tributarias y de la legislación comparada (*income tax, Eikommensteuer* y otras maravillas análogas que sólo se vem em el extranjero), como se observa em uma sinopsis anterior de mis lecciones, hecha también com suma diligencia por el ilustrre Cesare Jarach (Casale, 1907). Tenía la sensasión de que aquello no era uma construcción científica, sino um batiborrillo incoherente, uma espécie de diccionario de doctrinas y hechos unidos por um hilo sumamente sutil y tenue, consistente nada más em referir todas esas doctrinas y todos esos hechos a los ingressos y gastos del estado.[566]

Procede *Becker* a uma crítica devastadora da fundamentação do Direito Tributário na noção de *soberania*, que estava na base do pensamento conceitual, ao afirmar categoricamente que:

> *Aquêles que fundamentam o tributo na soberania do Estado* estão certos, mas (embora o fundamento não seja errado) eles constroem a teoria jurídica do tributo apenas sôbre um fragmento das bases jurídicas integrais (note-se que não se está fazendo referência à causa-impositionis ética ou ao direito tributário natural); eles edificam todo o Direito Tributário sôbre um fundamento considerado óbvio que, como será demonstrado, nada tem de óbvio.[567]

O remédio ou a terapia para este estado de manicômio jurídico-tributário somente poderia ser encontrado na forma de uma nova postura teórica e científica sobre o método e o objeto de estudo do Direito Tributário. Para *Becker*:

> Êste livro tem por finalidade desenvolver os dotes jurídicos do leitor, de modo a conferir-lhe aquela sensibilidade específica: a atitude mental jurídica tributária que lhe será útil para manejar – em qualquer tempo e lugar – o Direito Tributário.[568]

Nesta linha de pensamento não existem considerações sobre se os indivíduos *querem* ou *creem* que se devem pagar os tributos e obedecer às leis, mas tão somente que eles *devem* pagar tributos e obedecer às leis. Trata-se de um pensa-

---
[564] Cf. BECKER, Alfredo Augusto. *Teoria Geral do Direito Tributário*. São Paulo: Saraiva, 1963, p. 28.
[565] Idem, p. 11.
[566] Cf. EINAUDI, Luigi. *Principios de Hacienda Publica*. Madrid: Aguilar, 1955, p. 440.
[567] Cf. BECKER, Alfredo Augusto. *Teoria Geral do Direito Tributário*. São Paulo: Saraiva, 1963, p. 12-13.
[568] Idem, p. 14.

mento normativo e prescritivo, e não descritivo ou valorativo (axiológico). Assim, o sistema jurídico não justifica preferências morais pessoais, mas tão somente indica quais as preferências morais que foram escolhidas socialmente para serem obrigatoriamente seguidas, mesmo que individualmente não esteja de acordo ou tenha participado de suas escolhas. Dessa forma, os *modais deônticos* (obrigatório, proibido e permitido) são a densificação dos valores sociais mais apreciados, positiva ou negativamente, pela sociedade. Se algo é proibido é porque a sociedade valora negativamente determinada conduta, caso contrário tornará certo comportamento como sendo permitido ou obrigatório.

Um dos primeiros ataques realizados por *Becker* será contra a ideia de *justiça*, que deve ser extirpada das preocupações da Toria Geral do Direito, de tal forma que ao apresentar o seu conceito do objeto das preocupações jurídicas irá retirar flagrantemente o justo das preocupações do jurista, passando-o para as indagações filosóficas, como assim lecionou: "Conceituação do Direito – A justiça não tem nada a ver com a Teoria Geral do Direito, mas é precisamente o objeto da Filosofia do Direito".[569]

Igualmente danosa para *Becker* é a atitude mental que permite a abertura do raciocínio jurídico para considerações extrajurídicas, de tal modo que: "o maior equívoco no Direito Tributário é a contaminação entre princípios e conceitos jurídicos e princípios e conceitos pré-jurídicos (econômicos, financeiros, políticos e sociais, etc.)".[570] Assiste razão a *Becker* o questionamento e o combate à corrupção do pensamento jurídico, por considerações econômicas e políticas, de tal modo que assistimos a um enfraquecimento teórico sem precedentes da teoria e dos direitos fundamentais, sob o manto da teoria da economia política. A teoria tributária sofreu de um "raquitismo" intelectual sem precedentes, fruto de uma corrupção por conceitos políticos e ideológicos.

O remédio para este caso de "demência" está no uso rigoroso da linguagem jurídica como base para uma verdadeira ciência do Direito. Trata-se, na opinião do autor, de um programa de *reeducação mental* com a substituição das velhas estruturas mentais e linguísticas por novos modelos e padrões, de tal modo que essa reeducação somente poderá ser alcançada com a atitude de dissecar, reexaminar e rever todos os conceitos e princípios jurídicos, extirpando os fundamentos *óbvios* que a doutrina tributária (*pensamento conceitual*) construiu ao longo dos séculos.[571]

Trata-se de uma tarefa fundamental de substuição de velhos esquemas mentais por novos e não apenas uma agregação eclética e sem critérios, uma vez que se trata de um sincretismo teórico. Pelo contrário, todo um esquema mental deve ser substituído por outro em uma verdadeira mudança de paradigmas e atitudes mentais. A "nova atitude mental jurídico-tributária é um reflexo condicionado

---

[569] Cf. BECKER, Alfredo Augusto. *Teoria Geral do Direito Tributário*. São Paulo: Saraiva, 1963, p. 18.
[570] Idem, p. 35.
[571] Idem, p. 39.

à incidência da regra jurídica tributária (estimulante condicionador) transmitida pela linguagem (palavra oral ou escrita)".[572]

A partir destes postulados nasceu uma verdadeira revolução no pensamento jurídico-tributário que imantou e empolgou toda uma geração de juristas, na busca de uma renovação da teoria tributária e na sua blindagem contra os abusos do poder. A grande tarefa de renovação foi entregue aos intelectuais e a sua grande arma seria o manejo cuidadoso e criterioso da linguagem jurídica. Sua missão seria extirpar terapeuticamente todos os conceitos e princípios jurídicos dos males do sincretismo, superstições e fundamentos óbvios e assentá-los na base sólida de uma linguagem científica.

A própria Teoria geral do Direito seria a melhor defesa dos direitos fundamentais do contribuinte, agindo como uma verdadeira limitação ao poder de tributar. Desse modo, o jurista seria o principal defensor do cidadão ao propor uma ciência tributária pura, de considerações particulares ou dirigidas por determinada ideologia ou linha de pensamento. Para *Becker*: "finalmente, não deve o leitor estranhar que esta Teoria Geral do Direito Tributário estruture suas conclusões, fazendo-as decorrer de premissas fornecidas por múltiplos autores das mais diversas ideologias".[573]

A beleza dos fundamentos da teoria expressa por *Alfredo Augusto Becker* não encontra paralelo na doutrina estrangeira, de tal modo que seus ensinamentos se tornaram referência para os autores posteriores. A sua construção, contudo, não foi seguida com toda a sua riqueza, de maneira que os autores posteriores simplesmente não adotaram a sua teoria em toda a sua riqueza. Os pressupostos de uma teoria normativista, como defesa contra os abusos do Estado, foram timidamente assumidos, por sua vez o raciocínio lógico-jurídico foi adotado com toda a intensidade, e aprofundado ao ponto de alcançar uma grande clareza na análise lógico-semântica das normas jurídico-tributárias, sem a correspondente ênfase nos direitos fundamentais.

Esta situação talvez encontre explicação na própria obra de *Becker*, visto que podemos encontrar na postura desconfiada destes autores contra os direitos naturais uma certa atitude de menosprezo pela ideia de "direitos fundamentais". Afinal, o que seriam *direitos fundamentais*? Seriam os velhos e metafísicos *direitos naturais* travestidos com uma nova roupagem? Foi esta desconfiança exagerada e desnecessária contra a nova teoria dos direitos fundamentais que prejudicou fortemente o pensamento normativista e o próprio positivismo jurídico, impedindo-o de ver a maior contribuição da ciência jurídica do século XX. O positivismo jurídico, eterno desconfiado, ficou refém de seus temores e praticamente perdeu décadas de desenvolvimento teórico, amargando um estancamento conceitual ao ponto de voltar-se tão somente para o estudo dos fundamentos de incidência, da linguagem e do sistema jurídico, sem conduzir a resultados práticos de progresso

---

[572] *Cf.* BECKER, *Alfredo Augusto*. Teoria Geral do Direito Tributário. São Paulo: Saraiva, 1963, p. 41.
[573] Idem, p. 18.

intelectual. A própria história do neoconstitucionalismo indicou a dificuldade do positivismo jurídico em tratar com a questão da justiça, dos valores e das soluções materiais.

Vejamos o injusto e desproporcional ataque de *Alfredo Augusto Becker* ao *princípio da capacidade contributiva*:

> Regra de Direito Natural é o "princípio da capacidade contributiva". Sua "ripugnanza" a uma juridicização. – A origem histórica do princípio da capacidade contributiva, bem como a fertilíssima proliferação de teorias, cada uma sustentando uma especial visão do problema de tal modo que é impossível agrupa-las em diferentes sistemas orgânicos, são dois fatos que denunciam a natureza essencialmente jusnaturalista do princípio da capacidade contributiva.[574]

Mas de onde o autor retira este preconceito? Becker irá fundamentar sua posição da seguinte forma: "O princípio da capacidade contributiva é o corolário (tributar desigualmente os desiguais, na medida em que se desigualam) do fundamentalíssimo Princípio da Igualdade que rege a contínua integração ou desintegração atômica do Estado. Capacidade contributiva é sinônimo de justiça tributária. Em síntese: o princípio da tributação segundo a capacidade contributiva é uma *genuína regra de Direito Natural*".[575]

Como se percebe, o entendimento de que o princípio da capacidade contributiva é uma regra de direito natural decorre de sua derivação da ideia de justiça tributária, ou seja, o que macula o princípio é o seu conteúdo fundamentado no justo. Logo, como este justo metafísico, inatingível, inexplicável, intocável pela ciência, poderia ser fundamento de todo direito se não possui uma expressão linguística clara e objetiva, nem tão pouco um conteúdo determinado e racional?

Igualmente o raciocínio aplicado ao princípio da capacidade contributiva poderia ser extensivo a todos os demais princípios e conceitos fundamentados na ideia de justiça. Vejamos por sua vez os princípios. Como fundamentá-los cientificamente na teoria jurídica se eles não possuem precisão linguística, conteúdo determinado e pior de tudo: são expressão de valores constitucionais. Segundo Becker: "a certeza e a praticabilidade são atributos essenciais da juridicidade".[576]

Para fundamentar seu entendimento, Becker irá citar Emilio Beti:

> Na verdade, "princípio" designa qualquer coisa que se contrapõe conceitualmente – ensina Emilio Beti – ao acabamento, à conseqüência que dêle se origina, e assim, à norma acabada e formulada: é a idéia *germinal*, o critério de valorização, do qual a norma se constitui a manifestação, baixada numa específica formulação preceptiva. Ele faz confrontação ao problema prático resolvido pela norma: inspira-lhe a "ratio juris" sob o aspecto teleológico, enquanto fornece-lhe o critério de solução.[577]

---

[574] Cf. BECKER, Alfredo Augusto. *Teoria Geral do Direito Tributário*. São Paulo: Saraiva, 1963, p. 447.

[575] Idem, ibidem.

[576] Idem, p. 450.

[577] Cf. BETTI *apud* BECKER, Alfredo Augusto. *Teoria Geral do Direito Tributário*. São Paulo: Saraiva, 1963, p. 449. No original veja-se BETTI, Emilio. *Teoria Generalle della Interpretazione*. Milano, 1955, vol. II, p. 847-848.

Esta crítica direta à insuficiência linguística e lógico-semântica dos *princípios* irá "feri-los de morte", como instrumento de um raciocínio jurídico apropriado. Como afinal poderia o jurista promover uma nova atitude mental *sadia* se continuasse utilizando uma linguagem confusa e obscura (*doentia*)? Este preconceito contra os princípios se instalou em toda uma geração de juspositivistas e não mais foi superado pelas gerações que se seguiram. O sucesso desta nova compreensão isolou o debate em Direito Tributário das inovações produzidas no exterior por autores tão diferentes como *Rawls*, *Dworkin*, *Alexy* ou *Aarniio*.

Os *valores constitucionais*, por sua vez, também não encontrarão nenhuma forma de recepção calorosa na teoria normativista, visto que, padecem dos mesmos defeitos dos princípios e da justiça: são históricos, contextuais, referenciais, imprecisos, subjetivos e indeterminados. Dessa forma, os direitos fundamentais, os princípios jurídicos, os valores e a justiça fiscal seriam exilados de uma teoria normativista do Direito Tributário, por não cumprirem os requisitos mínimos exigidos para serem "os tijolos" e os fundamentos de uma nova atitude mental científica do Direito Tributário.

Para o autor: "embora a regra constitucional que 'canoniza' o princípio da capacidade contributiva seja um exemplo notável do fenômeno jurídico contemporâneo da constitucionalização dos equívocos, e não obstante aquêle princípio de Direito Natural oferecer uma 'ripugnanza' a sua juridicização, apesar de tudo, naquela regra constitucional ainda se encontra um mínimo de certeza e praticabilidade que revela a sua natureza jurídica e fixa a sua restrita eficácia jurídica",[578] ou seja, para *Becker*, a mera constitucionalização do equívoco não tem o "condão" de curar o erro, de tal modo que o princípio permanece no sistema jurídico, mas sob "violenta pressão constritora", de tal modo que a sua permanência revela-se como uma regra muito *simples* e sua eficácia muito *restrita*.

O mesmo descaso aplicado à constitucionalização do *princípio da capacidade contributiva* pode ser imputado aos demais princípios jurídico-tributários: vedação de confisco, neutralidade fiscal, solidariedade, isonomia, entre outros. Dessa forma, cada vez mais o normativismo se afastou dos grandes debates tributários, imputando-os o grave crime da imprecisão e da prática metafísica. O que sobraria estudar, portanto, no direito tributário além da norma, da incidência tributária e do plexo deôntico?

Como se pode notar, o normativismo, fundamentado em justos propósitos de crítica ao uso abusivo do poder, promoveu uma verdadeira revolução teórica, que infelizmente não avançou no estudo da estrutura lógico-semântica dos princípios e dos valores jurídicos. Seria somente com o movimento de convergência teórica entre a filosofia analítica e a continental que surgiriam as bases para o estabelecimento destes dois mundos que tanto tempo permaneceram separados por preconceitos recíprocos. A *teoria sistemática do Direito Tributário* surge do legado

---

[578] Cf. BECKER, Alfredo Augusto. *Teoria Geral do Direito Tributário*. São Paulo: Saraiva, 1963, p. 450-451.

das tradições anteriores,[579] superando alguns limites e avançando nas descobertas anteriormente realizadas, e pode ser sintetizada na fórmula de que não pode existir uma teoria sem um método ou preocupação com o sentido (conteúdo material).

4.2.3. Pensamento Sistemático: proteção e promoção dos direitos fundamentais do contribuinte

O pensamento sistemático representa um esforço conjugado de diversos autores, com pressupostos teóricos diversos, mas que possuem como pontos em comum a aceitação de três pilares conceituais.

4.2.3.1. Klaus Tipke: a dimensão ética dos limites ao poder de tributar

Para o autor, a ordem jurídico-tributária possui um fundamento ético claro, visto que: "a justa distribuição da carga fiscal total a cada um dos cidadãos é um imperativo da ética (...) A mais nobre missão de um Estado de Direito é velar por regras justas e executá-las, proteger seus cidadãos da injustiça".[580] Segundo *Tipke*:

> Não basta que as autoridades procedam segundo a Lei e que haja Tribunais que provejam a observância da Lei. O Estado de Direito precisa ser também Estado do Direito e garantir a idéia da Justiça. A Lei Fundamental vincula, depois das experiências com o Estado antijurídico nacional-socialista, o Poder Executivo e a Jurisdição à "Lei e ao Direito" (art. 20 III GG); por esta via é colocada a legalidade formal estatal-jurídica a serviço da *Justiça Material* e a Justiça Tributária vive da *moral impositiva* (*Besteuerungsmoral*) do Estado e da *moral do contribuinte* (*Moral der Steuerzahler*): o Estado tem de velar pela justa repartição dos ônus fiscais. Ele deve agir jusestatal (*rechtsstaalich*) e não fiscalmente. Ele não pode aproveitar-se das razões do Bem-Comum como, p. ex. aquelas da proteção do ambiente para a espoliação fiscal dos cidadãos. O pagamento de tributo deve ser entendido como dever cívico, que não pode ser delegado aos concidadãos.

---

[579] Conforme Elaine Garcia Ferreira: "(...) partindo do estudo da sua evolução nos dois últimos séculos, com a influência do positivismo jurídico na jurisprudência dos Conceitos, que teve na Alemanha do século XIX, o seu marco inicial com o Direito científico Alemão. A teoria na qual a Ciência do Direito se organiza a partir de um sistema lógico no estilo de uma pirâmide de conceitos. É o formalismo jurídico que vai tomando força e influenciando os intérpretes do Direito como Hans Kelsen na sua obra teoria pura do Direito, onde Kelsen lança mão de uma norma que deve sustentar o fundamento de validade da ordem jurídica como um todo, uma norma não posta, mas suposta. Ocorre o rompimento do positivismo normativista com a consagração da jurisprudência dos valores reaproximando a idéia de direito e a moral a partir do resgate da idéia de justiça. Os tribunais Alemães passam a ser influenciados pelas idéias expostas de Karl Larenz em sua metodologia da Ciência do Direito que disseminou a jurisprudência dos valores por todo o pensamento jurídico ocidental. A partir da adoção do pluralismo metodológico caiu em desuso a aplicação apriorística de qualquer dos métodos de interpretação, com a utilização de todos eles de acordo com os valores envolvidos no caso concreto. Nesse contexto, chegamos à idéia de uma nova interpretação da lei tributária consubstanciada no novo paradigma"; ver *in* FERREIRA, E. G. A Interpretação da Lei Tributária e a Teoria dos Direitos Fundamentais. *Revista Tributaria e de Finanças Públicas*, v. 60, p. 24-36, 2005.

[580] Cf. TIPKE, Klaus. *Die Steuerrechtordnung*. 1993, p. 261.

A riqueza das opiniões de *Klaus Tipke* pode ser comprovada nos trechos reproduzidos e nos deixam tentados a sua contínua citação, o que infelizmente não pode ser realizado no presente trabalho sem prejuízo ao nosso texto e, portanto, somente destacamos as passagens mais relevantes do pensamento do autor. Cabe ressaltar que inexiste na doutrina estrangeira um trabalho tão direto e claro sobre as relações entre o Direito Tributário e dos direitos fundamentais em um Estado Democrático. A obra de *Tipke* é seminal e revolucionária em sua abordagem, ao sistematizar o pensamento que estava sendo gestado durante muito tempo por diversos pensadores.

A preocupação com os direitos fundamentais fica clara no pensamento de *Klaus Tipke*, que entende que: "quanto mais alta, entretanto, for a necessidade financeira do Estado, que deva ser suportada pelos seus cidadãos, tanto mais justa precisa ser a distribuição das cargas tributárias, tanto mais precisamente deve ser manejada a *generalidade* e *igualdade* da imposição. Quem tem de pagar muitos tributos não espera nem participar do pagamento dos tributos de outros" (grifos nossos).[581] Assim, para o autor trata-se de um círculo fundamental: *o financiamento dos direitos fundamentais requer recursos, por sua vez a busca de recursos deve se fundamentar nos direitos fundamentais do contribuinte*. O pensamento tem tamanha relevância que gostaríamos de intitulá-lo de *postulado da fundamentação recíproca*: o financiamento e a realização dos direitos fundamentais devem ocorrer do modo mais coerente e sistemático possível.

O autor consolida sua compreensão da existência de uma diretriz para que a tributação mantenha a *menor carga fiscal possível*, de tal modo que: "o esforço assim legitimado, de manter o menor possível a carga tributária, torna necessárias medidas preventivas do legislador".[582]

Expressiva é a passagem onde *Tipke* ressalta os caracteres básicos da tributação em um Estado Democrático de Direito, ao afirmar que:

> (...) as relações entre Direito Tributário e Direito Social impulsionam-se em primeiro lugar a um nível constitucional: na medida em que o Estado Social em razão da Constituição tem de garantir o assim chamado mínimo existencial-material sócio-cultural, influem os critérios jurídico-sociais sobre o Direito Tributário: o Estado não pode retirar algo do cidadão, que ele lhe deve dar, quando lhe falta.[583]

Como se pode notar o autor avança em suas posições ao afirmar o direito Tributário como matéria constitucional e não meramente como relação obrigacional ou de poder entre fisco e contribuinte. A tributação, ou seja, o financiamento dos direitos fundamentais está no núcleo básico que constitui o acordo político nacional e que orienta a realização de uma sociedade democrática. Não se trata de mera relação financeira ou de exercício do poder soberano, é o modo essencial de concretização dos direitos fundamentais.

---

[581] Cf. TIPKE, Klaus; LANG, Joachim. *Direito Tributário* (*Steuerrecht*). Porto Alegre, Sergio Antonio Fabris, vol. I, p. 55.
[582] Idem, ibidem.
[583] Idem, p. 65.

Tipke, explicitamente, apresenta este raciocínio da seguinte forma:

> O Direito Tributário é parte do Ordenamento Jurídico global. Elemento essencial de um Ordenamento é a liberdade de contraposição de seus valores fundamentais do Direito e da Justiça: se o legislador fixou esses valores fundamentais em uma parte do Ordenamento Jurídico, então ele deve em outros setores do Ordenamento Jurídico observá-los. Essa liberdade de contraposição valorativa do Ordenamento Jurídico como disciplinador do Direito é evidenciado pelo postulado "Unidade do Ordenamento Jurídico."[584]

Outro aspecto importante está na vinculação do Direito Tributário ao financiamento dos direitos sociais ou dos direitos fundamentais prestacionais (segunda dimensão), ou seja, os tributos não servem tão somente para o financiamento do Estado, eles devem realizar é o financiamento dos Direitos Fundamentais. Desse modo, restringir a função da tributação tão somente ao financiamento das despesas estatais é reduzir absurdamente o escopo dos tributos. Seria como afirmar que o Estado tem por objetivo a realização dos interesses dos integrantes da própria administração estatal.

O autor categoricamente irá afirmar este entendimento ao lecionar que:

> O parentesco essencial básico entre Direito Social e Direito Tributário é fundamentado em que o princípio fundamental da imposição, a imposição segundo a capacidade contributiva econômica, em seu espelho no Direito Social: o Direito Tributário toma recursos dos economicamente capazes de contribuição; o Direito Social garante recursos aos economicamente carentes.

Tipke avança ainda ao demonstrar a importante função extrafiscal dos tributos em realizar a direção da economia e justa distribuição de renda, no entender de Klaus Tipke: "isto significa que para a demanda financeira institucional deve-se ter presente uma necessidade financeira social da segurança social, assistência, previdência e *redistribuição*, que faz dos encargos tributários um fator dominante do ordenamento econômico" (grifos nossos). Como se pode notar, a tributação extrapola, inclusive, as suas funções clássicas de financiamento e abarca as novas tarefas de regulação, direcionamento e redistribuição de riquezas.

4.2.3.2. Thomas Nagel e Liam Murphy: a construção de direitos fundamentais do contribuinte

A construção de *Thomas Nagel* sobre os direitos fundamentais do contribuinte parece ser um pouco chocante para aqueles que estão acostumados ao modelo de proteção do indivíduo sob a égide do *neoconstitucionalismo*. A teoria deste autor apresenta uma relativização dos direitos em prol da política, o que

---

[584] Cf. TIPKE, Klaus; Lang, Joachim. *Direito Tributário (Steuerrecht)*. Porto Alegre, Sergio Antonio Fabris, vol. I, p. 68-69.

muito distancia o seu propósito de fundamentar a tributação na ideia de justiça.[585] Assim, vejamos como *Thomas Nagel* trata dos direitos fundamentais:

> (...) no decorrer deste livro, quisemos passar sobretudo a mensagem de que o valor que orienta a política fiscal não pode ser a justiça tributária, mas sim a justiça social, e de que os direitos de propriedade são convencionais: em grande medida, são o produto de políticas tributárias que têm de ser avaliadas por critérios de justiça social; por isso mesmo, não podem ser usadas para determinar quais impostos são justos e quais não são.[586]

O modelo de *Thomas Nagel* de construção dos direitos fundamentais do contribuinte desperta algumas dúvidas e perplexidades. A vinculação da justiça social a uma justiça social geral enfraquece os mecanismos de proteção dos direitos fundamentais e põe o direito à disposição da vontade da política. Afinal, o que é a justiça social? Quais são os limites à justiça social e a sua aplicação ao direito? Até que ponto a solidariedade social prevalece perante a liberdade e a cidadania fiscal?

Talvez a melhor forma de conciliar o modelo geral de preservação da sociedade e dos direitos do contribuinte seja por meio da tentativa de reconstruir o conceito de propriedade. O conceito de propriedade na *teoria contratualista clássica* aparecia como um direito natural pré-existente à sociedade política, e a partir deste conceito, *John Locke*, por exemplo, reconstruía todos os demais direitos e, por sua vez, os deveres sociais, tal como a tributação. O movimento que encontramos no pensamento de *Nagel* pretende derivar novamente o direito de propriedade da vida em comunidade e a partir daí rever o sentido da tributação. Segundo *Nagel*:

> O Estado não é dono de seus cidadãos nem estes são donos uns dos outros. Mas os cidadãos individuais só podem ser donos de alguma coisa quando existem leis promulgadas e impostas pelo Estado. Por isso, a tributação não é uma questão de como o Estado deve tomar e redistribuir algo que os cidadãos já possuem, mas de como deve determinar os direitos de propriedade.[587]

Há no pensamento deste autor uma controversa tentativa de restabelecer o equilíbrio entre a noção de direitos individuais e um Estado Democrático e Social de Direito, comprometido com a justiça social.

---

[585] Cf. NAGEL, Thomas; MURPHY, Liam. *O mito da propriedade*. São Paulo: Martins Fontes, 2005. Veja-se igualmente a obra de *Liam Murphy* intitulada de "Institutions and the Demands of Justice". Segundo o autor: "All this suggests that Rawls did not after all intend the account of the basic structure offered in "The Basic Structure as Subject" to differ significantly from that offered in A Theory of Justice. Indeed a passage in the article suggests that Rawls understands contract and property law and the background institutions of taxation and transfer as together belonging to the one structure that should be evaluated as a whole by principles of justice. Perhaps this is the best interpretation of what Rawls writes, since it is indeed hard to see how legal rules applying directly to people could be regarded as entirely outside the purview of justice, so that, for example, sales taxes, or principles of unconscionability in contracts, could in principle not be evaluated on grounds relating to distributive justice"; ver *in* MURPHY, Liam. "Institutions and the Demands of Justice". *Philosophy & Public Affairs*, Princeton University Press. V. 27, n° 4, p. 261.

[586] Idem, p. 239.

[587] Cf. NAGEL, Thomas; MURPHY, Liam. *O mito da propriedade*. São Paulo: Martins Fontes, 2005, p. 242.

4.2.3.3. Casalta Nabais: a construção da liberdade com responsabilidade

Para *Casalta Nabais*, o Direito Tributário deriva do sistema constitucional como um todo e deve buscar neste a integração com a coerência geral do sistema, de tal modo que: "numa perspectiva macroscópica, os limites materiais da tributação têm sobretudo a ver com a idéia de *coerência do sistema ou de sistematicidade* entendida como uma coerência conteudística ou substancial de integração do direito fiscal no sistema do direito público e no conjunto do ordenamento jurídico. Embora se defenda que não constitui um suporte autônomo de invalidade das leis fiscais, configurando-se tão-só como um indício de afectação dos princípios constitucionais, sobretudo do princípio da igualdade, uma tal idéia não deve ser desprezada"[588] (grifos nossos).

Como se pode notar, *Casalta Nabais* irá defender a noção de direitos fundamentais do contribuinte em uma visão sistemática do ordenamento jurídico, especialmente derivada do princípio da igualdade. Para o autor, existem duas espécies de limites ao poder de tributar: formais, relativos a quem pode tributar, como pode e quando pode tributar, que originam os princípios da legalidade fiscal, da segurança jurídica e da proibição do referendo fiscal; e depois encontramos os limites de natureza material que estabelecem limites quanto ao que e ao quanto tributar. Esses limites são consagrados pelos princípios da igualdade fiscal, da capacidade contributiva, da não discriminação da família e do princípio do Estado Social.[589]

Cabe realizar uma ressalva na leitura de *Casalta Nabais*, para se evitar uma conclusão rápida e descuidada de sua obra, visto que muitos leitores se limitam a citar a obra do autor como se fosse uma ode à tributação desmesurada por parte de um Estado Social avantajado. O *Estado Fiscal* de *Nabais* que procura concretizar os direitos fundamentais por meio do dever fundamental de pagar tributos, nunca deve esquecer, contudo, que a repartição democrática dos encargos fiscais deve ser estabelecida de modo *razoável*, *aceitável* e por que não dizer *mínima possível*, visto que, como bem escreve *Casalta Nabais*:

> Isto quer dizer que os actuais impostos são um preço: o preço que pagamos por termos a sociedade que temos, por dispormos de uma sociedade assente na idéia de liberdade ou, o que é o mesmo, assente no prévio reconhecimento de direitos, liberdades e garantias fundamentais do indivíduo e suas organizações. O que significa, desde logo, que não pode ser um preço de montante muito elevado pois se o seu montante for muito elevado, não vemos como pode ser preservada a liberdade que é suposto servir. Por isso, os impostos hão-de constituir um preço aceitável, ou seja, um preço limitado. Um preço que, estou certo, muitas das sociedades, que nos antecederam, gostariam de ter pago e algumas das actuais não enjeitariam suportar.[590]

---

[588] Cf. NABAIS, Casalta. *Direito Fiscal*. Coimbra: Almedina, 3 ed., 2005, p. 164.
[589] Idem, p. 136-137.
[590] Idem, p. 130.

4.2.3.4. Ricardo Lôbo Tôrres: a construção da cidadania fiscal

Ricardo Lôbo Tôrres é o autor brasileiro mais empenhado na construção de uma teoria dos direitos fundamentais do contribuinte, tanto pela quantidade, quanto pela profundidade de suas obras. Para o autor, a tributação possui uma vinculação direta com o tema da liberdade, visto que: "Há uma relação profunda e essencial entre liberdade e tributo, que vem se ampliando no decurso da evolução do Estado Financeiro, pelo que se pode cogitar de uma liberdade fiscal".[591] Para o autor, a moderna fiscalidade é o resultado de um longo processo de lutas, avanços, retrocessos, vitórias e decepções no longo e tortuoso caminho que levou da opressão à cidadania fiscal. Trata-se de uma luta infindável pela preservação e conquista da liberdade fiscal, que atinge seu ápice no Estado Fiscal de Direito, assim:

> Com o advento do Estado Fiscal de Direito, que centraliza a fiscalidade, tornam-se, e até hoje se mantém, absolutamente essenciais as relações entre liberdade e tributo: o tributo nasce no espaço aberto pela autolimitação da liberdade e constitui o preço da liberdade, mas por ela se limita e pode chegar a oprimi-la, se o não contiver a legalidade.[592]

Para Ricardo Lôbo Tôrres, é a liberdade que institui o poder de tributar, por meio do contrato social de índole constitucional, visto que: "de feito, o tributo nasce da autolimitação da liberdade, reserva-se pelo contrato social um mínimo de liberdade intocável pelo imposto, garantido através dos mecanismos das imunidades e dos privilégios, que se transferem do clero e da nobreza para o cidadão; mas se permite que o Estado exerça o poder tributário sobre a parcela não excluída pelo pacto constitucional, donde se conclui que a liberdade institui o tributo".[593]

Por sua vez o autor irá defender veementemente a noção de cidadania fiscal ancorada em um estatuto do contribuinte, como forma de positivação da liberdade fiscal, das imunidades e das proibições de desigualdade e garantias principiológicas. Segundo o autor: "a doutrina a respeito do estatuto do contribuinte, especialmente na versão de Gaston Jèze, ingressou no Brasil por intermédio de Rubens Gomes de Souza. Mas o interesse se cifrava no esclarecimento da fenomenologia da incidência tributária e da subsunção, sem repercussão na temática da cidadania fiscal".[594] A ideia de um estatuto do contribuinte, diverso do estatuto do cidadão, é um tema polêmico, mas que foi consagrado pelo STF no famoso julgamento da ADin 9397 (15 de dezembro de 1993), confirmado especialmente na PET 1.466-PB (28 de agosto de 1998).[595]

---

[591] Cf. TÔRRES, Ricardo Lôbo. *Tratado de direito constitucional financeiro e tributário*. Vol. III: os direitos humanos e a tributação: imunidades e isonomia. Rio de Janeiro: Renovar, 1999, p. 03.

[592] Idem, ibidem.

[593] Idem, ibidem..

[594] Idem, p. 24.

[595] Ver *in* STF na PET n° 1.466-PN: "Estatuto Constitucional Do Contribuinte: O princípio da anterioridade da lei tributária – imune, até mesmo, ao próprio poder de reforma do Congresso Nacional (RTJ 151/755-756)

Trata-se de uma notável mudança de posicionamento dos tribunais superiores, dado que: "no Brasil o Supremo Tribunal Federal se desinteressou, durante muitas décadas, do tema da cidadania fiscal. Pesou a preocupação marcadamente positivista e o discurso alinhado às teses da legalidade sem legitimidade e do espaço ajurídico da capacidade contributiva";[596] felizmente essa mudança adotada permitiu o avanço da liberdade fiscal.

A cidadania fiscal não se esgota, contudo, no espaço constitucional, mas adquire uma abertura material a outras fontes do Direito, dado que: "o estatuto do contribuinte, como complexo de direitos e deveres da cidadania fiscal ou como situação geral e impessoal criada pelo ordenamento jurídico, ganha a cada dia maior clareza no discurso da Constituição, dos tratados internacionais e da legislação infraconstitucional".[597]

Para o autor, a teoria da cidadania fiscal deve avançar para além das teorias preexistentes, em virtude de suas perceptíveis insuficiências. Assim, segundo Ricardo Lôbo Tôrres: "A fundamentação da cidadania fiscal na teoria do status, embora seja a melhor, a nosso ver, não deixa de apresentar certos aspectos negativos pelo seu inegável relacionamento com a relembrança do patrimonialismo, da sociedade estamental e do estatuto imposto verticalmente. Nada obstante, além de afastar a teoria do contrato, absolutamente insustentável no campo da relação jurídica-tributária, permite que se visualizem as características positivas e negativas presentes em todas as dimensões para as quais se projeta a cidadania fiscal, que não pode deixar de ser uma cidadania fiscal multidimensional".[598]

4.2.3.5. Paulo de Barros Carvalho: juridicização dos direitos fundamentais

A teoria de Paulo de Barros Carvalho pode ser considerada como legatária e continuadora da herança de três grandes vertentes teóricas: a precisão metodológica de Alfredo Augusto Becker; a luta pela dignidade dos direitos fundamentais em Geraldo Ataliba e o estudo da lógica jurídica a partir de Lourival Vilanova.[599] A confluência destas três grandes contribuições teóricas permitiu ao autor produzir uma convergência entre o método analítico e as preocupações de sentido material para o Direito.

– representa uma das garantias fundamentais mais relevantes outorgadas ao universo dos contribuintes pela Carta da República, além de traduzir, na concreção do seu alcance, uma expressiva limitação ao poder impositivo do Estado".

[596] Cf. TÔRRES, Ricardo Lôbo. *Tratado de direito constitucional financeiro e tributário*. Vol. III: os direitos humanos e a tributação: imunidades e isonomia. Rio de Janeiro: Renovar, 1999, p. 26.

[597] Idem, p. 27.

[598] Idem, p. 33.

[599] Dentre as obras de *Lourival Vilanova* destacam-se: *Lógica jurídica* (1976) e *As estruturas lógicas e o sistema do direito positivo* (1977).

De Geraldo Ataliba herdou o autor uma preocupação pela Constituição e pela magistral orientação do autor sobre os fundamentos principiológicos do sistema jurídico. Assim, relembrando Geraldo Ataliba:

> O sistema jurídico (...) se estabelece mediante uma hierarquia segundo a qual algumas normas descansam em outras, as quais, por sua vez, repousam em princípios que, de seu lado, se assentam em outros princípios mais importantes. Dessa hierarquia decorre que os princípios maiores fixam as diretrizes gerais do sistema e subordinam os princípios menores. Estes subordinam certas regras que, à sua vez, submetem outras (...).[600]

Estes, por sua vez, devem guardar uma estreita relação de *coerência interna sistemática*, de tal modo que:

> Mesmo no nível constitucional, há uma ordem que faz com que as regras tenham sua interpretação e eficácia condicionadas pelos princípios. Estes se harmonizam, em função da hierarquia entre eles estabelecida, de modo a assegurar plena coerência interna ao sistema (...).

E segue ao afirmar de modo lapidar que:

> Os princípios são as linhas mestras, os grandes nortes, as diretrizes magnas do sistema. Apontam os rumos a serem seguidos por toda sociedade e obrigatoriamente perseguidos pelos órgãos do governo (poderes constituídos). Eles expressam a substância última do querer popular, seus objetivos e desígnios, as linhas mestras da legislação, da administração e da jurisdição. Por estas não podem ser contrariados; têm que ser prestigiados até às últimas conseqüências.[601]

O autor não nega a grande desconfiança existente na tradição analítica para o ambíguo e poroso conceito de "princípios jurídicos", mas ao contrário de lhe fechar as portas das indagações teóricas ressalta a importância de seu estudo para a compreensão do fenômeno jurídico, ao afirmar que:

> O que importa é que Genaro Carrió chega aos mesmos resultados, não só admitindo a existência de "princípios" dentro da ordem jurídica positiva, como reconhecendo que não há qualquer desencontro entre o esquema lógico das normas e o daqueles primados. Ainda que não ingresse na análise dos "valores", fala, insistentemente, no "peso" dos princípios, o que basta para identificar a referida concordância.[602]

Herdeiro destas contribuições ensina Paulo de Barros Carvalho que: "seja como for; os princípios aparecem como linhas diretivas que iluminam a compreensão de setores normativos, imprimindo-lhes caráter de unidade relativa e servindo de fator de agregação num dado feixe de normas".[603]

---

[600] Cf. ATALIBA, Geraldo. *República e Constituição*. São Paulo: Revista dos Tribunais, 1985, p. 05-06.
[601] Idem, p. 34.
[602] Cf. CARVALHO, Paulo de Barros. *Direito Tributário, Linguagem e Método*. 2 Ed., São Paulo: Noeses, 2008, p. 255.
[603] Idem, p. 257.

4.2.4. Síntese conclusiva

De modo abreviado podemos apresentar as diferenças entre essas três formas de se pensar o jurídico da seguinte forma:

	PENSAMENTO CONCEITUAL	PENSAMENTO NORMATIVISTA	PENSAMENTO SISTEMÁTICO
NÚCLEO CONCEITUAL	Conceitos tributários (fato gerador, tributo, obrigação tributária)	Norma Jurídico-Tributária (Regra-Matriz de Incidência Tributária)	Direitos fundamentais do contribuinte e justiça fiscal
CONSTITUIÇÃO	A Constituição não trata do problema da tributação, nem dos direitos fundamentais do contribuinte	O Direito Tributário complementa o Direito Constitucional, dentro do encadeamento normativo, por meio de uma relação entre norma superior (Constituição) e norma inferior (Código Tributário)	A Constituição perpassa todo o sistema tributário, com base na ideia de proteção e promoção dos direitos fundamentais
FUNDAMENTOS DO PODER DE TRIBUTAR	Soberania fiscal	Competência tributária	Justiça fiscal e direitos undamentais do contribuinte
RELAÇÃO TRIBUTÁRIA	Dever geral de submissão ou de concorrer para o sustento público	Espécie de relação jurídica	Relação caracterizadora da cidadania fiscal (justiça fiscal como ponto de equilíbrio direitos e deveres fundamentais)

Conclusões parciais

1. Os direitos fundamentais se constituem como veículos de introdução dos direitos da pessoa humana em uma determinada ordem constitucional, considerando que os direitos da pessoa humana possuem formulações filosóficas distintas, cada qual assentando os direitos do ser humano em bases axiológicas distintas.

2. O pensamento sistemático representa um esforço conjugado de diversos autores, com pressupostos teóricos diversos, mas que possuem como pontos em comum a aceitação de três pilares conceituais: a constitucionalização dos direitos fundamentais, a reintrodução do problema da justiça e uma nova hermenêutica jurídica.

3. Os direitos fundamentais do contribuinte possuem uma natureza marcadamente política no pensamento conceitual e normativista, e somente terão uma expressão verdadeiramente jurídica no pensamento sistemático.

4. O pensamento sistemático aplicável ao Direito Tributário, sugerido na presente obra, decorre em parte de quatro grandes movimentos teóricos e nor-

mativos: i) autonomização; ii) constitucionalização dos direitos fundamentais do contribuinte; iii) sistematização de leis e códigos e iv) a sua progressiva afirmação e difusão constitucional.

5. A autonomização dos Direitos Fundamentais do contribuinte da ideia de política fiscal e economia pública, se tornando um conjunto de normas que possuem eficácia independentemente das vontades do poder ou das exigências de arrecadação.

6. O século XX irá testemunhar um movimento crescente de constitucionalização dos direitos fundamentais do contribuinte e de seu reconhecimento pelas cortes constitucionais, como sendo uma matéria fundamental para a garantia do estatuto do cidadão livre.

7. Haverá um movimento crescente de sistematização do Direito Tributário em leis e códigos, garantindo maior segurança jurídica e uma sistematização do Direito Tributário, imunizando-o de apelos governamentais que ferem a previsibilidade e os direitos do contribuinte.

8. Haverá a progressiva afirmação e difusão dos direitos fundamentais do contribuinte, inclusive em nível constitucional, pela ampliação da listagem de direitos, do alcance dos seus institutos e das medidas de proteção.

Bibliografia recomendada

Dos direitos fundamentais: conceito, natureza e classificação

ANDRADE, José Carlos Vieira de. *Os Direitos Fundamentais* – Na Constituição Portuguesa de 1976. Coimbra: Almedina, 1987.

AQUINO, Tomás de. *Summa Theologica*. Tradução de Alexandre Correia. São Paulo: Ed. Siqueira, 1944-49, vol 18, questão LXVI, artigo VIII.

BARBOSA, Ruy. *República: Teoria e prática*. Petrópolis: Brasília: Vozes/Câmara dos Deputados. 178.

DIMOULIS, D. Dogmática dos Direitos Fundamentais: conceitos básicos. In: *Comunicações*. Caderno don Programda de Pós-Graduação da Universidade Metodista de Piracicaba, ano 5, n° 02, 2001, p. 13.

LIMA NETO, Manoel Cavalcante de. *Direitos Fundamentais do Contribuinte*: Limitações constitucionais ao poder de tributar. Recife: Nossa Livraria, 2005, p. 76.

MENDES, Gilmar Ferreira. Os Direitos Fundamentais e seus múltiplos significados na ordem constitucional. In: *Revista Jurídica Virtual*. Brasília, vol. 2, n. 13, junho/1999. Disponível em http://www.planalto.gov.br/ccivil_03/revista/Rev_14/direitos_fund.htm, acesso em 09.10.06, às 23 horas.

Dos direitos fundamentais do contribuinte: conceito, natureza e classificação

Pensamento Conceitual: Auto-limitação do poder do soberano

AQUINO, Tomás de. *Summa Theologica*. Tradução de Alexandre Correia. São Paulo: Ed. Siqueira, 1944-49, vol 18, questão LXVI, artigo VIII.

BONNEY, R. *Système économiques et finances publiques*. Paris: PUF/CNL, 1996, p XIII.

CORRÊA, Caetano Dias. Direito, Religião e fiscalidade no antigo testamento in Balthazar. In: Ubaldo Cesar (org.). *O tributo na História: Da antiguidade à globalização*. Florianópolis: Fundação Boiteux. 2006, p. 19.

HOBBES De Malmesbury, Thomas. *Leviatã ou matéria, forma e poder de um Estado eclesiástico e civil*. Tradução de João Paulo Monteiro e Maria Beatriz Nizza da Silva. São Paulo: Abril, 1983, p. 115.

HUGHES, Martin. *Locke on taxation and suffrage*. 1990

———. *Locke, taxation and reform*, 1992.
LOCKE, John. *Concerning Civil Government, second Essay*. London: Enciclopaedia Britannica, 1977, p. 58.
MONTESQUIEU, Charles-Louis de Secondat. *De l'esprit des lois. Ouvres Completes de Montesquieu*. Paris: Chez Fimin Didot Fréres, 1862.
PROUDHON, J. Pierre. *A propriedade é um roubo e outros escritos anarquistas*. Porto Alegre: L&M Pocket, 1997.
RISCAL, Sandra Aparecida. O conceito de soberania em Jean Bodin: um estudo do desenvolvimento das idéias de administração pública, governo e estado no século XVI. Dissertação de Mestrado apresentada perante a Universidade Estadual de Campinas em junho de 2001, sob a orientação da Prof. Dra. Raquel Pereira Chainho Gandini.
ROUSSEAU, J.-J. Considérations sur le gouvernement de Pologne. In: ———. *Œuvres Complètes*. Tomo III. Paris: Pléiade, Gallimard, 1964.
———. Discours sur l'économie politique. In: *Œuvres Complètes*. Tomo III. Paris: Pléiade, Gallimard, 1964a.
———. *Discurso sobre a origem e os fundamentos da desigualdade entre os homens*. São Paulo: Abril Cultural, 1978. (coleção "Os pensadores") e Rousseau, J-J. Do contrato social. São Paulo: Abril Cultural, 1978. (coleção "Os pensadores").
SAHD, Luiz Felipe Netto de Andrade e Silva. *Rousseau e a administração dos bens*. Trans/Form/Ação [online]. 2003, v. 26, n. 1.
SISMONDI, Jean Charles Leonard. *Nouveaux principes d'économie politique*, ou, De la richesse dans ses rapports avec la population. 3ª ed. Paris: Jeheber, 1951.
———. *Études sur les Constitutions des peuples libres*. Bruxelles: Wouters, Raspoet, 1843.
SMITH, Adam. *An inquiry into the nature and causes of the wealth of nations*. 6ª ed. London: Methuen, 1950.
VASQUES, Sérgio. *Eça e os Impostos*. Coimbra: Almedina, 2000.

Pensamento Normativista: limitações de competências de competências tributárias

ATALIBA, Geraldo. *Noções de Direito Tributário*. São Paulo: Revista dos Tribunais, 1963.
———. *Natureza Jurídica da Contribuição de Melhoria*. São Paulo: Revista dos Tribunais, 1964.
———. *Sistema Constitucional Tributário Brasileiro*. São Paulo: Revista dos Tribunais, 1968.
———. *Apontamentos de Ciência das Finanças, Direito Financeiro e Tributário*. São Paulo: Revista dos Tribunais, 1967.
———. *Hipótese de Incidência Tributária*. São Paulo: Revista dos Tribunais, 1967.
———. *República e Constituição*. São Paulo: Revista dos Tribunais, 1967.
BECKER, Alfredo Augusto. *Carnaval Tributário*. 2aª ed. São Paulo: Lejus. 1999, p. 20.
———. *Teoria Geral do Direito Tributário*. São Paulo: Saraiva, 1963, p. 03.
CARVALHO, Cristiano. *Teoria do Sistema Jurídico* – direito, economia, tributação. São Paulo: Quartier Latin, 2005. v. 1. 480 p.
———. *Ficções Jurídicas no Direito Tributário*. São Paulo: Editora Noeses, 2008. v. 1. 326 p.
GALESKI JR., I. A Irretroatividade Tributária: Uma Abordagem de acordo com o Positivismo de Hart. In: *Revista Discurso Jurídico da Faculdade de Direito de Campo Mourão*, v. 3, p. 170-195, 2007.
SANTI, Eurico Marcos Diniz de; NAVARRO, Pablo Eugenio. São válidas as normas tributárias imprecisas? In: *Revista Dialética de Direito Tributário*, v. 148, p. 69-81, 2008.
———. O conceito de livro e a imunidade do livro eletrônico. In: *Repertório IOB Jurisprudência*: Tributária Constit. Adm, 1998.
———. Validade, Vigência, eficácia e aplicação das normas jurídicas. In: *Revista de Direito da Puc SP*, 1995.
———. Introdução: Norma, Evento, Fato, Relação Jurídica, Fontes e Validade no Direito. In: Eurico Marcos Diniz de Santi. (Org.) *Curso de Especialização em Direito Tributário* – Estudos Analíticos em Homenagem a Paulo de Barros Carvalho. Rio de Janeiro: Forense, 2005, v. 1, p. 1-33.

Pensamento Sistemático: proteção e promoção dos direitos fundamentais do contribuinte

AGUALLO AVILES, A. *Interés fiscal y Estatuto del contribuyente*. R.E.D.F., núm. 80, 1993.
ALEXY, Robert. *Discourse Theory and Fundamental Rights*, 9. Ratio Juris, 1996.

———. *The Structure of Constitutional Rights Norms*, chapter 3 of A Theory of Constitutional Rights.

———. *On the Structure of Legal Principles*, 12. Ratio Juris, 1999.

———. Individual Rights and Collective Goods. In: Carlos Santiago Nino. *Rights, Dartsmouth, Aldershot*, 1992.

AVILA, H. B. Direitos Fundamentais dos Contribuintes e os Obstáculos à sua Efetivação. In: *Revista da Fundação Escola Superior de Direito Tributário*, v. 1, p. 87-99, 2008.

———. Estatuto do Contribuinte: conteúdo e alcance. In: *Revista da Associação Brasileira de Direito Tributário*, Belo Horizonte, v. 7, p. 73-104, 2000.

———. *Teoria dos Princípios – da definição à aplicação dos princípios jurídicos* (8ª Edição). São Paulo: Malheiros, 2008.

———. *Teoria da Igualdade Tributária*. São Paulo: Malheiros, 2008.

BUFFON, Marciano. *Tributação e dignidade humana entre os direitos e deveres Fundamentais*. Porto Alegre: Livraria do Advogado, 2009.

CALIENDO, Paulo. *Direito Tributário e análise econômica do Direito* – uma visão crítica. São Paulo: Campus/Elsevier, 2008. v. 1. 374 p.

———. Tributação e Reserva do Possível. In: Sarlet, Ingo; Timm, Luciano Benetti. (Org.). *Direitos Fundamentais, orçamento e reserva do possível*. Porto Alegre – RS: Livraria do Advogado, 2008, v. 1, p. -.

———. Dos três modos de pensar a tributação ou repensar o raciocínio jurídico-tributário. In: Rocha, Leonel Severo; Streck, Lenio Luiz. (Org.). *Constituição, Sistemas Sociais e Hermenêutica*. Porto Alegre: Livraria do Advogado, 2005, v. , p. 93-111.

———. Da Justiça Fiscal: Conceito e Aplicação. In: Tôrres, Heleno Taveira. (Org.). *Tratado de Direito Constitucional Tributário* – Estudos em Homenagem a Paulo de Barros Carvalho. São Paulo: Editora Saraiva, 2005, v. , p. 371-405.

FERREIRA, E. G. A Interpretação da Lei Tributária e a Teoria dos Direitos Fundamentais. In: *Revista Tributaria e de Finanças Públicas*, v. 60, p. 24-36, 2005.

Obras de Tipke

TIPKE, Klaus. *Die Steuerrechtordnung*. 1993.

———. *Moral tributaria del Estado y de los contribuyentes*, traducción española de Herrera Molina. Madrid: Marcial Pons, 2002.

———. *Ein Ende dem Einkommensteuerwirrwarr!? Rechtsreform statt Stimmenfangpolitik*, 2006.

———; YAMASHITA, Douglas. *Justiça Fiscal e Princípio da Capacidade Contributiva*. São Paulo: Malheiros, 2002.

———; LANG, Joachim. *Direito Tributário (Steuerrecht)*. Porto Alegre, Sérgio Antônio Fabris, vol. I, p. 55.

Obras selecionadas de Thomas Nagel

NAGEL, Thomas et MURPHY, Liam. *O mito da propriedade*. São Paulo: Martins Fontes, 2005

Obras selecionadas de Casalta Nabais

Nabais, Casalta. *Direito Fiscal*. Coimbra: Almedina, 3ª d., 2005.

———. *O Dever Fundamental de Pagar Impostos*. Coimbra: Almedina, 1998.

———. *Por um Estado Fiscal Suportável – Estudos de Direito Fiscal*. Coimbra: Almedina, 2005;

———. *Por uma Liberdade com Responsabilidade – Estudos sobre Direitos e Deveres Fundamentais*. Coimbra: Coimbra Editora, 2007.

———. *Por um Estado Fiscal Suportável – Estudos de Direito Fiscal*. Vol. II, Coimbra: Almedina, 2008.

Obras selecionadas de Ricardo Lôbo Tôrres

TÔRRES, R. L. Liberdade, Consentimento e Princípios de Legitimação do Direito Tributário. In: *Revista Internacional de Direito Tributário*. Belo Horizonte 8573088753, v. 5, p. 223-244, 2006.

———. Considerações Sobre o Futuro da Hermenêutica Tributária à Luz dos Princípios da Liberdade e Justiça Tributária. In: *Revista de Direito Tributário*, São Paulo, v. 88, p. 24-32, 2004.

———. A Jusfundamentalidade dos Direitos Sociais. In: *Revista de Direito da Associação dos Procuradores do Novo Estado do Rio de Janeiro*. Rio de Janeiro, v. 12, p. 349-374, 2003.

———. As Influências Italianas no Direito Tributário Brasileiro. In: *Diritto e Pratica Tributaria Internazionale* 2, v. 2, p. 362-379, 2002.

———. Direitos Humanos e Tributação nos Países Latinos. In: *Arquivos de Direitos Humanos*, v. 3, p. 109-144, 2001.

———. Os Mínimos Sociais, os Direitos Sociais e o Orçamento Público. In: *Revista de Direito da Procuradoria Geral da Câmara Municipal do Rio de Janeiro*, v. 1(2), p. 121-133, 1997.

———. As Influências Germânicas no Direito Financeiro e Tributário Brasileiro. In: *Revista Forense*, v. 327, p. 109-115, 1994.

———. *O Direito ao Mínimo Existencial*. Rio de Janeiro: Renovar, 2009.

———. *Teoria dos Direitos Fundamentais*. 2/2ª ed. Rio de Janeiro: Renovar, 2004.

———. *A Idéia de Liberdade no Estado Patrimonial e no Estado Fiscal*. Rio de Janeiro: Renovar, 1991.

———. O Mínimo Existencial, os Direitos Sociais e os Desafios de Natureza Orçamentária. In: SARLET, Ingo Wolfgang; TIMM, Luciano Benetti; BARCELLOS, Ana Paula. (Org.). *Direitos Fundamentais: orçamento e "reserva do possível"*. Porto Alegre: Livraria do Advogado Editora, 2008.

———. O Mínimo Existencial como Conteúdo Essencial dos Direitos Fundamentais. In: Cláudio Pereira de Souza Neto; Daniel Sarmento. (Org.). *Direitos Sociais. Fundamentos, Judicialização e Direitos Sociais em Espécie*. Rio de Janeiro: Lumen Juris, 2008.

———. A Cidadania Multidimensional. In: Moreira, Eduardo Ribeiro; Pugliesi, Marcio. (Org.). *20 Anos da Constituição Brasileira*. Rio de Janeiro: Saraiva, 2008.

———. Segurança Jurídica e Estado de Risco. In: Luis Eduardo Schoueri. (Org.). *Direito Tributário. Homenagem a Paulo de Barros Carvalho*. São Paulo: Quartier Latin, 2008.

———. A Legitimação dos Direitos Humanos e os Princípios da Ponderação e da Razoabilidade. In: Ricardo Lôbo Torres. (Org.). *Legitimação dos Direitos Humanos*. 2 ed. Rio de Janeiro: Renovar, 2007.

———. A Constitucionalização do Direito Tributário. In: Cláudio Pereira de Souza Neto; Daniel Sarmento. (Org.). *A Constitucionalização do Direito*. Rio de Janeiro: Lumen Juris, 2007.

———. A Família Diante da Tributação, da Previdência e da Assistência Social. In: Ives Gandra da Silva Martins; Alejandro C. Altamirano. (Org.). *Direito Tributário*. São Paulo: IOB Thomson, 2006.

———. Princípio da Eficiência em Matéria Tributária. In: Ives Gandra da Silva Martins. (Org.). *Princípio da Eficiência em Matéria Tributária. Pesquisas Tributárias*. Nova Série. São Paulo: Revistas dos Tribunais, 2006.

———. Mutações do Estado Fiscal. In: Marcos Juruena; Fábio Medina Osório. (Org.). *Direito Administrativo. Estudos em Homenagem a Diogo de Figueiredo Moreira Neto*. São Paulo: Lumen Juris, 2006.

———. O Poder de Tributar no Estado Democrático de Direito. In: Heleno Taveira Tôrres. (Org.). *Direito e Poder nas Instituições e nos Valores do Público e do Privado Contemporâneos. Estudos em Homenagem a Nelson Saldanha*. São Paulo: Manole, 2005.

———. Existe um Princípio Estrutural da Solidariedade? In: Marco Aurélio Greco; Marciano Seabra de Godoi. (Org.). *Solidariedade Social e Tributação*. São Paulo: Dialética, 2005.

———. A Segurança Jurídica e as Limitações Constitucionais ao Poder de Tributar 427. In: Roberto Ferraz. (Org.). *Princípios e Limites da Tributação*. São Paulo: Quartier Latin, 2005.

———. O Princípio Fundamental da Dignidade Humana. In: Carlos Mario Velloso; Roberto Rosas; Antonio Carlos Rodrigues Amaral. (Org.). *Princípios Constitucionais Fundamentais. Estudos em Homenagem ao Professor Ives Gandra da Silva Martins*. São Paulo: Lex Editora, 2005.

———. Da Ponderação de Interesses ao Princípio da Ponderação. In: Urbano Zilles (Coord.). (Org.). Miguel Reale: *Estudos em Homenagem a seus 90 Anos*. Porto Alegre: EDIPUCRS – PUC R.G, 2000.

———. A Cidadania Fiscal Múltipla. In: Condorcet Rezende. (Org.). *Estudos Tributários*. Rio de Janeiro: Renovar, 1999.

———. Ética e Justiça Tributária. In: Luis Eduardo Schoueri; Fernando Aurélio Zilueti. (Org.). *Direito Tributário. Estudos em Homenagem a Brandão Machado*. São Paulo: Dialética, 1998.

———. Liberdade, Segurança e Justiça. In: Paulo de Barros Carvalho. (Org.). *Justiça Tributária*. São Paulo: Max Limonad, 1998.

Obras selecionadas de Paulo de Barros Carvalho

CARVALHO, Paulo de Barros. *Direito Tributário, Linguagem e Método*. 2ª Ed., São Paulo: Noeses, 2008.

――――. *Curso de direito tributário*. 20ª ed. São Paulo: Saraiva, 2008.

――――. *Direito tributário – fundamentos jurídicos da incidência*. 6ª ed. São paulo: saraiva, 2008.

――――. *Anotações e memórias de leituras jurídicas e filosóficas* (Edição Limitada). São Paulo: Editora Noeses, 2008.

――――. *Teoria da Norma Tributária*. 2ª ed. São Paulo: Revista dos Tribunais, 1973.

――――; SOUSA, R. G; CANTO, G. U; ATALIBA, G; MELLO, C. A. B. *Elementos de Direito Tributário*. São Paulo: Editora Revista dos Tribunais, 1978.

――――; SOUSA, R. G.; ATALIBA, G. *Comentários ao Código Tributário Nacional*. 2ª ed. São Paulo: Revista dos Tribunais, 1975.

――――; Sousa, R. G; CANTO, G. U. ; JARACH, D; ATALIBA, G. *Interpretação do Direito Tributário*. São Paulo: Saraiva e EDUC, 1975.

Capítulo 5

Interpretação Constitucional

> *Violar um princípio é muito mais grave do que transgredir uma norma. A desatenção ao princípio implica ofensa não apenas a um específico mandamento obrigatório mas a todo sistema de comando.*[604]
>
> Celso Antônio Bandeira de Mello
>
> *O trabalho dos juristas dogmáticos é, tipicamente, uma atividade de interpretação, manipulação e sistematização do discurso legislativo. O trabalho dos teóricos, por sua vez, é uma reflexão crítica acerca do discurso dos juristas: exatamente uma metajurisprudência ou filosofia da ciência jurídica.*
>
> *As duas concepções da teoria jurídica ora delineadas, se observarmos bem, não se excluem reciprocamente: nada impede de acolher ambas conjuntamente, como muitos fazem tacitamente.*[605]
>
> Ricardo Guastini

Introdução

A teoria da interpretação é diferente para cada modo de pensar o jurídico, produzindo diferenças claras nos seus resultados concretos e nas soluções práticas para os dilemas jurídicos. A *interpretação tópico-sistemática* é capaz de dotar o intérprete de uma gama vasta e sofisticada de instrumentos de análise, que lhe dão superioridade sobre os modelos anteriores.

---

[604] Cf. MELLO, Celso Antônio Bandeira de. *Elementos de direito administrativo*. 3 ed. São Paulo: Revista dos Tribunais, 1992, p. 230.

[605] Cf. GUASTINI, Ricardo. *Das fontes às normas*. São Paulo: Quartier Latin, 2005, p. 382.

5.1. DA INTERPRETAÇÃO JURÍDICA NO PENSAMENTO CONCEITUAL, NORMATIVISTA E SISTEMÁTICO

O problema da interpretação jurídica aparece igualmente de modo diverso em cada modo de pensar o jurídico. Assim, podemos diferenciar os seguintes modos de interpretação:

5.1.1. Quanto à exigência de coerência judicial

i) *Pensamento Conceitualista:*

Adota um modelo silogístico de interpretação, dominado pelo formalismo jurídico e pela concepção de que a tarefa interpretativa se caracteriza como sendo uma tarefa lógico-dedutiva. O modelo de solução decorre da compreensão fechada do sistema e de um tipo de coerência material rígida do raciocínio jurídico, de tal forma que não existem lacunas ou casos difíceis no Direito. O próprio sistema jurídico contém todas as respostas aos problemas do sistema, de tal modo que um problema sem solução dedutível não pode ser considerado um problema jurídico. Neste caso o juiz está submetido ao conjunto de axiomas e conceitos gerais da ciência do Direito.

Trata-se de um modelo de coerência judicial necessária (*necessary*), no sentido que as decisões judiciais estão inseridas no quadro geral de um sistema fechado e de coerência material rígida e, portanto, a coerência das decisões judiciais é absolutamente necessária com o sentido material do sistema de conceitos jurídicos. Segundo tal entendimento deve existir uma necessária vinculação judicial ao acervo jurídico vigente (*pre-existing law*) e sobre o processo de evolução legal ou normativa;

ii) *Pensamento Normativista:*

Trata-se de um modelo de *discricionariedade judicial* em que ao juiz é autorizado preencher de sentido a norma jurídica, nos limites de sua moldura normativa. Assim, permite-se ao juiz solucionar o caso concreto com as suas preferências pessoais de natureza ética, política ou ideológica, desde que tais escolhas estejam inseridas no interior da moldura normativa. Os casos difíceis são sempre solucionados pelos juízes com base na discricionariedade judicial.

Para este entendimento a exigência de uma coerência judicial com o sistema jurídico somente é necessária do ponto de vista formal e desejável no seu sentido material, mas nada impede que o sistema produza posições contraditórias materialmente, porém legítimas pelo resultado da ação de competências tributárias diversas. Assim, trata-se de uma *coerência desejável* (*desirable*), ou seja, um dos requisitos que deverá ser tomado em conta, mas que poderá ser afastado por valores diversos na aplicação judicial;

iii) *Pensamento Sistemático*:

Trata-se de um modelo que exibe os requisitos de *coerência necessária* e *suficiente* (*sufficient*), ou seja, um requisito essencial na interpretação e aplicação do Direito. Segundo *Dworkin*,[606] o Direito deve ser entendido como uma *voz organizada e coerente* (*community of principle*); ou seja, uma comunidade de membros que entende estar governada por *princípios comuns* (*common principles*), isto é, capaz de apresentar uma justificação normativa geral. Existem casos difíceis e estes devem ser resolvidos conforme o sistema jurídico, mas respeitando as possibilidades de solução que emergem das conexões valorativas, decorrentes do caso concreto.

5.1.2. Quanto ao alcance da exigência de coerência judicial

Diversas são as noções sobre o *alcance* do conceito de coerência, dentre as quais podemos destacar:

i) *alcance geral,* em que deverão os juízes, ao julgar, procurar coerência com o sistema jurídico como um todo.[607] Este entendimento é utilizado pelo pensamento *conceitualista*, que determina um alcance geral e irrestrito da coerência que se espalha por todo o sistema, de raciocínio jurídico e judicial, exigindo um completo sistema lógico-dedutivo encadeado de conceitos. Por sua vez, o *normativismo* irá implicar tão somente em um modelo de coerência de alcance geral de sentido formal;

ii) *tópica,* no qual deverão procurar coerência com o sistema jurídico geral ou somente com uma parte deste.

---

[606] Misabel Derzi ao tratar da obra do Ministro Carlos Velloso refletiu sobre o dilema entre a justiça e os direitos fundamentais e a democracia, tendo por referência os estudos de *Dworkin*. Segundo a autora: "portanto, a questão da atuação da Suprema Corte nas democracias tem merecido a atenção dos mais interessantes filósofos e constitucionalistas.Se os juízes não são eleitos, como explicar que possam, criativamente, controlar a constitucionalidade das leis? Dworkin responde explicando que um regime político não será democrático porque a maioria do povo governa a si mesmo, mas se e na medida em que as decisões coletivas tratem o conjunto dos cidadãos com um respeito igual e com atenção igual. Ao interpretar os vagos e abstratos princípios constitucionais, a Corte limita a competência dos parlamentos, não em razão de uma superioridade inerente ao poder judicante, mas em nome da superioridade do poder do povo sobre os demais órgãos constituídos ou constitutivos de governo. A Corte está encarregada de fazer prevalecer a vontade profundo do povo (na Constituinte) contra a vontade episódica da maioria de seus representantes, que fazem as leis"; ver *in* DERZI, Misabel Abreu Machado. *Construindo o Direito Tributário na Constituição*. Belo Horizonte: Del Rey, 2004, p. ix.

[607] Cf. Julie Dickson: "(...) Dworkin (1977, and, although not yet written at the time of Levenbook's article, Dworkin 1986. "(...)Dworkin's account of integrity in adjudication requires judges to attempt to view the legal system as a whole as exhibiting coherence and speaking with one voice in interpreting the law, Dworkin does also recognise that compartmentalisation into different branches or areas of law is an indisputable feature of legal practice, and he accordingly attempts to integrate it within his vision of adjudicative integrity. He does so via his doctrine of local priority in interpretation, i.e. that if a given principle justifying a judicial decision does not fit at all well with the area of law which the case is classified as falling under, then this counts dramatically against deciding the case in accordance with that principle, no matter how well such an interpretation coheres with other areas of the law (see Dworkin 1986, ch. 7). However, because of the strong pull toward global coherence in law as integrity – expressed in Dworkin's claim that it is necessary to strive to view the legal system as a whole as speaking with one voice, the voice of an authentic political community, in order that law can be seen as justifying state coercion (...)"; ver *in* DICKSON, Julie, "Interpretation and Coherence in Legal Reasoning", The Stanford Encyclopedia of Philosophy (Fall 2001 Edition), Edward N. Zalta (ed.), URL = <http://plato.stanford.edu/archives/fall2001/entries/legal-reas-interpret/>. Acesso em 12.09.04, às 21:00 hs.

O *pensamento sistemático* irá permitir uma interpretação *tópico-sistemática*, organizando a possibilidade de soluções decorrentes de considerações e conexões valorativas, do caso concreto e à referência necessária com o sistema jurídico.

Um exemplo importante de interpretação sistemática pode ser encontrado no excelente estudo de *Giovanni Sartor* sobre o assunto, que abordou a dialética das disputas judiciais e do confronto entre teorias diversas e conflitantes por sua aceitação como interpretação oficial. Segundo este autor, uma disputa é um "intercâmbio dialético de teorias" (*dialectical exchange of theories*). Assim, o critério para determinar a "força comparativa de teorias competitivas" (*comparative strengh of competing theories*) é a ideia de coerência. A parte que oferecer a teoria mais coerente irá possuir a maior força comparativa e, possivelmente, alcançar a vitória.

Segundo o autor, a ideia de coerência, nesse sentido limitado, pode ser entendida[608] como:

a) *compreensividade* (*case-coverage*), ou seja, a capacidade de explicar um amplo campo de casos;

b) *funcionalidade* (*factor-coverage*), ou seja, a capacidade de levar em consideração argumentos e contra-argumentos consistentes. Dessa forma, a teoria mais consistente será aquela que referir a consideração do maior número de fatores explicativos, respondendo ao maior número de questionamentos contrários. Não há a defesa de uma única resposta possível, mas a da melhor resposta possível capaz de integrar diferentes visões valorativas na decisão judicial, permitindo a resolução leal de litígios axiológicos;

c) *conectividade analógica* (*analogical-connectivity*), na qual as premissas de uma teoria possibilitam a construção, por analogia, de outras premissas no interior do mesmo sistema proposicional;

d) *sustentabilidade* (*non-arbitrariness*), em que todas as premissas de uma teoria encontram-se suportadas mutuamente no interior do sistema proposicional, de tal forma que a solução permita a integração da solução do caso concreto em combinação com a preservação da integridade do sistema jurídico. Há, desse modo, uma possibilidade de interpretação tópico-sistemática.

A força evidente dessa abordagem é clara, visto que muitas vezes a disputa por interpretação oficial em matéria tributária envolve abordagens igualmente coerentes e conflitivas, nas quais qualquer uma das interpretações poderia surgir como aceitável para o caso. Dessa forma, a mera presunção de que o estudo do fenômeno jurídico-tributário é suficiente para se entender o raciocínio jurídico-tributário, deve ser afastada. Não há como se entender a própria evolução conceitual em Direito Tributário como mero fenômeno subsuntivo ou dedutivo entre normas e conceitos, tornando-se necessária uma abordagem sistemática na qual a noção de coerência possui toda a sua força explicativa.

---

[608] Cf. SARTOR, Giovanni. *Teleological arguments and theory-based arguments. Artificial Intelligence and Law.* N. 10, Netherlands: Kluwer, p. 95-112, 2002, p. 103-104.

5.1.3. Quanto à resposta judicial

Um caso interessante é decorrente do questionamento levantado por *Dworkin* da única resposta correta. Para o modelo estabelecido por *Dworkin*, o juiz sempre encontra a resposta correta no Direito e, portanto, o juiz não possui discricionariedade ou poder político. Os casos difíceis não representam escolhas jurídicas, mas aplicação de princípios jurídicos. Seguindo o problema apresentado por *Dworkin*, poderíamos apresentar o *pensamento conceitualista* como sendo aquele que defende a existência de uma única resposta correta do ponto de vista material, enquanto o *normativismo* admite uma pluralidade de respostas materiais. O *pensamento sistemático*, por sua vez, poderia ser melhor descrito como sendo aquele em que poderá surgir a *melhor resposta possível no sistema jurídico*.[609]

TIPOS DE PENSAMENTO	PENSAMENTO CONCEITUAL	PENSAMENTO NORMATIVISTA	PENSAMENTO SISTEMÁTICO
coerência judicial	necessário (*necessary*)	desejável (*desirable*)	suficiente (*sufficient*)
alcance da coerência judicial	alcance geral e irrestrito	alcance geral de sentido formal	tópico-sistemática
resposta judicial	única resposta correta do ponto de vista material	diversidade de respostas materiais	melhor resposta possível

5.2. DA INTERPRETAÇÃO JURÍDICO-TRIBUTÁRIA NO PENSAMENTO CONCEITUAL, NORMATIVISTA E SISTEMÁTICO

O problema da interpretação jurídica aparece igualmente de forma diversa em cada modo de pensar o Direito Tributário. O modo de interpretação tributária irá variar também em conformidade com o modelo teórico escolhido, de tal forma

---

[609] Apresentação feita por Albert Calsamiglia à edição espanhola da obra de DWORKIN, Ronald. *Derechos en Serio*. Barcelona: Editora Ariel, 1984. Segundo Casamiglia: "modelo de Dworkin evita vários problemas importantes: o primeiro, que o juiz não se constitua em legislador, o que significa que o poder judiciário tem como função garantir direitos preestabelecidos. Em segundo lugar, a tese de Dworkin é compatível com o postulado da separação de poderes, posto que o juiz está subordinado à lei e ao direito. O poder judiciário é "nulo" – como afirmava Montesquieu – porque sua função é garantir direitos. Em terceiro lugar: o modelo da resposta correta recusa a teoria do silogismo, mas aceita uma teoria do princípio político básico: o juiz não tem nem pode ter poder político. A função do juiz é garantir os direitos individuais e não assinalar objetivos sociais. A função judicial é distinta da legislativa ou da executiva. Em quarto lugar: nos casos difíceis, os juízes não baseiam suas decisões em objetivos sociais ou diretrizes políticas. Os casos difíceis são resolvidos com base em princípios que fundamentam direitos. Sem dúvidas, todas estas teorias da função judicial podem ser criticadas. Entretanto, pode ser que a teoria de Dworkin da função judicial deva ser levada a sério porque não incorre nos exageros das teorias silogística e realista (que negavam os casos difíceis). Tampouco incorre nas contradições da teoria da discricionariedade judicial (pois de um modo ou outro conceder poder político ao juiz supõe trair o sistema de legitimação do estado democrático e também supõe a aceitação de leis retroativas)"; disponível em http://www.puc-rio.br/sobrepuc/depto/direito/pet_jur/patdwork.html. Acesso em 11.05.08, às 14 horas.

que os resultados e os métodos irão diferenciar-se de maneira significativa. Assim, podemos diferenciar os seguintes modos de *interpretação jurídico-tributária*:

5.2.1. Pensamento Conceitualista: teoria do tributo e do fato gerador

O modelo conceitual irá distinguir *hermenêutica* e *interpretação*, enquanto graus de aplicação da atividade interpretativa. A *hermenêutica* trata de modo genérico sobre os modelos de apreensão de sentido, a *interpretação propriamente dita* se dirige à aplicação a determinado dispositivo legal. Assim, no entender de *Carlos Maximiliano*: "a hermenêutica é a teoria científica da arte de interpretar".[610]

A hermenêutica tem por objeto a determinação do sentido e o alcance das expressões jurídicas, visto que o Direito é composto de termos gerais, normas dispersas, princípios e institutos diversos e é tarefa do intérprete aplicar ao caso concreto a norma jurídica. No pensamento conceitual a tarefa do intérprete é aquela que "*extrai da norma* tudo o que na mesma se contém".[611] Assim entendia sabiamente a jurisprudência romana que "*neque leges, neque senatusconsulta ita scribi possunt, ut omnes casus qui quandoque inciderit comprehendantur*", ou seja, "nem as leis, nem os senatus-consultos podem ser escritos de tal maneira que em seu contexto fiquem compreendidos todos os casos em qualquer tempo ocorrentes", visto que as normas são previsões sobre programações intersubjetivas e intertemporais e, portanto, não é possível que abarquem todos os casos possíveis e imagináveis.[612] Desta forma, não é fácil a tarefa do intérprete que deve buscar encontrar na multiplicidade de normas, expressões e fatos no curso histórico a retomada da unidade do sistema jurídico, mediante uma aplicação científica.

Na definição de *Carlos Maximiliano* "interpretar é explicar, esclarecer; dar o significado de vocábulo, atitude ou gesto; reproduzir por ouras palavras um pensamento exteriorizado; mostrar o sentido verdadeiro de uma expressão; extrair, de frase, sentença ou norma, tudo o que na mesma se contém".[613] A tarefa da interpretação não é somente tornar claro o sentido de determinada expressão ou norma, nem tampouco encontrar o sentido exato de determinada regra em relação com o conjunto das leis, mas encontrar o verdadeiro sentido intrínseco da expressão.

Conforme bem relata *Paulo de Barros Carvalho* a doutrina interpretativa convencional (conceitual) propõe a aplicação simultânea dos seguintes critérios:[614]

---

[610] Cf. MAXIMILIANO, Carlos. *Hermenêutica e aplicação do Direito*. Rio de Janeiro: Forense, 2006, p. 01.
[611] Idem, ibidem.
[612] Idem, ibidem.
[613] Idem, ibidem.
[614] Cf. CARVALHO, Paulo de Barros. *Curso de Direito Tributário*. São Paulo: Saraiva, 1999, p. 68-69.

i) *literal-gramatical*: é aquele no qual o intérprete limita-se ao sentido literal da linguagem ordinária da norma e demanda, portanto, o conhecimento perfeito da linguagem e do idioma nacional. Este tipo de raciocínio tem sido questionado, visto que a palavra pode ter mais de um sentido, sentidos diversos em contextos variados ou ser objeto de ambiguidade, de tal modo que os hermeneutas têm preferido a aplicação de métodos mais completos de extração de sentido, ou seja, "mais importante e de mais força que a palavra é a intenção de quem a afirma" (*prior atque potentior est, quam vox, mens dicenti*[615]);

ii) *histórico*: trata-se do critério que procurar a verificação de sentido por meio da investigação do contexto histórico em que foi editada a norma jurídica. O uso da investigação do contexto histórico não se compara, contudo, com a recuperação da vontade do legislador (*mens legislatoris*). A edição de uma nova lei faz parte de um processo complexo e irracional, marcado por intenções contraditórias, nas quais não se descobre de pronto o verdadeiro autor da norma jurídica, dado que a mesma proposição é resultado de retoques de todas as ordens ou de idiossincrasias de legisladores ou partidos políticos. Dessa forma, nem todas as informações decorrentes do contexto histórico (*occasio legis*) são relevantes, visto que o desenrolar histórico dissipa as antigas consistências de sentido do momento da sua edição;[616]

iii) *lógico*: é aquele que se utiliza das regras da lógica formal para a determinação do sentido da norma jurídica, dentre as quais se destacam: o princípio da identidade, da não contrariedade, do terceiro excluído, da razão suficiente e da finalidade.[617] O uso exclusivo da lógica e de um método matemático ou geométrico de interpretação é incapaz de encontrar a riqueza dos sentidos da linguagem e das normas jurídicas;

iv) *teleológico*: o sentido da norma é determinado pela verificação dos fins e objetivos do comando normativo, bem como encontrar a finalidade pretendida pela norma. Duas concepções têm disputado a primazia dos grandes objetivos da legislação tributária, a concepção *in dúbio pro fiscum* e a *in dúbio pro contribuinte*;

v) *sistemático*: em que o sentido do comando normativo é pesquisado em conjunto com a multiplicidade das normas jurídicas. Segundo o *Prof. Paulo de Barros Carvalho*: "o método sistemático parte, desde logo, de uma visão grandiosa do direito e intenta compreender a lei como algo impregnado de toda a pujança que a ordem jurídica ostenta".[618] Lembra Carlos Maximiliano que em Roma já se proibia que o juiz decidisse sem considerar o conjunto todo do ordenamento jurídico, por meio do brocardo: "é contra o Direito, julgar ou emitir parecer, tendo diante dos

---

[615] Cf. CELSO. Digesto, liv. 1, tít. 3. frag. 29 *apud* MAXIMILIANO, Carlos. *Hermenêutica e aplicação do Direito*. Rio de Janeiro: Forense, 2006, p. 101.

[616] Cf. MELO, José Eduardo Soares de. Interpretação e integração da norma tributária. *In* Martins, Ives Gandra da Silva. *Curso de Direito Tributário*. São Paulo Saraiva, 2001, p. 138.

[617] Cf. COELHO, Luis Fernando. *Lógica Jurídica e interpretação das leis*. Rio de Janeiro: Forense, 1979, p. 76-77.

[618] Cf. CARVALHO, Paulo de Barros. *Curso de Direito Tributário*. São Paulo: Saraiva, 1999, p. 68-69.

olhos, ao invés da lei em conjunto, só ou uma parte da mesma (incivile est, nisi tota lege perspecta, uma aliqua partícula ejus proposita, judicare, vel respondere)".[619]

Muitos têm se questionado se a interpretação em matéria tributária deve seguir a mesma lógica e métodos gerais de interpretação ou se possui um modelo próprio. Para *A.D. Giannini:*[620] "lo cierto es que las mismas reglas dominan la interpretación de cualquier norma, y ninguna de aquéllas autoriza a pensar que para el Derecho tributário deban seguirse critérios interpretatvios diversos de los que presiden la interpretación de cualquier ora clase de leys".

Assim, cada sistema jurídico-tributário irá permitir ou autorizar a utilização conjunta ou combinada dos critérios acima, de tal modo que se possa realizar a correta interpretação da norma tributária. No entender de *Morselli*, a interpretação e integração da norma tributária é uma atividade absolutamente essencial, em virtude do fato de que o Direito Tributário não se assenta sobre um único instituto, mas sobre um conjunto de institutos de naturezas diversas que são compreendidos em um sentido orgânico.[621] O objetivo da interpretação é, portanto, alcançar em cada caso a correta aplicação do conceito de tributo, por meio da aplicação de métodos de interpretação.[622]

Dessa forma, o intérprete é livre para utilizar os métodos mais importantes para alcançar o sentido e alcance da norma jurídica a ser aplicada, dentre eles não deve existir hierarquia, dado que o pluralismo metodológico deve respeitar o pluralismo das situações de fato e de valores que podem reger determinado fenômeno jurídico.[623]

Conforme bem ensina *Carlos Maximiliano*, as regras gerais de hermenêutica se aplicam de modo idêntico às leis fiscais, com uma diferença fundamental de que a interpretação em matéria tributária conjuga-se à finalidade de realizar o poder de tributar, assim: "explicado o modo de entender a faculdade de distribuir pelo povo os encargos pecuniários do erário, cumpre fazer agora como se interpretamos textos em que o legislador usa daquela prerrogativa soberana",[624]

---

[619] Cf. CELSO. Digesto, liv. 1, tít. 3. frag. 24 *apud* MAXIMILIANO, Carlos. *Hermenêutica e aplicação do Direito.* Rio de Janeiro: Forense, 2006, p. 105.

[620] Cf. GIANNINI, A.D. *Instituciones de Derecho Tributario.* Madri: Editorial de Derecho Financero, 1957, p. 32.

[621] Conforme *Morselli*: "Il dirito dell'imposta non forma um solo ed único istituto, ma um insieme di istituti, in un certo senso orgânico. V'è certamente similarità, ad esempio, fra l'imposta sui terreni e l'imposta sui fabbricati, tant'è che per lungo tempo esse andarano confuse", ver *in* MORSELLI, Emanuele. *Corso di Scienza della Finanza Pubblica.* Padova: CEDAM, 1949, p. 141.

[622] Conforme *Morselli*: "Sicchè, dove in date norme singole, o insieme ordinate per formare um istiuto tributário, si vede mancante o non completamnte offero all'interprete quello che gli ocorre per risolver casi concreti, e però, quando cio che direttamente gli manca forma il principio di ragione di tal norma o istituto, allora egli revolge allá scienza per trarre da essa, com lógico critério, il principio lasciat intendere dal legislatore finanziario, quale egli medesimol'avrebbe voluto, secondo lê particolarità dei casi, se anche suo compito fosse stato quello di realizzare individualmente presso tutti il tributo ordinato", ver *in* MORSELLI, Emanuele. *Corso di Scienza della Finanza Pubblica.* Padova: CEDAM, 1949, p. 143.

[623] Cf. TÔRRES, Ricardo Lôbo. *Normas de interpretação e integração do Direito Tributário.* Rio de Janeiro: Forense, 1991, p. 83.

[624] Cf. MAXIMILIANO, Carlos. *Hermenêutica e aplicação do Direito.* Rio de Janeiro: Forense, 2006, p. 270.

ou seja, para o autor a interpretação está radicalmente ligada ao exercício da soberania.

O *pensamento conceitual* irá desenvolver um raciocínio decorrente do encadeamento de conceitos, dentre os quais o de tributo será o mais importante. A exigência de um sistema com coerência interna é uma exigência da ciência jurídica e, particularmente do Direito Tributário, visto que, como foi reforçado por *Sainz de Bujanda* ao traduzir e prefaciar a famosa obra de *A. D. Giannini Istitutzioni di Diritto Tributário,* deve-se entender que:

> El orden no consiste tan sólo, ni primordialmente siquiera, em la circusntacia de que las nociones se encadenen unas a otras siguiendo exlusivamente la pauta marcada por la contextura de la matéria que se desarrolla. Lo importante es que esas ideas aparezcan debidamente jerarquizadas y que uma vez agrupadas atendiendo a su respectiva importancia y ala funcion que desempeñan en el sistema, el autor sepa mantererse fiel al orden preestablecida, haciendo que la exposición de las ideas primarias preceda a la de las ideas secundarias o complementarias.[625]

Assim, entendia *Carlos A Mersán,* famoso tributarista paraguaio e um dos fundadores do *ILADT* (*Instituto Latino-Americano de Direito Tributário*) e que teve o privilégio da sua obra *Direito Tributário* ter sido traduzida por *Dejalma de Campos,* com Prefácio de *Ives Gandra Martins* e Apresentação de *Geraldo Ataliba.* Segundo o autor:

> Assim, esta disciplina tem seu estudo centrado no "tributo" como o tem o Direito Penal no delito, como exemplifica o mesmo Jarach ou como o tem o Direito Trabalhista nas relações do capital com o Trabalho que, ao final de contas não constitui as relações especiais dos particulares, as quais independem do Direito Civil.[626]

A importância deste estudo é tão relevante para o Direito Tributário que este conceito se traduz num conceito genético desta disciplina, ou seja, ela funda e é o ponto de partida da própria autonomia didática do estudo do Direito Tributário. Conforme *Carlos Mersán:*

> Se esta é a matéria que doutrinariamente justifica o nascimento de um ramo autônomo, pode-se afirmar que ainda que exista outra justificativa maior na legislação positiva especializada que caracteriza aos Estados de qualquer sistema de governo – ditatorial ou democrático[627] – referente aos impostos, as taxas e as contribuições e é por isso que Pugliese define a razão do estudo da nova disciplina como "o próprio ordenamento jurídico tributário de um dado país.[628]

A razão de tal entendimento, conforme *Rafael Bielsa,*[629] decorre da compreensão de que um ramo do conhecimento somente se distingue dos demais quando

---

[625] Cf. BUJANDA, Sainz de F. Estúdio Preliminar. *In* GIANNINI, A.D. *Instituciones de Derecho Tributario.* Madri: Editorial de Derecho Financero, 1957, p. XVI.

[626] Cf. MERSÁN, Carlos. *Direito Tributário.* São Paulo: RT, 1988, p. 05.

[627] Cf. CARVALHO, A. A. Contreiras de. *Doutrina e aplicação do Direito Tributário.* São Paulo/Rio de Janeiro: Freitas Bastos, p. 58.

[628] Cf. MERSÁN, Carlos. *Direito Tributário.* São Paulo: RT, 1988, p. 05.

[629] Cf. BIELSA, Rafael.

apresenta institutos, categorias e regras próprios que lhe garantam uma autonomia no quadro geral das ciências. Assim, a autonomia somente ocorre: i) quando possui princípios próprios e diferenciados dos demais; ii) quando as instituições que o formam possuem fundamentos comuns e iii) difere dos demais por suas características comuns. O autor irá repetir este entendimento da autonomia do Direito Tributário, fundado na noção de tributo como resultado deste poder de império do Estado em arrecadar tributos.

A homogeneidade do objeto de estudo do Direito Tributário, centrado na noção de tributo, é que irá garantir a sua emancipação como disciplina didaticamente autônoma de outros ramos do Direito. Segundo *Jarach,* o Direito Financeiro, por sua heterogeneidade, não permite um estudo adequado do fenômeno tributário, exigindo antes uma disciplina mais delimitada para a completa compreensão desse fenômeno tributário, assim:

> (...) é o conjunto de disposições variadas, de Direito Público, ou de Direito Privado, com instituições muito distintas entre si, como são, por um lado as instituições relativas aos gastos e ao orçamento, e por outro lado as tributárias, as dos recursos patrimoniais e do crédito público.[630]

Revisados os principais entendimentos sobre a interpretação no pensamento conceitual, vejamos agora as inovações e peculiaridades do *pensamento normativista*.

5.2.2. Pensamento Normativista: norma jurídico-tributária (Regra-Matriz de Incidência Tributária)

O pensamento normativista partirá de um modelo diverso de interpretação da norma jurídico-tributária, visto que para este o modelo de interpretação não visa apenas à *extração de sentido* do dispositivo normativo, mas especialmente à *construção de sentido*. Trata-se de um modo absolutamente revolucionário para a época em que foi formulado e para a formatação da ideia de Direito.

O uso pluralista de métodos de interpretação não resolve, contudo, o problema de se encontrar a correta extração de sentido do texto legal, visto que, como alegava *Antônio Franco de Campos*, em 1977, a utilização simultânea de métodos somente poderá gerar imperfeições, falhas e incoerências hermenêuticas, de tal modo que devemos encontrar um método superior de análise:

> (...) no geral, os métodos de interpretação estabelecidos pela doutrina, de per si considerado, não satisfazem plenamente, pois falhas, deficiências ou imperfeições ocorrem a cada passo, mesmo considerando o ecletismo de alguns. A solução dos problemas interpretativos pode ser encontrada na pesquisa da ratio, o que poderia levar-nos a abraçar o método teleológico, sem abandonarmos a natureza das coisas.[631]

---

[630] Cf. JARACH, Dino. *Curso Superior de Derecho Tributário.*
[631] Cf. CAMPOS, Antônio J. Franco. *Interpretação hermenêutica e exegese do direito tributário.* São Paulo: Bushatsky, 1977. CAMPOS, Antônio J. Franco. *Direito Tributário.* São Paulo: J. Bushatsky, 1975.

O positivismo irá encontrar este ponto de partida seguro para a interpretação jurídico-tributária no estudo da estrutura da norma jurídica. Assim afirmava *Alfredo Augusto Becker*, em sua obra de 1963, que:

> Ao defrontar-se com a regra jurídica, o seu intérprete deve ter em mente, com extrema nitidez, a "estrutura lógica" e a "atuação dinâmica" de toda e qualquer regra jurídica. Isto posto, ele pode dividir a tarefa hermenêutica em quatro momentos:
>
> Primeiro momento: dissecar a estrutura lógica daquela determinada regra jurídica a interpretar (...).
>
> Segundo momento: Investigar e analisar os fatos jurídicos e não-jurídicos que constituem os problemas práticos a resolver (...).
>
> Terceiro momento: diante da hipótese de incidência realizada, o intérprete conclui ter havido a incidência da regra jurídica porque esta é infalível (...).
>
> Quarto momento: O intérprete observa se foram respeitados os efeitos jurídicos que resultaram da incidência da regra jurídica (...).[632]

Como se pode notar, o pensamento de *Alfredo Augusto Becker* irá representar uma viragem hermenêutica na forma de interpretação jurídico-tributária. Ele irá estabelecer uma forma de *interpretação dinâmica* da norma tributária e não apenas passiva ou exegética, que pretende extrair da norma um determinado sentido. O modelo de *interpretação clássico* era absolutamente passivo dentro de uma *ordem conceitual fixa*, formada por conceitos universais e axiomas fundamentais, diverso do modelo proposto por *Becker* que irá defender que:

> A lei tributária não é um falcão real que o punho do Executivo alça vôo para ir à caça do "fato gerador". A regra jurídica contida na lei (forma literal legislativa) é a resultante lógica de um complexo de ações e reações que se processam no sistema jurídico onde foi promulgada. A Lei age sobre as demais leis do sistema, estas, por sua vez, reagem; a resultante lógica é a verdadeira regra jurídica da lei que provocou o impacto inicial.[633]

Irá o autor defender o *cânone hermenêutico da totalidade do sistema jurídico* como modo de compreensão do fenômeno jurídico, de tal forma que a interpretação será tarefa de conhecimento da totalidade da fenomenologia do sistema jurídico. Assim, uma lei ou artigo jamais será identificado com uma norma jurídica e talvez nem exista como tal, somente será possível extrair a regra jurídica da lei ou artigo em relação ao conjunto das demais leis vigentes (plano horizontal) e antecedentes (plano vertical).

A interpretação jurídica no positivismo passará a ter uma função teórico-sistemática menor do que no pensamento clássico. Irá assumir preponderância a Teoria Geral do Direito, enquanto *Teoria da Incidência da Norma Jurídica*, sendo que a principal função do intérprete será realizar um estudo pormenorizado da fenomenologia da incidência jurídica, de tal sorte a confirmar a ocorrência do fato gerador. Esta conclusão é tão forte no autor que ele irá denominar tal fenômeno

---

[632] Cf. BECKER, Alfredo Augusto. *Teoria Geral do Direito Tributário*. São Paulo: Saraiva, 1953, p. 102-103.
[633] Idem, p. 102-104.

de *mitos e superstições na interpretação tributária* e irá afirmar categoricamente que:

> O problema jurídico tributário que, no passado, mais apaixonou os estudiosos do Direito Tributário foi o da interpretação das leis tributárias. (...) O referido atavismo hermenêutico denuncia-se ainda muito forte (...) quando se trata de interpretar regras jurídicas que escolheram fatos jurídicos (atos jurídicos, negócios jurídicos, etc.) para a composição de suas respectivas hipóteses de incidência.[634]

Os anseios de *Alfredo Augusto Becker* ganharam os corações e as mentes dos mais brilhantes tributaristas nacionais da segunda metade do século XX. Dentre estes autores podemos destacar: *Geraldo Ataliba, José Souto Maior Borges e Paulo de Barros Carvalho*.[635] Esta conclusão será ainda mais explícita nos estudos de *José Souto Maior Borges,* que irá defender que somente uma teoria formal do Direito será capaz de constituir uma teoria geral do ordenamento jurídico e, portanto, definir a estrutura geral da totalidade do sistema jurídico.

Relevante é a explícita menção de *José Souto Maior Borges* à obra e ao paradigma de pensamento fundado por *Becker*, que assim se manifestou sobre a obra do tributarista gaúcho no Prefácio da obra *Teoria Geral da Isenção Tributária*, de 1969: "são por demais conhecidas as metáforas vez por outra encontradas em alguns autores para caracterizar o fenômeno da tributação: expressões como patologia tributária, manicômio jurídico-tributário e clínica fiscal atestam o estado de espírito que se encontra a doutrina".

O autor irá desenvolver uma das obras mais profundas sobre a aplicação do pensamento normativista (positivismo metodológico), aplicado ao Direito Tributário, na sua obra *Obrigação Tributária (Uma introdução metodológica)*, publicada em São Paulo, em 1984. De outro lado, o método formal possui um valor pragmático, visto que ele é capaz de resolver problemas concretos ao "(...) solucionar problemas de interpretação e aplicação do Direito".[636] A tarefa do intérprete é submeter uma determinada hipótese teórica de uma dedução de uma norma à *testabilidade*, visto que as normas não podem ser *verificadas*, mas tão somente testadas perante o conjunto do sistema jurídico, de tal modo que o cânone da totalidade do sistema jurídico poderá provar a existência ou inexistência de uma norma jurídica determinada.[637]

Como exemplo, toma *José Souto Maior Borges* o caso do conceito de obrigação tributária, e afirma que na teoria clássica do Direito Tributário (para nós o conceitualismo), o termo "obrigação tributária" não é mero correspondente do grupo finito de particulares, mas denota a propriedade do universal existente em

---

[634] Cf. BECKER, Alfredo Augusto. *Teoria Geral do Direito Tributário.* São Paulo: Saraiva, 1953, p. 101-102.
[635] Cf. CARVALHO, P. B. Homenagem a Alfredo Augusto Becker. *In*: Dejalma de Campos. (Org.). *Tributo a Alfredo Augusto Becker.* São Paulo: Academia Brasileira de Direito Tributário, 1995, v. , p. -.
[636] Cf. BORGES, José Souto Maior. *Obrigação Tributária* (Uma introdução metodológica). São Paulo: Saraiva, 1984, p. 20.
[637] Idem, p. 65.

qualquer norma jurídica pensável. Esta visão essencialista, que procura entre a palavra e o objeto o correspondente conceito perfeito, é rechaçada pelo autor, que irá afirmar que "a tese da patrimonialidade da obrigação tributária é sustentada, na doutrina brasileira tradicional, em caráter tipicamente essencialista",[638] e defenderá em sentido contrário que "o estar obrigado é tão-somente uma especificação das modalidades deônticas de regulação do comportamento humano".[639] Dessa forma, o autor irá defender que não existem essencialidades ou essências a serem descritas por palavras sob a forma de conceitos, mas de construções normativas que regulam a conduta humana sob a forma de modalidades do dever-ser (*deôntico*): obrigatório, permitido e proibido.

A viragem radical do estudo da fenomenologia da incidência tributária irá ocorrer com os estudos revolucionários de *Paulo de Barros Carvalho*.[640] Este autor irá sofisticar radicalmente os estudos sobre a fenomenologia da incidência da norma tributária na sua obra seminal *Teoria da Norma Tributária*, de 1973. Para esse autor, o grande problema do estudo do Direito Tributário está na conceituação dos fundamentos do Direito e na definição de um método adequado para o estudo do fenômeno tributário, sendo que muitos dos problemas de interpretação do Direito Tributário são problemas de definição dos elementos nucleares de entendimento do jurídico. Assim, será a partir do conceito "atômico" de norma jurídica que todo o conhecimento será estruturado, afinal o problema do direito será um problema da linguagem, ou melhor dizendo, de mal uso da linguagem.

Assim, é somente a partir de bases sólidas, inquestionáveis que poderá surgir uma verdadeira interpretação livre de apriorismos e concepções essencialistas, de tal modo que "surge, enfim, o esboço de um enfoque global do Direito Tributário, por desdobramento lógico de noções vestibulares da ciência jurídica".[641]

A concepção normativista terá um entendimento de interpretação tributária centrada nas seguintes características:[642]

i) *construtivismo*: o modelo de interpretação normativista acredita num papel criativo e dinâmico do intérprete, divergindo claramente da concepção de que a interpretação seja um modo de *extração de sentido* do texto, realizando uma passagem para o modelo de *construção de sentido do texto,* por meio do estudo da incidência da norma tributária;

---

[638] Cf. BORGES, José Souto Maior. *Obrigação Tributária (Uma introdução metodológica)*. São Paulo: Saraiva, . 1984, p. 108.

[639] Idem, p. 130.

[640] Cf. CARVALHO, P. B. Sobre o percurso de construção de sentido: modelo de interpretação do direito tributário. *In*: André Ramos Tavares; Gilmar Ferreira Mendes; Ives Gandra da Silva Martins. (Org.). *Lições de Direito Constitucional em Homenagem ao Jurista Celso Bastos*. São Paulo: Saraiva, 2005, v. , p. 09-24.

[641] Cf. CARVALHO, Paulo de Barros. *Teoria da norma tributária*. 2ª ed. SP: Revista dos Tribunais, 1981, p. 18.

[642] Cf. CARVALHO, P. B.; SOUSA, R. G.; CANTO, G. U. ; JARACH, D.; ATALIBA, G. *Interpretação do Direito Tributário*. São Paulo: Saraiva e EDUC, 1975.

ii) *ausência de apriorismos:* uma crítica fundamental do modo de pensar normativista está na negação da ausência de apriorismos interpretativos, tais como o célebre debate sobre a prevalência da interpretação pró-fisco (*in dubio pro fisco*) ou pró-contribuinte (*in dubio contra fisco*), como sendo posições superadas de um imperativismo do Direito, ou seja, de uma concepção que entendia que as normas jurídicas representavam uma visão correta de mundo ou eram uma representação perfeita da essência das relações sociais. Para *Paulo de Barros Carvalho*, "a visão imperativista ganhou dimensão com o jusnaturalismo, que no ímpeto de identificar o Direito com o justo, com um conjunto de princípios normativos, puramente ideais, de validez universal e permanente, chegaram por concluir que haveria um verdadeiro comando, no sentido de obediência a esses princípios, não sendo o Direito o comportamento humano que os violassem, ou melhor, os ilícitos".[643] O entendimento do autor reforça a concepção de que a norma jurídica é uma construção humana, que deve no âmbito de seu contexto ser conhecida;

iii) *ausência de autonomia interpretativa:* a interpretação em matéria tributária não possui regras ou leis interpretativas diversas das demais áreas jurídicas, sendo que as mesmas regras que orientam a interpretação em todas as áreas do Direito também serão aplicáveis ao Direito Tributário. Nada impede, contudo, que existam particularidades de cada sistema tributário em específico;

iv) *preocupação com a linguagem*: o foco será revertido do estudo do ser e das realidades em si (*teoria ontológica*) e passará a preocupar-se com a autorreferência do discurso (*teoria retórica*)[644] e, portanto, o estudo da linguagem jurídica será a preocupação primeira na interpretação jurídica. Não se trata, contudo, da interpretação literal ou gramatical do texto, mas da *estrutura do sentido*, de sua sintaxe, do que compõe a correta construção do discurso jurídico;

v) *neutralidade valorativa:* em razão da inexistência de elementos objetivos e universais capazes de determinar o que é o bom ou correto valorativamente, em face de um pluralismo axiológico na sociedade moderna. A norma jurídica, destituída de quaisquer pontos de referência material, representará o que existe de atemporal e universal na Teoria Geral do Direito;

vi) *fechamento formal do sistema:* a situação de confusão conceitual (carnaval tributário) gerou um profundo desconforto com a intrusão de conceitos extrajurídicos no entendimento do fenômeno tributário, como se qualquer abertura para informações e valores extrajurídicos se caracteriza-se como uma corrupção da pureza do sistema tributário. A aversão à submissão do Direito Tributário à ciência das Finanças, ao Direito Financeiro ou Econômico gerou, como reação, uma defesa do fechamento formal do sistema a contatos externos. Como resultado há uma negação unânime da validade de uma interpretação econômica do Direito Tributário, como

---

[643] Cf. CARVALHO, Paulo de Barros. *Teoria da norma tributária*. 2ª ed.. São Paulo: RT, 1981, p. 31.

[644] Cf. CARVALHO, Paulo de Barros. *Direito Tributário – Fundamentos Jurídicos da Incidência*. São Paulo: Saraiva, 1998, p. 05.

uma das piores iniciativas que já ocorreram e um grave erro metodológico de usar instrumentais inadequados para conhecer o fenômeno tributário.

Estes elementos irão caracterizar a interpretação tributária sob a égide do pensamento normativista, representando um esforço sério e sofisticado de aperfeiçoamento institucional e teórico, que muito auxiliou o país e formou toda uma geração comprometida de juristas em nosso país, especialmente nos duros anos de reforço da autoridade fiscal, durante o regime militar.

Esta teoria será aperfeiçoada e levada a um novo patamar e paradigma de interpretação nos estudos revolucionários de *Paulo de Barros Carvalho* sobre o fenômeno de incidência da norma jurídica, com a obra *Direito Tributário – Fundamentos Jurídicos da Incidência*. (1998). Inacreditavelmente, o autor será o maior construtor de uma teoria completa sobre a estrutura da norma jurídica, com a *Regra-Matriz de Incidência Tributária* e, posteriormente, irá avançar para um novo patamar de análise sistêmica sobre o fenômeno jurídico-tributário. Esta nova fase demonstrará a radicalização de alguns pressupostos teóricos pré-existentes e a incorporação de novos postulados e instrumentos de análise.

O pensamento sistemático irá reunir um conjunto diverso de experiências e programas teóricos, no entorno do objetivo de repensar a Teoria Geral do Direito Tributário.

5.2.3. Pensamento Sistemático: valores jurídicos (concretização de direitos fundamentais)

O pensamento sistemático irá produzir um conjunto de novos modelos, instrumentos e agenda de trabalho, muito superior ao que existia nos momentos anteriores, implicando em uma nova forma de interpretação jurídico-tributária. Segundo *Juarez Freitas*: "numa interpretação tópico-sistemática consciente, o Direito passa a ser visto como um só, variando, embora, em grau, a intensidade dos princípios que regem os subsistemas, os quais devem ter harmonia com os princípios hierarquizados como fundamentais".[645]

O *pensamento sistemático* parte da impossibilidade da compreensão normativista da *teoria da ciência jurídica* como ciência normativa, visto que os *enunciados deônticos* não podem ser entendidos em sentido descritivo.[646] Segundo *Guastini*, a *teoria normativista* da ciência jurídica fundamenta-se em duas teses principais:[647]

i) *ambiguidade pragmática*: os enunciados deônticos podem ser empregados para realizar atos de linguagem diferentes, ou seja, podem ser usados para descrever uma prescrição o para formular uma prescrição ou proibição;

---

[645] Cf. FREITAS, Juarez. *A interpretação sistemática do direito*. 3ª ed. São Paulo: Malheiros, 2002, p. 288.

[646] Cf. GUASTINI, Ricardo. *Das fontes às normas*. São Paulo: Quartier Latin, 2005, p. 104.

[647] Idem, p. 90-91.

ii) *validade normativa*: os enunciados deônticos são o único modo apropriado de descrever normas. Descrever uma norma no pensamento normativista significa "asseverar a validade de uma norma".[648]

Como bem leciona *Ricardo Guastini*, não há como a ciência jurídica exprimir-se mediante enunciados deônticos, principalmente porque não há como se cogitar que estes descrevam o "verdadeiro" ou "único" significado das normas jurídicas. Não há, contudo, como compartilhar desse entendimento, dado que não há como se aceitar que exista apenas uma interpretação verdadeira. Assim "(...) um enunciado deôntico (positivo ou negativo) é empregado para formular uma norma, não para afirmar ou negar a sua validade".[649]

A *interpretação sistemática* exige uma compreensão coerente do sistema jurídico, dessa forma conforme *Juarez Freitas*: "cada preceito deve ser visto como parte viva do todo, porque apenas no exame de conjunto tende a ser melhor equacionado qualquer caso, quando se almeja uma bem-fundada hierarquização tópica dos princípios tidos como proeminentes".[650]

A interpretação sistemática em Direito Tributário é, por outro lado, parte da interpretação sistemática em Direito Constitucional, de tal modo, como leciona *Luís Roberto Barroso*:

> O direito objetivo não é um aglomerado aleatório de disposições legais, mas um organismo jurídico, um sistema de preceitos coordenados ou subordinados, que convivem harmonicamente. A interpretação sistemática é fruto da idéia de unidade do ordenamento jurídico. Através dela, o intérprete situa o dispositivo a ser interpretado dentro do contexto normativo geral e particular, estabelecendo as conexões internas que enlaçam as instituições e as normas jurídicas. Em bela passagem, registrou Capograssi que a interpretação não é senão a afirmação do todo, da unidade diante da particularidade e da fragmentaridade dos comandos singulares. No centro do sistema, irradiando-se por todo o ordenamento, encontra-se a Constituição, principal elemento de sua unidade, porque a ela se reconduzem todas as normas no âmbito do Estado. A Constituição, em si, em sua dimensão interna, constitui um sistema. Essa idéia de unidade interna da Lei Fundamental cunha um princípio específico, derivado da interpretação sistemática, que é o princípio da unidade da Constituição, para o qual se abre um capítulo específico mais adiante. A Constituição interpreta-se como um todo harmônico, onde nenhum dispositivo deve ser considerado isoladamente.[651]

A interpretação sistemática é um caso da interpretação constitucional e decorre da existência do Estado Democrático de Direito (Estado Constitucional), que por sua vez representa uma evolução institucional importante perante o Es-

---

[648] Cf. GUASTINI, Ricardo. *Das fontes às normas*. São Paulo: Quartier Latin, 2005, p. 94.
[649] Idem, p. 98.
[650] Cf. FREITAS, Juarez. *A interpretação sistemática do direito*. 3ª ed. São Paulo: Malheiros, 2002, p. 70.
[651] Cf. BARROSO, Luís Roberto. *Interpretação e Aplicação da Constituição*. 6ª ed. Saraiva, 2004, p. 136/137.

tado de Direito. A passagem do Estado de Direito para o Estado Constitucional constitui uma mudança de paradigmas:[652]

i) no Estado de Direito prevalece o princípio da segurança jurídica e do consenso; enquanto que no Estado Constitucional ocorre a prevalência do equilíbrio entre o consenso e o conflito. O Estado Constitucional deve prever dois grandes princípios: a preservação do pluralismo de valores e seu confronto leal;

ii) o Estado de Direito tenta preservar um modelo de coesão social (noção de vida boa identificada com o burguês, *pater* famílias e comerciante); no Estado Constitucional não há conceito de vida boa, não existem modelos fechados de vida. Os direitos fundamentais é que constituem o substrato do *ethos* social;

iii) o Estado de Direito representa uma situação ideal (*ficção*) de indivíduos atomizados ou de uma estrutura social homogênea; o Estado Constitucional, por sua vez, representa o claro reconhecimento de uma base fática plural e conflituosa;

iv) o modelo hermenêutico típico no Estado de Direito é o raciocínio subsuntivo da regra (silogismo legal) do Direito, consagrado na Jurisprudência de conceitos; o modelo do Estado Constitucional é a concreção de valores, onde existe uma dogmática fluída, na aplicação de princípios e valores (Jurisprudência de valores);

v) no Estado de Direito apresenta-se uma homogeneidade do Estado legislativo, em que o ordenamento jurídico aparece como dado; por sua vez, no Estado Constitucional aparece a heterogeneidade do ordenamento jurídico como problema. Se no primeiro caso a lei é pacificadora de conflitos sociais; no segundo caso, a lei representa um compromisso entre valores pluralistas. Ela não é mais produto neutro (podendo representar grupos determinados). Os princípios correm o risco de se tornarem um recurso de esvaziamento semântico de soluções substanciais, pela inexistência de regras e compromissos. Fim da "beleza" lógica defendida pelos normativistas.

É com base nestes fundamentos que se sustenta a natureza valorativa da resolução de conflitos[653] no ordenamento jurídico constitucional.[654]

Uma interpretação sistemática objetiva antes de mais nada, na elaboração de uma *nova dogmática*, aberta e flexível, atenta aos desafios de nosso tempo. Essa *nova dogmática* se assume como teoria jurídica, no sentido expresso por *Ricardo Guastini*:

---

[652] Sobre o tema veja-se ZAGREBELSKY, Gustavo. *Il diritto mite: legge, diritti, giustizia*. Torino: Einaudi, 1992.

[653] Sobre o assunto veja-se STEINMETZ, Wilson Antônio. *Colisão de Direitos Fundamentais e Princípio da Proporcionalidade*. Porto Alegre: Livraria do Advogado, 2001.

[654] Para uma completa verificação da proteção dos Direitos Fundamentais veja-se a obra de SARLET, Ingo Wolfgang. *A eficácia dos direitos fundamentais*. Porto Alegre: Livraria do Advogado, 2006.

Diremos então que a teoria jurídica articula-se, grosso modo, em dois setores de investigação distintos: por um lado, a análise lógica da linguagem legislativa (que inclui a análise estrutural do sistema jurídico); por outro, a análise lógica da linguagem dos juristas (mas também dos outros operadores do direito, especialmente dos juízes).[655]

5.2.3.1. Da interpretação sistemática no Direito Tributário

Considerando que o sistema jurídico é um todo ordenado de princípios, regras e valores, cabe destacar o papel de relevo desempenhado pelos princípios em uma teoria sistemática do Direito Tributário. Dentre os diversos aspectos podemos destacar que:

• as normas de comportamento, tais como as regras, teriam os seus fundamentos normativos derivados direta ou indiretamente dos princípios;

• os princípios possuem uma prevalência sistêmica em relação às regras em função de sua relevância;

• os princípios possuem um conteúdo axiológico claro e, portanto, seriam detentores dos valores normativos de um sistema jurídico;

• os princípios são detentores de "forma jurídica e conteúdo moral".[656] Eles teriam o sentido de racionalidade prática, desta forma eles representariam uma forma de superação da tese positivista da separação entre o direito e a moral.

5.2.3.2. Da interpretação tópico-sistemática

A interpretação tópico-sistemática, defendida especialmente por Juarez Freitas, caracteriza-se por hierarquizar prudencialmente princípios, regras e valores, realizando um redimensionamento do problema das antinomias entre princípios e regras, de tal modo que os princípios ocupam o papel de cúpula do sistema. Desse modo, esta forma de interpretação irá igualmente ressaltar a importância da solução adequada ao caso concreto.[657]

Desse modo, as regras apresentam uma densificação de princípios (normas de fundamento) e carregam valores. Assim, se houver o conflito entre uma norma de conduta descrita (regra) e uma norma que fundamenta condutas necessárias (princípios), o conflito irá ser deslocado para o fundamento (princípio) da regra

---

[655] Cf. GUASTINI, Ricardo. *Das fontes às normas*. São Paulo: Quartier Latin, 2005, p. 382.

[656] Cf. VIGO, Rodolfo Luis. *A interpretação jurídica*. São Paulo: RT, 2005, p. 152.

[657] Cabe ressaltar o comentário Helenilson Cunha Pontes ao "Princípio da Não-Cumulatividade no voto proferido pelo Ministro Carlos Velloso no Recurso Extraordinário n. 170.412-8-SP", em que defendeu que: "o sistema normativo é o resultado da articulação entre princípios e regras, onde os princípios ocupam o vértice da pirâmide, estruturando e iluminando todo o sistema e cujo movimento não se dá somente de cima para baixo, mas nos dois sentidos, em que uma norma completa e dá significado a outra. Por isso que o melhor modo de compreender princípios e regras é diferenciado-os por graus de concretude, cuja intensidade também poderá variar de acordo com o caso concreto"; ver *in* PONTES, Helenilson Cunha. Princípio da Não-Cumulatividade no voto proferido pelo Ministro Carlos Velloso no Recurso Extraordinário n. 170.412-8-SP, *in* DERZI, Misabel Abreu Machado. *Construindo o Direito Tributário na Constituição*. Belo Horizonte: Del Rey, 2004, p. 27.

sobre uma conduta e a norma de fundamento de condutas necessárias (princípio). Se esses fundamentos ou princípios ainda estiverem no mesmo nível ou não se possa solucionar o seu conflito, então caberá ao intérprete verificar os fundamentos dos fundamentos, ou seja, os valores normativos que o ordenamento jurídico tenta proteger por meio de normas jurídicas. Assim, caberá ao intérprete proceder a escolhas axiológicas com base no sistema constitucional.[658]

Para ilustrar, na decisão o intérprete irá proceder da seguinte forma:

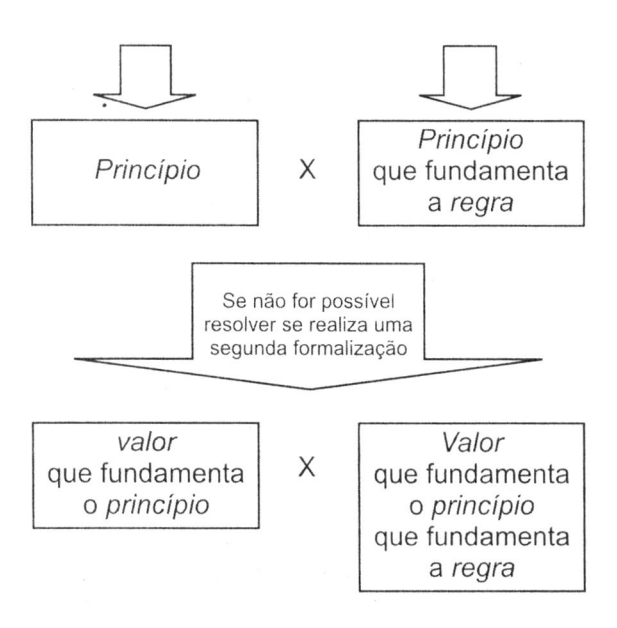

```
┌─────────────┐         ┌─────────────────┐
│  Princípio  │    X    │    Princípio    │
│             │         │  que fundamenta │
│             │         │     a regra     │
└─────────────┘         └─────────────────┘
              ┌─────────────────────┐
              │  Se não for possível │
              │  resolver se realiza uma │
              │  segunda formalização │
              └─────────────────────┘
┌─────────────┐         ┌─────────────────┐
│    valor    │    X    │      Valor      │
│ que fundamenta │       │  que fundamenta │
│  o princípio │         │   o princípio   │
│             │         │  que fundamenta │
│             │         │     a regra     │
└─────────────┘         └─────────────────┘
```

Como meros exemplos de aplicação deste modo tópico-sistemático de interpretação tributária são variados, poderíamos citar dentre tantos outros, os seguintes casos:

a) Exigência de depósito recursal de 30%.

Muitos contribuintes se insurgiram contra a cobrança do depósito recursal de 30% nos recursos administrativos. Para os contribuintes o artigo 151, inciso III do Código Tributário Nacional estabelece que o recurso administrativo suspende a exigibilidade do crédito tributário, assim, se fosse permitida a exigência do depósito recursal de 30%, a suspensão somente valeria para 70% do crédito.

---

[658] Leciona Juarez Freitas com propriedade que: "Mais: a antinomia entre as regras oculta, necessariamente, uma antinomia ente princípios. Estes ostentam validade formal e não são mais devéis do que aquelas. A diferença reside em que as regras apresentam função hermenêutica instrumental, isto é, devem servir à realização dos princípios. Aliás, a tarefa da hierarquização, no uso dos silogismos dialéticos, culmina justamente na positivação do princípio como superior"; ver *in* FREITAS, Juarez. A melhor interpretação constitucional "versus" a única resposta correta. In: AFONSO DA SILVA, Virgílio (Org.) *Interpretação Constitucional*. São Paulo: Malheiros, 2005, p. 318.

A exigência do depósito seria uma violação do princípio constitucional da ampla defesa e do contraditório.[659]

b) ISS sobre aluguel de bens móveis.

Os contribuintes questionaram a incidência de ISS sobre a locação de bens móveis, visto que não existiria uma "obrigação de fazer" na locação, mas tão somente de "dar". Nesse caso, o STF declarou inconstitucional a expressão "locação de bens móveis" contida no item 79 da lista de serviços. Nesse caso, a norma infraconstitucional viola o sentido do imposto, visto que sua hipótese de incidência se dirige às condutas denominadas de "serviços". Por sua vez, determina o artigo 146, inciso III da CF, que estabelece as normas gerais em Direito Tributário. Por sua vez, o artigo 110 do CTN estabelece que não pode a legislação tributária alterar o sentido e o alcance dos conceitos e institutos em Direito Privado.[660]

c) Incidência de Imposto de Renda sobre rendimentos pagos em atraso e acumuladamente, por parte do INSS.[661]

Talvez um dos casos mais emblemáticos da aplicação de doutrinas e metodologias diversas seja o da cobrança de Imposto de Renda sobre os rendimentos pagos em atraso e acumuladamente pelo INSS ou em decisões trabalhistas. Nesse caso, muitos contribuintes eram obrigados a pagar imposto sobre um rendimento que em condições normais não deveriam ter pago. De tal modo, que o pagamento único implicava disponibilidade financeira, implicando a incidência do imposto, o que era claramente injusto. Determinavam as Leis nos 7.713/88 e 8.541/92 que:

> Art. 12. No caso de rendimentos recebidos acumuladamente, o imposto incidirá, no mês do recebimento ou crédito, sobre o total dos rendimentos, diminuídos do valor das despesas com ação judicial necessárias ao seu recebimento, inclusive de advogados, se tiverem sido pagas pelo contribuinte, sem indenização.

A solução normativista presume uma escolha valorativa (axiológica) e assim a solução imediata da antinomia, sem se preocupar com a fundamentação profunda da decisão, visto que no máximo o normativismo realiza uma *análise lógica da linguagem*. Por sua vez, a interpretação sistemática procede igualmente a uma *análise estrutural do sistema jurídico* para solucionar esta antinomia e o conflito normativo.

Para ilustrar os modos de solução do presente caso, veja-se o quadro ao lado:

---

[659] Em sentido contrário decidiu o STF no RE-AgR 368441/SP.
[660] RE-AgR 446003/PR.
[661] Segundo Caliendo: "... o pagamento de indenizações não pode sofrer a incidência do Imposto sobre a Renda, visto que não há a criação de riqueza nova, mas tão-somente o retorno a estado patrimonial anterior maculado pela ocorrência do dano. Não há nesse caso mudança na capacidade contributiva do contribuinte, mas tão-somente, retorno à situação anterior"; ver *in* CALIENDO, Paulo. Imposto sobre a Renda Incidente nos Pagamentos Acumulados e em Atraso de Débitos Previdenciários. *Interesse Público* n° 24/101, abr/04.

	Interpretação Normativista (legalista)	Interpretação Tópico-Sistemática
Exemplo Jurisprudencial	"(...) Pela letra da lei, há incidência do imposto de renda sobre rendimentos recebidos acumuladamente. 3- Assim, indefiro o pedido de antecipação de tutela". AG -2009.04.00.004386-5 – SC – 16/02/2009	"1. No caso de recebimento acumulado de valores decorrentes da procedência de ação judicial, que determinou a incorporação de vantagem à remuneração dos policiais civis, a interpretação literal da legislação tributária implica afronta aos *princípios constitucionais da isonomia e da capacidade contributiva*, Porquanto a renda a ser tributada deve ser aquela auferida mês a mês pelo contribuinte, sendo descabido 'puni-lo' com a retenção a título de IR sobre o valor dos benefícios percebidos acumuladamente por mora da autarquia previdenciária", (grifos nossos). AC – 2002.71.12.003720-9 – RS – 04/05/2005
Solução da Antinomia	Prevalência da regra, que densifica valores	Prevalência dos princípios
Método	Aplicação da regra pura e simplesmente	A análise tópico-sistemática das regras, princípios e valores
Fundamento	Regra	Hierarquização prudencial entre normas

	Pensamento Conceitualista	Pensamento Normativista	Pensamento Sistemático
Interpretação	Extração de sentido	Compreensão (sentido) da incidência	Aplicação de uma compreensão (sentido)
Objeto de Estudo	Essência do sentido	Estrutura do sentido	Sentido da estrutura
Método	Extração de uma essência	Descrição de uma estrutura de sentido	Construção de sentido

Considerações críticas

Algumas críticas poderiam ser esboçadas contra uma teoria sistemática, dentre as quais poderíamos citar: excesso de insegurança, complexidade, risco de decisões judiciais distanciadas das leis e mesmo o excesso de constitucionalização do Direito Triubtário. A estas críticas podemos afirmar que os desejos de manter uma defesa intransigente da segurança jurídica possuem mais o espírito de nostalgia de um passado perdido, visto que um mundo dinâmico, com uma sociedade complexa e fundada no risco, não pode se permitir ao luxo de viver em um mundo inexistente. A complexidade exige novos instrumentos de análise e a melhor garantia contra a falta de controle judicial está justamente na presença de mecanismos de explicitação das decisões, de sua coerência material e consistência teórico-prática.

Conclusões parciais

1. O problema da interpretação jurídica aparece igualmente de modo diverso em cada modo de pensar o jurídico. O pensamento normativista partirá de um modelo diverso de interpretação da norma jurídico-tributária, visto que para este o modelo de interpretação não visa apenas a *extração de sentido* do dispositivo normativo, mas especialmente a *construção de sentido*. Trata-se de um modo absolutamente revolucionário para a época em que foi formulado e para a formatação da ideia de direito.

2. O pensamento sistemático irá produzir um conjunto de novos modelos, instrumentos e agenda de trabalho, muito superior ao que existia nos momentos anteriores, implicando em uma nova forma de interpretação jurídico-tributária.

Bibliografia recomendada

Da interpretação jurídica no pensamento conceitual, normativista e sistemático.

Pensamento conceitual

DERNBURG, Heinrich. *Pandekten*, 6., verb. Aufl. Band 1,1, Berlin 1900.
MAXIMILIANO, Carlos. *Hermenêutica e aplicação do Direito*. Rio de Janeiro: Forense, 2006.
PUCHTA, Georg Friedrich. *Lehrbuch der Pandekten*, 9. verm. Aufl. , Leipzig 1863.
———. *Pandekten*, 12., auf Grund der früheren A. F. Rudorff'schen Bearb. sorgfältig rev. und verm. Aufl. / von Th. Schirmer , Leipzig 1877.
WENDT, Otto Heinrich. *Lehrbuch der Pandekten*. Jena 1888.

Pensamento normativista

AARNIO, A. *The rational as reasonable*. A treatise on legal justification. D. Reidel Publishing Company, 1987.
———; ALEXY, R. e PECZENICK, A. *The Foundation of Legal Reasoning*. Rechttheorie 12, 1981.
AARNIO, Aulius *et alii* . *La normatividad del derecho*. Barcelona: Gedisa, 1997.
ALCHOURRON, Carlos e BULYGIN, Eugênio. *Introducción a la metodologia de las ciencias jurídicas y sociales*. Buenos Aires: Editorial Astrea, 1993.
ATIENZA, Manuel y MANERO, Juan Ruiz. *Las piezas del derecho: teoria de los enunciados jurídicos*. Barcelona: Ariel, 1996.
CARRIÓ, Genaro. *Notas sobre el derecho y lenguaje*. Buenos Aires, Abeledo Perrot, 1990.
DWORKIN, Ronald. *Taking Rights Seriously*. London, Duckworth,1984.
———. *Law's Empire*. The Belknap Press of Havard University Press, 1986.
ECO, Umberto *et alii* . *Interpretação e sobreinterpretação*. Lisboa: Presença, 1993.
HART, H. L. A. *O conceito de direito*. Lisboa: Fundação Calouste Gulbenkian, 1994.
KELSEN, Hans. *Teoria Pura do direito*. São Paulo, Martins Fontes, 1985.
MACCORMICK, Neil. *Legal reasoning and legal theory*. Oxford University Press, 1978.

NINO, Carlos S. *Derecho, moral y política: una revisión de la teoria general del derecho*. Barcelona: Ariel, 1994.
RAWLS, John. *Uma teoria da justiça*. Lisboa: Editorial Presença, 1993.
RAZ, Joseph. *The Authority of Law*. Oxford: Claredon Press, 1979.
ROSS, Alf. *Sobre el derecho y la justicia*. Buenos Aires: Eudeba, 1963.
VILANOVA, Lourival. *As estruturas lógicas e o sistema do direito positivo*. São Paulo: Max Limonad, 1997.

Pensamento sistemático

BONAVIDES, Paulo. *Curso de Direito Constitucional*. 13ª ed. São Paulo: Malheiros, 2003.
DWORKIN, Ronald. *O império do Direito*. Tradução Jefferson Luiz Camargo. São Paulo: Martins Fontes, 1998.
FERRAZ Jr., Tércio Sampaio. *Introdução ao estudo do Direito – Técnica, Decisão, Dominação*. 2ª ed. São Paulo: Atlas, 1994
FREITAS, Juarez. *A interpretação sistemática do Direito*. 3ª ed. São Paulo: Malheiros, 2002.
GRAU, Eros Robert. *Ensaio e Discurso sobre a interpretação/aplicação do Direito*. 2ª ed.. São Paulo: Malheiros, 2003.
HÄBERLE, Peter. *Hermenêutica Constitucional* – A sociedade aberta dos intérpretes da Constituição – Contribuição para a interpretação pluralista e "procedimental" da Constituição. Tradução: Gilmar Ferreira Mendes. Porto Alegre: Sergio Antônio Fabris, 1997.
MENDES, Gilmar Ferreira, COELHO, Inocêncio Mártires e BRANCO, Paulo Gustavo Gonet. *Hermenêutica constitucional e direitos fundamentais*. Brasília: Brasília Jurídica, 2000.

Da interpretação jurídico-tributária no pensamento conceitual, normativista e sistemático

Pensamento Conceitualista: teoria do tributo e do fato gerador

BIELSA, Rafael. Nociones generales sobre la obligacion fiscal. In: *Estudios de Derecho Publico – Derecho Fiscal*. Buenos Aires: Depalma, 1951.
BUJANDA, Sainz de F. Estúdio Preliminar *In* Giannini, A.D. *Instituciones de Derecho Tributario*. Madri: Editorial de Derecho Financero, 1957.
CARVALHO, A. A. Contreiras de. *Doutrina e aplicação do Direito Tributário*. São Paulo/Rio de Janeiro: Freitas Bastos.
GIANNINI, A.D. *Instituciones de Derecho Tributario*. Madri: Editorial de Derecho Financero, 1957.
MAXIMILIANO, Carlos. *Hermenêutica e aplicação do Direito*. Rio de Janeiro: Forense, 2006.
MERSÁN, Carlos. *Direito Tributário*. SP: RT, 1988.
MORSELLI, Emanuele. *Corso di Scienza della Finanza Pubblica*. Padova: CEDAM, 1949.

Pensamento Normativista: Norma Jurídico-Tributária (Regra-Matriz de Incidência Tributária)

BECKER, Alfredo Augusto. *Teoria Geral do Direito Tributário*. São Paulo: Saraiva, 1953.
BORGES, José Souto Maior. *Obrigação Tributária (Uma introdução metodológica)*. São Paulo: Saraiva, 1984.
CAMPOS, Antônio J. Franco. *Interpretação hermenêutica e exegese do direito tributário*. São Paulo: Bushatsky, 1977.
———. *Franco Direito Tributário*. São Paulo: J. Bushatsky, 1975.
CARVALHO, Paulo de Barros. *Direito Tributário – Fundamentos Jurídicos da Incidência*. São Paulo: Saraiva, 1998.
———. *Teoria da norma tributária*. 2ª ed.. SP: Revista dos Tribunais, 1981.
———. Homenagem a Alfredo Augusto Becker. In: Dejalma de Campos. (Org.). *Tributo a Alfredo Augusto Becker*. São Paulo: Academia Brasileira de Direito Tributário, 1995.
———. Sobre o percurso de construção de sentido: modelo de interpretação do direito tributário. In: André Ramos Tavares; Gilmar Ferreira Mendes; Ives Gandra da Silva Martins. (Org.). *Lições de Direito Constitucional em Homenagem ao Jurista Celso Bastos*. São Paulo: Saraiva, 2005.
———; Sousa, R. G.; Canto, G. U. ; Jarach, D.; Ataliba, G. *Interpretação do Direito Tributário*. São Paulo: Saraiva e EDUC, 1975.
JARACH, Dino. Curso Superior de Derecho Tributário.

Pensamento Sistemático: valores jurídicos (concretização de direitos fundamentais)

BARROSO, Luís Roberto. *Interpretação e Aplicação da Constituição*. 6 Ed. São Paulo: Saraiva, 2004.

CALIENDO, Paulo. Dos três modos de pensar a tributação ou repensar o raciocínio jurídico-tributário. In: ROCHA, Leonel Severo; STRECK, Lenio Luiz. (Org.). *Constituição, Sistemas Sociais e Hermenêutica*. Porto Alegre: Livraria do Advogado, 2005, v. , p. 93-111.

———. Da Justiça Fiscal: Conceito e Aplicação. In: Tôrres, Heleno Taveira. (Org.). *Tratado de Direito Constitucional Tributário – Estudos em Homenagem a Paulo de Barros Carvalho*. São Paulo: Editora Saraiva, 2005, v. , p. 371-405.

DERZI, Misabel Abreu Machado. *Construindo o Direito Tributário na Constituição*. Belo Horizonte: Del Rey, 2004.

FREITAS, Juarez. *A interpretação sistemática do direito*. 3ª ed. São Paulo: Malheiros, 2002.

GUASTINI, Ricardo. *Das fontes às normas*. São Paulo: Quartier Latin, 2005.

TÔRRES, Ricardo Lôbo. *Normas de interpretação e integração do Direito Tributário*. Rio de Janeiro: Forense, 1991.

Considerações finais

A presente obra se insere na tentativa de pensar o Direito Tributário no país e as suas profundas implicações para nossa sociedade. Trata-se de uma obra que visa ressaltar e louvar o legado do esforço de centenas de pesquisadores e de juristas da maior importância, dentre os quais se pretendeu destacar: *Ulhoa Canto, Amílcar de Araújo Falcão, Ruy Barbosa Nogueira, Alfredo Augusto Becker, Geraldo Ataliba, Alcides Jorge Costa, Paulo de Barros Carvalho, Ricardo Lôbo Tôrres, Sacha Calmon Navarro Coelho, Roque Carraza,* dentre tantos outros.

O exemplo destes autores consolidou a República e as instituições nacionais, visto que a virtude fora da monarquia não é herdada, mas demonstrada a cada dia. A República, diferentemente da Monarquia, encontra a virtude nos seus cidadãos comuns, nos iguais. Não se sucede, trata-se de uma reputação que se conquista. Esses autores adquiriram a "fé privada" de seus concidadãos, ou seja, a credibilidade pelos atos e palavras proferidas, algo muito mais difícil de alcançar que a "fé pública" de natureza administrativa e estatal. Seus textos imantaram gerações de estudantes e forjaram as bases teóricas da engrenagem financeira de uma das maiores potências econômicas do planeta.

Pretendeu-se demonstrar que a nova reestruturação do Estado e da Sociedade brasileira, após a Constituição de 1988, permitiu o surgimento de um fenômeno novo no Direito Tributário: a convergência de tendências teóricas diversas na busca da concretização da cidadania plena. A redemocratização do país e a busca do desenvolvimento nacional exigiram do Direito Tributário o enfrentamento de uma nova agenda: como financiar o desenvolvimento econômico sustentável? Como financiar e promover os direitos fundamentais individuais e sociais? Como tornar o Estado mais eficiente, transparente e cioso dos direitos fundamentais do contribuinte?

Uma nova agenda se avizinha para o Direito Tributário, exigindo novos instrumentos de análise e o manejo apropriado da impressionante herança deixada por eminentes figuras públicas.

De um lado, a *teoria dos direitos fundamentais do contribuinte* encontra o grande desafio de promover a concretização de sua pauta de promessas. A dificuldade de encontrar recursos para sustentar todos os direitos fundamentais é um dos claros desafios de nosso tempo.

A *teoria da justiça*, por sua vez, é ainda acometida pelas grandes dificuldades de conciliar os direitos individuais e a democracia, bem como em determinar um conteúdo mínimo para o sentido da justiça. Por fim, a *teoria da argumentação* precisa ainda determinar o impacto de novos instrumentos de análise para a sua estruturação, tais como: a teoria dos jogos, a teoria da decisão, a lógica paraconsistente e não monotônica, entre outros.

Por fim, cabe ressaltar o trabalho inesgotável do *Prof. Ricardo Lôbo Tôrres*, na defesa dos direitos humanos na tributação, e do *Prof. Juarez de Freitas*, na luta pelo direito fundamental à boa administração.

LINHA DE TEMPO
Pensamento Jurídico-Tributário

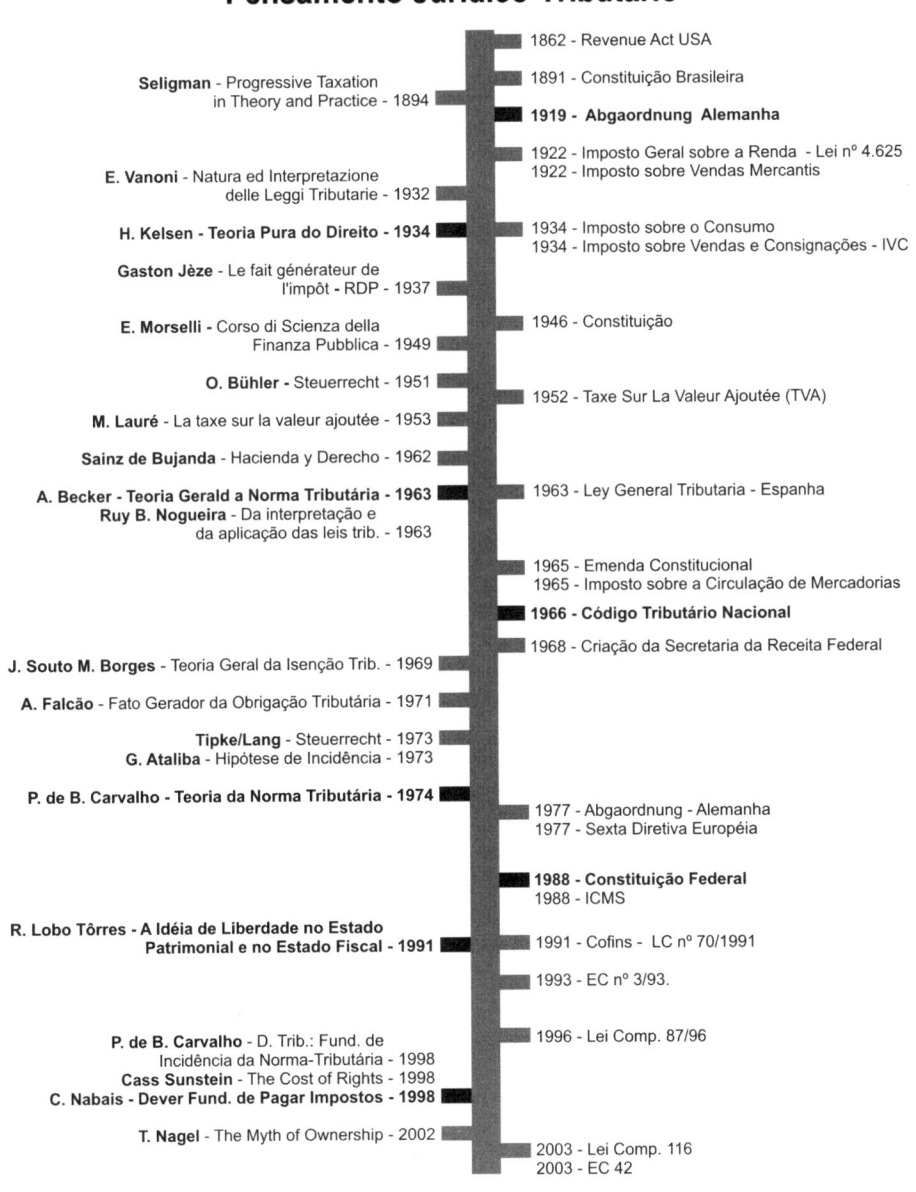

	1862 - Revenue Act USA
Seligman - Progressive Taxation in Theory and Practice - 1894	1891 - Constituição Brasileira
	1919 - Abgaordnung Alemanha
	1922 - Imposto Geral sobre a Renda - Lei nº 4.625
E. Vanoni - Natura ed Interpretazione delle Leggi Tributarie - 1932	1922 - Imposto sobre Vendas Mercantis
H. Kelsen - Teoria Pura do Direito - 1934	1934 - Imposto sobre o Consumo
	1934 - Imposto sobre Vendas e Consignações - IVC
Gaston Jèze - Le fait générateur de l'impôt - RDP - 1937	
E. Morselli - Corso di Scienza della Finanza Pubblica - 1949	1946 - Constituição
O. Bühler - Steuerrecht - 1951	
M. Lauré - La taxe sur la valeur ajoutée - 1953	1952 - Taxe Sur La Valeur Ajoutée (TVA)
Sainz de Bujanda - Hacienda y Derecho - 1962	
A. Becker - Teoria Gerald a Norma Tributária - 1963	1963 - Ley General Tributaria - Espanha
Ruy B. Nogueira - Da interpretação e da aplicação das leis trib. - 1963	
	1965 - Emenda Constitucional
	1965 - Imposto sobre a Circulação de Mercadorias
	1966 - Código Tributário Nacional
	1968 - Criação da Secretaria da Receita Federal
J. Souto M. Borges - Teoria Geral da Isenção Trib. - 1969	
A. Falcão - Fato Gerador da Obrigação Tributária - 1971	
Tipke/Lang - Steuerrecht - 1973	
G. Ataliba - Hipótese de Incidência - 1973	
P. de B. Carvalho - Teoria da Norma Tributária - 1974	
	1977 - Abgaordnung - Alemanha
	1977 - Sexta Diretiva Européia
	1988 - Constituição Federal
	1988 - ICMS
R. Lobo Tôrres - A Idéia de Liberdade no Estado Patrimonial e no Estado Fiscal - 1991	1991 - Cofins - LC nº 70/1991
	1993 - EC nº 3/93.
P. de B. Carvalho - D. Trib.: Fund. de Incidência da Norma-Tributária - 1998	1996 - Lei Comp. 87/96
Cass Sunstein - The Cost of Rights - 1998	
C. Nabais - Dever Fund. de Pagar Impostos - 1998	
T. Nagel - The Myth of Ownership - 2002	2003 - Lei Comp. 116
	2003 - EC 42

DIREITO TRIBUTÁRIO – Três modos de pensar a tributação

Referências bibliográficas selecionadas

Portuguesa

ALMEIDA, Aníbal. *Estudos de Direito Tributário*. Coimbra, 1996.

ALMEIDA, L. Rodrigues. *Introdução ao Direito Tributário Português*. Coimbra, 1997.

AMARAL, Alexandre do. Direito Fiscal. In: *Lições ao curso do 3° ano jurídico de 1959-60*. Coimbra, 1959-60.

ANDRADE, J. C. Vieira. Direito Administrativo e Fiscal. In: *Lições do 3° ano do curso de 1996-97*. II Parte, Direito Fiscal. Coimbra, 1696-97.

BASTOS, Xavier e Outros. *A Fiscalidade no Espaço Europeu de 1993*. Lisboa, 1993.

———. A Tributação do Consumo e a sua Coordenação Internacional. In: *Cadernos de CTF*. Lisboa, 1991.

BRANCO, Vasco António Branco. *A responsabilidade civil da Administração Fiscal – emergente da obrigação de imposto, (Dissertação de Doutoramento)*. Lisboa: VISLIS Editores, 2007.

CAMPOS, Diego Leite e CAMPOS, Mônica Leite. *Direito Tributário*. 2° ed. Coimbra, 2000.

———. e ———. *Direito Tributário*. Coimbra, 1996.

———. *et* RODRIGUES, Benjamim S. *et* SOUZA, J. Lopes. *Lei Geral Tributária Comentada e Anotada*. Lisboa, 1998.

———; ———; ———. *Lei Geral Tributária Comentada e Anotada*. 3° ed. Lisboa, 2003.

———. e Outros. *Problemas Fundamentais do Direito Tributário*. Lisboa: Vislis, 1999.

CARVALHO, Ruben A. *et* PARDAL, F. Rodrigues. *Código de Processos Contribuições e Impostos Anotado*, vol. I, Coimbra, 1963.

CORRÊA, Francisco Antônio. *Elementos de Direito Fiscal*. Lisboa, 1913.

CORTE REAL, Pamplona. *Curso de Direito Fiscal*, vol. I. Lisboa, 1981.

COSTA, J. M. da. Cardoso. *Curso de Direito Fiscal*. Coimbra, 1970.

COSTA, R. Moita. *O Imposto sobre o Rendimento das Pessoas Coletivas*. Coimbra: CEFA, 1997.

DOURADO, Ana Paula. A Tributação dos Rendimentos de Capitais: a Harmonização na Comunidade Européia. In: *Cadernos de CTF*. Lisboa, 1996.

FAVEIRO, Vitor. Introdução ao Estado da Realidade Tributária, Teoria Geral do Direito Fiscal, Coimbra, 1984; vol. II – Estrutura Jurídica do Sistema Fiscal Português. Imposto sobre o Rendimento, Coimbra, 1986.

———. *Noções Fundamentais de Direito Fiscal Português*: vol. I

———. *O Estatuto do contribuinte. A Pessoa do Contribuinte no Estado Social de Direito*. Coimbra: Coimbra, 2002.

FERREIRA, R. Fernandes. *Gestão, Contabilidade e Fiscalidade*. Lisboa, vol. I, 1997

———. *Gestão, Contabilidade e Fiscalidade*. Lisboa, vol. II, 1999.

FRANCO, L. Souza *et* SANTOS, A. Carlos. *Estruturar o Sistema Fiscal de Portugal Desenvolvido: Balanço de uma Legislatura, Ministério das Finanças*, 1999.

———. *Finanças Públicas e Direito Financeiro*, vols. I e II, Coimbra, 1980.

FREITAS, M. H. *Fiscalidade*. Coimbra, 2005.

GOMES, N. Sá. *Direito Penal Fiscal*. Lisboa, 1983.

———. *Lições de Direito Fiscal*, vol. I, 1996, e vol. II. Lisboa, 1997.

———. *Manual de direito fiscal*. Lisboa: Rei dos Livros, 1995.

———. *Teoria Geral dos Benefícios Fiscais*. Lisboa, 1991.

GUERREIRO, C. Mouteira. *Direito Processual Tributário.* Coimbra, 1961.
JORGE, F. Pessoa. Curso de Direito Fiscal. In: *Lições ao curso do 3° ano jurídico de 1963-64.* Lisboa, 1963-64.
LEITÃO, L. M. T. Menezes. *Estudos de Direito Fiscal.* Coimbra, 1999.
LEITE, João P. Costa (Lumbrales). *Lições de Direito Fiscal (coligidas por Manuel Anselmo e Joaquim A. Tomás Morgado).* Coimbra, 1930.
MARTINEZ, P. Soares. *Direito Fiscal.* Coimbra, 1993
MARTINS, Antônio. *A Fiscalidade e o Sistema Econômico.* Coimbra, 2002.
MATIAS, Vasco Valdez. *A Contribuição Autárquica e a Reforma da Tributação do Patrimônio.* Lisboa, 1999.
MINISTÉRIO DAS FINANÇAS. A Fiscalidade do Setor Financeiro Português em Contexto de Internacionalização. Relatório da Comissão da Comissão de Estudos da Tributação das Instituições e Produtos Financeiros. In: *Cadernos da CTF.* Lisboa, 1999.
──────. *Debate sobre a Reforma Fiscal, Observações ao Relatório Silva Lopes e Jornadas Fiscais.* Lisboa, 1999.
──────. *Estruturar o Sistema Fiscal do Portugal Desenvolvido.* Coimbra, 1998.
──────. Finanças Públicas. R*elatório de Atividades de Julho de 2001 a Março de 2002.* Lisboa, 2002.
──────. Projeto de Reforma da Tributação do patrimônio. Relatório da Comissão de Reforma da Tributação do Patrimônio. In: *Cadernos de CTF.* Lisboa, 1999.
──────. *Relatório da Comissão para o Desenvolvimento da Reforma Fiscal.* Lisboa, 1996.
MONTEIRO, Armindo. *Introdução ao Estudo do Direito Fiscal.* Lisboa, 1951.
NABAIS, J. Casalta. *Contratos Fiscais. Reflexões acerca da sua Administrabilidade.* Coimbra, 1994.
──────. O Dever Fundamental de Pagar Impostos. *Contributo para a compreensão constitucional do fiscal comtemporâneo.* Coimbra, 1998.
──────. *Por um Estado Fiscal Suportável – Estudos de Direito Fiscal.* Coimbra, 2005.
OLIVEIRA, Águedo. *O Imposto de Rendimento na Teoria e na Prática.* Coimbra, 1923.
OLIVEIRA, Cimourdain. *Lições de Direito Fiscal.* Porto, 1993.
PEREIRA, Amorim. *Noções de Direito Fiscal.* Porto, 1981.
PINHEIRO, Gabriela. *A Fiscalidade Direta na União Européia.* Porto, 1998.
PIRES, Manuel. *Direito Fiscal – Apontamentos.* Lisboa, 1978-79
PITTA E CUNHA, P. *A Fiscalidade dos Anos 90.* Lisboa, 1996.
──────. *A Reforma Fiscal.* Lisboa, 1989.
──────. Direito Fiscal. In: *Cadernos de CTF.* Lisboa, 1974.
RIBEIRO, J. J. Teixeira. *Apontamentos das Lições de Direito Fiscal (ao curso do 3° ano jurídico de 1951-52, coligidos por Mário Bento e Gabriel Arantes).* Coimbra, 1951-52.
──────. *Lições de finanças Públicas.* Coimbra, 1977.
SALAZAR, Oliveira. *Contribuição Predial e Industrial (lições coligidas por Antônio Batoque).* Coimbra, 1923.
──────. *Direito Fiscal Português.* Tomo I: Princípios Gerais.
──────. *Estudos de Direito Fiscal.* Lisboa, 1953.
SANCHEZ, Saldanha. A Quantificação da Obrigação Tributária. Deveres de Cooperação, Autoavaliação e Avaliação Administrativa. In: *Cadernos de CTF.* Lisboa, 1996.
──────. *Estudos de Direito Contabilístico e Fiscal.* Coimbra, 2000.
──────. *Manual de Direito Fiscal.* 2° ed. Coimbra, 2002.
──────. *Princípios do Contencioso Tributário.* Lisboa, 1987.
SANTOS, Carlos. *Da Questão Fiscal à Reforma da Reforma Fiscal.* Lisboa, 1999.
SANTOS, J. Albano. *Teoria Fiscal, ICSP.* Lisboa: Universidade Técnica de Lisboa, 2003.
SOUZA, Alfredo J. *et* Paixão, J. Silva. *Código de Processo Tributário Cometado e Anotado.* 4° ed. Coimbra, 1998.
TEIXEIRA, Braz. *Princípios de Direito Fiscal,* vol. I. Coimbra, 1979.
TEIXEIRA, Glênia. *O Sistema Fiscal Português. A Tributação do Rendimento.* Coimbra, 1998.
VASQUES, Sérgio. *Eça e os Impostos.* Almedina, 2000.
──────. *O Princípio da Equivalência como Critério de Igualdade Tributária.* Almedina, 2008.
──────. *Regime das Taxas Locais: Introdução e Comentário.* Almedina, 2008.

Angolana, Moçambicana e outros Países de Língua Portuguesa

ASSOCIAÇÃO FISCAL ANGOLANA, África. *Reformas Fiscais e Desenvolvimento*. Luanda, 2001.
———. *Tributação dos Serviços Petrolíferos e Finanças Locais*. Luanda, 2004.
CRUZ, Rui. *Estudos Fiscais*. Luanda, 2001.
GUIMARÃES, Vasco. *Manual do Direito Fiscal Moçambicano*. Maputo, 1993.
IBRAIMO. *O Direito e a Fiscalidade*. Maputo, 2002.
VASQUES, Sérgio *et* GAMITO, Conceição. *Legislação Fiscal de Moçambique*. Fim de Século, 2000.
———. A Introdução do IVA em Cabo Verde. In: *Estudos Jurídicos e Econômicos em Homenagem ao Prof. Doutor António de Sousa Franco*, vol.III, 2006.
———. A Reforma Fiscal em Moçambique: Curso e Contradições, CTF, nº392, 1998.
———. Convergindo para o Zero: A Competição Fiscal na África Sub-Sahariana. In: Sérgio Vasques (coord.). *As Reformas Fiscais Africanas*, 1998.
———. Justiça e Praticabilidade na Evolução dos Sistemas Fiscais Africanos. In: *Cadernos Africanos de Direito*, nº1, 1996.
———. *Legislação Económica de Moçambique*. Almedina, 2004.

Espanhola e Latino-Americana

ALTAMIRANO, Alejandro. *Estudios sobre fiscalidad internacional y comunitaria*. Madrid: Colex, 2005.
AMORÓS, Narciso. *Derecho Tributário*, Madrid, 1963.
AÑOVEROS, J. Garcia e Outros. *Manual del Sistema Tributário Español*. Madrid, 1993.
ARDANT, Gabriel. *Historie de l'Impôt: du XVIII au XXI siécle*. Paris: Fayard, 1972.
AYALA, Concha. P. *Temas de Derecho Finaciero*. Madrid, 1988.
AYALA, Pérez de; CEDILLO, José Luis Conde de. *La doctrina moral de Santo Tomás sobre los impuestos y las obrigaciones de pagarlos – Valoracíon y significado desde uma perspectiva social*. Madrid: Universidad San pablo – CEU, 2002.
———. *et* CEDILLO, José Luis Conde de. *Derecho Tributário*. Madrid: Derecho Financiero, 1968.
———. *Montesquieu y el derecho tributário moderno*. Dykinson, 2001.
———. *et* GONZALES, Eusebio. *Curso de Derecho Tributário*, vol. I e II, 2º ed., Madrid, 1989.
BASSAS, J. J. Perules. *Manual de Derecho Fiscal*, (Parte General). Barcelona, 1964.
BIELSA, Rafael. *Estúdios de derecho público – Derecho fiscal*. Buenos Aires: Depalma, 1951.
BUJANDA, Sainz. *Hacienda y Derecho*, vols, I e II, 1962, III, 1963, IV, 1966, V, 1967, e VI, 1973, Madrid.
———. *Lecciones de Derecho Financiero*. Madrid, 1987.
CASÁS, José Osvaldo. *Derechos y garantias constitucionales del contribuyente – A partir del prinicpio de reserva de ley tributaria*. Buenos Aires: Ad-Hoc, 2002.
COSTA, Ramón Valdés. *Instituciones de derecho tributário*. Buenos Aires: Depalma, 1996.
CUCCI, Jorge Bravo. *Fundamentos de Derecho Tributário*. Lima: Palestra Editores, 2003.
ESAPADAFOR, Carlos M. *Fiscalidad Intenacional y Territorialidad del Tributo*. Madrid, 1995.
FALCÓN Y TELLA. Un principio fundamental del derecho tributário: la reserva de ley. In: *Civitas Revista Española de Derecho Financiero*. Madrid: Civitas, n. 104, p. 707-21, oct.-dic. 1999.
———; ———. Introdución al Derecho Financiero y Tributário de las Comunidades Europeas. Madrid, 1988.
FONROUGE, G. *Derecho Financiero*, vols. I e II. Buenos Aires, 1970.
GARCIA, Eusébio Gonzáles. *La interpretación de las normas tributarias*. Pamplona: Aranzadi, 1997.
GARCÍA-QUINTANA, C. A. *Sistema Tributário Español e Comparado*. Madrid, 1981.
GIULIANI FONROUGE, C. M. Direito financeiro: uma nova disciplina jurídica. In: *Revista Forense*. Rio de Janeiro: Forense, 1941.
GONZALES, Eusebio *et* LEJEUNE, Ernesto. *Derecho Tributário*, vols. I e II, 2º ed., Salamanca, 2000.
GONZALES, L. M. Alonso. *Jurisprudência Constitucional Tributaria*, Madrid, 1993.
JARACH, Dino. *Curso superior de derecho tributário*. Buenos Aires: Cima, 1957.

JARACH, Dino. *El Hecho Imponble*. Buenos Aires, 1971.
LA MORA, Leonardo Garcia de. La enseñanza del Derecho Financiero y Tributário: passado, presente y futuro. In: *Civitas Revista Española de Derecho Financiero*. Madrid: Civitas, n. 104, p. 735-803, oct,-dic. 1999.
LAFUENTE, A Martinez. *Derecho Tributário. Estúdios sobre la Jurisprudencia Tributaria*. Madrid, 1985.
LAPATZA, José Juan Ferreiro. *Curso de derecho finaciero español*. Madrid: Marcial Pons, 1975.
———. *Curso de Derecho Financiero Español*. Madrid, 1987.
———. *Curso de derecho finaciero Español*. 18ª ed. Madrid: Marcial Pons, 1996.
———. El estatuto del contribuyente y las facultades normativas de la administrácion (derecho tributário y orden democrático). In: *Revista de Direito Tributário*. São Paulo: Malheiros, n. 76, 1999.
———. et QUERALT, J. Martin et HERNANDEZ, F. Clavijo et ROYO, F. Perez et LOPEZ, M. Tejerico. *Curso de Derecho Tributário*. Parte Especial. Sistema Tributário: Los Tributos em particular. Madrid, 1984.
———. *Norma jurídica y seguridad jurídica*. RDT, São Paulo: RT, n. 61, p. 7-16, 1993.
LASARTE, Javier *et* RAMIREZ, salvador *et* AGUALLO, Angel. *Jurisprudência del Tribunal Constitucional en Matéria Finaciera y Tributaria* (1981-1989). Madrid, 1990.
NOVOA, César García. *El principio de seguridad jurídica em matéria tributaria*. Madrid: Marcial Pons, 2000.
OLLERO, Casado et FALCÓN y TELLA et SERRANO, Lozano *et* ACOSTA, Simón. *Cuestiones Tributarias Praticas*. Madrid, 1989.
ORTEGA, R. Calvo. *Curso de Derecho Financiero – I Derecho Tributário Parte General*. 8° ed. Madrid, 2004.
QUERALT, Martin *et* SERRANO, Lozano *et* OLLERO, Casado *et* LOPEZ, Tejerico. *Curso de Derecho Financiero y Tributário*. Madrid, 1989.
ROSEMBUJ, Tulio. *Fiscalidad Internacional*. Madrid: Marcial Pons, 1998
ROYO, F. Perez. *Derecho Financiero y Tributário*. Parte General, 14° ed. Madrid, 2004.
———. *Derecho financiero y tributário*. 11ª ed. Madrid: Civitas, 2001.
SERRANO, C. Lozano. *Consecuencias de la Jurisprudência Constitucional sobre el Derecho Financiero y Tributário*. Madrid, 1990.
SERRANO, L. Sánchez. *Tratado de Derecho Financiero y Tributário Constitucional*, vol. I. Madrid, 1997.
SPISSO, R. R. *Derecho Constitucional Tributário*. Buenos Aires, 1991.
TABOADA, Carlos Palao. La enseñanza del derecho financiero y tributário. In: *Civitas Revista Española de Derecho Financiero*. Madrid: Civitas, n. 40, p. 493-504, oct.-dic. 1983.
VILLEGAS, Héctor. *Curso de Derecho Tributário*. Buenos Aires, 1980.

Francesa e Belga

ANDERSON, R. *et* Malherbe, J. (dir.). *Protection des Droits Fondamentaux du Contribuable*. Bruxelles, 1993.
BELTRAME, P. *Les syste mes fiscaux*. Paris: Presses universitaires de France, 1975.
———. *et* Mehl L. *Techniques, Politiques et Institutions Fiscales Comparées*. 2° ed. Paris, 1997.
———. *Os Sistemas Fiscais*. Coimbra, 1976.
BERLIN, D. *Droit Fiscal Communautaire*. Paris, 1988.
BIENVENU, J. J. *Droit Fiscal*. Paris, 1987.
CARTOU, L. *Droit Fiscal International et Européen*. Paris: Dalloz, 1981.
COMMUNIER, Jean-Michel. *Droit Fiscal Communautaire*. Bruxelles, 2001.
COZIAN, M. *Précis de Fiscalité dês Entreprises*. Paris: Librairies techniques, 1970.
DR. MALTA, P. *Droit Fiscal Européen Compare*. Paris, 1995.
GAUDEMET, P. *et* MOLINIER. J. *Finances Publiques*. Tomo II – Fiscalité, Paris, 1969.
GEFFROY, J. B. *Grands Problèmes Fiscaux Comtemporains*. Paris, 1993,
GÈNY, François. *O particularismo do direito fiscal*. *Revista de Direito Administrativo*. Rio de Janeiro: FGV, n. 20, p. 6-31, abr.-jun. 1950.
GEST, G. *Droit Fiscal International*. Paris: Presses universitaires de France, 1985.
———. *et* TIXIER, G. *Manuel de Droit Fiscal*. Paris: Librairie ge ne rale de droit et de jurisprudence, 1976.
GORÉ, F. *et* JADAUD, B. *Droit Fiscal dês Affaires*. Paris, 1992.

JEZE, Gaston. Natureza e regime jurídico do crédito fiscal. In: *Revista de direito administrativo*. Rio de Janeiro: FGV, vol. III, Fasc. 1, p. 59-68, jan. 1946.

———. O fato gerador do imposto (contribuição á teoria do crédito de imposto). In: *Revista de Direito Administrativo*, Rio de Janeiro: FGV, vol. 2, p. 50-63, jul. 1945.

LAURÉ, M. *Les Grands Príncipes de la Fiscalité dês Entreprises*. Paris: Librairies techniques, 1983.

———. *Science Fiscale*. Paris, 1993.

———. *Traité de Politique Fiscale*. Paris, 1957.

MARTINEZ, J. C. *et* nalta, P. Dr. *Droit Fiscal Comtemporain*. Paris, 1986.

———. *Le Statut du Contribuable*, vol.I, Paris, 1980.

MEHL, L. *Science et Technique Fiscales*. Paris, 1984.

ORSONI, G. *L'Interventionisme Fiscal*. Paris, 1995.

PHILIP, L. *Droit Fiscal Constitutionnel*. Paris, 1990.

SERLOOTEN, P. *Droit Fiscal des Affaires*. Paris, 1997.

TIXIER, G. *Droit Fiscal International*. Paris, 1974.

TROTABAS, L. *et* COTTERET, J. L. *Droit Fiscal*. Paris : Dalloz, 1969.

———. *Les finances publiques et les impo ts de la France*. Paris, A. Colin, 1937.

Italiana

ALESSI, R. *et* Stammati, G. *Instituzioni di Diritto Tributário*. Torino, 1965.

AMATUCCI (Dir.). *Trattato de Diritto Tributário*. 4 vols. Padova, 1994.

ANTONINI, Euclide. L'utilitá della teoria del diritto tributário ed il suo insegnamento – Riflessioni. In: *Rivista di diritto Finanziaro e Scienza delle finanze*. Milano: Giuffré, vol. XLVII, ano XLVII, Parte I, p. 201-208, 1988.

BERLIRI. *Principi di Diritto Tributário*, vols. I e II, 1952 e 1957, e vol. III, 1° ed., 1965, Milano.

———. *Corso Instituzionale di Diritto Tributário*. vol. I, 1965, vol. II, 1978, e vol. III, tomo I, 1987, Milano.

———. *Scritti Scelti di Diritto Tributário*. Milano, 1990.

DE MITA, E. *Appunti di Diritto Tributário. I – L'Imposta come Instituto Giuridico. I Principi Costituzionale in Matéria Tributaria*. Milano, 1987.

FANTOZI, Augusto *et* LUPI, R. Le Societá per Azioni nella Disciplina Tributaria. In: G. E. Colombo e G. B. Portale Torino. *Trattado delle Societá per Azioni*. Parte I de Tomo 9 – Profili Tributari e Profili Concorsuali, 1993.

———. *Diritto Tributário*. Torino, 1994.

———. *Corso di diritto tributário*. Torino: Utet, 2003.

———. *Diritto tributário*. Torino: Utet, 1992.

GAFFURI, G. *Lezioni di Diritto Tributário*. Padova, 1989.

GIANNINI, A. D. *Intorno alla c.d. autonomia del diritto tributário*. Riv. It. Dir. fin., p. 64-65, 1940.

———. *Istituzioni di Diritto Tributário*. Milano, 1938.

GIULIANI, G. *Diritto Tributario*. Milano, 1990.

GRIZIOTTI, Benedetto. *Primi elementi di scienza delle finanze*. MIlano: Giuffré, 1962.

———. *Studi di Scienza delle finanze e di Diritto Finanziaro*. Milano: Giuffré, 1956.

LA ROSA, Salvatore. *A Principi di Diritto Tributário*. Torino, 2004.

LUPI, Raffaelo. *Lezione di diritto tributário* – Parte generale. 5ª ed. Milano: Giuffré, 1998.

MARONGIU, Gianni. *I Fondamenti Constituzionali dell'Imposizione Tributaria. Profili Storici e Guiridici*. Torino, 1991.

MICHELLI, G. A. *Corso di Diritto Tributário*. Torino, 1974.

MOSCHETTI, Francesco. *Il principio della capacita contributiva*. Padova: Cedam, 1974.

PISTONE, Antonio. *La giuridificazione tributaria in rapporto agli altri rami del diritto*. Padova: Cedam, 1994.

PISTONI, E. *Lezioni di Diritto Tributário*. (I- L' Ordinamento Tributário), Padova, 1986.

RASTELLO, L. *Diritto Tributário. Principi Generali*. Padova, 1955.

———. *Diritto Tributário. Principi Generali*. Padova, 1980.
———. *Fisco e Constituzioni*, I (1957-1983), 1984, e II (1984-1992), Milano, 1993.
RUSSO, Pasquale. *Lezioni di Diritto Tributário*. Parte Generale, vol. I, Milano, 1992.
———. *Lezione di diritto tributário*. Padova: Cedam, 1992.
TESORO, G. *Príncipe di Diritto Tributário*. Bari, 1934.
UCKMAR, Victor (Coord.). *Corso di Diritto Tributário Internazionale*. 2 vols. (constituindo o 2° vol. Um apêndice, em que se estuda o regime fiscal, em diversos países, dos dividendos, juros, royalties e mais-valias pagos a não residentes), Padova, 1999.
———. *Principi comuni die diritto costituzionalle tributário*. Padova: Cedam, 1999.
———. *Princípios comuns de direito constitucional tributário*. 2ª ed. São Paulo: Malheiros, 1999.
VANONI, Ezio. Il problema della codificazione tributaria. In: *Rivista di Diritto Finanziaro e scienza delle finanze*. Milano: Giuffré, I.
———. Principio de seguridad jurídica en la creación y aplicación del tributo – El contenido de la seguridad jurídica. In: *RDT*. São Paulo: RT, n. 66, p. 7-16, 1995.

Alemã, Austríaco e Suíça

ARNDT, H.-W. *Grundzüge des Allgemeines Steuerrechts*. München, 1988.
BAYER, H.-W. *Steuerlehre. Steuervefassung – Steuergesetz – Steuergericht*. Berlin: New York, 1997.
BIRK, D. *Steuerrecht*. I – Allgemeines Steuerrechts, München, 1988.
BLUMENSTEIN, E. *et* LOCHER. P. *System des Steuerrechts*. Zurich, 1992.
———. *Sistema di Diritto delle Imposte*. Milano, 1954.
BÜHLER, Ottmar. *Steuerrecht*. Wiesbaden: Th. Gabler, 1953.
DORALT, W. *et* RUPPE, H. G. *Grundiss des österreichischen Steuerrechts*, vol I, 5° ed., 1994, e vol. II, 2° ed., 1988, Manz, Wien, Orac.
FLUME, Werner. *Gesammelte Schriften*, vol. II (Parte E, dedicada ao direito fiscal, p. 265-780), Köln, 1988.
———. *Steuerwesen und Rechtsordnung*. Köln: O. Schmidt, 1986.
FRIAUF, H. (Ed.). *Steuerrecht und Verfassungsrecht*. Köln, 1989.
HALLER, H. *Die steuern*. Tübingen, 1964.
HENSEL, Albert. *Diritto tributário*. Milano: Giuffré, 1956.
———. *Teuerrecht*. Berlin: Neue Wirtschafts-Briefe, 1986.
HOEHN, E. *et* VALLENDER, A. (Eds.,). *Steuerrecht in Rechtsstaat*. Bern: Stuttgart, 1990.
———. *Steuerrecht*. 7° ed. Bern: Stuttgart, Wien, 1975.
ISENSEE, Josef. *Die Typienrierung Verwaltung*. Berlin: Duncke & Humblot, 1976.
KIRCHHOF, F. *Grundriss des Abgabenrechts*. Steuern – Gebühren – Beiträge, 1991.
KOCH, K. *Abgabenordnung*. AO 1977, Köln, Berlim, Bonn, München, 1979.
KRUSE, Heinrich Wilhelm. *Derecho Tributário*. Parte General. Madrid, 1978.
———. *Lehrbuch des Steuerrechts*. vol. I. München, 1991.
———. *Derecho tributário* – Parte general. 3ª ed. Madrid: Editorial de Derecho Financiero, 1978.
LANG, J. *Die Bemessungsgrunlagen der Einkommensteuer*. Köln, 1988.
LIPROSS, O.-G. *Allgemeines Steuerrecht*. Mu nster: Alpmann und Schmidt, 1983.
MÖSSNER *et alii*. *Steuerrecht international tätiger Unternehmen*. 2° ed. Köln, 1992.
MYRBACH – RHEINFELD, F. Von. *Précis de Droit Fiscal*. Paris, 1910.
NAWIASKY, Hans. *Cuestiones fundamentales de derecho tributário*. Madrid: Instituto de Estúdios Fiscales, 1982.
NEUMARK. F. *Princípios de la Imposición*, Madrid, 1974.
PAULIK, H. *Lehrbuch des allgmeines Steuerrechts*. Köln, Berlim, Bonn, München, 1971.
SCHMÖLDERS, Güinter. *Problemas de psicologia financiera*. Madrid: Editorial de Derecho Financiero, 1965.
———. *Teoria general del impuesto*. Madrid, 1962.
SCHUSTER, Carla. *Ordenanza tributaria alemana*. Madrid: Colex, 2001.

TIPKE, K. *Die Steuerrechtssordnung.* 3 vols., Köln, 1993.

———. *et* KRUSE, H. W. *Abgabenordnung. Finanzgerichtsordnung* (Kommentar zur AO 1977 und FGO), 3 vols., Berlin [West]: O. Schmidt, 1977.

TIPKE, K. *et* Lang, J. *Steuerrecht.* Köln, 1989.

V. KLUGE. *Das deutsche Intenationale Steuerrecht der Bundesrepublik.* München, 1976.

VOGEL, K. *Der Offene Finanz – und Steuerstaat.* Heidelberg, 1991.

WALZ, W. Rainer. *Steuergerechtigkeit und Rechtsannwendung.* Heildelberg: R. v. Decker's, 1980.

WEBER-FAZ, Rudolf. *Grundzüge dês allgemeinen Steuerrechts der Bundesrepublick Deutschland.* Tübingen: Mohr, 1979.

Britânica e Estadunidense

ADAMS, Charles. *For Good and Evil. The Impact of taxes on the Course of Civilization.* 2° ed. Lanham: Madison Boocks. New York: Oxford, 1999.

BRENNEN *et* Buchan, *The Power to Tax. Analytical Foundations os a Fiscal Constitution.* Cambrige U.P., 1980.

FREELANDS, J. *et* LIND, S.A. *et* STEPHENS, R.A. *Cases and Materials on Fundamentals of Federal Income Taxation.* New York: Westbury, 1985.

GRAETZ, Michael J. *et* SCHENK, Deborah H. *Federal Income Taxation.*

HOLMES, Stephen *et* SUNSTEIN, Cass R. *The Cost of Rights. Why Liberty Depends on Taxes.* New York, London, 2000.

KAY, J. A. *et* KING, M. A. *The British Tax System.* New York: Oxford, 1978.

MORSE, Geoffrey *et* WILLIANS, David. *Davies: Principles of Tax Law.* London, 1996.

MURPHY, Liam *et* NAGEL, Tomas. *The Myth of Ownwriship. Taxes and Justice.* Oxford University Press, 2002.

PASQUARIELO, Ronald D. *Tax* Justice, Social and Moral Aspects of American Tax Policy.* Lanham, New York, London, 1985.

SELIGMAN, Erwin R. A. *Essais sur l'Impôt.* Tomos I e II. Paris, 1914.

———. *L'Impôt Progressif em Théorie et Pratique.* Paris, 1909.

STEINMO, Sven. *Taxation na Democracy.* Swedish, British and american Approaches to Financing the Modern State, Yale UP, New Haven na London, 1993.

TANZI, Vito. *Taxation in an Integrating World.* Washington, D. C.: The Broockings Institution, 1995.

Impressão:
Evangraf
Rua Waldomiro Schapke, 77 - P. Alegre, RS
Fone: (51) 3336.2466 - Fax: (51) 3336.0422
E-mail: evangraf.adm@terra.com.br